U0653629

本书获广东省高水平大学建设项目
暨南大学“华侨华人与国际问题研究”学科组团建设经费资助

教育部人文社会科学重点研究基地
Key Research Institute of Humanities and Social Sciences at Universities
暨南大学华侨华人研究院
Academy of Overseas Chinese Studies in Jinan University

·世界华侨华人研究文库·

见证侨史

华侨华人民间文献图文集

徐　云　编　　著
何锡钿　文献顾问

中国·广州

图书在版编目（CIP）数据

见证侨史：华侨华人民间文献图文集/徐云编著；何锡钿文献顾问．—广州：暨南大学出版社，2018.10
（世界华侨华人研究文库）
ISBN 978－7－5668－2491－2

Ⅰ.①见… Ⅱ.①徐… ②何… Ⅲ.①华侨—文献—汇编 Ⅳ.①D634.3

中国版本图书馆 CIP 数据核字（2018）第208249号

见证侨史——华侨华人民间文献图文集
JIANZHENG QIAOSHI——HUAQIAO HUAREN MINJIAN WENXIAN TUWENJI
编著者：徐 云 文献顾问：何锡钿

出 版 人：徐义雄
策划编辑：黄圣英
责任编辑：冯 琳 雷晓琪
责任校对：黄佳娜 颜 彦
责任印制：汤慧君 周一丹

出版发行：暨南大学出版社（510630）
电 话：总编室（8620）85221601
营销部（8620）85225284 85228291 85228292（邮购）
传 真：（8620）85221583（办公室） 85223774（营销部）
网 址：http：//www.jnupress.com
排 版：广州市天河星辰文化发展部照排中心
印 刷：广州家联印刷有限公司
开 本：787mm×1092mm 1/16
印 张：21.75
字 数：496千
版 次：2018年10月第1版
印 次：2018年10月第1次
定 价：98.00元

总　序

在20世纪，华侨华人问题曾经四次引起学术界关注。第一次是20世纪初关于南非华工的问题；第二次是“一战”后欧洲华工问题；第三次是五六十年代东南亚国家出现的“排华”问题；第四次则是80年代中国经济崛起与海外华侨华人关系的问题。每次华侨华人研究成为研究热点时，都有大量高水平研究著作问世。

进入21世纪以来，随着全球化进程的加速和中国国际化水平的提升，海外华侨华人与中国的发展日益密切，华侨华人研究掀起了新一轮高潮。华侨华人研究机构由过去只有暨南大学、厦门大学、北京大学、华侨大学等少数几家壮大至目前遍布全国的近百所科研院校，研究领域从往昔以华侨史研究为主，拓展至华人政治、华人经济、华商管理、华文教育、华人文学、华文传媒、华人安全、华人宗教、侨乡研究等涉侨各个方面，研究方法也逐渐呈现出多学科交叉的趋势，融入政治学、历史学、社会学、民族学、教育学、新闻与传播学、经济学、管理学、法学等学科方法与视角。与此同时，政府、社会也愈益关注华侨华人研究。国务院侨办近年来不断加大研究经费投入，并先后在上海、武汉、杭州、广州等地设立侨务理论研究基地，凝聚了一大批海内外专家学者，形成了华侨华人研究与政府决策咨询相结合的科学发展机制。而以社会力量与学者智慧相结合的华商研究机构也先后在复旦大学、清华大学等地成立，闯出了一条理论研究与社会实践相结合的华侨华人研究新路径。

作为一所百年侨校，暨南大学在中国华侨华人研究中具有特殊的地位。暨南大学创立于1906年，是中国第一所华侨高等学府。华侨华人研究是学校重要的学术传统和特色。早在1927年，暨南大学便成立了南洋文化事业部，网罗人才，开展东南亚及华侨华人的研究，出版《南洋研究》等刊物。1981年，经教育部批准，暨南大学在全国率先成立华侨华人研究的专门学术机构——华侨研究所，由著名学者朱杰勤教授担任所长。1984 年在国内招收首批华侨史方向博士研究生。1996 年后华侨华人研究被纳入国家“211 工程”1—3 期重点学科建设行列，2000 年获批教育部人文社会科学重点研究基地（华侨华人研究）。暨南大学于 2006 年成立了华侨华人研究院，并聘请全国政协常委、国务院侨务办公室原副主任刘泽彭出任院长和基地主任。2011 年，学校再次整合提升华侨华人研究力量，将华侨华人研究院与国际关系学系（东南亚研究所）合并成立国际关系学院/华侨华人研究院，继续聘请刘泽彭同志出任华侨华人研究院院长和基地主任，由华侨华人与国际问题研究知名专家曹云华教授出任国际关系学院院长兼华侨华人研究院执行院长。同时，学校还加大科研经费投入，努力打造“华侨华人研究优势学科创新平台”。研究院在加强自身科研能力的基础上，采取以研究项目、开放性课题为中心，学者带项目、课题进院的工作体制，致力于多学科和国际视野下的前沿研究，立足于为国家的改革开放和现代化建设服务，为社会服务，为政府决策咨询服务，努力将之建设成为世界一流的学术研究机构和人才培养基地。

值华侨华人研究在中华大地百花齐放、百家争鸣之际，为进一步彰显暨南大学科研特色，整合校内外相关研究力量，发掘华侨华人研究新资源，推动华侨华人研究学科的发展，暨南大学华侨华人研究院在 2012 年推出了“世界华侨华人研究文库”。文库的著作多为本校优势学科的前沿研究成果，作者中既有资深教授、学科带头人，也有学界新秀。他们的研究成果从多学科视野探索了国内外华侨华人研究的一些新问题、新趋势，具有较高的学术价值和现实意义。截至 2016 年年底，文库已经出版三批 23 本，在华侨华人研究领域引起了不错的反响。

2015 年 6 月，暨南大学入选广东省高水平大学重点建设高校，“华侨华人与国际问题研究”成为学校高水平建设重点支持的一个学科组团。为了进一步发挥暨南大学的华侨华人研究优势，学院决定继续组织出版这套丛书。从书的经费来源从之前的“211 工程”和暨南大学“华侨华人研究优势学科创新平台”变为广东省高水平大学建设暨南大学“华侨华人与国际问题研究”学科组团，编委会也随人员变动做了一些调整。

本套丛书的出版得到学校领导的大力关心与支持。国际关系学院/华侨华人研究院领导与部分教师特别是高水平大学建设学科组团中的华侨华人与跨国移民研究团队的教师们也付出了艰辛的劳动，他们在策划、选题、组稿、编辑、校对等环节投入大量精力。同时，暨南大学出版社对丛书出版也给予高度重视，组织最优秀的编辑团队全程跟进，并积极申报国家出版基金项目，获得立项资助。在此，我们对所有为本丛书出版付出宝贵心血与汗水的同仁致以最衷心的感谢！

在前面三批的总序中，我们表示“期盼本丛书的出版能在华侨华人研究领域激起一点小浪花”。现在看来，已部分达到了目的，尽管如此，我们仍坚持不忘初心，继往开来，汇聚国内外华侨华人研究的朵朵浪花，把这套文库办成展现全球华侨华人研究优秀成果的一个重要平台。

《世界华侨华人研究文库》编委会

2017 年 6 月

前　言

华侨华人民间文献，是笔者从事华侨华人文献工作以来最让自己心动的一种文献。几年前乍一接触这类文献，笔者就被其独特形式和潜在价值深深吸引，从此专注于华侨华人民间文献的收集和研究，情有独钟且乐此不疲。

华侨华人民间文献指的是与华侨历史和华侨社会活动有关的非官方公开的、非出版物的文书资料，包括契约、侨批、族谱、口供纸、证明、证件、证书、收条、票据、信函、老照片等。虽然华侨华人民间文献古旧轻薄，有的甚至就是一张纸或几行字，不能传递丰富多彩的海量信息，更不能提供经世致用、高深莫测的学问，但它朴实无华、耐人寻味，内涵与形式相互印证、完美结合，带给人们直观上的感受和启迪远比历史教科书鲜活和生动。

与其他民间文献一样，原始记录性也是华侨华人民间文献的本质属性。其一，从华侨华人民间文献的形成过程来看，其是在华侨华人的社会实践活动中直接（非间接）形成的，是社会实践活动最初的记录形式；其二，从华侨华人民间文献的形式和内容来看，其往往保留着手书、签名、印鉴等原始标记，因此原始记录性特征凸显。除了原始记录性这一本质属性外，华侨华人民间文献还具有世界性、多元性、私家性的特点，这些特点决定了其多重的利用价值。

1. 历史凭证价值

华侨华人民间文献的内容与其所对应的历史背景和社会活动具有同一性，因此具有历史凭证价值。如古巴华工契约合同，印证了鸦片战争后，西方殖民者在中国东南沿海地区买卖“猪仔”、牟取暴利的那段历史；“美国金山正埠华人拒约总会拒约银捐款收票”（1905 年），印证了 1882 年通过《排华法案》后，美国政府继续迫使清政府签订各种苛侨条约时，美国华侨掀起了轰轰烈烈的“拒约运动”的历史。华侨华人民间文献的原始记录性还具有纠史之偏、正史之讹的作用。如在古巴华工契约合同原件中，有关华工待遇的相关条款写明的是“每日给予咸肉八两”，但有关华侨华人史资料中关于这项条款的描述却是“每天八两咸菜”。根据与多个合同原件的比照，“八两咸菜”应该是讹误。

2. 学术研究价值

王国维先生曾说“古来新学问之起，大都由于新发见之赐”。在20世纪的中国学术史上，有多个由于重要文献的发现而形成了超越传统史学的综合性学科的案例，如敦煌学的产生，就是由以民间文献为主体的敦煌文书的发现促成的。昌盛的徽学，也是以保存在徽州地区（今安徽省黄山市）的数十万件宋元以来的民间文书为学科基础而发展起来的。因此，在华侨华人史的研究中，人们在利用官方档案和传统史籍的同时，对散落各地的民间文献也给予了愈来愈多的关注，对华侨华人民间文献中的侨批、族谱的研究正不断拓展和深入。除此之外，华侨华人民间文献中蕴含的丰富的史料信息，还为华侨华人研究提供了更多新视角和新线索。如华侨在民主救国运动的各个阶段（除辛亥革命期间）对祖国的支持和贡献以及国民党海外支部在华侨中的作用和影响等，都是目前华侨华人史研究中的薄弱环节，而数量庞大、种类各异的社团证明、收条、票据等，对深入研究华人社团的会务运作及其在华人社会中的作用更是难以估量。

3. 思想教育价值

华侨华人民间文献不仅具有史料性、知识性的特点，还蕴含着强大的精神力量。先侨们自强不息、穷则思变的精神，开放包容、兼收并蓄的精神，爱国爱乡、扶危济困的精神，以及重视教育的传统、以和为贵的精神，都在华侨华人民间文献中得到体现。通过这些文献，我们可以追溯和体会到数以万计的海外侨胞漂洋过海、胼手胝足、艰苦创业的奋斗历程，以及他们身在海外却依旧密切关注祖（籍）国的荣辱兴衰、热心乡梓公益事业的爱国爱乡之情。如印有“打倒帝国主义，取消不平等条约”“铲除万恶军阀，还我人民自由”宣传口号的驻古华侨北伐后援会支会国民革命军的捐款收条、印有“鼎力输将，勿存规避；歼灭倭寇，方尽职责”宣传口号的墨西哥华侨抗日救国后援会的义捐收条、加盖着“抵制仇货，坚持到底；卧薪尝胆，誓雪国耻”专用章的抗战期间的侨批封，均反映出海外华侨在抗战期间“国家兴亡，匹夫有责”的民族精神和爱国情怀。这一特性，是其他民间文献不能比肩的。

华侨华人民间文献虽然十分重要和珍贵，但是目前大多数民间文献还没有得到有效的保存、整理，对其价值的揭示和解读，有些则还是空白，有些甚至存在明显的“硬伤”。因此，笔者有了将华侨华人民间文献进行整理并编辑出版的想法，希望能让更多的人从不一样的视角了解华侨华人和他们的历史。

但是，编辑本书并非易事。经过纷繁复杂的社会变迁和云谲波诡的时势动荡，很多华侨华人民间文献已沉入历史长河中。目前存世的文献，绝大部分仍掌握在私人手中，非亲非故而想无偿获得并不容易。因此，多方“开源”获得资料，是本书编辑的重点和难点。为此，笔者花费了大量的时间、精力进行调查摸底。通过不懈坚持和多方努力，本书共收录华侨华人民间文献 300 余件，时间跨度从晚清的 1851 年到中华人民共和国成立的 1949 年，每件文献都标明了来源。编排体例则按照华侨历史与社会活动的主线，分为“移民海外”“抱团取暖”“精忠报国”“情系乡梓”四部分。本书收录文献的原则是代表性和独特性。代表性，即与华侨华人历史重要史实相互联系和印证；独特性，即存世稀少，特色鲜明。为了让读者更加方便地了解文献价值，笔者对文献背景和内容进行了初步考证和揭示。因此，编辑本书的过程，也是笔者学习和提高的过程。

本书能够顺利地编辑出版，首先要感谢的是本书的文献顾问——广东省收藏家协会理事何锡钿先生。何先生为本书的编辑出版提供了几十种珍藏多年的华侨华人民间文献，弥足珍贵。除了提供藏品外，何锡钿先生还根据多年来的收藏和研究经验，向笔者传授了一些华侨华人民间文献的相关知识，使笔者受益匪浅。无独有偶，华侨华人民间文献收藏者郑锦龙父子也十分热情地向笔者提供了“1900 年广东保商总局签发的回国护照”“1908 年南非华侨的亚洲人登记证明”“1917 年美国华人参加纽约州民兵队伍的证明”“1920 年美国合法居留华工返美证”等不可多得的华侨华人民间文献。还有一些民间收藏家，听说笔者要编辑此书、有所请求，都爽快慷慨地提供了必要的帮助，让笔者惊喜又感动。可以说，没有这些民间收藏家的支持，本书的编辑出版只能是愿景。

华侨华人民间文献不仅种类多样，而且语种也比较繁多。除中文外，还有英文、荷兰文、西班牙文、法文等外语，一些地名用令人费解的方言直译，特别是文献上一些文字、印记与华侨华人历史之关联，非一己之力能还原和解读。在此，笔者衷心地感谢厦门大学的庄国土教授、李明欢教授，北京大学的李安山教授，五邑大学的刘进教授，美国布朗大学的胡其渝教授，美国杜鲁门大学的令狐萍教授，加拿大卡尔加里大学的郭世宝教授，法国滨海大学的马骊教授，美国俄亥俄大学的何妍博士，英国剑桥大学的伍汉骐博士等学者，他们对本书中相关华侨史实的考证和说明以及各语种相关内容的翻译都作了专业指导。当然，致力于打造华侨华人精品图书的暨南大学出版社的敬业精神，更给予了笔者“高山流水遇知音”的相知和相许。

不可否认的是，本书一定会留下很多不足和遗憾。首先令人忐忑的是，笔者水平有限，编辑过程中肯定会有很多偏颇和讹误。其次，从目前收集的情况看，文献种类还不尽齐全，很多文献只闻其名，未现其身；有些已现其身，但因各种原因不能获得原件或原件的电子版。再次，由于收集渠道的限制，一些文献难免会有地区差异。对此，在深深抱憾的同时，还敬请方家指正，读者包涵。或许，本书的出版能起到抛砖引玉的作用，会有更多的人关注和研究华侨华人民间文献，促使更多的华侨华人民间文献从沉睡中醒来。这不仅是笔者的初衷，更是笔者的期望，期望不是“或许”，而是“一定”。

2017 年 1 月

目　录

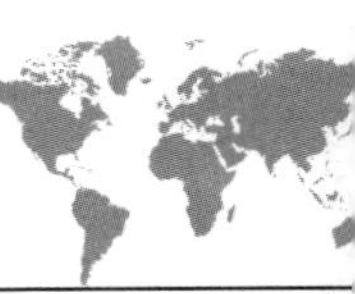

抱团取暖

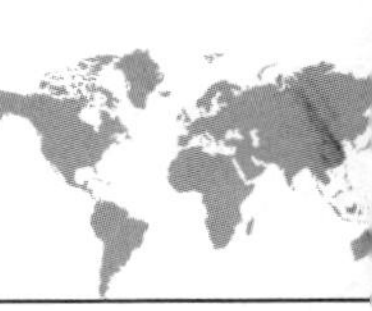

精忠报国

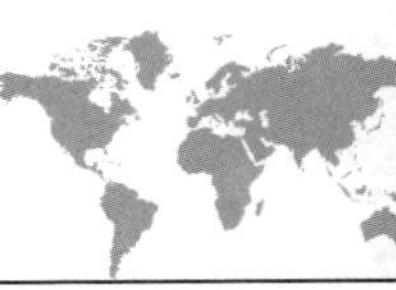

情系乡梓

移民海外

我国向海外移民，大约从唐朝就已开始，最早多去南洋一带，以后逐渐扩展到太平洋岛国/岛屿和大洋洲，最后则几乎遍布全世界。中国人大规模地移居海外并散布到世界各个角落，却是在1840年鸦片战争以后。从1840年鸦片战争至1949年中华人民共和国成立，是中国历史上半殖民地半封建社会的时期。在这百余年的时间里，中国沿海省份以及边境地区的穷苦人民，以空前的规模大量涌出国境谋生。这个时期移民的人数有1 500万以上。足迹所至，远远超出了亚洲的范围，遍及世界各地，从而奠定了现代华侨的基础与规模，因此这一时期是中国移民史最重要的时期。①

广大华侨有着中华民族勤劳朴实、吃苦耐劳的优良传统，他们在异国他乡拓荒垦殖、修筑铁路、开采矿产、经营工商业等，对当地经济和文化事业的发展作出了巨大的贡献。在东南亚各国，华侨的商业销售和收购网点星罗棋布。美国、加拿大、新西兰的金矿，文莱、墨西哥的石油，夏威夷的菠萝，古巴的砂糖，马来西亚、印度尼西亚群岛的香料……都是由于华侨的开发才发展起来的。但是，早期华侨的处境十分艰难，政治上受到不公正的待遇，经济上遭到残酷的压榨。第二次世界大战后，世界华侨社会发生变化，观念上由“落叶归根”变为“落地生根”，80%以上的华侨加入了侨居国国籍，身份也由华侨变为华人。华人经济在华侨经济基础上又有很大发展，成为所在国经济的重要组成部分。华人参政人数也日益增多，为争取华侨华人合法权益作出努力，并成为政坛的一股新生力量。

① 林金枝主编，李国梁等著：《华侨华人与中国革命和建设》，福州：福建人民出版社，1993年，第2页。

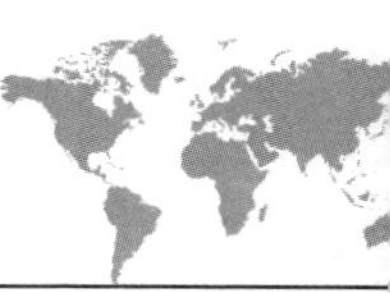

一、契约合同

契约华工，是帝国主义列强在中国掠夺劳动力的一种重要形式。如果说早期的华工出洋还有一部分是出于自愿，那么到鸦片战争后以海峡殖民地为中心的“猪仔”贩卖制度，则将华工推向悲惨的深渊。鸦片战争以后，国门大开，西方人惊喜地发现中国是个向西方提供廉价劳动力的好地方，由于资本主义发展造成的劳动力极度短缺及各国奴隶制度的先后废除，从中国榨取劳动力很快便成为他们的首选。晚清时期，契约华工出国已经成为一种普遍现象，他们的足迹遍布世界各地。大部分的契约华工或是被拐骗，或是被直接掳掠而来，并非出于自愿。他们往往由于运输过程中食物不足、卫生条件差等问题生病死亡，很多契约华工被抛尸海中，这一过程后来被称为“浮动的地狱”。而在出洋后，幸存下来的人也并没有获得好的待遇。虽然他们通过中介与国外公司签订看似平等的劳动契约，但雇主往往拒绝履行契约的规定，强迫契约华工超强度劳动，尽最大可能地压榨、剥削他们。因此，华工所签订的“契约合同”，基本上是一纸空文，其功能和作用是为了蒙蔽更多的华工，使他们上当受骗，为雇主当牛做马。

契约华工进入古巴，与统治古巴的西班牙殖民当局大力发展奴隶制甘蔗种植园经济密不可分。早在 1847 年，西班牙为了加紧对古巴殖民地的掠夺和控制，即以“契约华工”的名义，将大批广东人、福建人诱骗到古巴，贩卖到甘蔗、烟草和咖啡种植园充当劳动力。他们过着牛马不如的生活，所遭受的残酷压迫骇人听闻。非人的待遇使契约华工大量死亡，不少人受尽折磨甚至惨遭虐杀。

在南美洲甘蔗园里戴镣铐劳作的华工

目前面世的华工契约合同，绝大多数是古巴华工的契约合同，大多由西班牙文和中文 2 种语言组成。从 1847 年 6 月 3 日西班牙快速帆船“奥克多”号载着 206 名中国苦力驶入哈瓦那港，到 1874 年古巴的苦力贸易结束的这 27 年间，古巴华工的契约合同先后至少采用过 8 种不同的版本。总体来看，基本内容包括：华工为雇主做工 8 年；每月工资 4 元（比索）；每天的工作时间不超过 12 小时；新年和星期天休息；雇主每天为华工提供约半斤咸肉、2 磅半米以及其他蔬菜；雇主每年向华工提供 2 套换洗衣服、1 条毯子；华工生病应获得妥善的医疗照顾，病假期间工资照付等。①

① 袁艳：《融入与疏离：华侨华人在古巴（1847—1970）》，南开大学博士学位论文，2012 年，第 130 页。

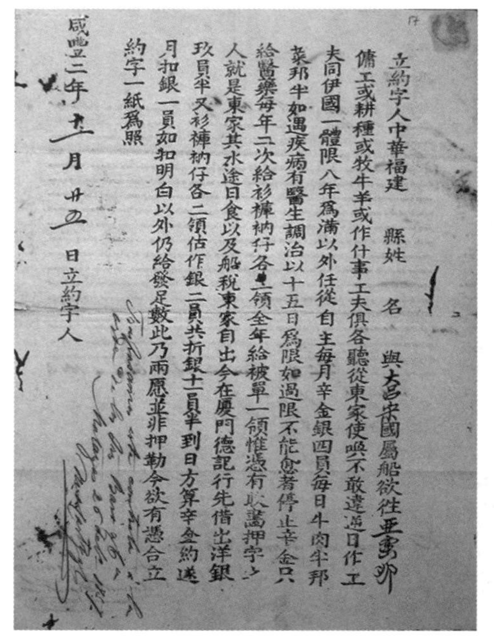

立約字人中華福建　縣姓　名　與大呂宋國屬船欲往亞灣那傭工或耕種或牧牛羊或作什事工夫俱各聽從東家使喚不敢違逆日作工夫同伊國一體限八年為滿以外任從自主每月辛金銀四員每日牛肉半邦菜邦半如遇疾病有醫生調治以十五日為限如過限不能愈者停止辛金只給醫藥每年二次給衫褲衲仔各二領全年給被單一領惟憑有取鑑押字之人就是東家其水途日食以及船稅東家自出今在廈門德記行先借出洋銀玖員半又衫褲衲仔各二領估作銀二員共折銀十一員半到日方算辛金約逐月扣銀一員如知明白以外仍給發足數此乃兩愿並非押勒今欲有憑合立約字一紙為照

咸豐二年十二月廿五日立約字人

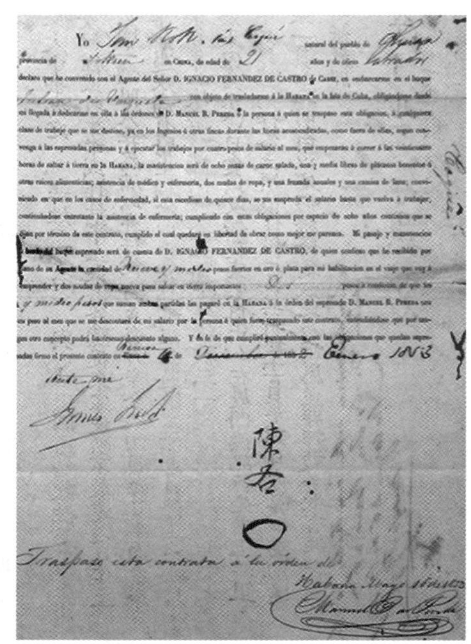

D. IGNACIO FERNANDEZ DE CASTRO

陳各

Traspaso esta contrata á la órden de

1852 年福建华工赴古巴的契约合同

（来源：周军）

上图合同中的“大吕宋国”即西班牙，也称“日斯巴尼亚”。1511 年，西班牙征服者 D. 贝拉斯克斯·德·奎利亚尔率领 300 人的远征队征服古巴，先后建立圣地亚哥、哈瓦那等城市，古巴沦为西班牙的殖民地。西班牙殖民统治时期，在古巴经济生活中占重要地位的是畜牧业、烟草业和蔗糖业。18 世纪中叶以后，蔗糖业逐渐取代烟草业和畜牧业，成为古巴最重要的经济支柱。随着古巴蔗糖业的发展，甘蔗种植园所需的非熟练工人存在很大的缺口。在各种努力均收效甚微之时，西班牙人将招募劳动力的目光转向中国。

华工来古巴前，必须与招工公司（所）签订合同。从上图合同中可以看出，合同持有人陈各，将乘“大吕宋国”属船前往古巴务工，每月辛（薪）银 4 元。陈各先在厦门“德记行”借出洋银 9 元半，以后从工资中扣除。“德记行”是 19 世纪 40 年代中期英国人在厦门开设的两家招工所之一，另一家招工所为“合记行”。这两家招工所垄断了厦门及其附近的苦力买卖。

1855 年广东华工赴古巴的契约合同

（来源：暨南大学图书馆馆藏）

上图合同的持有人梁二，广东东莞人，26 岁。该合同内容非常苛刻，几近卖身。合同中增加了雇主可以“将合同转与别人”，而华工“亦听从别人使令”“如有不尽力做工者或不从事主及头人之令，认从责罚”等条款。

19 世纪中后期，香港是除汕头、广州、澳门、上海之外的苦力贸易的主要输出港口。合同右上角的“遊（游）盛行”（Lyall，Still & Co.），是十九世纪五六十年代一家设在香港的航运公司，负责运送华工到古巴，从中获利不少。不过在 1866 年以后，“遊（游）盛行”就倒闭了。

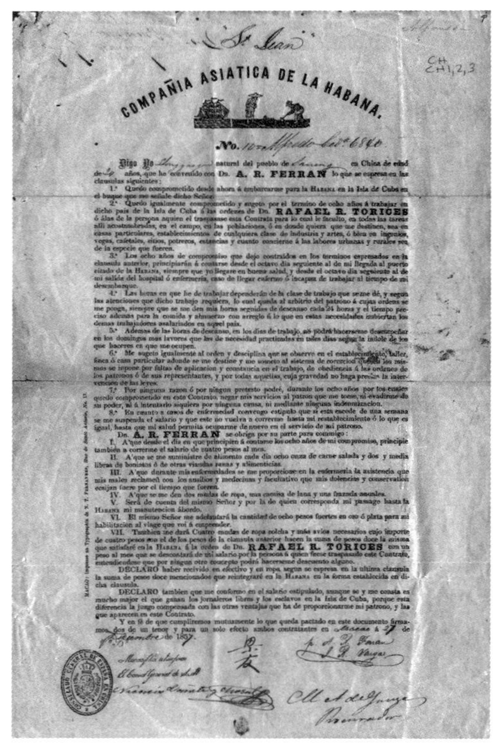

COMPAÑIA ASIATICA DE LA HABANA.

No.

Digo Yo natural del pueblo de en China de edad de años, que he convenido con Dn. A. R. FERRAN lo que se expresa en las clausulas siguientes:

1.ª Quedo comprometido desde ahora á embarcarme para la HABANA en la Isla de Cuba en el buque que me señale dicho Señor.

2.ª Quedo igualmente comprometido y sugeto por el termino de ocho años á trabajar en dicho pais de la Isla de Cuba á las ordenes de Dn. RAFAEL R. TORICES ó álas de la persona aquien el traspasase esta Contrata para lo cual le faculto, en todas las tareas allí acostumbradas, en el campo, en las poblaciones, ó en donde quiera que me destinen, sea en casas particulares, establecimientos de cualquiera clase de industria y artes, ó bien en ingenios, vegas, cafetales, sitios, potreros, estancias y cuanto concierne á las labores urbanas y rurales sea de la especie que fueren.

3.ª Los ocho años de compromiso que dejo contraidos en los terminos expresados en la clausula anterior, principiarán á contarse desde el octavo dia siguiente al de mi llegada al puerto citado de la HABANA, siempre que yo llegare en buena salud, y desde el octavo dia siguiente al de mi salida del hospital ó enfermería, caso de llegar enfermo ó incapaz de trabajar al tiempo de mi desembarque.

4.ª Las horas en que he de trabajar dependerán de la clase de trabajo que se me dé, y segun las atenciones que dicho trabajo requiera, lo cual queda al arbitrio del patrono á cuyas ordenes se me ponga, siempre que se me den mis horas seguidas de descanso cada 24 horas y el tiempo preciso ademas para la comida y almuerzo con arreglo á lo que en estas necesidades inviertan los demas trabajadores asalariados en aquel pais.

5.ª Ademas de las horas de descanso, en los dias de trabajo, no podrá hacerseme desempeñar en los domingos mas lavores que las de necesidad practicadas en tales dias segun la indole de los que haceres en que me ocupen.

6.ª Me sugeto igualmente al orden y desciplina que se observe en el establecimiento, taller, finca ó casa particular adonde se me destine y me someto al sistema de correccion que en los mismos se impone por faltas de aplicacion y constancia en el trabajo, de obediencia á las ordenes de los patronos ó de sus representantes, y por todas aquellas, cuja gravedad no haga precisa la intervencion de las leyes.

7.ª Por ninguna razon ó por ningun pretesto podré, durante los ocho años por los cuales quedo comprometido en este Contrato, negar mis servicios al patron que me tome, ni evadirme de su poder, ni á intentarlo siquiera por ninguna causa, ni mediante ninguna indemnizacion.

8.ª En cuanto a casos de enfermedad convengo estipulo que si esta escede de una semana se me suspenda el salario y que este no vuelva a correrme hasta mi restablecimiento ó lo que es igual, hasta que mi salud permita ocuparme de nuevo en el servicio de mi patrono.

Dn. A. R. FERRAN se obriga por su parte para conmigo:

I. A'que desde el dia en que principien á contarse los ocho años de mi compromiso, principie tambien a correrme el salario de cuatro pesos al mes.

II. A'que se me suministre de alimento cada dia ocho onza de carne salada y dos y media libras de bonitos ó de otras viandas sanas y alimenticias.

III. A'que durante mis enfermedades se me proporcione en la enfermería la asistencia que mis males reclamen con los ausilios y medecinas y facultativo que mis dolencias y conservation ecsijan fuere por el tiempo que fueren.

IV. A'que se me den dos mudas de ropa, una camisa de lana y una frazada anuales.

V. Será de cuenta del mismo Señor y por la de quien corresponda mi pasage hasta la HABANA mi manutencion ábordo.

VI. El mismo Señor me adelantará la cantidad de ocho pesos fuertes en oro ó plata para mi habilitacion al viage que voi á emprender.

VII. Tambien me dará Cuatro mudas de ropa colcha y mis avios necesarios cujo importe de cuatro pesos con el de los pesos de la clausula anterior hacen la suma de pesos doce la misma que satisfaré en la HABANA á la orden de Dn. RAFAEL R. TORICES con un peso al mes que se descontará de mi salario por la persona á quien fuese traspasado este Contrato, entendiendose que por ningun otro concepto podrá hacerseme descuento alguno.

DECLARO haber recivido en efectivo y en ropa segun se espresa en la ultima clausula la suma de pesos doce mencionados que reintegraré en la HABANA en la forma establecida en dicha clausula.

DECLARO tambien que me conformo en el salario estipulado, aunque se y me consta es mucho major el que ganan los jornaleros libres y los esclavos en la Isla de Cuba, porque esta diferencia la juzgo compensada con las otras ventajas que ha de proporcionarme mi patrono, y las que aparecen en este Contrato.

Y en fé de que cumpliremos mutuamente lo que queda pactado en este documento firmamos dos de un tenor y para un solo efecto ambos contratantes en Macao á 27 de Diciembre de 1857.

梁友

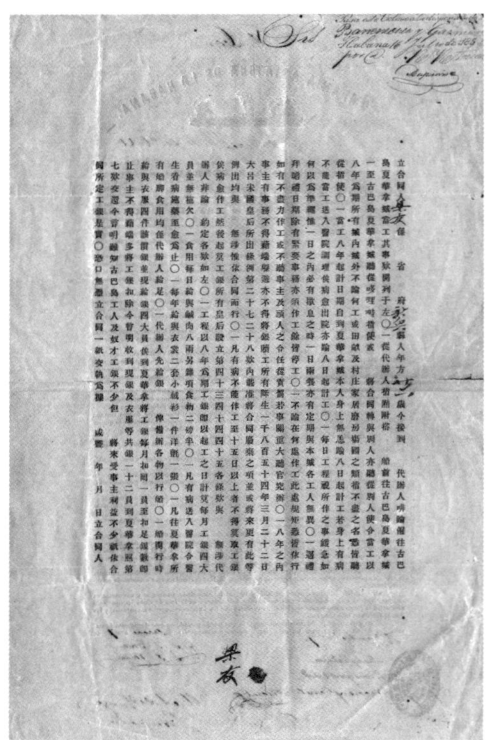

立合同人梁友係　省　府新會縣人年方二十六歲今投到　代辦人咪論僱往古巴島夏華拿城當工其事款開列于左〇一從代辦人指點附搭　船前往古巴島夏華拿城一至古巴島夏華拿城聽從嗲哩吁啦使喚　將合同轉與別人亦聽從別人使令當工以八年為期所有城內城外不論何工或田畝及村庄家居磨房街舖之類皆不盡之名總皆聽從指使〇一當工八年起計日期自到夏華拿城本人身上無恙論八日起計工若身上有病不能當工送入醫院調理俟病愈出院亦論八日起計工〇一每日工程視所作之事緩急如何以為準總惟一日之內必有歇息之時一日兩餐亦有定期與本城各工人無異〇一遇禮拜瞻禮日期除有緊要事務亦須作工餘皆停工〇一不論在何處作工此處規矩悉皆依行如有不盡力作工或不聽事主及頭人之命任從責罰若事關重大聽官究辦〇一八年之內事主有事務不得藉端推卸亦不得將銀贖工所有隨生一千八百五十四年三月二十二日大呂宋國皇后所出條例第二十七二十八款內載准將合同廢棄之項並或將來更有此等俱出均與　無涉惟依合同而行〇一凡有病不能作工至十五日以上者不得資取工銀俟病愈作工然後起算工銀所有皇后設立第四十三四十四四十五各條款與　無涉代辦人非論　約定各款如左〇一工程以八年為期工銀即以起工之日計算每月工銀四大員並無拖欠〇一食用每日給與鹹肉八兩另雜項食物二磅半〇一凡有病送入醫院令醫生看病施藥至愈為止〇一每年給與衣裳二套小絨衫一件洋氈一張〇一凡往夏華拿所有船脚食用均係代辦人給足〇一代辦人先給銀　俾備辦各物以行船〇一船開行時給與衣服四件該價銀並現給銀四大員俟到夏華拿將工銀每月扣回一員至扣足銀數即止事主不得藉端多將工銀扣除今皆明收到現銀及衣服等共銀一十二員到夏華拿照第七款交還今言明雖知古巴島工人及奴才工銀不少但　將來受事主利益不少亦依合同所定工銀是實〇恐口無憑立合同一紙交執為據

咸豐　年　月　日立合同人

梁友

1857 年广东华工赴古巴的契约合同

（来源：徐云）

19 世纪中后期，古巴华侨华人人数一度位居拉丁美洲各国之首。1860 年，古巴有华侨华人 34 834 人，几乎与美国华侨华人人数一样多（当时在美国的华侨华人有 34 933 人）。在整个美洲地区，古巴华侨华人的规模和重要性一度仅次于美国。20 世纪上半叶，哈瓦那唐人街盛极一时，其热闹和繁华程度只稍逊色于美国旧金山的唐人街，在拉丁美洲地区首屈一指。①

上图合同持有人梁友，26 岁，广东新会人。合同中提到的“夏华拿”即现在古巴的首都哈瓦那（La Habana），当时也被称为“亚弯那”“亚湾拿”“夏湾拿”。

① 袁艳：《融入与疏离：华侨华人在古巴（1847—1970）》，南开大学博士学位论文，2012 年，第 2 页。

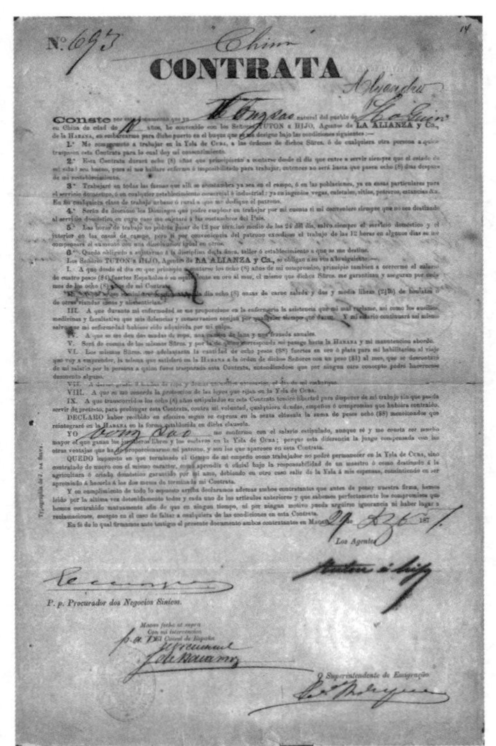
No. 693

CONTRATA

P. p. Procurador dos Negocios Sinicos.

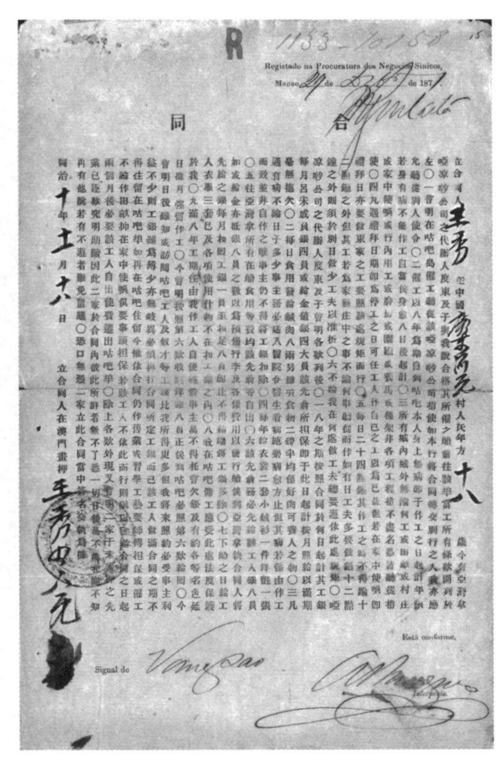
Registado na Procuratura dos Negocios Sinicos,

合 同

Está conforme,

Signal de

1871 年广东华工赴古巴的契约合同

（来源：徐云）

晚清时期，澳门是运送古巴华工最多的口岸。根据英国驻哈瓦那总领事的统计，在 1847—1874 年，登上开往古巴苦力船的 142 422 名华工中，来自厦门、汕头、广州和香港等地的华工共 43 273 人，占总数的 30%，其余 99 149 人来自澳门，占全部华工的 70%。[①] 澳门专门贩卖人口的“猪仔馆”最为臭名昭著。鸦片战争后，美英等国的人口贩子在资本家的招引和本国政府的大力鼓动下，纷纷来到澳门，收买大批本地流氓、黑社会分子，施展各种欺诈、胁迫手段，进行贩卖人口的活动。1851 年，澳门的“猪仔馆”只有 5 家，1865 年增至 8—10 家，1866 年增至 35—40 家。澳门出口的苦力主要运往拉丁美洲地区，特别是古巴和秘鲁。[②]

上图这张 1871 年的华工契约合同，即“在澳门签署画押”。合同持有人王秀，广东人，18 岁。

① 吴剑雄：《十九世纪前往古巴的华工（1847—1874）》，张炎宪主编：《中国海洋发展史论文集》（第三辑），台北：“中央研究院”三民主义研究所，1988 年，第 437 页。

② 刘明古：《澳门猪仔馆》，《四川统一战线》1999 年第 12 期。

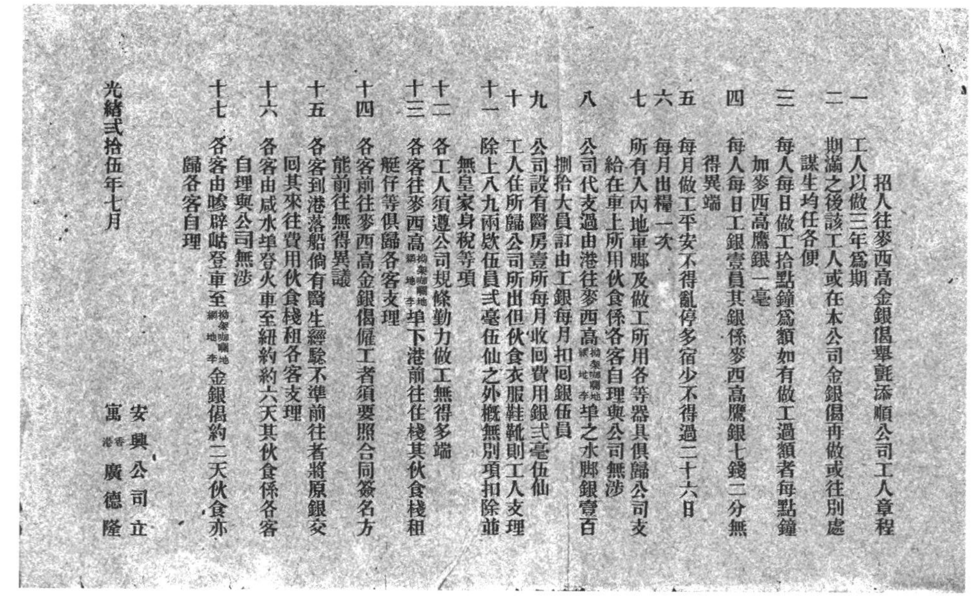

招人往麥西高金銀倡畢氈添順公司工人章程

一　工人以做三年爲期

二　期滿之後該工人或在本公司金銀倡再做或往別處謀生均任各便

三　每人每日做工拾點鐘爲額如有做工過額者每點鐘加麥西高鷹銀一毫

四　每人每日工銀壹員其銀係麥西高鷹銀七錢二分無得異端

五　每月做工平安不得亂停多宿少不得過二十六日

六　每月出糧一次

七　所有入內地車脚及做工所用各等器具俱歸公司支給在車上所用伙食係各客自理與公司無涉

八　公司代支過由港往麥西高埠之水脚銀壹百捌拾大員訂由工銀每月扣回銀伍員

九　公司設有醫房壹所每月收回費用銀弍毫伍仙

十　工人住所歸公司所出但伙食衣服鞋靴則工人支理

十一　除上八九兩欵伍員弍毫伍仙之外概無別項扣除並無皇家身稅等項

十二　各工人須遵公司規條勤力做工無得多端

十三　各客往麥西高埠下港前往住棧其伙食棧租艇仔等俱歸各客支理

十四　各客前往麥西高金銀倡僱工者須要照合同簽名方能前往無得異議

十五　各客到港落船倘有醫生經驗不準前往者將原銀交回其來往費用伙食棧租各客支理

十六　各客由咸水埠登火車至紐約約六天其伙食係各客自理與公司無涉

十七　各客由畯辟岵登車至金銀倡約二天伙食亦歸各客自理

光緒弍拾伍年七月

安興公司立

寓香港廣德隆

1899 年香港广德隆安兴公司发布的墨西哥招工章程

（来源：徐云）

中国与墨西哥的贸易关系最早，但侨居墨西哥之华工，比古巴和秘鲁少。1899 年，中国同墨西哥订立《友好通商条约》，并正式建立外交与领事关系。我国赴墨的华商和华工增多。墨西哥商人及外国公司纷纷从中国广东等地直接招募大批华工去墨，中国商人也随之前往墨西哥经商。二十世纪二三十年代，华侨几乎散居在墨西哥各州及各主要市镇。早期来墨西哥的华工和华侨绝大多数是广东沿海地区人，尤其以台山县各乡及新会、开平、中山等地人居多。① 各国的雇主资本家为了能够保证劳动力的供应，纷纷提高招工的佣金，许诺种种优厚条件，委托香港、澳门等地“客头”或洋行作为代理经纪人进行活动。

上图的墨西哥招工章程即由香港广德隆安兴公司发布。主要内容有：工人做工三年为期；每人每日做工“拾点钟”（十个小时）；公司代支过由港往墨西哥的车船费；公司设有医房一所，每月收回费用银“贰毫伍仙”；工人住所归公司所出，但伙食、衣服、鞋靴则由工人支理；各工人须遵守公司规条，勤奋做工，无得多端；各客前往墨西哥下港前往住栈，其伙食、栈租、艇仔等俱归各客支理；雇工者须要照合同签名方能前往；各客到港落船，倘有医生经验不准前往者，将原银交回，其来往费用、伙食、栈租各客支理等。

上图招工章程中的“麦西高”即“墨西哥”（Mexico）。

① 参见萨那、张玉玲：《论墨西哥华侨社会的变迁》，《华侨华人历史研究》1989 年第 1 期。

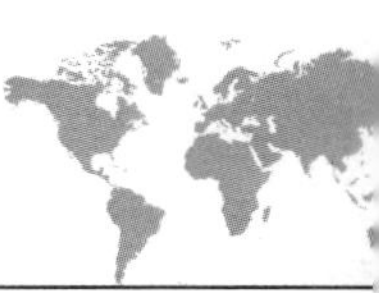

二、身份证明

18 世纪末以前，各国华侨人口尚为稀少时，当地政府并不认为会存在什么问题，各国政府也不怎么关心或过问华侨的法律身份。随着各国封建制度的逐渐解体及资本主义制度的确立，国际关系日趋密切，民间交往也日益频繁，于是明确公民法律身份的问题被提上了议事日程。[①] 海外华人移民的身份问题一直是华侨史研究中不可忽视的问题。不论是“自由移民”时期还是“禁止”和“限制”时期，在合法身份问题上，海外华人有过屈辱，也有过抗争。海外华人的合法身份问题也一直存在并影响着侨居地政府和中国政府的移民政策与对外关系。从 1875 年清政府开始在海外陆续设领事馆以来，历届中国政府华侨政策的重要举措和实践都与海外华人的合法身份问题紧密相关。

19 世纪 70 年代，古巴华工的苦况经由英国、美国领事等以及报章的介绍，逐渐引起清政府注意，清政府遂组成调查团赴古巴调查。陈兰彬调查团于 1874 年 3 月到达哈瓦那，先后视察了哈瓦那与古巴各省的甘蔗种植园、猪仔馆、制糖厂以及囚禁华工的“官工所”。调查团所到之处，华工纷纷前来控诉所受虐待，有的投递禀帖，有的出示身上伤痕。在六个星期之内，调查团收集到大量文字材料和 1 176 份证词，并收到由 1 665 人签名的 85 份诉状。这些材料与诉状，揭露了华工从在中国应募开始的苦难生活，表明 80% 的华工是被绑拐或诱骗来的；在航行期间，华工的死亡率超过 10%；在哈瓦那，华工被贩卖为奴，被施以各种酷刑，以致有严重伤亡。[②]

陈兰彬等在他们致总理衙门的申呈内，以深沉的笔触描述了古巴华工被打死、伤死、缢死、刎死、服毒死、投水死、投糖锅死等各种悲惨遭遇。此报告所述古巴华工苦难的内容，使清廷大为震惊。清政府决定停止向古巴输送新的华工，并加强对华工的保护。1879 年，清政府在哈瓦那设立总领事馆，第一任总领事刘亮源。其甫一到任，即开展保护侨民的合法权益的外交任务，而政府对在外侨民实行外交保护的重要前提就是该侨民具有国际法上承认的本国的国籍。于是，领事馆号令全体华工到总领事署报名注册，每人发给国籍证明一张，英、美等国领事也将华人名单送交中国领事保护。

---

① 黄昆章：《论华侨国籍问题》，《暨南学报》（哲学社会科学版）1992 年第 2 期。

② 陈晓燕、杨艳琼：《古巴华工案与晚清外交近代化》，《浙江社会科学》2005 年第 3 期。

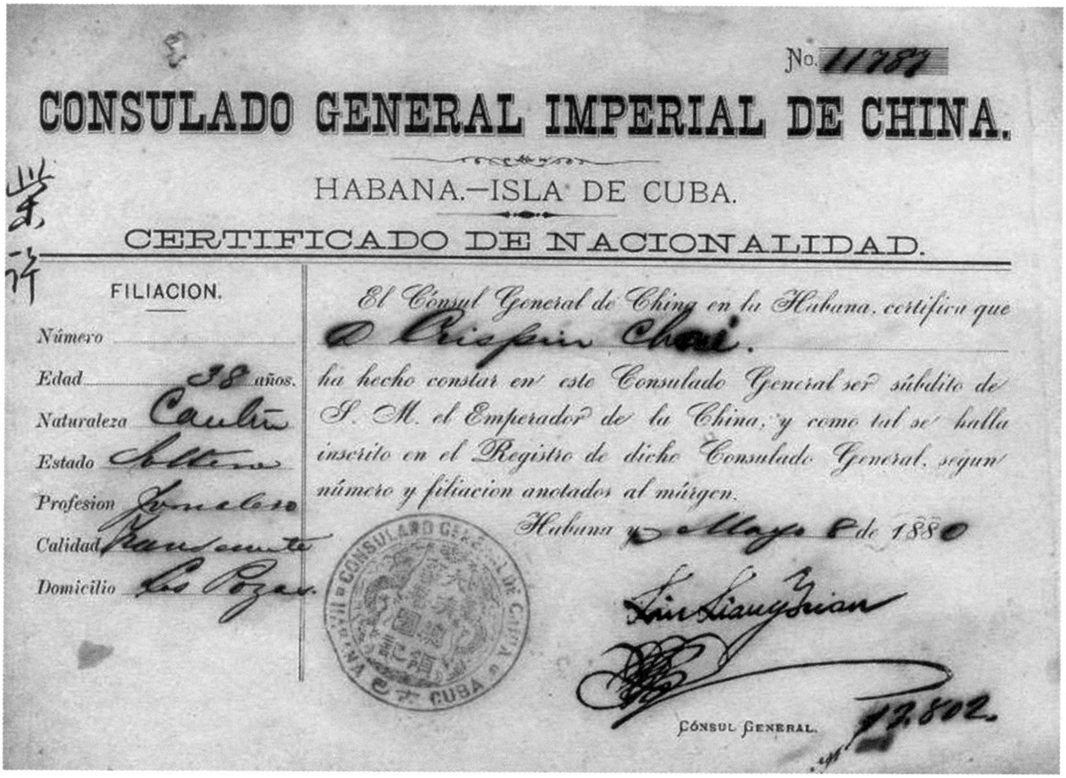

No. 11787

CONSULADO GENERAL IMPERIAL DE CHINA.

HABANA.—ISLA DE CUBA.

CERTIFICADO DE NACIONALIDAD.

FILIACION.

Número

Edad 38 años.

Naturaleza Cantón

Estado Soltero

Profesion

Calidad

Domicilio Los Pozos

El Cónsul General de China en la Habana, certifica que

D. Crispin Chou

ha hecho constar en este Consulado General ser súbdito de S. M. el Emperador de la China, y como tal se halla inscrito en el Registro de dicho Consulado General, segun número y filiacion anotados al márgen.

Habana 8 de Mayo de 1880

CÓNSUL GENERAL.

1880 年大清国驻古巴总领事署为古巴华工签发的国籍证明

（来源：徐云）

陈兰彬（1816—1895 年），晚清时期大臣、学者，首任中国驻美公使。广东省吴川市黄坡镇黄坡村人。1870 年，在曾国藩的推荐下，以太常寺正卿衔被任命为留美学生委员，会同副委员容闳制定了《挑选幼童前赴泰西肄业章程》十二条。1872 年开始陆续选派幼童 4 批共 120 人赴美学习，是年八月十一日，陈兰彬为监督、容闳为副监督，率领第一批学童 30 人赴美留学，这是近代中国第一批留美学生。1874 年，被委古巴专使，往古巴调查了解古巴华侨受奴役、迫害，被买卖、鞭笞，生活无着等情况，向清政府提交详细调查报告。次年与古巴殖民者西班牙当局交涉谈判，签订了改善华工待遇的《古巴华工条款》，解决华工的人身自由和合法权益问题。1878 年，以太常寺卿身份出使美国、西班牙、秘鲁；后奉调回国，历任兵部、礼部侍郎及会试阅卷大臣等职。

陈兰彬

陈兰彬等人前往古巴调查华工生存状况后，将调查情况、华工口述、华工事务章程等内容形成的调查报告上呈清政府。2014 年上海书店出版社根据美国哥伦比亚大学东亚图书馆所藏《古巴华工调查录》的底本原貌，影印出版了《古巴华工调查录》一书。该书共分为六册，主要分为两大部分，围绕陈兰彬等人在古巴调查了解华工的工作而展开。第一部分是被调查的约 278 位华工的口述资料，分别从华工个人情况、劳资关系、所受待遇等方面详细展开。第二部分为调查组针对以上华工的口供情况所撰写的古巴华工调查报告。调查报告非常详尽、细致，并且作为华工的利益代表方，提出了一系列解决古巴华工待遇问题的措施。该书的历史意义自不待言，更珍贵的是，此次影印出版被视为这些资料的首次公开。

《古巴华工调查录》

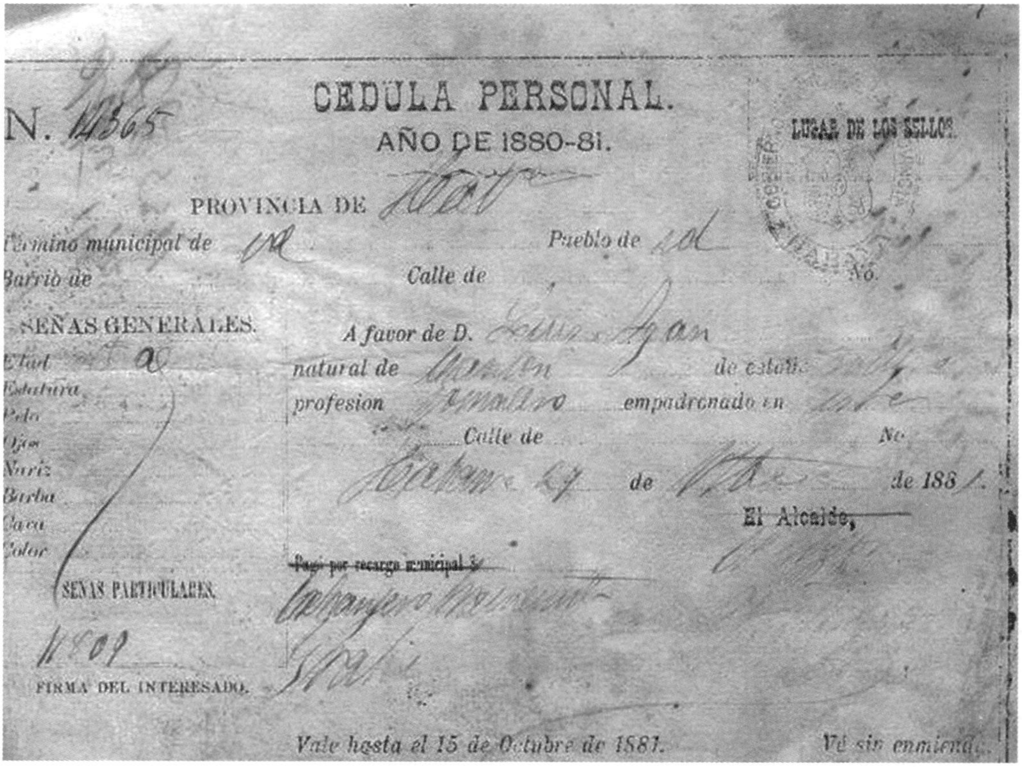

CEDULA PERSONAL.
AÑO DE 1880-81.

N.

PROVINCIA DE

Término municipal de　　Pueblo de

Barrio de　　Calle de

SEÑAS GENERALES.　　A favor de D.

Edad　　natural de　　de estado

Estatura　　profesion　　empadronado en

Pelo　　Calle de　　No.

Ojos

Nariz　　de　　de 188

Barba

Cara　　El Alcalde,

Color

Pagó por recargo municipal $

SEÑAS PARTICULARES.

FIRMA DEL INTERESADO.

LUGAR DE LOS SELLOS.

No.

Vale hasta el 15 de Octubre de 1881.　　Vá sin enmienda.

1881 年古巴华工的身份证明（“行街纸”）

（来源：徐云）

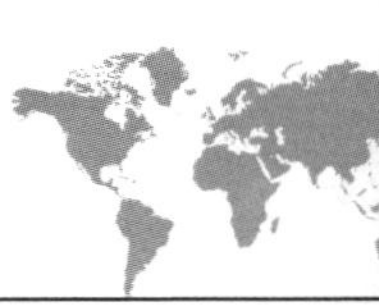

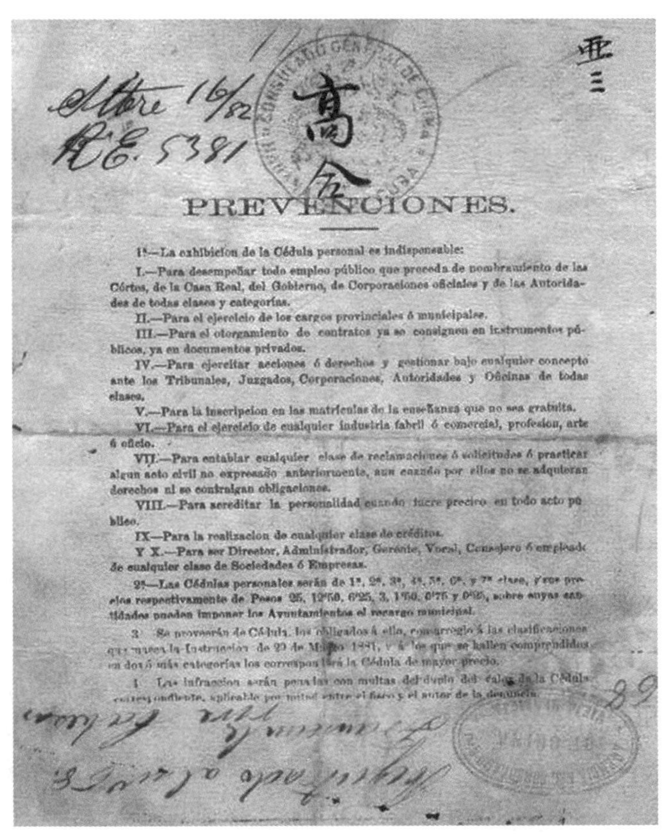

PREVENCIONES.

1ª—La exhibicion de la Cédula personal es indispensable:

I.—Para desempeñar todo empleo público que proceda de nombramiento de las Córtes, de la Casa Real, del Gobierno, de Corporaciones oficiales y de las Autoridades de todas clases y categorías.

II.—Para el ejercicio de los cargos provinciales ó municipales.

III.—Para el otorgamiento de contratos ya se consignen en instrumentos públicos, ya en documentos privados.

IV.—Para ejercitar acciones ó derechos y gestionar bajo cualquier concepto ante los Tribunales, Juzgados, Corporaciones, Autoridades y Oficinas de todas clases.

V.—Para la inscripcion en las matrículas de la enseñanza que no sea gratuita.

VI.—Para el ejercicio de cualquier industria fabril ó comercial, profesion, arte ó oficio.

VII.—Para entablar cualquier clase de reclamaciones ó solicitudes ó practicar algun acto civil no expresado anteriormente, aun cuando por ellos no se adquieran derechos ni se contraigan obligaciones.

VIII.—Para acreditar la personalidad cuando fuere preciso en todo acto público.

IX—Para la realizacion de cualquier clase de créditos.

Y X.—Para ser Director, Administrador, Gerente, Vocal, Consejero ó empleado de cualquier clase de Sociedades ó Empresas.

2ª—Las Cédulas personales serán de 1ª, 2ª, 3ª, 4ª, 5ª, 6ª, y 7ª clase, y sus precios respectivamente de Pesos 25, 12'50, 6'25, 3, 1'50, 0'75 y 0'25, sobre cuyas cantidades pueden imponer los Ayuntamientos el recargo municipal.

3ª Se proveerán de Cédula los obligados á ello, con arreglo á las clasificaciones que marca la Instruccion de 29 de Marzo 1881, y á los que se hallen comprendidos en dos ó más categorías los correspon lerá la Cédula de mayor precio.

4ª Las infraccion serán penadas con multas del duplo del valor de la Cédula correspondiente, aplicable por mitad entre el fisco y el autor de la denuncia.

1881 年古巴华工的身份证明（“行街纸”）

（来源：徐云）

在 19 世纪的古巴，所有华工合约期满之后都必须有“行街纸”（Cedula），才能合法地在工作以外的地方自由行动。获得“行街纸”，首先要得到“满身纸”。合约期满后，华工要从雇主那里拿到“满身纸”，证明他们已经完成合约，然后才能到古巴当地机关申请“行街纸”，而很多华工就是被雇主在“满身纸”的事情上刁难，被迫续约。中国驻古巴总领事馆建立后，刘亮源与西班牙总督多次交涉，力争华工无论工期满与不满，一律发给“行街纸”，古巴华工的权益得到切实保护。华工的国籍证明，是申请“行街纸”所必需的证件。有国籍证明后，古巴的中国领事会帮助华工向古巴当局申请“行街纸”。

上页图中“行街纸”的正面主要登记了持证人的基本信息。持证人名为 Luis Ayan，单身，原籍广东。证明背面（上图）的“PREVENCIONES”是“行街纸”的使用规定，比如任何时候出行都要携带“行街纸”，“行街纸”通常只有一年的有效期等。

No. 48214 ORIGINAL.

UNITED STATES OF AMERICA.

Certificate of Residence.

Issued to Chinese LABORER, under the Provisions of the Act of May 5, 1892.

This is to Certify THAT Wong Chew, a Chinese LABORER, now residing at Portland, Oregon, has made application No. to me for a Certificate of Residence, under the provisions of the Act of Congress approved May 5, 1892, and I certify that it appears from the affidavits of witnesses submitted with said application that said Wong Chew was within the limits of the United States at the time of the passage of said Act, and was then residing at Portland, Oregon, and that he was at that time lawfully entitled to remain in the United States, and that the following is a descriptive list of said Chinese LABORER, viz.:

NAME: Wong Chew AGE: 34 Years

LOCAL RESIDENCE: Portland, Oregon.

OCCUPATION: Cook HEIGHT: 5 ft 3 ins COLOR OF EYES: Dk Brown

COMPLEXION: Light PHYSICAL MARKS OR PECULIARITIES FOR IDENTIFICATION: Mark front right ear

And as a further means of identification, I have affixed hereto a photographic likeness of said Wong Chew.

GIVEN UNDER MY HAND AND SEAL this day of March, 1894, at Portland, State of Oregon.

Collector of Internal Revenue, District of Oregon.

1894 年美国俄勒冈州波特兰华人劳工居住证明

（来源：暨南大学图书馆馆藏）

1882 年 5 月 6 日，美国国会通过了美国历史上第一个限制外来移民的法案——《关于执行有关华人条约诸规定的法律》，即通常所谓的“排华法案”。“排华法案”规定华人劳工十年内禁止进入美国，否则将遭到监禁或者驱逐。

1892 年美国《盖瑞法案》（*Geary Act*）除了规定中国劳工十年内不得入境外，还要求已经在美国的中国人拥有“居住证明”，作为他们合法进入并有权留在美国的证明。居住证明包括姓名、年龄、职业、居住地和本人照片等信息。在美国的所有中国人须在一年内申请居住证明，伪造任何证书都会被惩罚。该法案的另一条规定是，需要两个白人作证来证明中国人的移民身份。任何没有居住证明的中国劳工，都“被视为和判定为非法”，他们可能会被逮捕，然后被迫做苦工，一年后被驱逐出境。《盖瑞法案》出台后，以中华会馆为首的华人社区领袖发起了全国性的抗议活动。1893 年，美国最高法院判决该法案没有违宪，华人上诉失败。① 清政府下令要华人服从美国本土法令，抵制运动才终止。从 1894 年起，各地华人被迫重新登记。

登记后的华人会得到一张居住证明。居住证明分为“劳工居住证明”和“非劳工居住证明”两种，上图为“劳工居住证明”，持证人 Wong，居住在俄勒冈州波特兰市，按 1892 年国会的法律进行中国劳工的登记，他依法有权留在美国。

① 万晓宏：《美国对华移民政策研究（1848—2001 年）》，暨南大学硕士学位论文，2002 年，第 20 页。

DESCRIPTION

Name: Jew Chee

Age: 46 Height: 5 ft. 8 in.

Occupation: Merchant, San Francisco, Cal.

Admitted as: Merchant, Claims arrival 1887 #14854/10-10 SS Chiyo Maru Dec. 6, 1915

Physical marks and peculiarities: Mole on left jaw bone

Issued at the port of San Francisco, Cal. this 7th day of January 1916

Immigration Official in Charge

No. 21744 ORIGINAL

THE UNITED STATES OF AMERICA

CERTIFICATE OF IDENTITY

ISSUED IN CONFORMITY WITH RULE 19 OF THE CHINESE RULES OF THE BUREAU OF IMMIGRATION, DEPARTMENT OF LABOR.

This is to certify that the person named and described on the reverse side hereof has been regularly admitted to the United States, as of the status indicated, whereof satisfactory proof has been submitted. This certificate is not transferable and is granted solely for the identification and protection of said Chinese person so long as his status remains unchanged; to insure the attainment of which object an accurate description of said person is written on the reverse side hereof, and his photographic likeness is attached, with his name written partly across, and the official seal of the United States Immigration officer signing this certificate, impressed partly over said photograph.

1916 年美国劳工部移民局为美国土生华人在中国出生子女获准入境后签发的公民证书

（来源：暨南大学图书馆馆藏）

1868 年，美国宪法的第十四条修正法案规定："所有在美国出生或在美国归化，并受美国司法管辖的人，都是美国公民以及其所居住州的居民。"1906 年，旧金山的一场大地震为非美国土生华人转换身份创造了机遇。大地震几乎将旧金山整座城市摧毁，保存在政府部门的档案资料和移民纪录遭到毁灭性的破坏。地震后，由于当局没有原始依据，便规定只要有两个美国白人公民作证，就可以补领相关证明文件。于是，很多华人拿出自己多年的积蓄，委托白人律师为自己补领出世纸和身份证明，摇身一变而成为土生华人、美国公民，并且可以利用自己拥有的宪法权益，趁机让非直系亲属青年冒充自己在中国出生的子女，并使其循合法途径移民美国。这种现象被学者称为"冒籍"，而冒名顶替之人，俗称"纸儿子"。

上图是美国华人公民在中国出生子女获准入境后，由美国劳工部移民局签发的公民证书。至于持证人是"真后嗣"，还是"纸儿子"，已无从考证。

NUMBER 11938

DOMINION OF CANADA

IMMIGRATION BRANCH — DEPARTMENT OF THE INTERIOR

THIS CERTIFIES THAT

OTTAWA, February 6, 1917

Wong Lung Chew — of Nanaimo, British Columbia whose photograph is hereto attached claims to be Wong Lung Chew — who arrived at Victoria on the 14th day of December 1903 who was registered at Ottawa under No. 50498 at Victoria under No. 28913 and to whom C.I. No. 44580 was issued.

This certificate is given in exchange for C.I. above mentioned and while it is not an admission that the party to whom it is issued was ever legally admitted into Canada it may, unless cancelled upon presentation, be used, when registering out under C.I. 9.

E. Blake Rober

ASSISTANT CHIEF CONTROLLER OF CHINESE IMMIGRATION

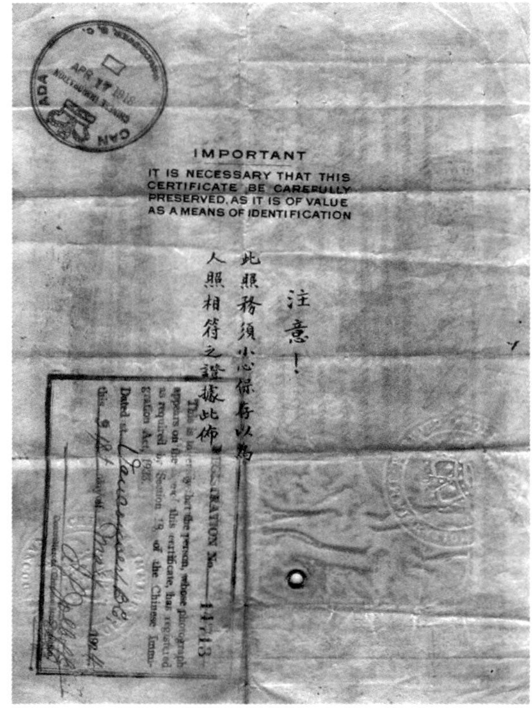

IMPORTANT

IT IS NECESSARY THAT THIS CERTIFICATE BE CAREFULLY PRESERVED, AS IT IS OF VALUE AS A MEANS OF IDENTIFICATION

注意！

此照務須小心保存以為人照相符之證據此佈

REGISTRATION No. 14713

This is to certify that the person, whose photograph appears on the reverse of this certificate, has registered as required by Section 18 of the Chinese Immigration Act, 1923.

Dated at Vancouver, B.C. this 9th day of ... 1924

1917 年加拿大华人身份证明

（人头税证明）

（来源：徐云）

NUMBER 83458

DOMINION OF CANADA

NEW C.I. 5 SERIES

IMMIGRATION BRANCH — DEPARTMENT OF THE INTERIOR

RECEIVED FROM

Lee Lun Jing whose photograph is attached hereto, on the date and at the place hereunder mentioned, the sum of Five Hundred Dollars being the head tax due under the provisions of the Chinese Immigration Act. The above mentioned party who claims to be a native of Fung Kee in the District of Sun Ning of the age of [illegible] years arrived or landed at VICTORIA, B.C. on the 2nd day of July 1923 ex EMPRESS OF RUSSIA. The declaration in this case is C.I. [illegible] No. [illegible]

Dated at VICTORIA, B.C. on JUL 13 1923 19

CONTROLLER OF CHINESE IMMIGRATION.

1923 年加拿大华人身份证明（人头税证明）

（来源：徐云）

1881 年至 1885 年，为了修建横贯东西两岸的太平洋铁路，加拿大政府引进 1 500 余名华工。1885 年，西段铁路工程完成后，这些华工愿意留居加拿大，但是遭到当地白人劳工抵制。由此，1885 年加拿大政府颁布《中国人移民法案》，对这批打算定居的华工征收每人 50 加元的移民人头税，并规定此后所有移民加拿大的华人都必须缴纳该税。1900 年，人头税提高至 100 加元；最高峰是 1903 年的 500 加元，相当于华工当时两年的工资。① 至 1923 年，加拿大政府共向超过 8 万名中国移民征收了总计 2 300 多万加元的人头税。② 华人缴纳人头税后，加拿大政府即发给一张证明，这张证明既是交税后的收据，又是合法身份的证明书。1923 年 6 月 30 日，加拿大政府颁布了更为苛刻的《中国移民法案》（*Chinese Immigration Act*），严格限制华人入境。

上图这张“1923 年加拿大华人身份证明”，签发日期是 7 月 13 日。

---

① 雪峰：《加拿大历史上的人头税》，《涉外税务》1992 年第 9 期。

② 《加拿大总理为何重提向华人道歉》，新华网，http：//news. xinhuanet. com/overseas/2015 - 06/24/c_127944710. htm。

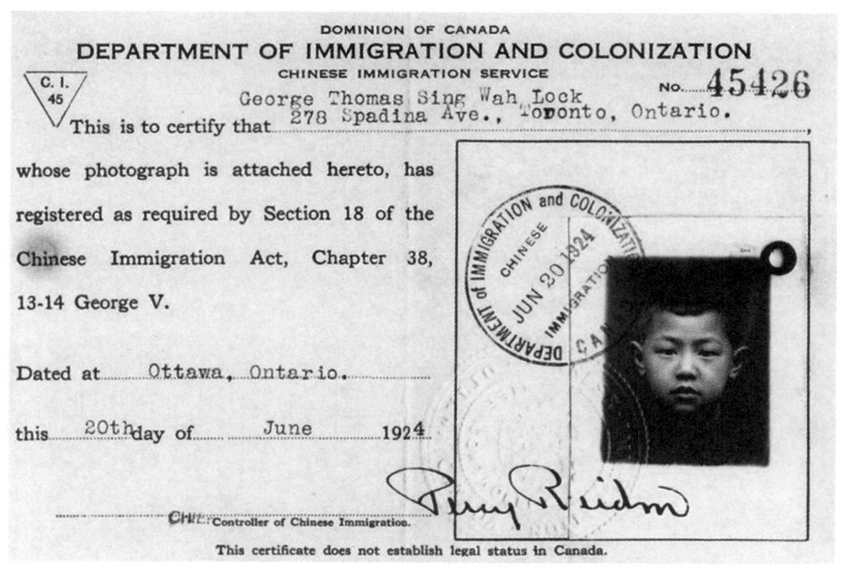
DOMINION OF CANADA
DEPARTMENT OF IMMIGRATION AND COLONIZATION
CHINESE IMMIGRATION SERVICE
C. I. 45
No. 45426
This is to certify that George Thomas Sing Wah Lock 278 Spadina Ave., Toronto, Ontario.,
whose photograph is attached hereto, has registered as required by Section 18 of the Chinese Immigration Act, Chapter 38, 13-14 George V.
Dated at Ottawa, Ontario.
this 20th day of June 1924
Chief Controller of Chinese Immigration.
This certificate does not establish legal status in Canada.

1924 年加拿大移民部为已定居加拿大的华侨签发的登记卡

（来源：徐云）

加拿大政府于 1923 年 6 月 30 日通过、7 月 1 日实施的《中国人移民法》，主要内容如下：

第一，中国人或有中国血统的人，今后禁止以移民身份进入加拿大。第二，被允许入境的中国人仅限于以下人员：①外交人员及其随从；②正式商人（开餐馆及洗衣店除外）；③在大学学习的留学生。第三，已经在加拿大定居的非加拿大籍华侨的家属不得进入加拿大。第四，已经在加拿大定居的华侨，若欲出境，以两年为限，逾期不得重返加拿大。第五，已经在加拿大定居的华侨，在一年内必须向加拿大政府登记，否则递解出境。第六，过去以商人护照来加拿大经商的华侨以及以商人子女身份来加拿大读书的学生，一律补缴 500 加元税金。第七，已离境后重返加拿大的华侨只能在温哥华登岸。每艘轮船每吨限载一名华侨。此法案共四十三条，加拿大的华侨称之为“四三苛例”。①

上图是 1924 年定居加拿大的华侨按照“四三苛例”的规定进行身份登记的登记卡。登记人 Sing Wah Lock，8 岁，定居加拿大安大略省渥太华。其登记日期为 1924 年 6 月 20 日，与规定的一年登记期限日 1924 年 6 月 30 日，相差了 10 天。值得注意的是，该证的登记人并不能因为已经登记而具有法律上的公民身份，该证明下方的一行小字“This certificate does not establish legal status in Canada”说明了这一点。

---

① 李未醉：《加拿大华人社会内部的合作与冲突（1923—1999）》，暨南大学博士学位论文，2006 年，第 68 页。

執照

駐坎拿大總領事　爲

發給執照事照得本總領事現證得　確係中華民國人民特發給

此照爲據

計開

姓名　同上

年歲　三十二

籍貫　開平

右給領照人　收執

中華民國七年七月廿九日

總領事　楊書雯　發給

No. 267

Consulate-General of China

Ottawa

This is to certify that the bearer

Mr Charlie Soo, whose photograph is hereunto attached, is a citizen of the Republic of China

Consul-General

July 29th 1918

1918 年中华民国驻坎（加）拿大总领事馆发给华侨的中国公民身份证明书

（来源：暨南大学图书馆馆藏）

自 1877 年 10 月华侨巨商胡璇泽（原籍广东）担任中国政府正式任命驻外的第一任领事起，“保护海外侨民”即为中国驻外使领馆的重要职责，海外华侨可到驻地领事馆开具中国公民身份证明书，寻求保护。

上图的身份证明书由中华民国驻加拿大总领事馆签发，持证人关伍，32 岁，广东开平人，系中华民国公民。

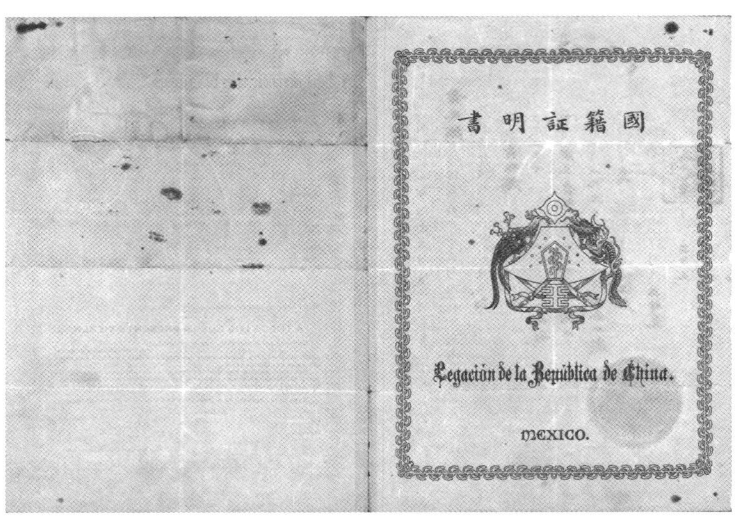

國籍証明書

Legación de la República de China.

MEXICO.

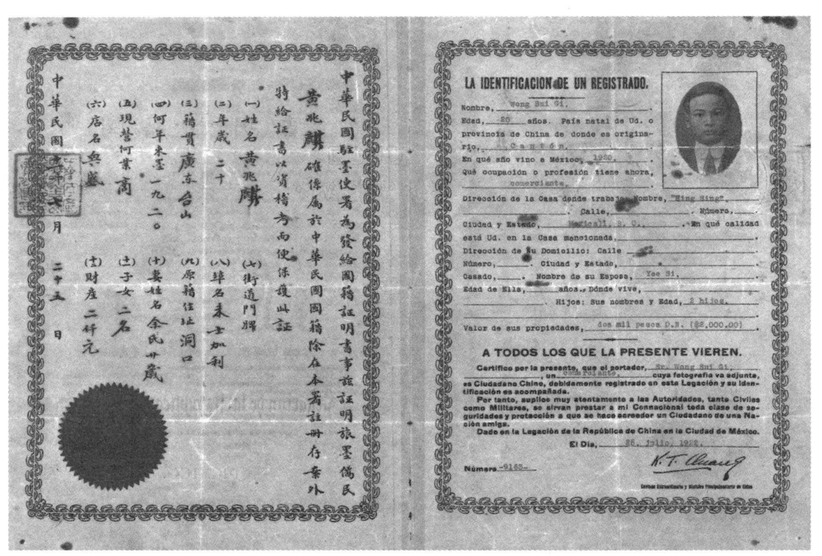

中華民國駐墨使署為發給國籍証明書事茲証明旅墨僑民黃兆麟確係屬於中華民國國籍除在本署註冊存案外特給証書以資稽考而便保護此証

(一)姓名 黃兆麟

(二)年歲 二十

(三)籍貫 廣东台山

(四)何年来墨 一九二〇

(五)現營何業 商

(六)店名 興盛

(七)街道門牌

(八)埠名 未士加利

(九)原籍住址 洞口

(十)妻姓名 余氏 廿歲

(十一)子女 二名

(十二)財産 二仟元

中華民國十一年七月二十五日

LA IDENTIFICACION DE UN REGISTRADO.

Nombre, Wong Sui Gi.

Edad, 20 años. País natal de Ud. o provincia de China de donde es originario, Cantón.

En qué año vino a México, 1920.

Qué ocupación o profesión tiene ahora, comerciante.

Dirección de la Casa donde trabaja: Nombre, "Hing Sing". Calle, . Número, .

Ciudad y Estado, Mexicali, B. C. En qué calidad está Ud. en la Casa mencionada, .

Dirección de su Domicilio: Calle . Número, . Ciudad y Estado, .

Casado, . Nombre de su Esposa, Yee Si.

Edad de Ella, años. Dónde vive, .

Hijos: Sus nombres y Edad, 2 hijos.

Valor de sus propiedades, dos mil pesos O.N. ($2,000.00).

A TODOS LOS QUE LA PRESENTE VIEREN.

Certifico por la presente, que el portador, Sr. Wong Sui Gi, un comerciante, cuya fotografía va adjunta, es Ciudadano Chino, debidamente registrado en esta Legación y su identificación es acompañada.

Por tanto, suplico muy atentamente a las Autoridades, tanto Civiles como Militares, se sirvan prestar a mi Connacional toda clase de seguridades y protección a que se hace acreedor un Ciudadano de una Nación amiga.

Dado en la Legación de la República de China en la Ciudad de México.

El Día, 26. julio, 1922.

Número -9165-

1922 年中华民国驻墨使署签发的国籍证明书

（来源：暨南大学图书馆馆藏）

1921 年《中墨友好通商条约》期满后，新修订的“友好条约”规定，除旅游者、教师、学生、工程技术员和外交官外，墨西哥禁止中国劳工和移民入境。此后，墨西哥华侨华人的数量日益减少。自 20 世纪 20 年代起，墨西哥排华风潮愈烈。在墨侨商为免受其累，遂向驻墨使署申请发放国籍证明书，借以保护。

上图的持证人黄兆麒，20 岁，籍贯广东台山，有子女 2 名，职业为商人，财产 2 000 元，系中华民国公民。

Nº -A/pei/22.- MEXICO.

Legación de la República de Chin

El portador de este pasap

Suho Penam, (司徒炳南) ciudadano de la República de China, y cuya fotografía es al márgen, desea entrar y residir en México con el objeto de estudiar y unirse con su tío el Sr. Mateo Vazquez en Minatitlán, Ver., ~~radicado~~ en este país, por recientes informes la antes mencionada persona es solvente.

Edad 16 años.

Por lo tanto suplico muy atentamente a las autoridades a quien dicho Sr. se presente, le permitan pasar sin molestia alguna y le otorguen todo género de garantías, como corresponde a un ciudadano de una nación amiga.

Firmado por mí y con el sello Oficial, el dia 10, julio, 1922.

ENVIADO EXTRAORDINARIO Y MINISTRO PLENIPOTENCIARIO DE CHINA.

1922 年中华民国驻墨使署签发的身份证明

（来源：何锡钿）

上图的持证人司徒炳南，16 岁，在墨西哥读书，平时生活依靠他在墨西哥的叔叔。

司徒氏是广东开平的望族，其族人的足迹遍及全球。在中国近代史上曾涌现出一批出自这个侨乡的司徒氏名人，比如致公党创始人司徒美堂。

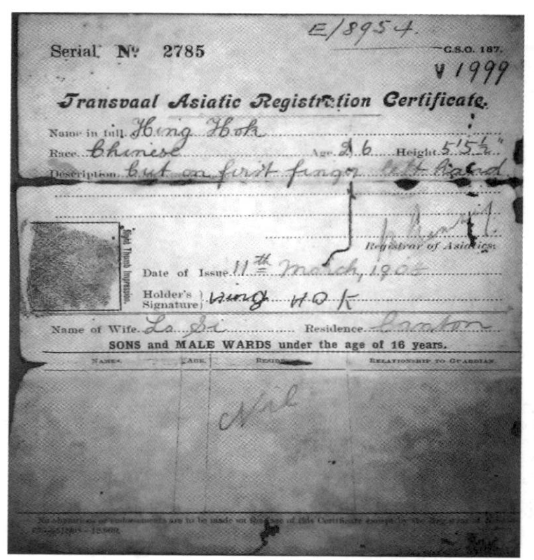
E/8954

Serial No 2785 C.S.O. 187.

V1999

Transvaal Asiatic Registration Certificate.

Name in full Hing Hok

Race Chinese Age 26 Height 5'5¼"

Description cut on first finger left hand

Right Thumb Impression.

Registrar of Asiatics.

Date of Issue 11th March 1908

Holder's Signature HING HOK

Name of Wife La Si Residence Canton

SONS and MALE WARDS under the age of 16 years.

NAMES. AGE. RESIDENCE. RELATIONSHIP TO GUARDIAN.

Nil

1908 年南非华侨的亚洲人登记证明

（来源：郑锦龙）

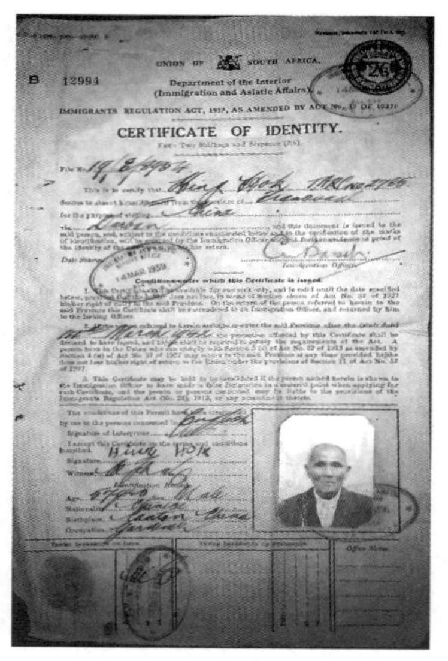
UNION OF SOUTH AFRICA.

B 12994

Department of the Interior (Immigration and Asiatic Affairs).

CERTIFICATE OF IDENTITY.

1939 年南非移民部签发的身份证明

（来源：郑锦龙）

1908 年约翰内斯堡报纸上刊登的拒绝《亚洲人法律修正法案》的华人合影

19 世纪 80 年代，随着南非金矿被大量发现，出现了华人移民南非的高潮，吃苦耐劳的华人对当地社会作出了重大贡献。尽管如此，南非华侨华人依然受到各种歧视性法令约束。1906 年 8 月德兰士瓦（Transvaal）颁布《亚洲人法律修正法案》，该法案规定，每个年满八岁的亚洲人必须进行登记和接受严格的人体鉴定。华人领袖梁金（梁佐钧）立即召集全体华人大会，说明执行新法令就意味着剥夺所有亚洲人的自由。1907 年 6 月，该法案获得皇家批准，7 月 1 日生效。南非华侨在梁金的带领下，与甘地领导的在南非的印度人联合起来开展抵抗运动，迫使政府和抵抗者达成妥协，改“必须登记”为“自愿登记”。1908 年 2 月 10 日，政府重开登记处，数以千计的人进行自愿登记，自愿登记的期限为 2 个月，共有 8 700 名亚洲人进行了登记。①

上面两图同是广东籍南非华人 Hing Hok 的，一张是 1908 年的亚洲人登记证明，一张是 1939 年的身份证明。

① 方积根：《非洲华侨史料资料选辑》，北京：新华出版社，1986 年，第 248 页。

为加强对旅外侨民的保护，1921 年 12 月，中国政府公布《侨务局组织条例》，设立国务院侨务局，标志着中国政府专门侨务机关的正式创建。该局颁布的“大总统令”中指出“凡侨民之旅居外国者，应随时保护”①。1929 年中国内政部颁布了《内政部发给旅外侨民国籍证明书规则》，要求侨居国外或前往各国的中国人，可以据其所需领取国籍证明书。国籍证明书由内政部委托各驻外使领馆及国内各相关单位核名发放。②

1935 年 5 月，中法签署条约，中国政府在海防、西贡（时属法属印度支那，今越南胡志明市）设立外交部签证专员办事处。1936 年，中国驻河内总领事馆正式成立。右图的证明书由中华民国驻西贡领事馆签发，证明持证人连氏和，47 岁，居住于越南中圻，为中华民国国籍。

駐西貢領事館發給

中華民國旅外僑民臨時國籍證明書

貢臨字第 11143 號

CERTIFICAT PROVISOIRE
DE LA NATIONALITÉ
DES ÉMIGRANTS CHINOIS

Donné par le Consulat
de la République de Chine
à SAIGON

N° 11143

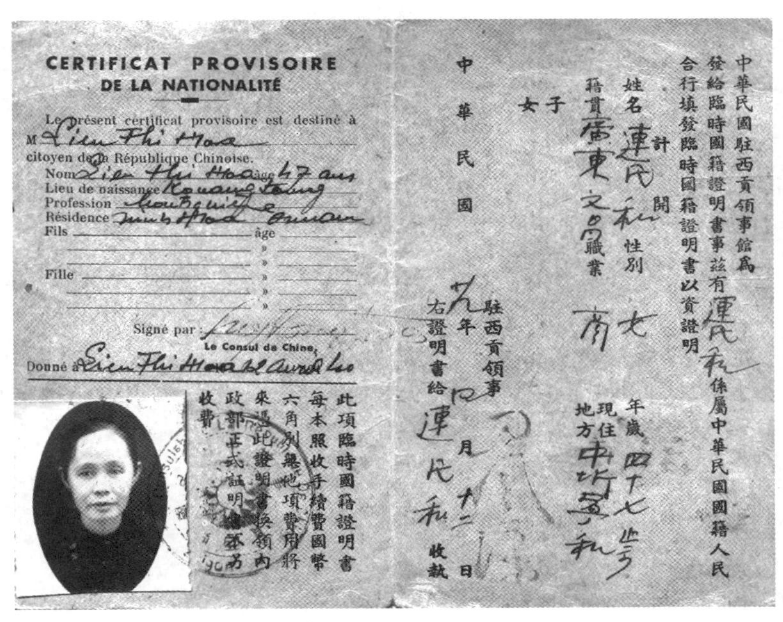

CERTIFICAT PROVISOIRE
DE LA NATIONALITÉ

Le présent certificat provisoire est destiné à
M
citoyen de la République Chinoise.
Nom　　âge
Lieu de naissance
Profession
Résidence
Fils　　âge
Fille
Signé par :
Le Consul de Chine,
Donné à

中華民國駐西貢領事館為發給臨時國籍證明書事茲有　連氏和　係屬中華民國國籍人民合行填發臨時國籍證明書以資證明

計開

姓名　連氏和　性別　女

籍貫　廣東文昌　職業　商

年歲　四十七歲

現住地方　中圻

女子

右證明書給　連氏和　收執

中華民國　九年　月　十二日　駐西貢領事

此項臨時國籍證明書每本照收手續費國幣六角別無他項費用將來憑此證明書換領內政部正式證明書不另收費

1940 年中华民国驻西贡领事馆签发的临时国籍证明书

（来源：徐云）

① 《政府公报》（第 117 册），台北：文海出版社，1971 年，第 343 页。

② 参见《内政部发给旅外侨民国籍证明书规则》，《广东省政府公报》1929 年第 46 期。

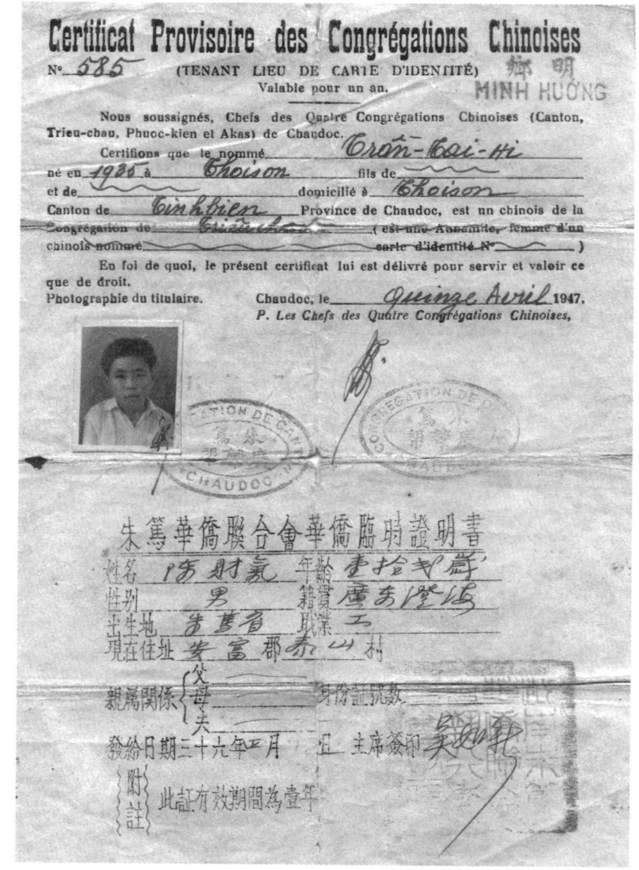

Certificat Provisoire des Congrégations Chinoises

N° 585 (TENANT LIEU DE CARTE D'IDENTITÉ) 鄉明 MINH HUONG

Valable pour un an.

Nous soussignés, Chefs des Quatre Congrégations Chinoises (Canton, Trieu-chau, Phuoc-kien et Akas) de Chaudoc.

Certifions que le nommé Trân-Tai-Hi

né en 1935 à Choison fils de

et de domicilié à Choison

Canton de Tinh Bien Province de Chaudoc, est un chinois de la Congrégation de Triều Châu (est une Annamite, femme d'un chinois nommé carte d'identité N°)

En foi de quoi, le présent certificat lui est délivré pour servir et valoir ce que de droit.

Photographie du titulaire. Chaudoc, le Quinze Avril 1947.

P. Les Chefs des Quatre Congrégations Chinoises,

朱篤華僑聯合會華僑臨時證明書

姓名 陳財喜 年齡 壹拾弍歲

性別 男 籍貫 廣東澄海

出生地 朱篤省 職業 工

現在住址 安富郡赤山村

親屬關係 父 母 夫 身份証號數

發給日期三十六年 月 日 主席簽印

附註 此証有效期間為壹年

1947 年越南朱笃华侨联合会华侨临时证明书

（来源：暨南大学图书馆馆藏）

从秦汉时期起，就有相当多的中国人到交趾—安南地区（今越南）定居、谋生、繁衍。近代以来，在华侨入境及国籍归属等问题上，法国殖民当局不时对政策加以调整，以满足其利益的需要。在 1936 年正式颁布的法属印度支那《国籍法》中，法国殖民当局将“明乡人”和“旅越华侨”明确区别开来，规定祖先为华籍，在越南出生、长大和定居者即“明乡人”，与越南人一样享有“保护制度”规定的各项权利；前来越南谋求就业者则为华侨，必须缴纳居住税，要办理护照和身份证延期手续，不享有投票权等“保护制度”所规定的各项权利。[①]

上图的证明书上明显地盖有一枚红色的“明乡”印章，说明持证人是“明乡人”。

① 徐善福、林明华：《越南华侨史》，广州：广东高等教育出版社，2011 年，第 20、181 页。

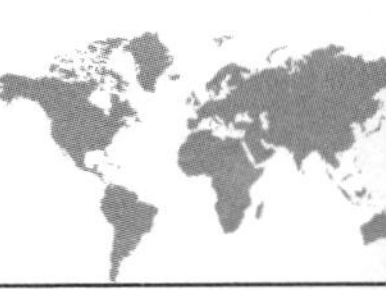

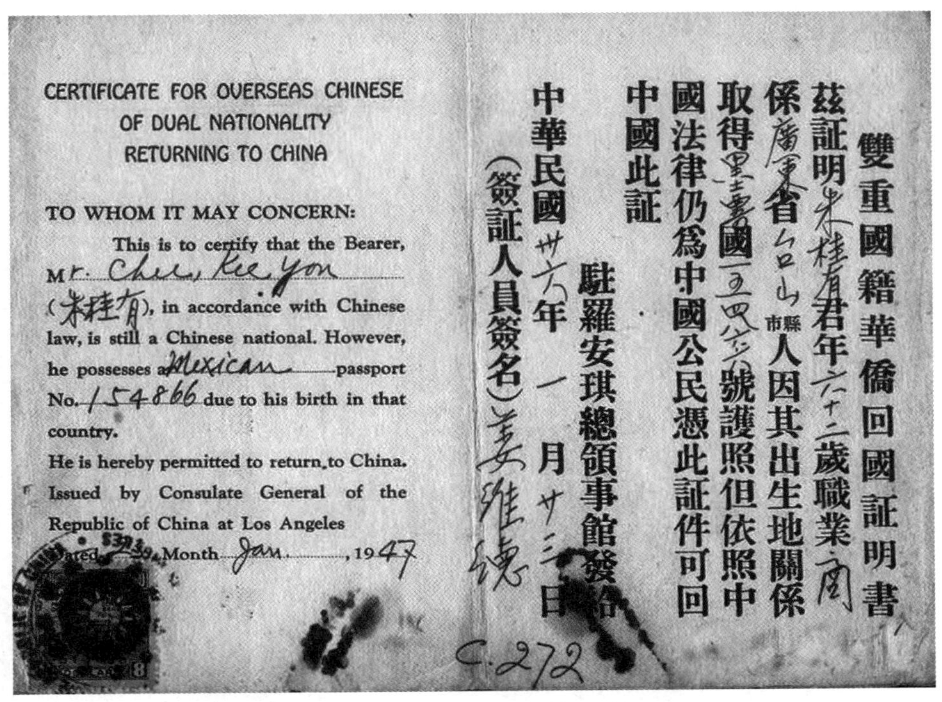

CERTIFICATE FOR OVERSEAS CHINESE
OF DUAL NATIONALITY
RETURNING TO CHINA

TO WHOM IT MAY CONCERN:

This is to certify that the Bearer, Mr. Chee, Kee you (朱桂有), in accordance with Chinese law, is still a Chinese national. However, he possesses a Mexican passport No. 154866 due to his birth in that country.

He is hereby permitted to return to China.

Issued by Consulate General of the Republic of China at Los Angeles

Dated Month Jan., 1947

雙重國籍華僑回國証明書

兹証明朱桂有君年六十二歲職業商
係廣東省台山市縣人因其出生地關係
取得墨國一五四八六六號護照但依照中
國法律仍爲中國公民憑此証件可回
中國此証

駐羅安琪總領事館發給

中華民國卅六年一月廿三日

（簽証人員簽名）

C.272

1947 年中华民国驻墨西哥罗安琪总领事馆签发的双重国籍华侨回国证明书

（来源：徐云）

中华人民共和国成立之前的三部国籍法（1909 年《大清国籍条例》、1912 年《中华民国国籍法》、1929 年《中华民国国籍法》）均承认双重国籍。中华人民共和国成立之初，国际周边环境十分恶劣，面临西方资本主义世界实行的经济封锁，外交孤立。华侨忠诚问题因此成为一些东南亚国家的心结，各国陆续发生排华事件。出于对国际国内环境以及华侨华人在住在国自身的安全和利益的考虑，1955 年亚非会议期间，周恩来总理以外长身份与印尼外长在万隆签署了《中华人民共和国和印度尼西亚共和国关于双重国籍问题的条约》。根据这一条约，中国政府放弃以血统确定国籍的原则，海外华侨可以放弃中国国籍，加入住在国国籍。就此，我国取消了双重国籍制度。1980 年 9 月 10 日五届全国人大三次会议通过的《中华人民共和国国籍法》第三条明确规定：“中华人民共和国不承认中国公民具有双重国籍。”同时第九条规定：“定居外国的中国公民，自愿取得外国国籍的，即自动丧失中国国籍。”

上图的证明书由中华民国驻墨西哥罗安琪总领事馆签发，证明持证人朱桂有，62 岁，广东台山人，职业商人。因出生在墨西哥而取得墨西哥国籍，而又因其具有中国血统而仍为中国公民，所以朱桂有是具有双重国籍的华侨。

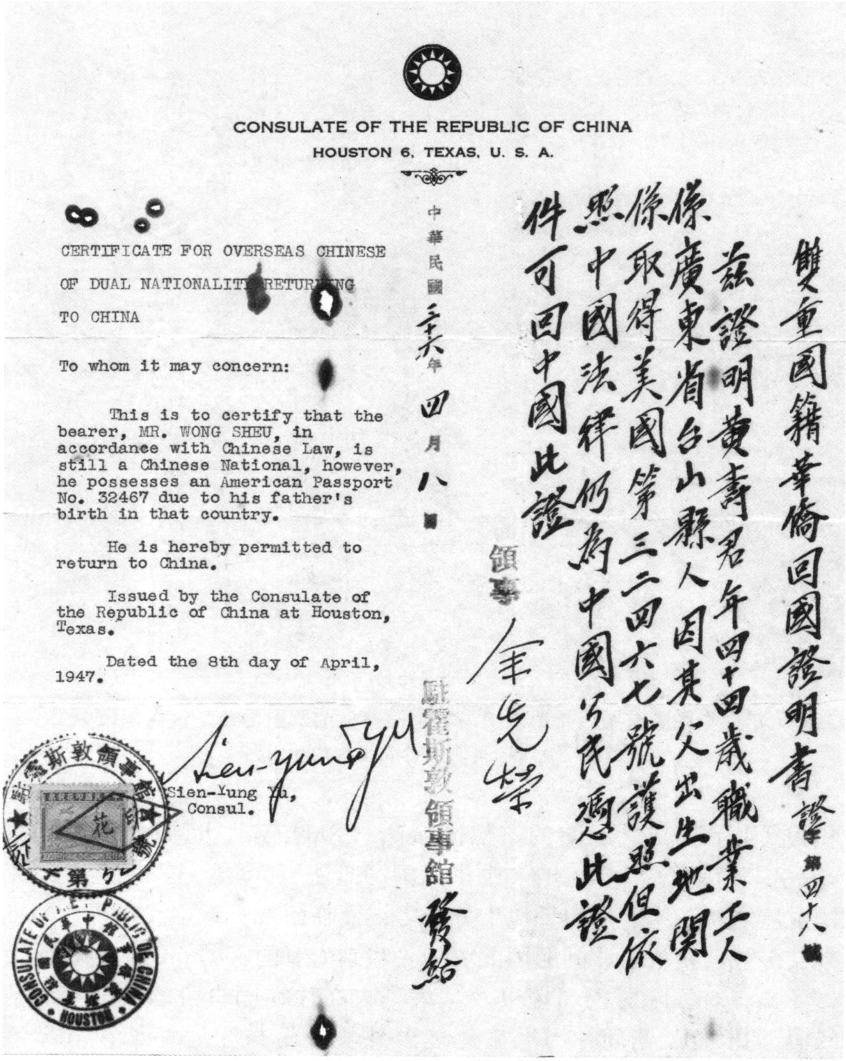

CONSULATE OF THE REPUBLIC OF CHINA
HOUSTON 6, TEXAS, U. S. A.

CERTIFICATE FOR OVERSEAS CHINESE OF DUAL NATIONALITY RETURNING TO CHINA

To whom it may concern:

This is to certify that the bearer, MR. WONG SHEU, in accordance with Chinese Law, is still a Chinese National, however, he possesses an American Passport No. 32467 due to his father's birth in that country.

He is hereby permitted to return to China.

Issued by the Consulate of the Republic of China at Houston, Texas.

Dated the 8th day of April, 1947.

Sien-Yung Yu,
Consul.

雙重國籍華僑回國證明書　警第四十八號

茲證明黃壽君年四十四歲職業工人係廣東省台山縣人因其父出生地關係取得美國第三二四六七號護照但依照中國法律仍為中國公民憑此證件可回中國此證

中華民國三十六年四月八日

領事　余先榮

駐霍斯敦領事館發給

1947 年中华民国驻美国霍斯敦领事馆签发的双重国籍华侨回国证明书

（来源：徐云）

上图的证明书由中华民国驻美国霍斯敦（今译“休斯敦”）总领事馆签发。持证人黄寿君，44 岁，广东台山人，职业为工人。与前面几张证明书不同的是，该证明书不是证明黄寿君本人因出生于美国而具有美国国籍，而是证明因其父出生于美国，按美国法律，黄寿君也应成为美国公民。又依中国当时的国籍法，黄父为中国公民。因此，黄寿君因其父是具有双重国籍的华侨，自己也成为具有双重国籍的华侨。

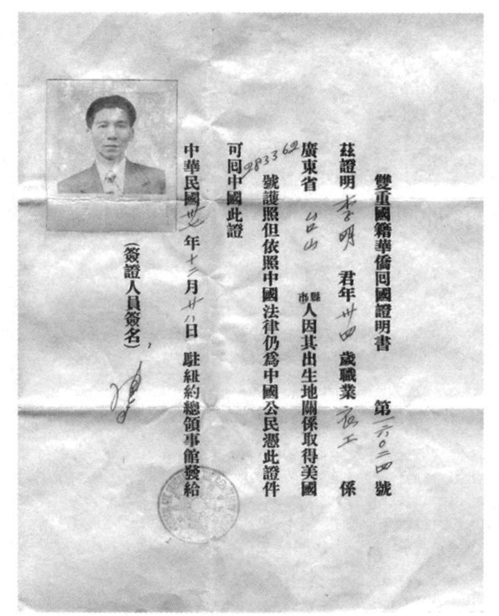

雙重國籍華僑回國證明書　第一六○二四號

茲證明李明君年卅四歲職業衣工係

廣東省台山縣市人因其出生地關係取得美國

283362號護照但依照中國法律仍爲中國公民憑此證件

可回中國此證

中華民國卅七年十二月廿八日　駐紐約總領事館發給

（簽證人員簽名）

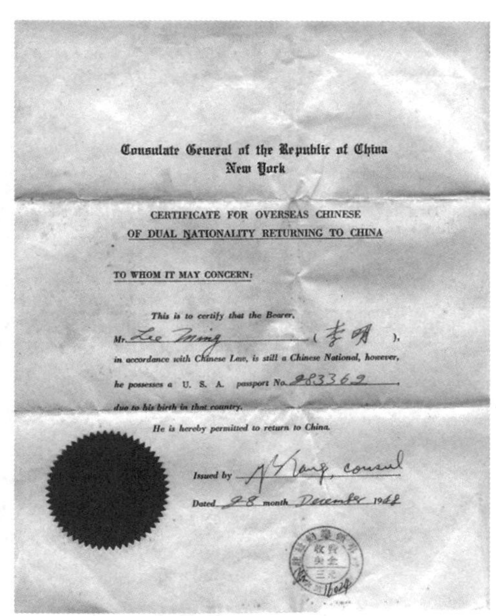

Consulate General of the Republic of China
New York

CERTIFICATE FOR OVERSEAS CHINESE
OF DUAL NATIONALITY RETURNING TO CHINA

TO WHOM IT MAY CONCERN:

This is to certify that the Bearer,

Mr. Lee Ming (李明),

in accordance with Chinese Law, is still a Chinese National, however,

he possesses a U. S. A. *passport No.* 283362,

due to his birth in that country.

He is hereby permitted to return to China.

Issued by A. Yang, consul

Dated 28 month December 1948

1948 年中华民国驻美国纽约领事馆签发的双重国籍华侨回国证明书

（来源：暨南大学图书馆馆藏）

民国时期，海外华侨拥有双重国籍的情况非常普遍。具有双重国籍的华侨持外国护照返回中国时，中国驻外使馆通常开具双重国籍华侨回国证明书代替签证。但有些华侨持外国护照回国，既不以双重国籍华侨身份申请证明书，又不以外国人身份申请入境签证。针对这种情况，国民政府外交部规定，以后中国人持外国护照返国，如果既无双重国籍华侨回国证明书，又无我国使领馆签发之入境签证者，不许登岸。[①] 因此，此间具有双重国籍的华侨，为了回国方便，一般都会到住在国的中国领事馆开具双重国籍华侨回国证明书。

上图持证人李明，34 岁，广东台山人，职业为工人。李明因出生在美国而取得美国护照，又因具有中国血统而为中国公民，所以他是具有双重国籍的华侨。

① 参见《双重国籍华侨回国，必须证件齐备》，《青岛警察月刊》1948 年第 10、11 期。

Certificate of Registration

OAKLAND, CALIFORNIA
U. S. A.

This is to Certify, That MAY JING WONG
was born on July 12, 1918, in the city of Oakland.

That this birth was promptly reported by the attending accoucheur, as required by law.

If in the future a certified copy from the records of the Health Department is desired, refer to Index No. 1982, year 1918

The record of this birth may be used to prove citizenship or furnish proof of age for entering or leaving school, securing working permit or marriage license, holding public office, securing passports, adjusting insurance, inheriting money or property, and securing other financial benefits.

COMMISSIONER OF PUBLIC HEALTH AND SAFETY

INFORMATION RELATIVE TO BIRTH REGISTRATION MAY BE OBTAINED AT THE OFFICE
THERE IS NO FEE FOR THIS CERTIFICATE

HEALTH 112 11-30 5000

1918 年美国加州奥克兰市华人出生证明书
（来源：广东江门五邑华侨华人博物馆馆藏）

美国旧金山土生华人小孩

美国国籍法继承的是英国国籍法的“地缘原则”，即在某国土地上出生的人，自动获得该国的国籍。因此，土生华人的公民权获得法律保障，其中包括申请让他们在海外出生的子女依据血缘原则进入美国。

上图是 1918 年美国加州奥克兰市华人 May Jing Wong 的出生证明书，即所谓的“出世纸”。“出世纸”是成为美国合法公民最原始的依据，也是很多移民美国的中国人梦寐以求或想方设法得到的关键证明。

THE GOVERNMENT OF THE PROVINCE OF BRITISH COLUMBIA

VITAL STATISTICS ACT

4-M-73.

Certificate of Birth

This is to Certify that the following particulars of Birth are on record in the Office of the Registrar of Births, Deaths, and Marriages:—

Name of Child: Mah Quong Ming.

Date of Birth: July 23rd, 1917. Sex: Male.

Place of Birth: Ladysmith, B.C.

Name of Father: Mah Shun Chew.

Birthplace of Father: Canton, China.

Maiden Name of Mother: Wong See.

Birthplace of Mother: Canton, China.

Occupation of Father: Merchant.

Residence of Parents: Ladysmith, B.C.

Doctor or Nurse in attendance at Birth: Dr. Frost.

Signature of Informant: "Mah Shun Chew"

Registered at Victoria, B.C., this 6th day of September, 1918.

Marginal notations:—

Given under my hand at Victoria, B.C., this 13th day of November, 1930.

DEPUTY Registrar, Births, Deaths, and Marriages.

FEE — 50c

No 19344

1930 年签发的加拿大华人 1917 年出生的证明

（来源：暨南大学图书馆馆藏）

加拿大的国籍法以出生地主义为主、血统主义为辅。在加拿大出生的人自动获得加拿大国籍。上图是 1930 年加拿大哥伦比亚省政府为广东华侨 Mah Quong Ming 签发的其 1917 年在加拿大出生的证明，上面有婴儿的姓名、出生日期、出生地，父母的姓名、出生地、职业、居住地以及接生医生、签署人、签署地等项。根据加拿大法律，Mah Quong Ming 一出生就自动成为加拿大公民。至于为什么 1917 年出生要到 1930 年才获得出生证明，应该与当时加拿大排华政策的影响有关。

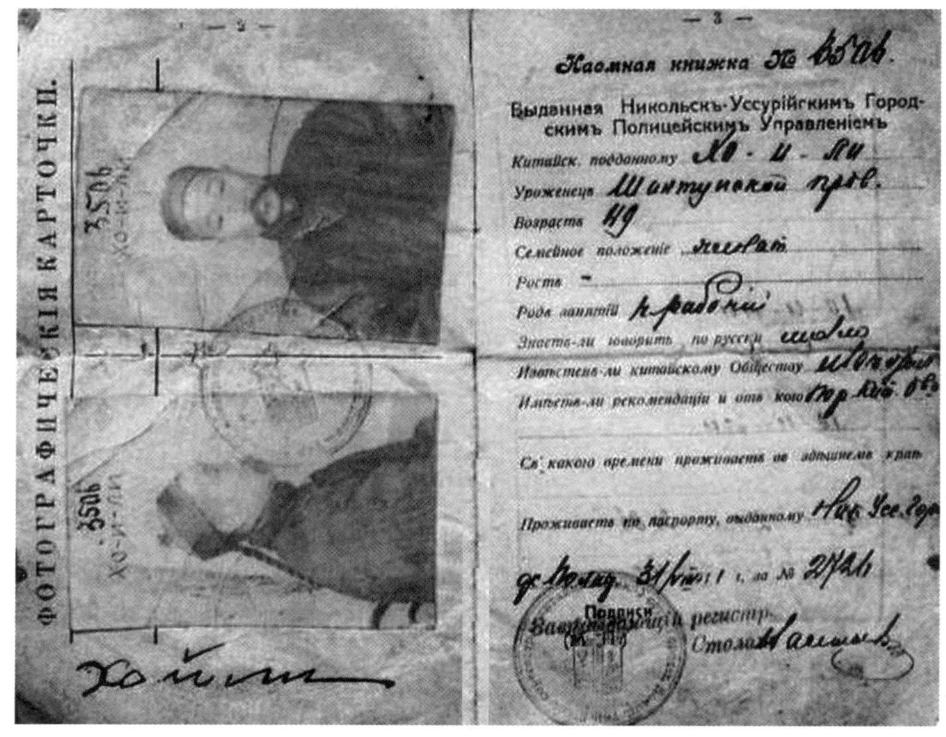

— 2 —

ФОТОГРАФИЧЕСКІЯ КАРТОЧКИ.

3506

— 3 —

Наемная книжка № 3506

Выданная Никольскъ-Уссурійскимъ Городскимъ Полицейскимъ Управленіемъ

Китайск. подданному Хо-и-Ли

Уроженецъ Шантунской губ.

Возрастъ 49

Семейное положеніе женат

Ростъ —

Родъ занятій рабочій

Знаетъ-ли говорить по русски мало

Известенъ-ли китайскому Обществу

Имеетъ-ли рекомендаціи и отъ кого

Съ какого времени проживаетъ въ здешнемъ крае

Проживаетъ по паспорту, выданному

Столоначальникъ

1911 年俄罗斯地方政府为旅俄华工签署的外国人登记卡

（来源：徐云）

19 世纪下半叶，沙俄政府大规模开发远东，出于需要，决定招募亚洲劳工。仅建设西伯利亚铁路一项工程，沙俄政府在 1891—1905 年就投入劳工 300 多万人次，其中 80% 是华工。1904 年日俄战争爆发，为了逃避战乱，很多难民移居远东。到 1910 年，在俄国远东地区的常住华人大约有 10 万人。这一时期，华人从事的行业更加广泛，采金、伐木、筑路、农耕、仆役、零售等行业大量雇用华工。华商在中小商业领域也占有较大的比重，建立了一个分布非常广泛的零售网络，这个网络延伸到了远东最偏远的地区。[①]

上图的持证人李何我（音译），山东人，49 岁，已婚，职业为工人，能说俄语。

① 刘涛、卜君哲：《俄罗斯远东开发与华人华侨（1860—1941 年）》，《延边大学学报》（社会科学版）2010 年第 2 期。

BULLETIN INDIVIDUEL

Nº de l'Ordinal

Date d'inscription

Date d'arrivée dans la colonie

Nom et prénoms

Né vers 18

Province

Profession

Dialecte

Empreintes digitales de la main droite

Pouce Index Médius Annulaire Auriculaire

Bulletin individuel Nº

Délivré à

Le

Le Chef du service de l'immigration

此手指模纸要时常携带在身切勿离开倘有犯事坐监此纸暂留衙内或充军或死此纸收回

Ce bulletin est la propriété du titulaire ; ... qu'en cas de détention. Il est repris ... la mention : Décédé à ... le ... 19

(Signature de l'Administrateur)

IMMIGRATION SAIGON

1912 **年越南西贡移民局签发的外国人登记卡**

（来源：郑锦龙）

从 1858 年 9 月法国打响侵略越南战争第一炮到 1884 年 6 月《顺化条约》签订，法国侵略者用了 20 多年的时间完成对越南的占领，并取得了在越南的殖民“资格”。1874 年 3 月签订的第二次《西贡条约》不仅承认法国占有整个越南南部，而且在该条约的第十五条中明确规定：“法国人、欧洲人、交趾支那或其他外国人欲在上面规定的地方之一安家，他们必须向法国公使登记，由后者通知地方当局。”1884 年 6 月签订的第二次《顺化条约》，又在第十条中规定：“在安南与东京，一切国籍的外国人均将受法国管辖。”越南南部、中部华侨开始受到上述条约的影响。①

上图是 1912 年越南西贡移民局为华侨季胜签发的外国人登记卡，卡上有几行字：“此手指模纸要时常携带在身，切勿离开，倘有犯事坐监，此纸暂留衙内。或充军或死，此纸收回。”由此可以看出法国殖民者对在越外国人的严格管理。

① 徐善福、林明华：《越南华侨史》，广州：广东高等教育出版社，2011 年，第 175 页。

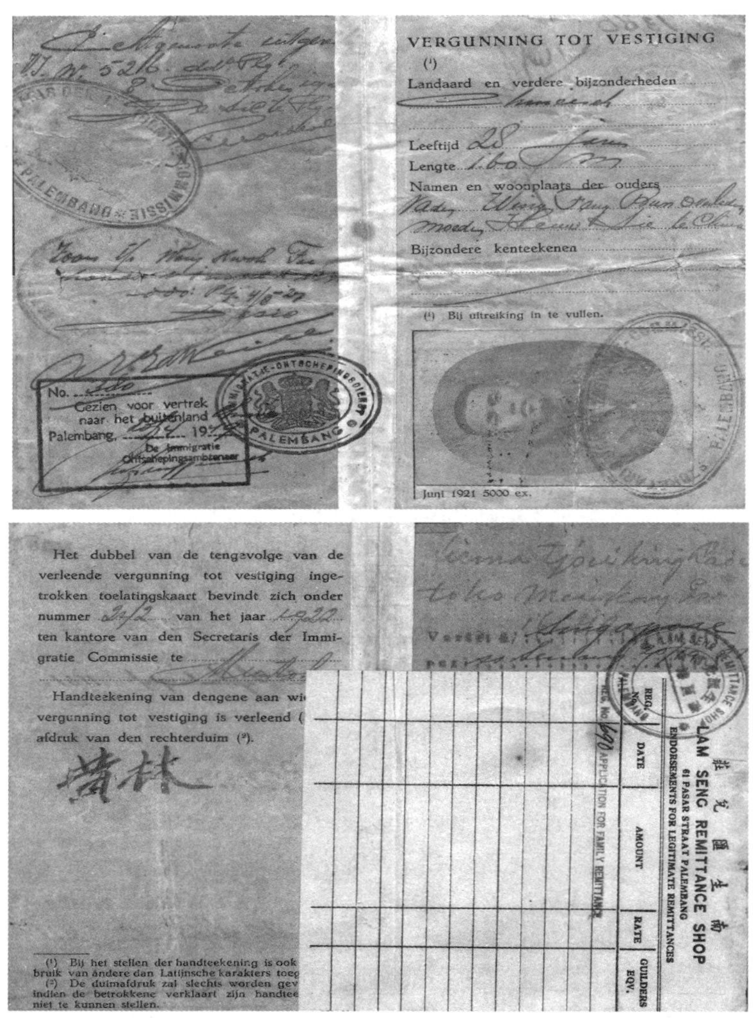
VERGUNNING TOT VESTIGING
(¹)
Landaard en verdere bijzonderheden
Leeftijd 28 Jaar
Lengte 1.60 M
Namen en woonplaats der ouders
Bijzondere kenteekenen
(¹) Bij uitreiking in te vullen.
Juni 1921 5000 ex.

No.
Gezien voor vertrek naar het buitenland
Palembang, 19
De Immigratie Ontschepingsambtenaar

Het dubbel van de tengevolge van de verleende vergunning tot vestiging ingetrokken toelatingskaart bevindt zich onder nummer 3/2 van het jaar 1922 ten kantore van den Secretaris der Immigratie Commissie te

Handteekening van dengene aan wi… vergunning tot vestiging is verleend (… afdruk van den rechterduim (²).

黄林

(¹) Bij het stellen der handteekening is ook … bruik van andere dan Latijnsche karakters toeg…
(²) De duimafdruk zal slechts worden gev… indien de betrokkene verklaart zijn handtee… niet te kunnen stellen.

南生汇兑庄
LAM SENG REMITTANCE SHOP
61 PASAR STRAAT PALEMBANG
ENDORSEMENTS FOR LEGITIMATE REMITTANCES
APPLICATION FOR FAMILY REMITTANCE

REG. No.	DATE	AMOUNT	RATE	GUILDERS EQV.

1949 年荷属东印度巨港移民局签发的居留许可证

（来源：暨南大学图书馆馆藏）

荷属东印度（Nederlands East Indies，简称“荷印”）是指 1800 年至 1949 年荷兰人所统治的东印度群岛（今印度尼西亚），首都巴达维亚（今雅加达）。据 1934 年当地政府人口报告，当时在荷印的华侨有 119 万人，其中半数为福建人。①

上图的居留许可证是荷印南苏门答腊省首府巨港的移民局签发的。持证人黄林，中国人，28 岁，父亲王方文已去世，母亲何熙尚在中国，签发日期为 1949 年 4 月。该年 12 月，印度尼西亚宣告独立。

① 《荷印侨胞共一百十九万余》，《侨务月报》1935 年第 2 卷第 1 期，第 64 页。

Application No. 10648/54

(S.N. 9)

Form F2.

THE SELANGOR NATIONALITY ENACTMENT, 1952.

[Regulation 8 (2).]

CERTIFICATE OF NATURALISATION.

WHEREAS YAP SHIAK (M)
has applied for a certificate of naturalisation as a subject of the Ruler of Selangor alleging with respect to himself/herself the particulars set out below and has satisfied the Ruler of Selangor that the conditions laid down in sub-section (1) of section 8 of the Selangor Nationality Enactment, 1952, for the grant of a certificate of naturalisation are fulfilled:

Now, THEREFORE, the Ruler of Selangor in pursuance of the powers conferred upon Him by the said Enactment grants to the said Yap Shiak — this certificate of naturalisation and declares that he/she shall be a subject of the Ruler of Selangor from the date hereof.

IN WITNESS whereof I have hereto subscribed my name this 1st day of September, 1955.

Entry No. 15645

REGISTRAR OF NATIONALS

PARTICULARS RELATING TO APPLICANT.

Full name and Sex Yap Shiak (M)
Address 33 Main Street, Kepong.
Occupation Labourer
National Registration Identity No. KLR (SL) 009835
Date and place of Birth 1. 2. 1906. - China.
Name of husband or wife -
Names of Parents Yap Kee (Father) Chan See (Mother)

1955 年马来亚籍民证书

（来源：暨南大学图书馆馆藏）

1955 年 4 月万隆会议后，中国政府在多种场合表明不支持双重国籍，劝导华侨归化当地，转变政治身份。据《1952 年马来亚联合邦公民权修正法令》规定，马来州邦之州籍民及马六甲和槟城出生之英籍民，可自动成为联合邦公民。华人一旦成为公民，即可与马来人享受同等权利，负起共同义务。

上图是马来亚籍民证书，持证人叶石（Yap Shial），1906 年出生于中国，时住雪兰莪州，职业为劳工。他根据马来亚联合邦宪法规定，向登记局申请登记为公民。其陈述的详细情况符合条例规定，因此授予其登记证书，并宣布从此日起他即为雪兰莪州籍民。该籍民证书签发日期为万隆会议之后的 1955 年 9 月，反映了当时马来亚华侨从“落叶归根”到“落地生根”的身份认同与利益抉择。

三、出入境文件

1882年美国国会通过10年内禁止华工入境的“排华法案”，规定10年以内，中国人除学生、教员、官吏、商人及旅行家外，一概不得入美国之境。1892年和1894年，美国国会又分别通过议案，继续禁止华工入境。1894年复签订中美条约，规定10年之内禁止华工入境。至1904年条约期满，中国政府宣告该条约失效，但美国仍旧禁止华人入境，并取消期限。因此，从1882年开始，华工入美之路已经被堵死。非华工入美的程序也更加严格，比如“审口供”等。

美国不仅拒绝华工入境，在美国的土生华人和已经取得合法居留权的华人本人出入境、妻室子女入境等方面也有严格的规定和限制。美国限制华人入境的做法继而影响到其他国家和地区，如在加拿大、澳大利亚等国家，不管是来自中国的“新客”还是土生的华人，出入境的手续都有严格甚至苛刻的要求。即使是已经取得居留（权）证的华侨，出境前也需要领取返境证明，俗称“回头纸”，并对返境的时间有所要求，比如1—3年之内返境等。

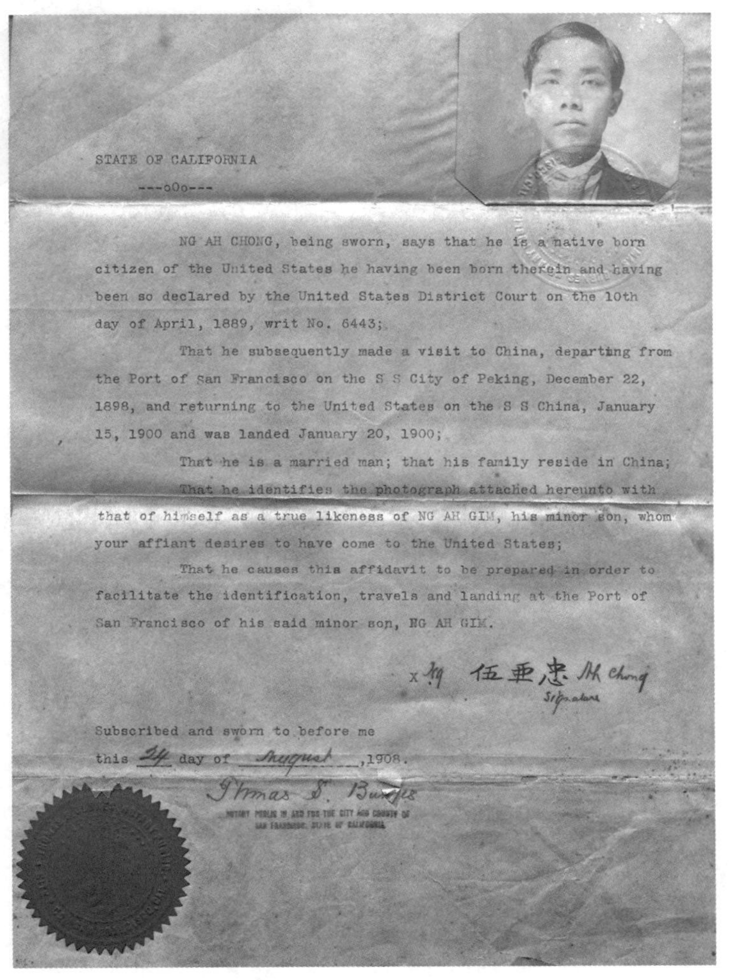

STATE OF CALIFORNIA

---oOo---

NG AH CHONG, being sworn, says that he is a native born citizen of the United States he having been born therein and having been so declared by the United States District Court on the 10th day of April, 1889, writ No. 6443;

That he subsequently made a visit to China, departing from the Port of San Francisco on the S S City of Peking, December 22, 1898, and returning to the United States on the S S China, January 15, 1900 and was landed January 20, 1900;

That he is a married man; that his family reside in China;

That he identifies the photograph attached hereunto with that of himself as a true likeness of NG AH GIM, his minor son, whom your affiant desires to have come to the United States;

That he causes this affidavit to be prepared in order to facilitate the identification, travels and landing at the Port of San Francisco of his said minor son, NG AH GIM.

x 伍亜忠 Ah Chong
Signature

Subscribed and sworn to before me this 24 day of August, 1908.

Thomas S. Burnes

NOTARY PUBLIC IN AND FOR THE CITY AND COUNTY OF SAN FRANCISCO, STATE OF CALIFORNIA

1908 年美国土生华人伍亚忠申请在华儿子入境美国的宣誓书

（来源：暨南大学图书馆馆藏）

宣誓书是具有公民权的美国华人申请在华妻子儿女入境美国、向美国移民局递交的必备文件。宣誓书要提供本人以及在华妻子或儿女的准确身份信息，并保证这些信息的真实性，有些宣誓书还备有美国律师出具的律师函。

根据 1868 年美国宪法的第十四条修正法案规定，只要在美国领土、领海出生，就可以自动获得美国国籍，其子女也可以获得来美的权利。

上图宣誓书的宣誓人是伍亚忠（Ng Ah Ghong），声明自己是美国土生华人，1889 年获得美国州地区法院有关土生华人的证明（No. 6443），他曾在中国生活过，此时申请在中国的小儿子 Ng Ah Gim（附照片）入境美国。

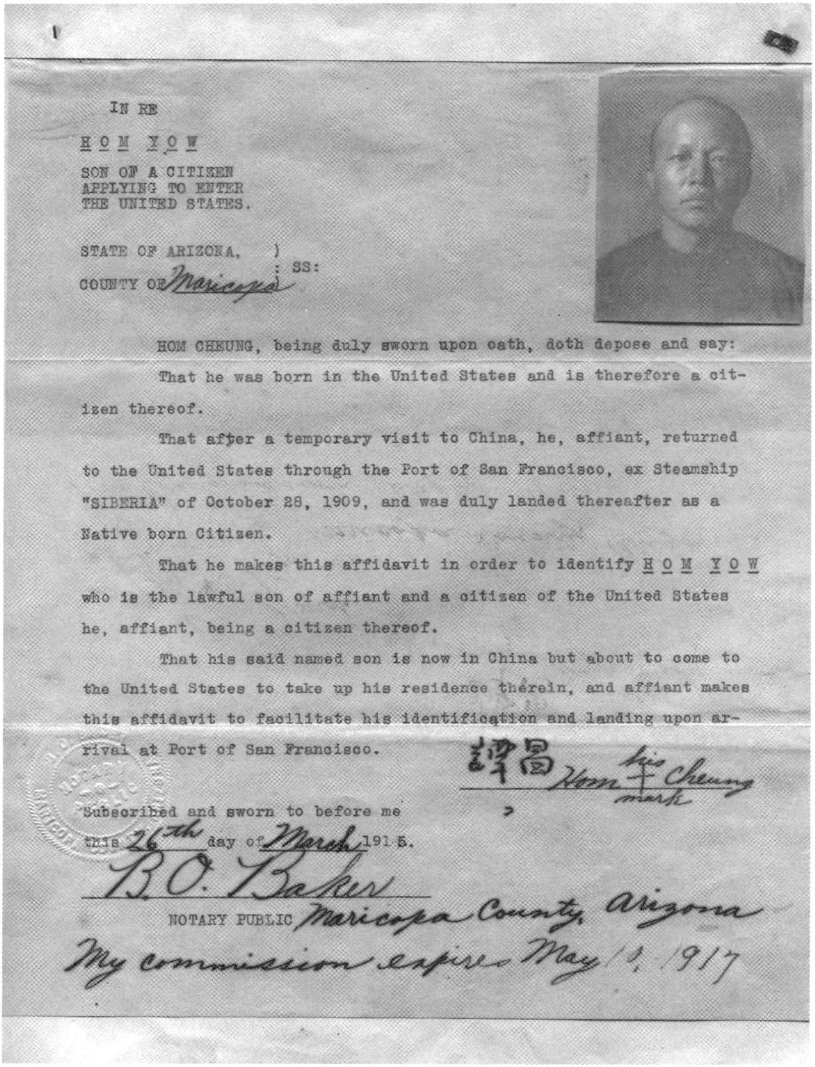

IN RE

H O M Y O W

SON OF A CITIZEN
APPLYING TO ENTER
THE UNITED STATES.

STATE OF ARIZONA,)
: SS:
COUNTY OF Maricopa

HOM CHEUNG, being duly sworn upon oath, doth depose and say:

That he was born in the United States and is therefore a citizen thereof.

That after a temporary visit to China, he, affiant, returned to the United States through the Port of San Francisco, ex Steamship "SIBERIA" of October 28, 1909, and was duly landed thereafter as a Native born Citizen.

That he makes this affidavit in order to identify H O M Y O W who is the lawful son of affiant and a citizen of the United States he, affiant, being a citizen thereof.

That his said named son is now in China but about to come to the United States to take up his residence therein, and affiant makes this affidavit to facilitate his identification and landing upon arrival at Port of San Francisco.

譚昌 Hom his + mark Cheung

Subscribed and sworn to before me this 26th day of March 1915.

B.O. Baker
NOTARY PUBLIC Maricopa County, Arizona
My commission expires May 10, 1917

1915 年美国土生华人谭昌申请在华儿子入境美国的宣誓书

（来源：暨南大学图书馆馆藏）

上图宣誓书的宣誓人是谭昌（Hom Cheung），声明自己是美国土生华人，申请在华儿子 Hom Yow（附照片）入境美国。

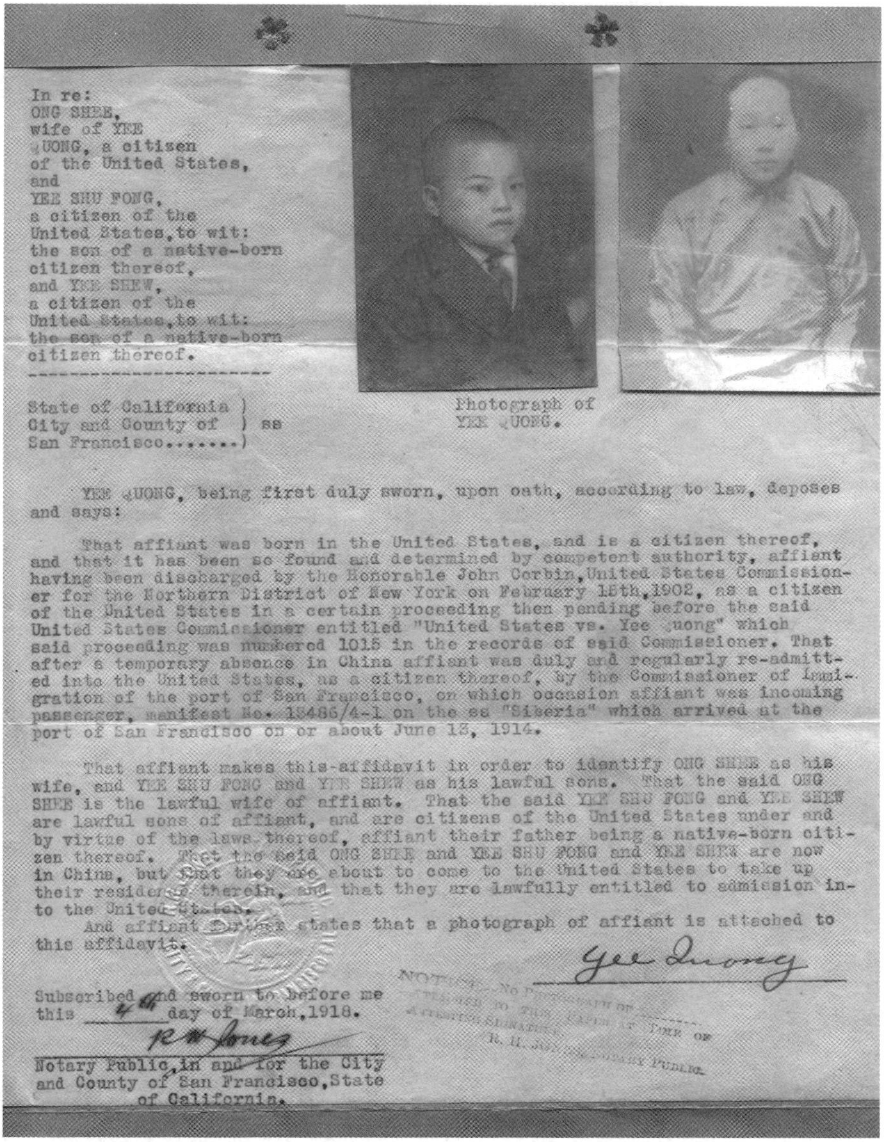

In re:
ONG SHEE,
wife of YEE
QUONG, a citizen
of the United States,
and
YEE SHU FONG,
a citizen of the
United States, to wit:
the son of a native-born
citizen thereof,
and YEE SHEW,
a citizen of the
United States, to wit:
the son of a native-born
citizen thereof.

Photograph of
YEE QUONG.

State of California)
City and County of) ss
San Francisco.......)

YEE QUONG, being first duly sworn, upon oath, according to law, deposes and says:

That affiant was born in the United States, and is a citizen thereof, and that it has been so found and determined by competent authority, affiant having been discharged by the Honorable John Corbin, United States Commissioner for the Northern District of New York on February 15th, 1902, as a citizen of the United States in a certain proceeding then pending before the said United States Commissioner entitled "United States vs. Yee Quong" which said proceeding was numbered 1015 in the records of said Commissioner. That after a temporary absence in China affiant was duly and regularly re-admitted into the United States, as a citizen thereof, by the Commissioner of Immigration of the port of San Francisco, on which occasion affiant was incoming passenger, manifest No. 13486/4-1 on the ss "Siberia" which arrived at the port of San Francisco on or about June 13, 1914.

That affiant makes this affidavit in order to identify ONG SHEE as his wife, and YEE SHU FONG and YEE SHEW as his lawful sons. That the said ONG SHEE is the lawful wife of affiant. That the said YEE SHU FONG and YEE SHEW are lawful sons of affiant, and are citizens of the United States under and by virtue of the laws thereof, affiant their father being a native-born citizen thereof. That the said ONG SHEE and YEE SHU FONG and YEE SHEW are now in China, but that they are about to come to the United States to take up their residence therein, and that they are lawfully entitled to admission into the United States.

And affiant further states that a photograph of affiant is attached to this affidavit.

Yee Quong

Subscribed and sworn to before me this 4th day of March, 1918.

R H Jones

Notary Public, in and for the City and County of San Francisco, State of California.

NOTICE—No photograph or ... attached to this paper at time of attesting signature. R. H. JONES, Notary Public.

1918 年美国土生华人 Yee Quong 申请在华妻子、儿子入境美国的宣誓书

（来源：暨南大学图书馆馆藏）

上图宣誓书的宣誓人 Yee Quong，声明自己是美国土生华人，申请在华妻子、儿子（附照片）入境美国。土生华人已经属于中国移民的第二代或者第三代，他们的父辈或祖辈在国外已经站稳了脚跟，因此有能力将在华的妻子、儿女接到美国的土生华人一般都有了稳定的职业和收入。

(In corresponding about this permit refer to both name and serial number.)

60048

"Any person to whom such written permission to leave Canada has been granted shall carefully preserve the same and keep it always about his person.—(Sc. 2, Sec. 1, Order-in-Council 1433.)"

PERMIT TO LEAVE CANADA

(Schedule B. to Order in Council P. C. 1433 of May 24, 1917.)

I, Law Kai of .... (If town or city give street address), in the Province of ...., make oath and do say that I was born at .... on the 15 day of November 1884, that I am a (an) Chinese (subject) ~~(citizen)~~ by (birth) ~~(naturalization)~~; that I have resided at the above address for 17 years (Length of residence), that I am personally known to and refer for identification to:—

.... of New Westminster, B.C.

.... of Victoria, B.C.

.... of ....

.... of ....

that I desire permission to leave Canada to go to .... (Give address in full) for the purpose of visiting my family that I wish to be absent from Canada for about one year (Length of absence)

My height is 5-5; my weight is ....

My eyes are ....; my hair is ....

My occupation is Merchant

I am (married) ~~(widower)~~ ~~(single)~~

I have two children living.

The attached photograph is a good likeness of me taken .... (months) (days) ago.

And I make this solemn declaration conscientiously believing it to be true and correct and knowing that it is of the same force and effect as if made under oath and by virtue of the Canada Evidence Act.

Declared before me at Victoria in the Province of B.C. this 14th day of June 1918.

劉佳

Signature of Applicant. Notary Public, J.P., Commissioner.

I have been personally acquainted with the above-mentioned applicant for a period of .... (years) (months). I recognize the above attached photo as a true likeness of him. I believe the statements which he makes above to be correct and have seen him in my presence attach his signature on the same line on which my own appears.

Signature of Applicant. Signature of Bank Manager, Chief of Police, Clergyman or Dominion Government Officer

Permit to leave Canada on or before the 20th day of June 1918, is hereby granted to Law Kai

VICTORIA, B.C. JUN 1 1918

Date of issue.

Canadian Immigration Inspector.

1918 年加拿大华侨的返境许可证（“回头纸”）

（来源：徐云）

1885 年加拿大政府通过了排华法案，并以收缴“人头税”的做法，企图阻止华侨进入加拿大。而已经合法居留的华人出境再返境时，则需要领取“回头纸”。“回头纸”是在中国出生后定居加拿大的华人的离境证明，他们在离境后两年内必须返回加拿大，否则永远不得入境。有些持有“回头纸”的华人如不想返回加拿大，会出让“回头纸”给没有资格又想进入加拿大的同胞。买到“假纸”的华人在移民检查站，有的能蒙混过关，有的则会被查出、扣押，并被遣返中国。[①]

上图的持证人刘佳（Law Kai），1884 年出生于中国，在加拿大居住了 17 年，已婚，有两个小孩，拟离境回中国探亲一年。

① 赵庆庆：《对加拿大“猪仔屋”和先侨壁诗的历史解读》，《世界华文文学论坛》2014 年第 3 期。

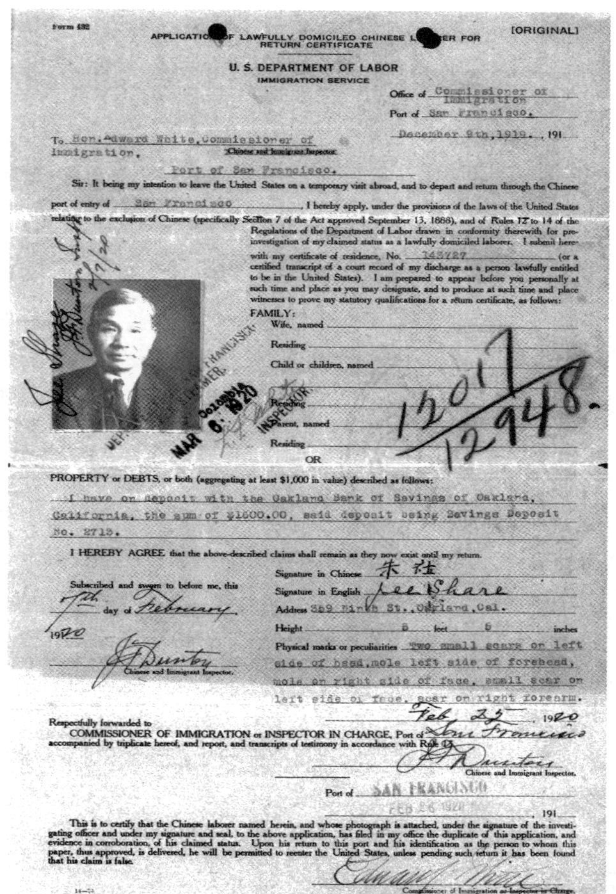

Form 432 [ORIGINAL]

APPLICATION OF LAWFULLY DOMICILED CHINESE LABORER FOR RETURN CERTIFICATE

U. S. DEPARTMENT OF LABOR
IMMIGRATION SERVICE

Office of Commissioner of Immigration
Port of San Francisco.
December 9th, 1919. , 191

To Hon. Edward White, Commissioner of Immigration, Chinese and Immigrant Inspector.
Port of San Francisco.

Sir: It being my intention to leave the United States on a temporary visit abroad, and to depart and return through the Chinese port of entry of San Francisco, I hereby apply, under the provisions of the laws of the United States relating to the exclusion of Chinese (specifically Section 7 of the Act approved September 13, 1888), and of Rules 12 to 14 of the Regulations of the Department of Labor drawn in conformity therewith for pre-investigation of my claimed status as a lawfully domiciled laborer. I submit herewith my certificate of residence, No. 143727 (or a certified transcript of a court record of my discharge as a person lawfully entitled to be in the United States). I am prepared to appear before you personally at such time and place as you may designate, and to produce at such time and place witnesses to prove my statutory qualifications for a return certificate, as follows:

FAMILY:
Wife, named
Residing
Child or children, named
Residing
Parent, named
Residing
OR

12017
12948.

PROPERTY or DEBTS, or both (aggregating at least $1,000 in value) described as follows:
I have on deposit with the Oakland Bank of Savings of Oakland, California, the sum of $1600.00, said deposit being Savings Deposit No. 2713.

I HEREBY AGREE that the above-described claims shall remain as they now exist until my return.

Signature in Chinese 朱社
Signature in English Jee Share
Address 359 Ninth St., Oakland, Cal.
Height 5 feet 6 inches
Physical marks or peculiarities Two small scars on left side of head, mole left side of forehead, mole on right side of face, small scar on left side of face, scar on right forearm.

Subscribed and sworn to before me, this 7th day of February 1920
J. F. Dunton
Chinese and Immigrant Inspector.

Respectfully forwarded to
COMMISSIONER OF IMMIGRATION or INSPECTOR IN CHARGE, Port of San Francisco
accompanied by triplicate hereof, and report, and transcripts of testimony in accordance with Rule 13.
Feb 25 1920
J. F. Dunton
Chinese and Immigrant Inspector.

Port of SAN FRANCISCO
FEB 26 1920 , 191

This is to certify that the Chinese laborer named herein, and whose photograph is attached, under the signature of the investigating officer and under my signature and seal, to the above application, has filed in my office the duplicate of this application, and evidence in corroboration, of his claimed status. Upon his return to this port and his identification as the person to whom this paper, thus approved, is delivered, he will be permitted to reenter the United States, unless pending such return it has been found that his claim is false.

Edward White
Commissioner of Immigration ~~or Inspector in Charge~~.

14—73

1920 年美国合法居留华工返美证
（来源：郑锦龙）

美国 1882 年的“排华法案”后来又经过几次重大增修，变得越来越严苛。如 1888 年的《斯科特法案》规定：再次入境的华工必须提供至少 1 000 美元的资产或应收款项证明，否则一律不准入美；出境后回美必须经由原出境港口才能入境。上图的持证人朱社（Jee Shane），欲离开美国出游外邦，拟于旧金山口岸去亦于该口岸回。依据《斯科特法案》所立第七款及劳工部有关条例，其为合法注册的劳动者，而且在奥克兰银行有 1 600 美元的存款，因此获得了这张华工返美证。

为了防止有人冒名顶替，“回头纸”上除了附有本人照片外，对持证人的个人身份信息和体貌特征也进行了详细的登记。上图记载了朱社的特征：身高 5 英尺 6 英寸，头部左侧有 2 个小疤痕，额头左边有痣，面部右边有痣，面部左侧有小疤痕，右前臂有疤痕等。

Form 432 RETURN CERTIFICATE—LAWFULLY DOMICILED CHINESE LABORER [ORIGINAL]

U. S. DEPARTMENT OF LABOR
IMMIGRATION SERVICE
and Naturalization

City of Detroit, Mich (Date) Dec. 21, 1934.

To Officer in Charge, Port of Detroit, Mich.

SIR: It being my intention to leave the United States on a temporary visit abroad, and to depart and return through the Chinese port of entry of Seattle, Washington., I submit herewith evidence of my lawful residence within the United States and apply, under the provisions of the laws of the United States (specifically Section 7, Act approved September 13, 1888) and Rules 13 to 15 of the Regulations of the Department of Labor drawn in conformity therewith, for preinvestigation of my claimed status as a lawfully domiciled laborer. I am prepared to personally appear before you, at such time and place as you may designate, and produce the following-named witnesses to prove my statutory qualifications for this return certificate:

Name Lim Soon Address #2682 Gratiot Ave., Detroit, Mich.

Name Address

Description of Property or Debts (aggregating at least $1,000), or wife, child or parent resident in the United States Lim Soon owes me $1050

I hereby agree that the above-described claims shall remain as they now exist until my return.

I am 48 years of age; my height is 5 ft. 6 in.

and my physical marks are scar back right ear; scars on chin.

My address is 2533 Woodward Ave (Original) (Original)

Signature in Chinese 林深 (Lim Sam)

Signature in English Lim Sam

Subscribed and sworn to before me this 21 day of December, 1934.

Chinese and Immigrant Inspector.

Port of Seattle, Wash.

Date DEC 28 1934

This is to certify that the Chinese laborer named herein, whose photograph is attached, under the signature of the investigating officer, has filed in my office the duplicate of this application, which application has been approved. Upon his return to the port of departure and his identification as the person to whom this paper, thus approved, is delivered, he will be permitted to reenter the United States, unless pending such return it has been found that his claim is false and provided he is found admissible under the provisions of the general immigration laws.

No. 7032/2859
SEATTLE

DEPARTED-SEATTLE WASH
Jan 19 1935
Pres Jefferson
H N Engels, U S I S.

Officer in Charge.
District Director

1934 年美国合法居留华工返美证

（来源：郑锦龙）

上图也是一张美国合法居留华工返美证。持证人林深（Lim Sam），居住地为密歇根州底特律，欲离开美国出游外邦，拟于华盛顿州西雅图口岸去亦于该口岸回。但林深之所以能获得这张返美证，不是因为他在美国有 1 000 美元的资产，而是因为他在美国还有 1 050 美元的债务，等待其返美后清偿。这张返美证对林深的特征描述为：48 岁，身高 5 英尺 6 英寸，右耳后和下巴有疤痕。

APPLICATION OF AB

Form 430 APPLICATION OF ALLEGED AMERICAN CITIZEN OF THE CHINESE RACE FOR PREINVESTIGATION OF STATUS ORIGINAL

此稟專爲土生欲離美國由外而返立實憑證之所用 稟號壹

U. S. DEPARTMENT OF LABOR

IMMIGRATION SERVICE

NO 132/677

New York (Chinese)

New York, N.Y.

December 1, 1930. 192

To Commissioner of Immigration,
Officer in Charge, Immigration Service,
Ellis Island, N.Y.H.,

DESCRIPTION:
Height: 5'7½"
Occupation; Laundryman,
Marks: Faint scar upper left eyelid; Scar in forehead near hair; scar back of left ear; raised mole back left neck; faint scar near right corner mouth.

SIR: It being my intention to leave the United States on a temporary visit abroad, departing and returning through the Chinese port of entry of Seattle, Washington, I hereby apply, under the provisions of Rule 16 of the Chinese Regulations, for preinvestigation of my claimed status as an American citizen, submitting herewith such documentary proofs (if any) as I possess, and agreeing to appear at such time and place as you may designate, and to produce then and there witnesses for oral examination regarding the claim made by me.

This application is submitted in triplicate with my photograph attached to each copy, as required by said rule.

Respectfully,

Signature in Chinese 簽唐字名 譚同忍 (Hom Kow Yin)
Signature in English 簽番字名 Hom Kow Yin
Address 具稟人之住址 c/o H.R.Sisson 11 Moore St. NY

管理外人入口委員知之我現欲暫離美國由華出遊外邦今由人出入之港埠而去將來亦即由該埠而回茲依三十九款之例在美國出世所有憑據呈上查驗亦親與證人到委員之公辦房詢問口供照例簽名稟上並附相三幅

Port of New York,
DEC 9 - 1930, 192

This is to certify that the person of Chinese descent named herein, and whose photograph is attached, under the signature of the investigating officer and under my signature and seal to the above application, has filed in my office the duplicate of this application and evidence in corroboration of his claimed American citizenship. Upon his return ~~at this port~~ and his identification as the person to whom this paper thus approved is delivered, he will be permitted to reenter the United States unless pending such return it has been found that his claim is false.

Asst. *Commissioner of Immigration,*
~~*Inspector in Charge.*~~
New York District.

DEPARTED-SEATTLE, WASH
Dec 27 1930
Pres Jackson
H. N. Engels, U S I S.

7030/1332
SEATTLE. WASH.

1930 年美国土生华人由外而返的入境证明

（来源：徐云）

虽然美国土生华人与非土生华人在法律身份上完全不同，但在美国排华期间，土生华人出入美国同样受到限制。比如：需要提供在美国出生的证件，同时亲自与证人到移民部门录口供并要保证从出港埠回港等。

上图的持证人谭同忍（Hom Kow Yin），土生华人，身高 5 英尺 7.5 英寸，职业为洗衣工。特征为：上睑有淡淡的疤痕，头发附近和左耳后有瘢痕，左颈上有痣，右嘴角附近有淡淡疤痕。欲离开美国出游外邦，拟于华盛顿州西雅图口岸去亦于该口岸回。

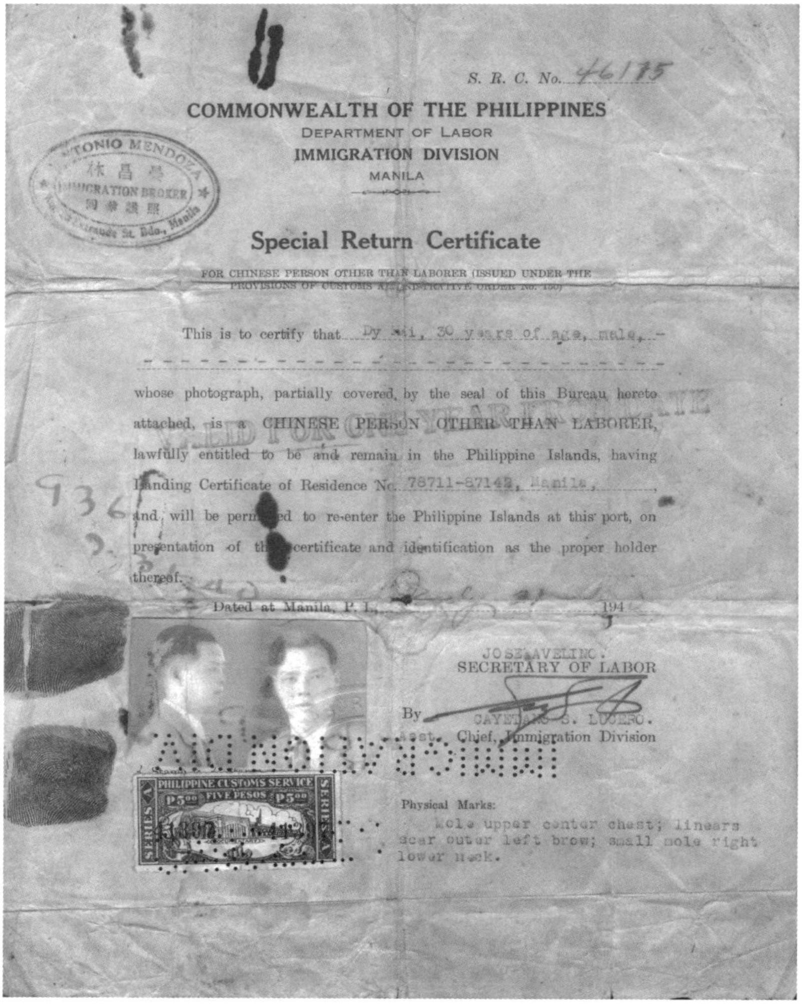

S. R. C. No. 46175

COMMONWEALTH OF THE PHILIPPINES
DEPARTMENT OF LABOR
IMMIGRATION DIVISION
MANILA

ANTONIO MENDOZA 林昌恩 IMMIGRATION BROKER

Special Return Certificate

FOR CHINESE PERSON OTHER THAN LABORER (ISSUED UNDER THE PROVISIONS OF CUSTOMS ADMINISTRATIVE ORDER No. 150)

This is to certify that Dy Mai, 30 years of age, male,

whose photograph, partially covered by the seal of this Bureau hereto attached, is a CHINESE PERSON OTHER THAN LABORER, lawfully entitled to be and remain in the Philippine Islands, having Landing Certificate of Residence No. 78711-87142, Manila, and will be permitted to re-enter the Philippine Islands at this port, on presentation of this certificate and identification as the proper holder thereof.

Dated at Manila, P. I., 194

JOSE AVELINO
SECRETARY OF LABOR

By CAYETANO S. LUCERO.
Asst. Chief, Immigration Division

PHILIPPINE CUSTOMS SERVICE
FIVE PESOS

Physical Marks:
Mole upper center chest; linears scar outer left brow; small mole right lower neck.

1940 年菲律宾劳工部移民局专门为非劳工华人签署的返境证明

（来源：徐云）

从 20 世纪 30 年代开始，世界经济每况愈下，南洋各殖民地的经济环境受到严重影响，开始限制华工入境。菲律宾也颁布新法规，限制华工和新侨入境，只允许有居住证的回国华侨返菲。①

上图的持证人 Dy Mai，30 岁，有马尼拉居留证，居留证号码 78711 - 87142，更重要的是他“is a CHINESE PERSON OTHER THAN LABORER”（非华工），因此可以入境。

① 参见《南洋各属华侨入口新例》，《华侨》1936 年第 82 - 83 期。

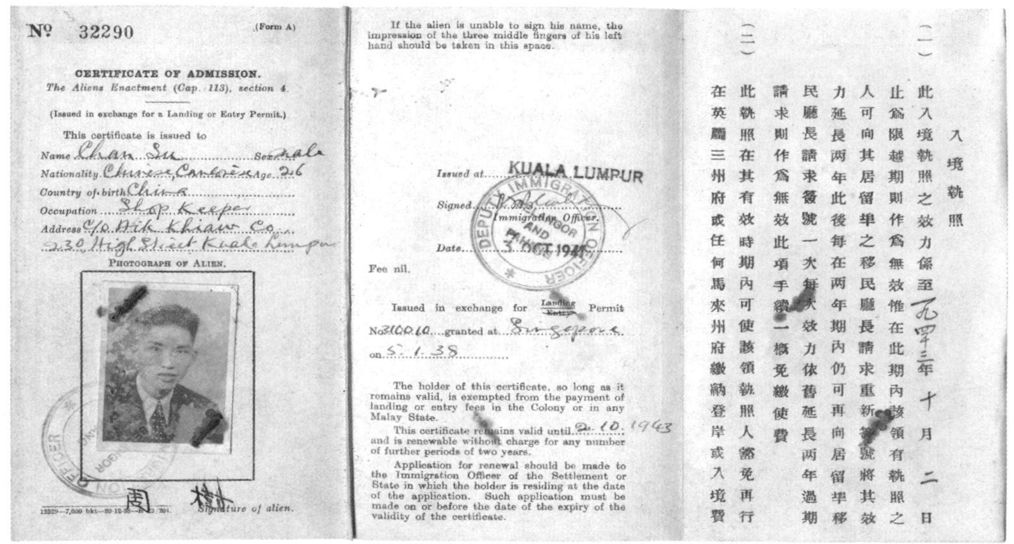

№ 32290 (Form A)

CERTIFICATE OF ADMISSION.
The Aliens Enactment (Cap. 113), section 4.

(Issued in exchange for a Landing or Entry Permit.)

This certificate is issued to
Name Chan Su Sex male
Nationality Chinese, Cantonese Age 26
Country of birth China
Occupation Shop Keeper
Address C/o Aik Khiaw Co. 230 High Street Kuala Lumpur

PHOTOGRAPH OF ALIEN.

周樹 *Signature of alien.*

If the alien is unable to sign his name, the impression of the three middle fingers of his left hand should be taken in this space.

Issued at KUALA LUMPUR
Signed
Immigration Officer.
Date 3 OCT 1941

Fee nil.

Issued in exchange for Landing Permit No 310010 granted at Singapore on 5. 1. 38

The holder of this certificate, so long as it remains valid, is exempted from the payment of landing or entry fees in the Colony or in any Malay State.

This certificate remains valid until 2. 10. 1943 and is renewable without charge for any number of further periods of two years.

Application for renewal should be made to the Immigration Officer of the Settlement or State in which the holder is residing at the date of the application. Such application must be made on or before the date of the expiry of the validity of the certificate.

入境執照

（一）此入境執照之效力係至九四三年十月二日止爲限越期則作爲無效惟在此期內該領有執照之人可向其居留埠之移民廳長請求重新簽號將其效力延長兩年此後每在兩年期內仍可再向居留埠移民廳長請求簽號一次每次效力依舊延長兩年過期請求則作爲無效此項手續一概免繳使費

（二）此執照在其有效時期內可使該領執照人豁免再行在英屬三州府或任何馬來州府繳納登岸或入境費

1941 年马来亚华人的入境许可证

（来源：何锡钿）

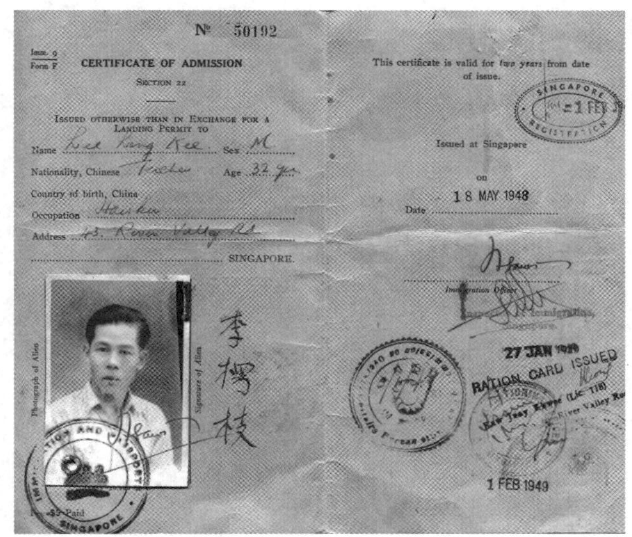

№ 50192

Imm. 9
Form F

CERTIFICATE OF ADMISSION

SECTION 22

ISSUED OTHERWISE THAN IN EXCHANGE FOR A LANDING PERMIT TO
Name Lee Rang Kee Sex M.
Nationality, Chinese Teochew Age 32 yrs
Country of birth, China
Occupation Hawker
Address 43. River Valley Rd
SINGAPORE.

Photograph of Alien

Signature of Alien 李楞枝

Fee $5 Paid

This certificate is valid for *two years* from date of issue.

Issued at Singapore
on
18 MAY 1948
Date

Immigration Officer

27 JAN 1949
RATION CARD ISSUED

1 FEB 1949

1948 年新加坡华人的入境许可证

（来源：暨南大学图书馆馆藏）

20 世纪 30 年代以来，受经济环境的影响，东南亚地区对新入境的中国人（新客）进行严格的限制。但已经取得当地居留权的华人只要拥有当地出入境部门签发的入境许可证，出国后即可返境。

上面两图持证人分别为周树（Chan Su）和李楞枝（Ree Rang Kee），均为中国国籍，在当地经商。

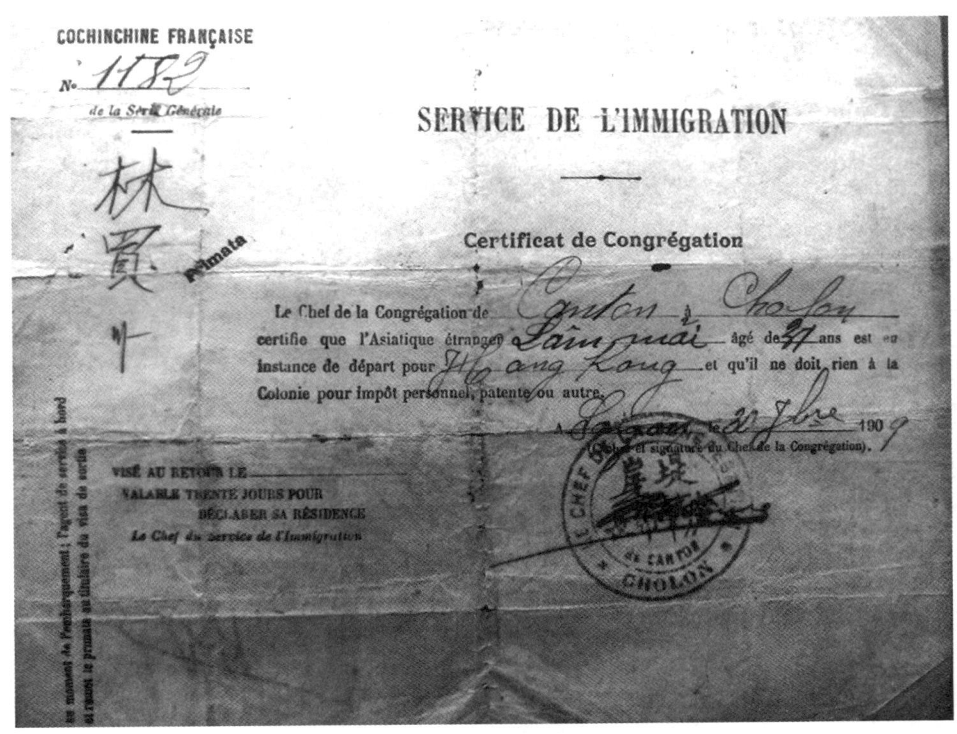

COCHINCHINE FRANÇAISE

N° 1182

de la Série Générale

林買 primata

SERVICE DE L'IMMIGRATION

Certificat de Congrégation

Le Chef de la Congrégation de Canton à Cholon certifie que l'Asiatique étranger Lâm mai âgé de 27 ans est en instance de départ pour Hoang Kong et qu'il ne doit rien à la Colonie pour impôt personnel, patente ou autre.

A Saigon le 30 7bre 1909

(Cachet et signature du Chef de la Congrégation).

VISÉ AU RETOUR LE

VALABLE TRENTE JOURS POUR DÉCLARER SA RÉSIDENCE

Le Chef du service de l'Immigration

au moment de l'embarquement; l'agent de service à bord est remis le primata au titulaire du visa de sortie

CHEF DE LA CONGRÉGATION DE CANTON CHOLON

1909 年法国印度支那移民警察局为广东华侨签发的出境通行证

（来源：郑锦龙）

法属时期的华侨作坊

1858 年，法国军舰炮轰越南岘港，拉开了法国殖民者侵越战争的序幕。从殖民统治的初步确立至越南宣告独立的 1945 年，法国在越南的殖民统治历时 80 多年，这一时期称为越南“法属时期”。分而治之，是在殖民主义者对越南的长期统治和影响下形成的。法国殖民者也对在越的华侨分而治之，采取“利用、限制和压制”的政策，“以华治华”，对华侨按籍贯、方言的不同实行分帮管治。1807 年将华侨分为广州、闽南、潮州、客家、海南五帮，并将“五帮”以外的“滇人”（云南人）、“桂人”（广西人）、少数民族华侨排除在外。[①]

上图是 1909 年法国印度支那移民警察局为广东华侨林买签发的出境通行证，上面盖有“堤岸广肇帮长”印章，从中可看出“帮派”管理华人社会的印记。

① 向大有：《一百万与四百万的反差——关于越南华侨华人人口数据的考证》，《八桂侨史》1994 年第 2 期。

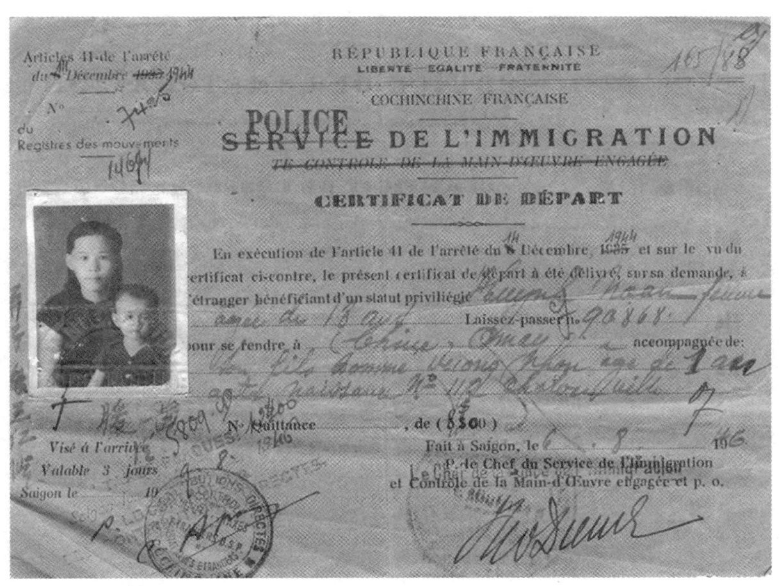

Articles 41 de l'arrêté du 14 Décembre 1944

N° 7420/S

du Registres des mouvements 14694

RÉPUBLIQUE FRANÇAISE
LIBERTÉ — ÉGALITÉ — FRATERNITÉ

165/88

COCHINCHINE FRANÇAISE

POLICE
~~SERVICE~~ DE L'IMMIGRATION
~~ET CONTROLE DE LA MAIN-D'ŒUVRE ENGAGÉE~~

CERTIFICAT DE DÉPART

En exécution de l'article 41 de l'arrêté du 14 Décembre 1944 et sur le vu du certificat ci-contre, le présent certificat de départ à été délivré, sur sa demande, à l'étranger bénéficiant d'un statut privilégié Huynh Noan femme agée de 18 ans Laissez-passer n° 90868.

pour se rendre à Chine, Amoy accompagnée de: son fils Vuong Nhon âgé de 1 an

N° Quittance , de (8$00)

Fait à Saigon, le 6. 8. 1946

Visé à l'arrivée

Valable 3 jours

Saigon le 19

P. le Chef du Service de l'Immigration et Contrôle de la Main-d'Œuvre engagée et p. o.

Cochinchine Francaise

LAISSEZ-PASSER

N° 90868.

堤岸福建帮

妇童出口

POLICE
~~SERVICE~~ DE L'IMMIGRATION
~~ET CONTROLE DE LA MAIN-D'ŒUVRE ENGAGÉE~~

CERTIFICAT DE CONGRÉGATION

Le Chef de la Congrégation de FOUKIEN à CHOLON certifie que l'étrangère bénéficiant d'un statut privilégié Huynh Noan âgée de 18 ans porteur du Laissez-passer N° 90868. est en instance de départ pour Chine, Amoy

BON POUR: Amoy 28-8-46

A Saigon, le 6 . 8 . 1946

(P. Cachet et signature du Chef de la Congrégation)

堤岸福建帮

PRIMATA

Raymond GELOT
Commissaire pp^al de Police

1946 年法国印度支那移民警察局为福建华侨签发的出境通行证

（来源：徐云）

上图是 1946 年法国印度支那移民警察局为福建华侨签发的出境通行证。持证人黄腰注，女，18 岁，拟带 1 岁儿子回中国。该证明上盖有“福建公所”的印章，印有“堤岸福建帮”“妇童出口”的中文字样。

Book No. 577.
Form No. 21.

FEE—£1. (One Pound.)

VIC. 48/8

№ 74

COMMONWEALTH OF AUSTRALIA.
Immigration Act 1901-1935 40 and Regulations.

CERTIFICATE EXEMPTING FROM DICTATION TEST.

I, Francis J. R. Penhalluriack, the Commonwealth Migration Officer for the State of Victoria in the said Commonwealth, hereby certify that DAR DAY hereinafter described who is leaving the Commonwealth temporarily, will be exempted from the provisions of paragraph (*a*) of Section 3 of the Act if he returns to the Commonwealth within a period of three years from the date of departure shown below.

Date 2nd April, 1948.

F. J. R. Penhalluriack
Commonwealth Migration Officer.

DESCRIPTION.

Nationality	Chinese	Birthplace	Canton
Age	63 years.	Complexion	Sallow
Height	5' 5½"	Hair	Grey (partly bald)
Build	Medium	Eyes	Dark Brown

Particular marks Pock marked left temple. Pock marked centre forehead
(For thumb prints, see back of this document.)

PHOTOGRAPHS.

Full Face :— DAR DAY

Profile :— DAR DAY

Date of Departure	3-4-48.	Port of Embarkation	Melbourne
Ship	Shansi	Destination	China
Date of Return		Ship	
Port			

Customs Officers.

3289.

1948 年澳大利亚华侨入境听写测试豁免证明（“回头纸”）
（来源：暨南大学图书馆馆藏）

“白澳政策”（White Australia Policy）是英国殖民者为了限制有色人种移居澳大利亚而施行的种族歧视政策，主要限制亚洲和太平洋岛屿居民与喀纳喀（波利尼西亚）劳工的进入。1901 年澳大利亚联邦成立之后，通过了《限制移民入境法案》（*Immigration Restriction Act*）。该法案规定，凡来澳移民必须参加语言测验，听写任何一种欧洲语言的 50 个单词，不及格者不得入境。① 而已经在澳大利亚定居的华侨，在决定回国并打算日后返回澳大利亚时，可以申请豁免听写测试，但必须找到两名澳大利亚籍人士担保，并要先到警察局申请良民证（要求有财产和正当工作），再向州政府申请听写测试豁免证明（CEDT），也就是“回头纸”。持有 CEDT 等证明，再返回澳大利亚时，可以避免海关苛刻的语言测试。

上图的持证人 Dar Day，63 岁，中国国籍，在广东广州出生，特征为：身高 5 英尺 5.5 英寸，面色蜡黄，部分秃顶，眼睛深棕色，太阳穴左边和额头中间有麻子。Dar Day 拟暂时离境返回中国，因其已定居澳大利亚，故在 3 年内返回澳大利亚，可豁免听写测试。

口供纸

华侨在美国旧金山天使岛移民局拘留所被审讯时的情形

美国排华期间，为防止中国华人利用法律的漏洞以“假身份”申请来美，美国移民局在移民审批过程中设立了一个烦琐的问答方式，这一过程被美国华人谓之“审口供”。“审口供”过程中会盘问被审者的直属血缘关系、家庭背景、家族情况和家乡地理环境等问题，甚至要提供乡村的房屋地图和邻居情况等详细事项。被审者回家后把审问内容记录下来，编写成问答形式的“口供纸”，寄交家乡等待来美之人，预先死记硬背，以应付入境时移民官的审查。不论是真正或者冒籍身份，抵埠接受盘问时都一律要依循“口供纸”里的数据回答，以免出错。1943 年“排华法案”废止，但是太平洋战争后几年，粤籍新移民还要接受“审口供”形式的盘问审查。一直到 20 世纪 50 年代，美国移民局以科学验血方式来鉴定新移民的家属血缘关系，以“审口供”问答方式审查家族的移民入境程序才宣告停止。②

① 曹思佳：《澳大利亚联邦“白澳政策”问题探析》，《贵州社会主义学院学报》2010 年第 2 期。

② 谭雅伦：《简说早期美国华人社区对排华历史词汇的抗衡翻译》，《五邑大学学报》（社会科学版）2013 年第 1 期。

(一)

汝姓乜名乜：	我姓黄，名柏舜：
汝有字或有别字否：	我未娶妻，未有字，亦未有别字：
汝今年几多岁：	我今年拾七岁：
汝何年何月出世：	我民国廿一年拾二月拾二日出世：
汝在何县何村出世：	我在台山县佛四村出世：广东省
汝前日取过纸来美国否：	上 我未来过：
汝何以有权来美国	问 我系美国籍民之子，即出世纸：
汝父姓乜名乜：	我父名黄文锦，字明敏：
汝父在何处出世：	我父在佛四村出世：
汝见过汝父几次：	我晓得以来，我父由美国回家见过我父：
汝父乜年乜月由美国回家：	我父民国廿五年年尾十二月廿三到家：
汝父现在何处	我父现在大埠：
汝父做何职业：	我父在烧腊做工：
汝父今年几多岁：	我父今年四十四岁：
汝母亲乜氏，本[illegible]：	我母亲郑氏，西朗村人：
汝母亲大脚或放脚：	我母亲大脚：
汝祖父姓乜名乜：	我祖父黄兴，字添光：
汝祖父现在何处：	我祖父死了：
汝祖父在何处去世：	我祖父在美国去世，罗省医院：
汝祖父系何病症死了：	我不知：
汝祖父乜年乜月去世：	我祖父1939年十月十九号在罗省医院去世：
汝祖父现在何处：	我祖父死后运回唛荅步埠至1940年九月由美国运回香港转运回家安葬：
汝见过汝祖父否：	祖父生前我未见过佢，死后运回家时见过一次：
汝祖父死时几多岁：	我祖父死时年五八岁：
汝祖父运回家时系乜时候：	我祖父运回家时系民国廿九年十一月廿日下午六点：
汝祖父安葬时汝去送否：	我祖父安葬时我去送（全家去送）：
汝祖母现在生否：	我祖母民国廿三年十二月十七日死了：
汝祖母去世时汝有几多岁：	我祖母去世时我三岁：
汝祖母乜氏，大脚或放脚：	我日前所闻母亲讲过祖母余氏放脚：
汝祖母葬在何处，山坟有石碑否：	下 我祖母葬在南边不出，草坟无石碑：
汝有几兄弟姊妹否：	答 我共三兄弟，无姊妹：
汝三兄弟汝第几：	我做大：
汝第二细佬叫乜名，今年几多岁：	我第二细佬名定邦，今年十二岁：
汝第三细佬叫乜名，今年几多岁：	我第三细佬名泽民，今年十一岁：
汝二弟细佬定邦何年何月出世：	定邦民国廿六年九月廿五日出世：

民国时期的“口供纸”
（来源：何锡钿）

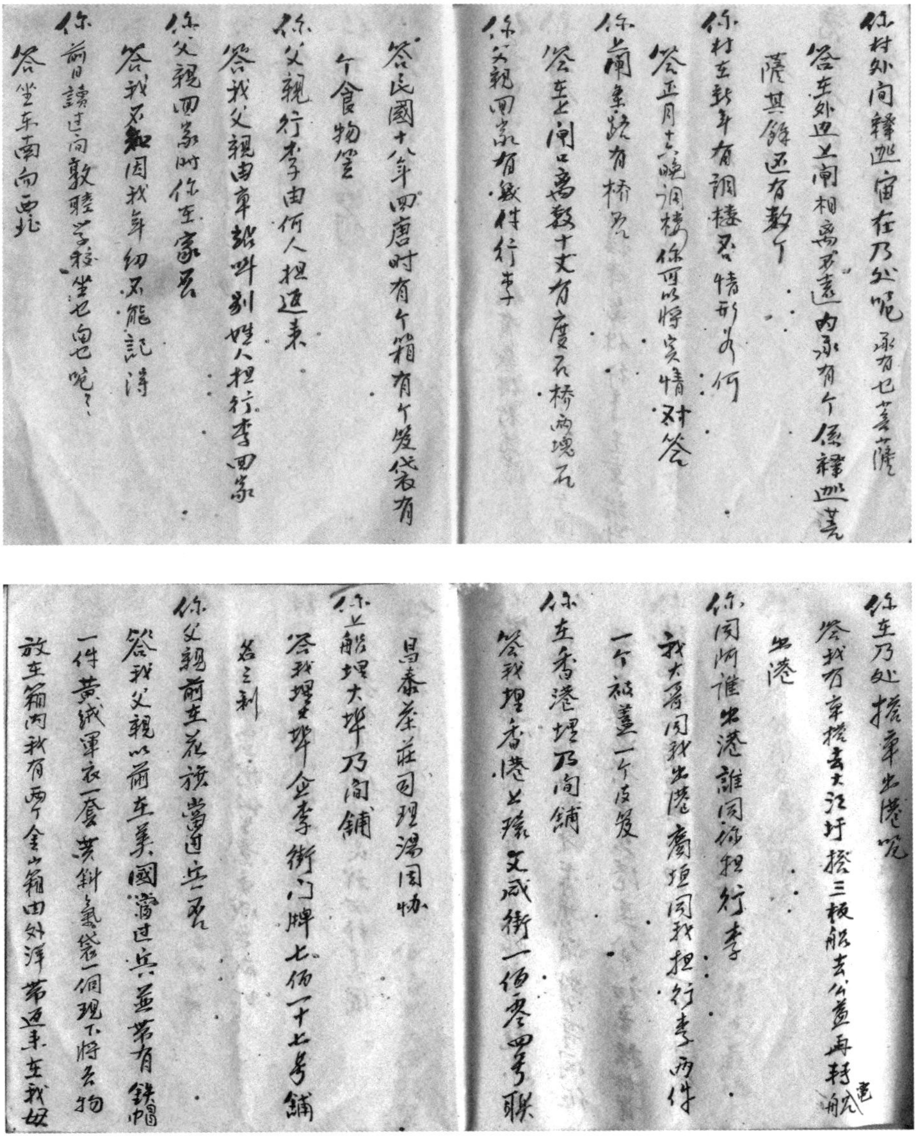
你村外問釋迦廟在乃处呢 系有乜名稱
答在外边之间相离不远内承有个係釋迦廟
稱其餘还有數个
你村在新年有調楼否 情形如何
答正月十二晚調楼 你可以将实情对答
你廟係有桥否
答在正閘口离數十丈有度石桥西边石
你父親回家有幾件行李
答民國十八年回唐时有个箱有个皮袋有
个食物罢
你父親行李由何人担返来
答我父親由車站叫别姓人担行李回家
你父親回家时你在家否
答我不知因我年幼不能記清
你前日读过间敦睦学校坐乜向乜呢
答坐在南向西北
你在乃处搭車出港呢
答我有车搭去大江圩搭三板船去公益再搭
出港
你同何谁出港 誰同你担行李
我大哥同我出港 离埠同我担行李两件
一个被蓋一个皮袋
你在香港埋乃间铺
答我埋香港上環文咸街一佰零四号联
昌泰荣莊司理湯国协
你上船埋大埠乃间铺
答我埋埠企李街门牌七佰一十七号铺
名三利
你父親前在花旗當过兵否
答我父親以前在美國當过兵並带有铁帽
一件 黄絨军衣一套 黄斜氣袋一個 現下將各物
放在箱内 我有两个金山箱由外洋带返來在我处

民国时期的“口供纸”

（来源：暨南大学图书馆馆藏）

“口供纸”里涉及的问题繁多，事无巨细。除了本人基本情况如“叫什么名”“在哪儿出生”“今年多大”等是必问项外，有些问题琐碎难料，如“母亲是大脚还是小脚”“你村外释迦庙在何处”“你在何处搭车出港”“你伯父回唐有来过你屋否”等。这些问题对身份真实的入境申请者不算什么，但对“冒籍者”来说就会猝不及防。因此，背“口供”的功夫直接决定申请者是否能顺利入境。

四、华侨登记证

对华侨进行登记，是国民政府确认海外侨民身份并加以保护的一项措施。1930 年 1 月 17 日，国民政府首次公布了《华侨登记规则》及《华侨登记办事细则》等法规条例，规定所有出国、归国、居留或迁移的侨民，都必须登记，登记事务由驻外领事馆负责办理。[①] 在外华侨登记后，由外交部发给华侨登记证或侨民登记证，华侨凭登记证明，可获得领事馆保护及请求事项帮助。早期登记证有效期限为一年，期满必须重新登记。1935 年 12 月 18 日再次公布《华侨登记规则》，该规则规定 1936 年到 1938 年两年之内，所有海外侨民需到住在地使领馆登记。侨民如不登记，使领馆则不负保护之责。若登记人确系贫苦，居留地又无照相馆，可免缴照片。除迁移情形外，登记证永远有效。

This is to Certify

that

Mr. King Lie is a

Chinese citizen, residing at

68 Campbell St.

Sydney

Commonwealth of Australia, being duly registered with the Chinese Consulate-General, the number of such Certificate of Registration being No. N1005

April 15th, 1930, Sydney.

FARTSAN T. SUNG.

Consul-General for China.

字第N 1005 號

中華民國

駐澳總領事館

姓名：余乾禮

僑民登記証

登記日期：中華民國十九年四月十五日

1930 年中华民国驻澳大利亚总领事馆签发的侨民登记证

（来源：暨南大学图书馆馆藏）

① 参见《华侨登记规则》，《外交部公报》1930 年第 2 卷第 11 期，第 2－3 页。

中華民國駐古巴公使館 為
發給登記證事茲有商人
曾賜廣業在本館註册合給
登記證以資證明
本館註册第一九三一八號
中華民國十九年五月十二日

No. 19318

LEGACION DE LA REPUBLICA DE CHINA

CERTIFICO: que Ignacio Chang ha hecho constar en esta Legación ser ciudadano chino y como tal se halla inscripto en el Registro Correspondiente según la filiación anotada á la vuelta.

Habana 12 de Mayo de 1930

Secretario de la Legación

姓名 曾賜廣
年歲 四五
職業 商
籍貫 南海儒林

粘照片處或指印

FILIACION

Nombre chino

Nombre local Ignacio Chang

Natural de China

Edad 45 años

Profesión Comerciante

de inscripción No.

Firma ó Impresión digital del interesado.

1930 年中华民国驻古巴公使馆签发的华侨登记证

（来源：暨南大学图书馆馆藏）

CERTIFICATE OF REGISTRATION

This is to certify that Mr. Young Wah Chew *is a citizen of the Republic of China and has been registered at this* Consulate

1. *Name and Sex* Young Wah Chew (male)
2. *Age* 59
3. *Native Province* Kwong Tung
4. *Place of Birth* Chung Shan
5. *Present Residence* 976 N. King St.
6. *Profession* Merchant
7. *Establishment*
8. *Date of Arrival* 1923
9. *Name of Wife or Husband*
10. *Names of Children and their Sex* one son

Date of issue Aug. 25 1931

Expired on " " 1932

華僑登記證 檀字第四三四號

茲據檀香山地方僑民楊華兆遵照國民政府華僑登記規則請求登記合行發給登記證以資保護此

計開

一 姓名及性別 楊華兆 男　二 年歲 五十九
三 籍貫 廣東中山　四 出生地 中山
五 現在居所 羅林北京街九七六　六 職業 商
七 商號 義益　八 何時入
九 夫或妻　子　女

右發給

本登記證有效期間一年期滿繳銷換給新證

中華民國二十年八月廿五日 駐檀香山領事館發給

1931 年中华民国驻美国檀香山领事馆签发的华侨登记证

（来源：徐云）

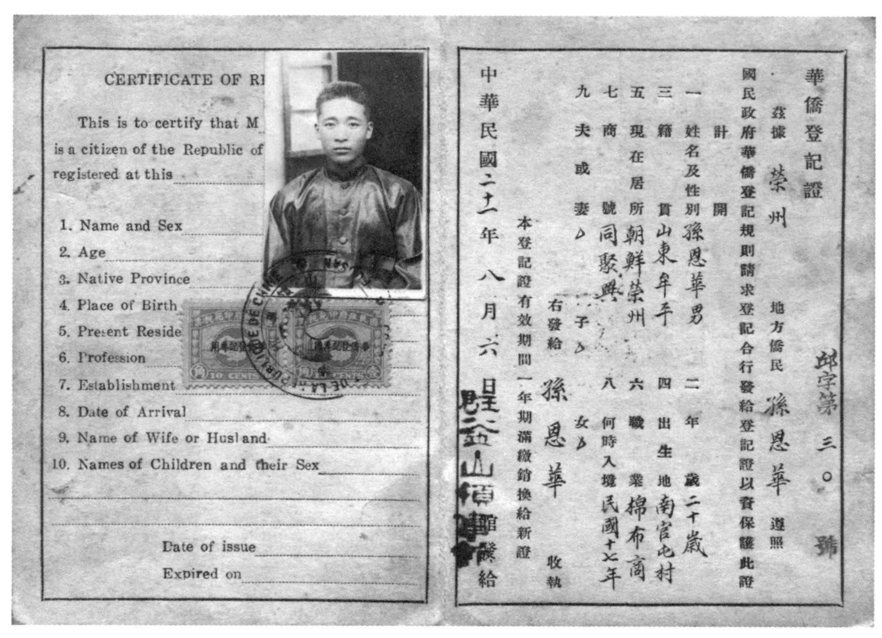

CERTIFICATE OF R

This is to certify that M
is a citizen of the Republic of
registered at this

1. Name and Sex
2. Age
3. Native Province
4. Place of Birth
5. Present Reside
6. Profession
7. Establishment
8. Date of Arrival
9. Name of Wife or Husband
10. Names of Children and their Sex

Date of issue
Expired on

華僑登記證

邱字第三〇號

茲據榮州地方僑民孫恩華遵照

國民政府華僑登記規則請求登記合行發給登記證以資保護此證

計開

一 姓名及性別 孫恩華 男　二 年歲 二十歲

三 籍貫 山東牟平　四 出生地 南官屯村

五 現在居所 朝鮮榮州　六 職業 棉布商

七 商號 同聚興　八 何時入境 民國十七年

九 夫或妻　子　女

右發給孫恩華收執

本登記證有效期間一年期滿繳銷換給新證

中華民國二十一年八月六日 駐釜山領事館發給

1932 年中华民国驻韩国釜山领事馆签发的华侨登记证

（来源：暨南大学图书馆馆藏）

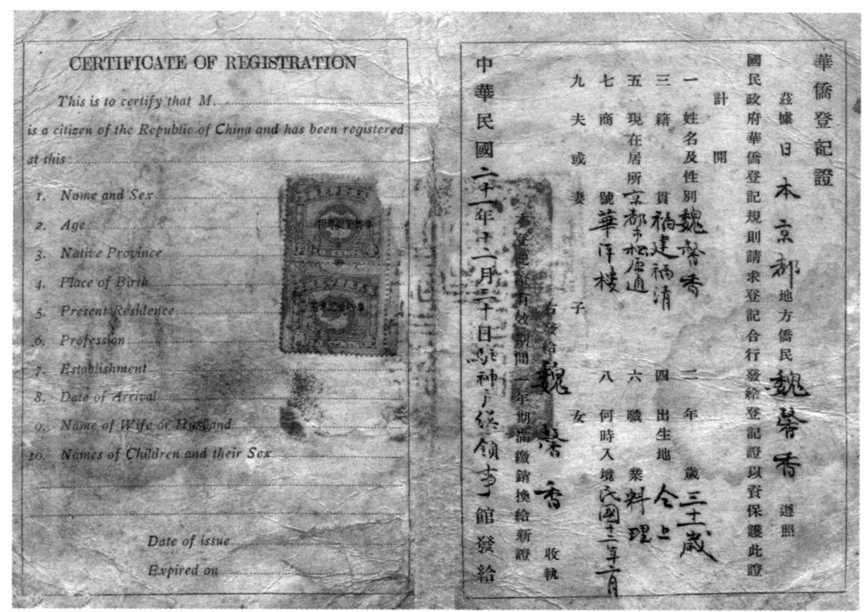

CERTIFICATE OF REGISTRATION

This is to certify that M.
is a citizen of the Republic of China and has been registered at this

1. *Name and Sex*
2. *Age*
3. *Native Province*
4. *Place of Birth*
5. *Present Residence*
6. *Profession*
7. *Establishment*
8. *Date of Arrival*
9. *Name of Wife or Husband*
10. *Names of Children and their Sex*

Date of issue
Expired on

華僑登記證

茲據日本京都地方僑民魏馨香遵照

國民政府華僑登記規則請求登記合行發給登記證以資保護此證

計開

一 姓名及性別 魏馨香　二 年歲 三十三歲

三 籍貫 福建福清　四 出生地 仝上

五 現在居所 京都市松原通　六 職業 料理

七 商號 華洋樓　八 何時入境 民國十三年一月

九 夫或妻　子　女

右發給魏馨香收執

本登記證有效期間一年期滿繳銷換給新證

中華民國二十一年十二月三十日 駐神戶總領事館發給

1932 年中华民国驻日本神户领事馆签发的华侨登记证

（来源：暨南大学图书馆馆藏）

華僑登記證 No. 75301

Certificate of Registration 字第 號

駐埠 菲律濱 地方僑民 林金鐵 遵照

華僑登記規則請求登記合行發給登記證以資保護此證

計開 林金鐵

1 姓名 Name 2 性別 Sex 男

3 年歲 Age 廿四 4 籍貫 Native Province 福建

5 出生地 Place of Birth

6 現在居所 Present Residence Cebu City

7 職業 Profession 商

8 商號 Establishment

9 何時入境 Date of Arrival 1906

10 夫或妻 Name of Wife or Husband

11 子女 Names of Children & Their Sex

Date Dec. 5. 1940

本登記證除第八條遷移居留地外永遠有效

中華民國廿九年十二月 日 駐 館發給

持證本人簽名如下

記費國幣貳角 僑民登記紙收登

1940 年中华民国驻菲律宾马尼拉领事馆签发的华侨登记证

（来源：徐云）

華僑登記證 No. 1131

Certificate of Registration 字第 號

駐埠 Toronto 地方僑民 黃宗旺 遵照

華僑登記規則請求登記合行發給登記證以資保護此證

計開 黃宗旺

1 姓名 Name Wong Chong Wing 2 性別 Sex Male

3 年歲 Age 48 4 籍貫 Native Province Kwangtung

5 出生地 Place of Birth

6 現在居所 Present Residence 13 Old Forest Hill Rd. Toronto, Ont.

7 職業 Profession 工

8 商號 Establishment

9 何時入境 Date of Arrival Sept. 16, 1911

10 夫或妻 Name of Wife or Husband

11 子女 Names of Children & Their Sex

Date Jan. 7, 1943

本登記證除第八條遷移居留地外永遠有效

中華民國卅二年一月七日 駐多倫多領事館發給

持證本人簽名如下 W Dong Wong 黃宗旺

記費國幣壹圓 僑民登記紙收登

1943 年中华民国驻加拿大多朗（伦）多领事馆签发的华侨登记证

（来源：徐云）

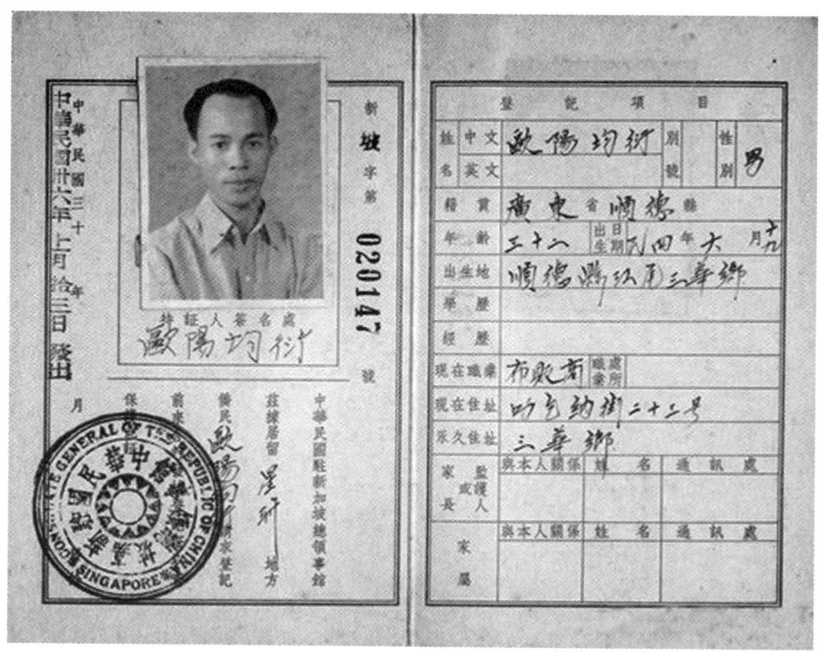

新坡字第020147號

持証人簽名處　歐陽均衍

中華民國駐新加坡總領事館　茲據居留星洲地方　僑民歐陽均衍請求登記

中華民國卅六年十一月拾三日發出

登記項目					
姓名 中文	歐陽均衍	別號		性別	男
姓名 英文					
籍貫	廣東省順德縣				
年齡	三十二	出生日期	民四年六月十九		
出生地	順德縣[illegible]三華鄉				
學歷					
經歷					
現在職業	布匹商	職業處所			
現在住址	[illegible]納街二十二号				
永久住址	三華鄉				
家長或監護人	與本人關係	姓名	通訊處		
家屬	與本人關係	姓名	通訊處		

1947 年中华民国驻新嘉（加）坡总领事馆签发的侨民登记证

（来源：徐云）

新坡字第035389號

持証人簽名處

中華民國駐新加坡總領事館　茲據居留星加坡地方　僑民羅順帶請求登記

中華民國卅七年七月廿七日發出

登記項目					
姓名 中文	羅順帶	別號		性別	女
姓名 英文					
籍貫	廣東省新會縣				
年齡	三十七	出生日期	民元年十月十三		
出生地	中國				
學歷					
經歷					
現在職業	家务	職業處所			
現在住址	萬拿街34				
永久住址	新會深裏村				
家長或監護人	與本人關係：夫	姓名：李福就	通訊處：同上		
家屬	與本人關係：子	姓名：李应钊	通訊處：同上		

1948 年中华民国驻新嘉（加）坡总领事馆签发的侨民登记证

（来源：徐云）

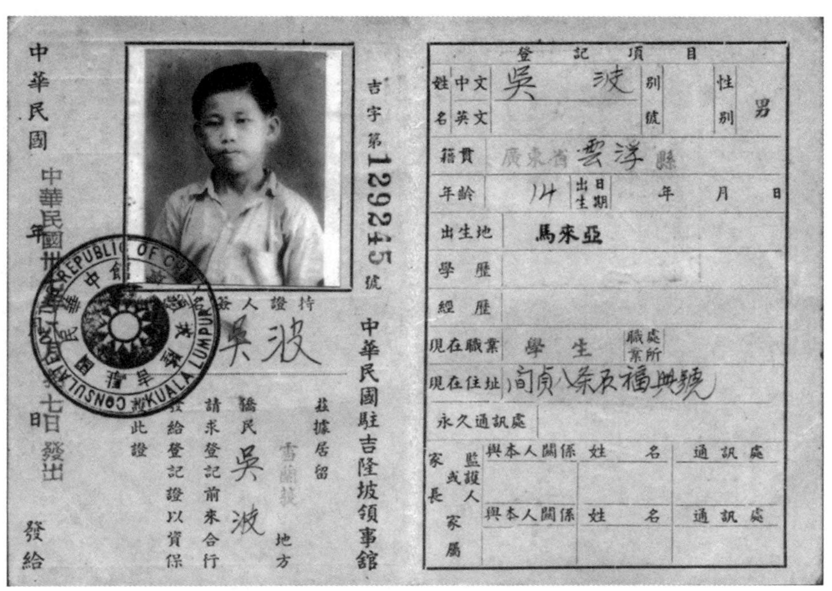

中華民國駐吉隆坡領事館

吉字第1292415號

茲據居留雪蘭莪地方僑民吳波請求登記前來合行發給登記證以資保此證

持證人簽名 吳波

中華民國卅七年　月七日發出

發給

登記項目

姓名	中文	吳波	別號		性別	男
	英文					
籍貫	廣東省雲浮縣					
年齡	14	出生日期	年	月	日	
出生地	馬來亞					
學歷						
經歷						
現在職業	學生	職業處所				
現在住址						
永久通訊處						
家長 監護人	與本人關係	姓名	通訊處			
家屬	與本人關係	姓名	通訊處			

1948 年中华民国驻马来亚吉隆坡领事馆签发的华侨登记证

（来源：徐云）

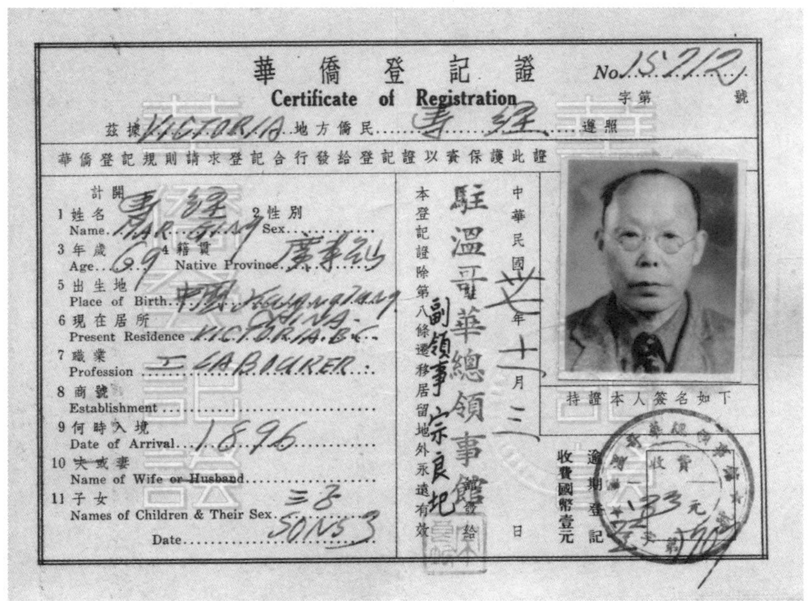

華僑登記證　No. 15212

Certificate of Registration　字第　號

茲據 VICTORIA 地方僑民　遵照

華僑登記規則請求登記合行發給登記證以資保護此證

計開

1 姓名 Name MAR GING　2 性別 Sex

3 年歲 Age 69　4 籍貫 Native Province

5 出生地 Place of Birth 中國 CHINA

6 現在居所 Present Residence VICTORIA B.C.

7 職業 Profession LABOURER

8 商號 Establishment

9 何時入境 Date of Arrival 1896

10 夫或妻 Name of Wife or Husband

11 子女 Names of Children & Their Sex SONS 3

Date

本登記證除第八條遷移居留地外永遠有效

駐溫哥華總領事館 簽給

副領事

中華民國　年　月　日

持證本人簽名如下

收費國幣壹元

逾期登記

1948 年中华民国驻加拿大温哥华总领事馆签发的华侨登记证

（来源：暨南大学图书馆馆藏）

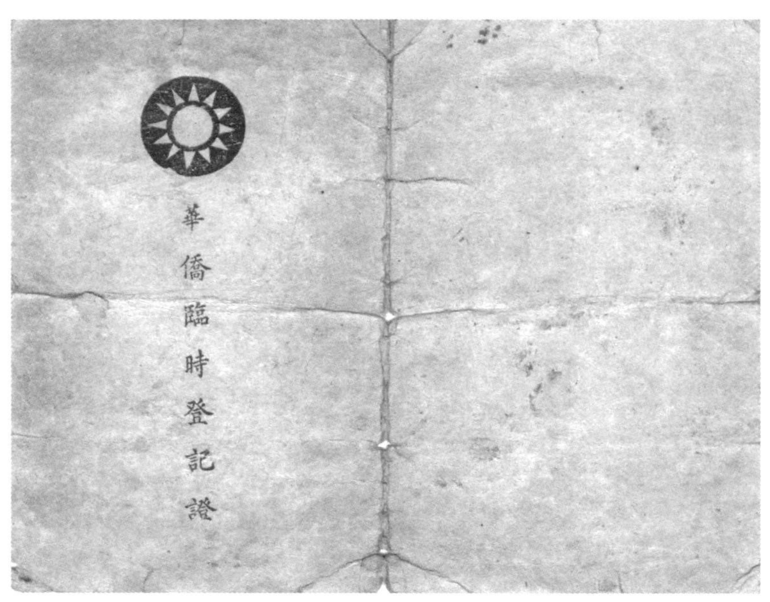

華僑臨時登記證

52857

華僑臨時登記證 登字No 103909

Certificat d'Enregistrement Provisoire des Chinois

中華民國駐西貢總領事館發給

Délivré par le Consulat Général de la République de Chine à Saigon

茲據 越南 地方僑民 傅宜 請求登記，合行發給臨時登記證，以資保護，此証。

計開：

1 姓名 Nom 傅宜 Pho Nghi　2 性別 Sexe 男 M

3 年歲 Age 42　4 籍貫 Lieu d'origine 福建 Faukien

5 出生地 Lieu de naissance 南安 Chine

6 現在居所 Adresse actuelle 21 Cholon

7 職業 Profession 工 journalier

8 商號 Nom de l'établissement 建同行

9 何時入境 Date de l'arrivé 1935

10 夫或妻 Nom du conjoint /

11 子女 Nom de ses enfants /

Fait à Saigon, le 17 juin 1947

中華民國卅六年六月十七日

持証人簽名如下 Signature du Titulaire,

僑民登記執照工本費每份越幣二元

1947 年中华民国驻越南西贡总领事馆签发的华侨临时登记证（中外混血华侨）

（来源：徐云）

上图是一张比较特殊的华侨临时登记证，因为持证人傅宜是中外混血华侨。傅宜在福建南安出生，据中华民国国籍法规定，出生时父或母为中华民国国籍，本人即属中华民国国籍。因此，可以确定傅宜父母之一是中国人。

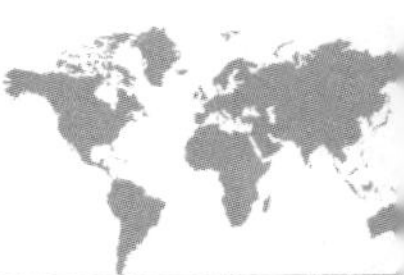

五、往返护照

护照是一国政府发给本国公民在国际旅行、居留时使用的有效证件。1877年，清政府为解决华工被诱骗出国的问题，与西班牙签订了《会订古巴华工条款》，正式颁发了国际上通用的国籍和身份证明——护照。1912年，孙中山领导的中华民国临时政府颁布了第一批护照申领法令，即《侨商回国请领护照简章》和《领署给发护照简章》，对华侨回国申领护照的方法、程序作出了详细规定。① 民国时期，我国的护照制度逐渐完善。1930年，在允许双重国籍及出籍从严、复籍从宽的原则下，国民政府公布了《护照条例》，同年12月30日又公布《外交部颁发出国护照暂行办法》，将出国护照分为“外交护照”“官员护照”和“普通护照”三种。其中，华侨、侨眷、留学生适用的普通护照最为普遍通行。

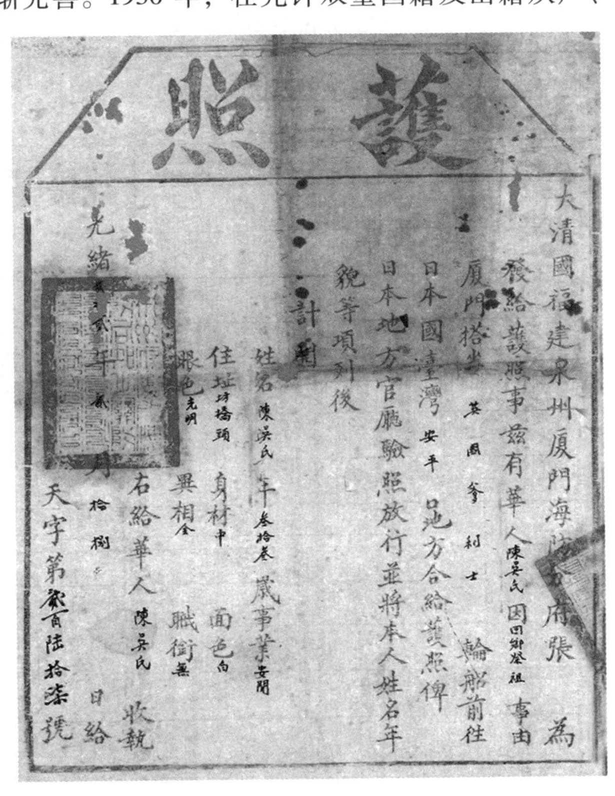

護照

大清國福建泉州廈門海防分府張 為
發給護照事茲有華人陳吳氏因回鄉祭祖 事由
廈門搭坐 英國參利士 輪船前往
日本國臺灣 安平 地方合給護照俾
日本地方官廳驗照放行並將本人姓名年
貌等項列後
計開
姓名 陳吳氏 年 叁拾叁 歲 事業 安閒
住址 埗橋頭 身材 中 面色 白
眼色 光明 異相 全 職銜 無
右給華人 陳吳氏 收執
光緒 年 月 日給
天字第貳百陸拾柒號

1896年大清国福建泉州厦门海防分府签发的回乡祭祖的出国护照

（来源：张智）

右图护照由“大清国福建泉州厦门海防分府”签发。持照人陈吴氏，33岁，拟赴台湾回乡祭祖，签发日期虽已模糊不清，但经考证，应是光绪二十二年（1896年）。1894年日本发动甲午战争，翌年清政府战败，于4月17日被迫签订丧权辱国的《马关条约》，台湾被割让给日本，故该护照上有“日本国台湾”的字样。

① 向党：《试论我国护照制度的形成与发展》，《公安大学学报》1986年第4期。

No. 40

CERTIFICATE FOR CHINESE SUBJECT OF EXEMPT CLASS

護照

1909 年大清国两广总督部堂签发的赴美经商护照

（来源：郑锦龙）

1882 年美国的“排华法案”虽然不禁止商人入美，但依据 1884 年的修订案，中国商人入美，需要填报该商人本人目前经商的详细情况。因此在上图的护照中，就对拟赴美商人许锦光的经商年限、经营业务、商号名称、股本情况、拟在美国的居住地等情况作了详细的说明。美国使领馆专员查验确凿，签字画押。

第弍拾號

護照

大中華民國外交部特派廣東交涉員劉　爲
發給護照事茲有華生霍亞樂年十五歲原籍順德縣人
由廣州起程前往英屬度蘭斯哗埠讀書經本交涉員
查無僞冒情事相應給照證明凡經過各國地方稅關卡務請
隨時驗照放行照約保護爲荷此照
右照給華生霍亞樂收執
限十二個月後無效
中華民國十一年九月廿一日給

粘貼照片處

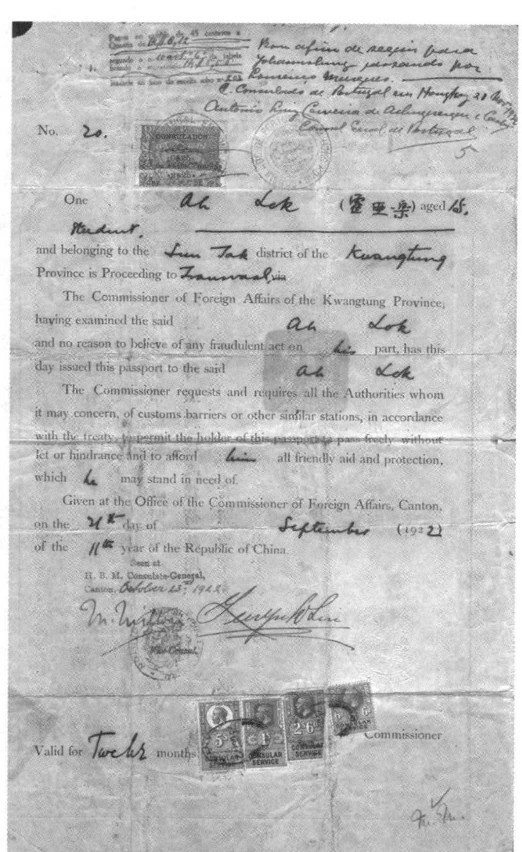

No. 20.

One Ah Lok (霍亞樂) aged 15, Student, and belonging to the Sun Tak district of the Kwangtung Province is Proceeding to Transvaal via

The Commissioner of Foreign Affairs of the Kwangtung Province, having examined the said Ah Lok and no reason to believe of any fraudulent act on his part, has this day issued this passport to the said Ah Lok

The Commissioner requests and requires all the Authorities whom it may concern, of customs barriers or other similar stations, in accordance with the treaty, to permit the holder of this passport to pass freely without let or hindrance and to afford him all friendly aid and protection, which he may stand in need of.

Given at the Office of the Commissioner of Foreign Affairs, Canton, on the 21st day of September (1922) of the 11th year of the Republic of China.

Seen at H. B. M. Consulate-General, Canton. October 25, 1922.

Vice Consul.

Commissioner

Valid for Twelve months

1922 **年大中华民国外交部特派广东交涉员签发的赴南非求学的出国护照**

（来源：徐云）

上图护照由中华民国外交部特派广东交涉员签发。持照人霍亚乐，15 岁，广东顺德人，拟赴罗得西亚（今南非）度兰斯哗埠读书。度兰斯哗即德兰士瓦。1899 年英布战争后，德兰士瓦成为英国的殖民地。为恢复和扩大当地金矿开采，英殖民当局开始大批招募华工。1904 年中英《中英合订保工章程》签订后，南非殖民当局随即从广州、天津、烟台招募华工，当年即向好望角运入华工 1 393 人，向德兰士瓦运入华工 9 668 人。20 世纪上半叶，南非又经历了两次大规模的华人自由移民：一次是从民国初年持续到 20 世纪 20 年代初，因中国内乱所导致的难民潮；一次是 20 世纪 30 年代后期到 20 世纪 40 年代，由于日本侵华导致的难民外流。①

① 李清全：《国际关系变动中的南非华侨华人：一种历史的分析》，暨南大学硕士学位论文，2008 年。

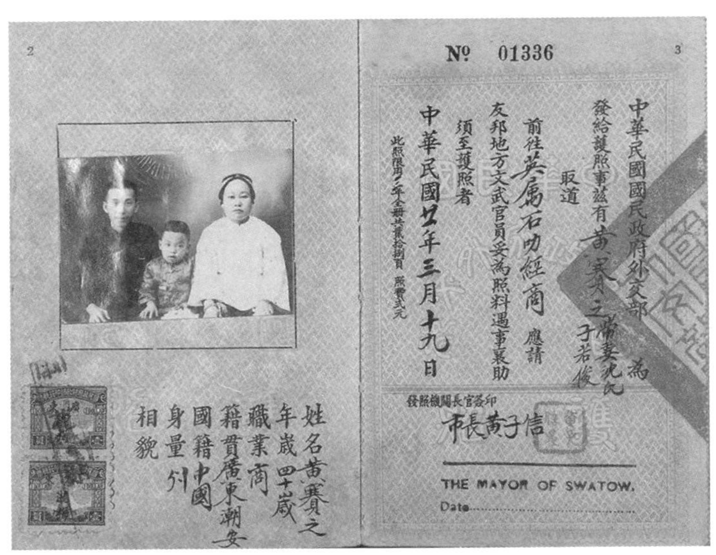

1932 年中华民国外交部签发的赴英属石叻经商的出国护照

（来源：徐云）

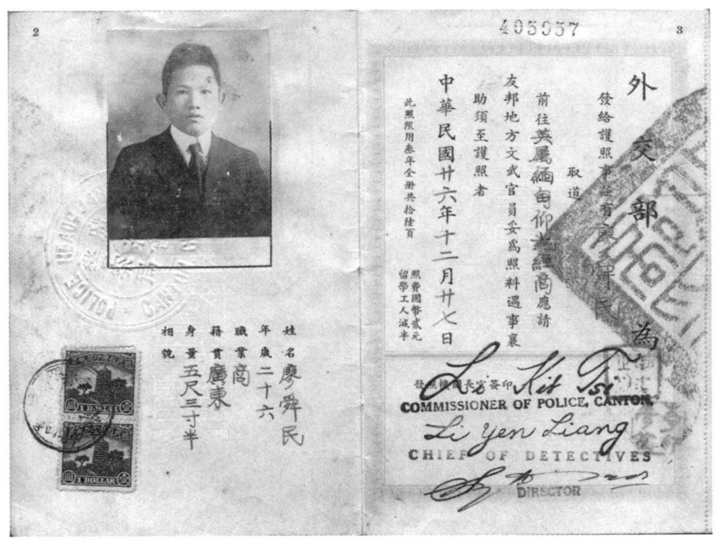

1937 年中华民国外交部签发的赴缅甸经商的出国护照

（来源：暨南大学图书馆馆藏）

上图中的“石叻”，即现在的新加坡。14 世纪，新加坡属于拜里米苏拉建立的马六甲苏丹王朝，19 世纪初被英国占为殖民地。1942 年 2 月 15 日，新加坡被日军占领。1965 年，新加坡正式独立。

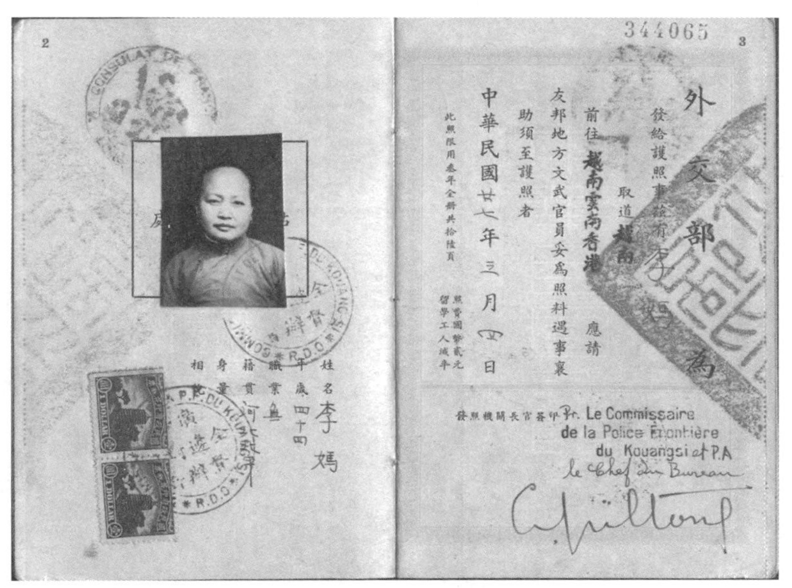

1938 年中华民国外交部签发的赴越南等地的出国护照

（来源：徐云）

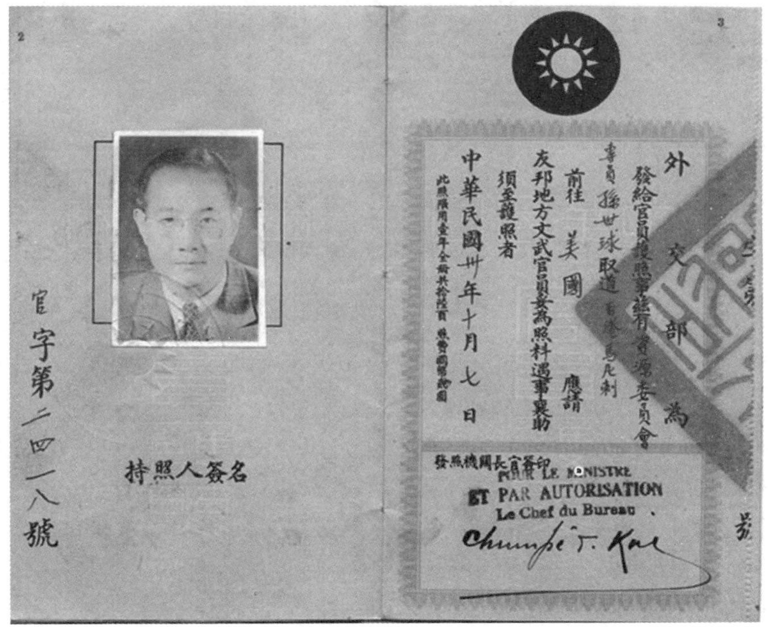

1941 年中华民国外交部签发的赴美国的出国护照

（来源：徐云）

護照

欽加二品頂戴按察使銜督辦廣東保商局在籍江蘇遇缺題奏道蘇　爲
給發護照事光緒二十五年十二月十六日奉
欽命廣東巡撫部院兼署兩廣總督部堂德　札開照得沿海各省奉
旨舊設保商局如有關津留難官吏苛索各情弊一經查實即
著從嚴究辦以卹商民欽此現經遵
旨奏明在廣東省城擇地設局即飭該道辦理嗣後商民由外洋回籍准即赴局報
明由該局給發護照以資保衛所過沿途關卡及原籍地方並不准在事人等
留難勒索致干查究等因奉此查粵民出洋貿易回籍時每有被人欺凌索詐
以及訟棍誣攀奸胥擇噬里豪科派强族霸佔等情除禀請
大憲飭屬查禁並由地方官設法保護外所有回籍商民合應給發護照以資
保衛茲據商民陳廷錦　年三十四歲向在外洋砵丰運　埠經商現在回粵
由省城前往廣州府新寧縣原籍地方報局請領護照前來爲此給照仰該商
民經過沿途各關廠及到原籍地方官衙門即將護照呈驗并希遵照
憲飭一體保護查驗施行須至護照者

本局照費不取分文

右照給回籍商民陳廷錦　收執

光緒二十六年十月廿八日

廣東全省保商總局

限回日繳銷

局字第　號

1900 年广东保商总局签发的回国护照

（来源：郑锦龙）

1894 年，清政府虽然宣布废除海禁政策，并谕令对借端讹索者按律惩治，但此风浸沥甚久，难以骤改。为扭转这一颓风，清政府于 1898 年严令沿海各省“于海外华民贸易回籍时，设法保护，不准关津胥吏及地方莠民藉端苛扰”。对于地方官吏的勒索，清政府采取措施严加制止。① 为保护所有回籍商民，1899 年，福建厦门保商局成立，对保护华侨利益起到了一定作用。受此鼓励，清政府诏令沿海省份均沿此例。这一诏令在广东得到了响应，1900 年广东保商总局成立。侨商由外洋回籍即赴局报到，由该局发给护照以资保护，沿途所过关卡及原籍地方不准刁难勒索。

① 邱建章：《论晚清政府的华侨经济政策》，《河南大学学报》（社会科学版）2003 年第 5 期。

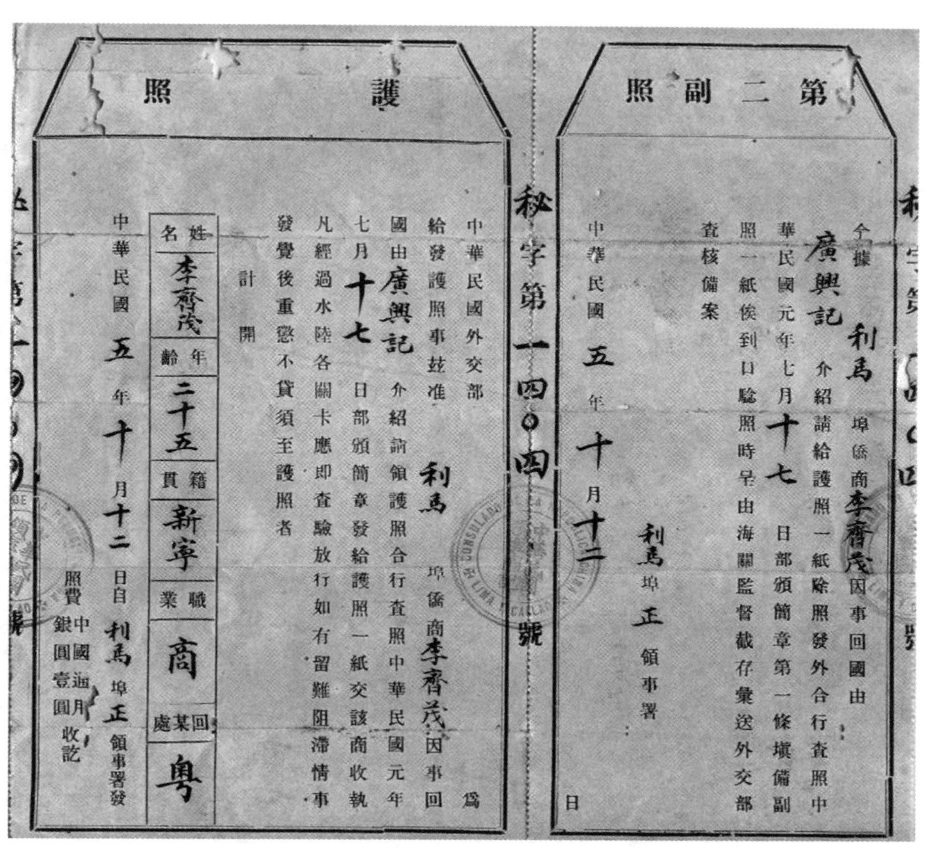

第二副照

秘字第一四〇四號

今據利馬埠僑商李齊茂因事回國由
廣興記介紹請給護照一紙除照發外合行查照中
華民國元年七月十七日部頒簡章第一條填備副
照一紙俟到口驗照時呈由海關監督截存彙送外交部
查核備案

中華民國五年十月十二日

利馬埠正領事署

護照

秘字第一四〇四號

中華民國外交部爲
給發護照事茲准利馬埠僑商李齊茂因事回
國由廣興記介紹請領護照合行查照中華民國元年
七月十七日部頒簡章發給護照一紙交該商收執
凡經過水陸各關卡應即查驗放行如有留難阻滯情事
發覺後重懲不貸須至護照者

計開

姓名	李齊茂
年齡	二十五
籍貫	新寧
職業	商
回某處	粵

中華民國五年十月十二日自利馬埠正領事署發

照費中國通用銀圓壹圓收訖

1916 年中华民国驻秘鲁利马领事署签发的回国护照

（来源：何锡钿）

上图持照人李齐茂，25 岁，广东新宁（今台山）人，职业为商人，请领护照回粤。按照中华民国《侨商回国请领护照简章》第三条规定“已设领事未设商会地方，得由本人开具姓名、年岁、籍贯、职业，请由当地中国殷实商家代向领事署请领”①，图中的“广兴记”应是当地殷实的中国商家。请领护照后，所经水陆各关卡，应立即查验放行。

① 《侨商回国请领护照简章》，《侨学杂志》1919 年第 1 卷第 1 期。

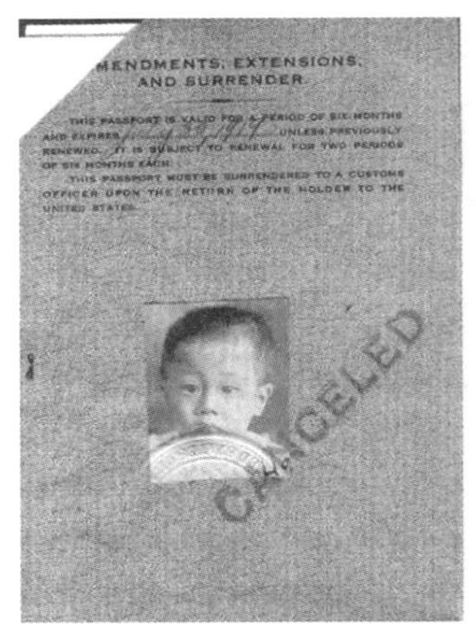
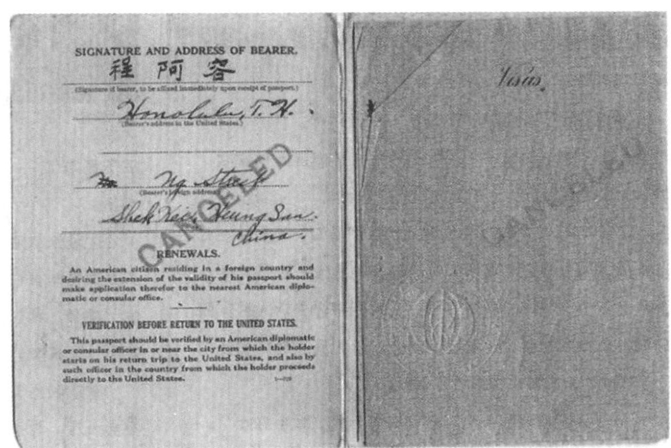

1919 年美国华盛顿联邦政府签发的回国护照和签证

（来源：广东中山博物馆馆藏）

上图是住在美国夏威夷火奴鲁鲁（Honolulu，檀香山）的一位土生华人女性的护照和签证。1919 年 1 月 30 日由设在美国首都华盛顿的联邦政府签发给美国公民程阿容（Ching Ah Young），证明她因健康原因携幼女 Yin Chan Hung（附照片）前往中国。护照记录了持有者的出生地、出生时间、职业、在美国和中国的住址等身份证明，以及年龄、身高、下颚、前额、头发、眼眸、面色、鼻子、嘴、脸等显著特征。程阿容的美国住址为夏威夷火奴鲁鲁，中国住址为香山石岐 Ng 街（Ng Street，Shek Kei，Heung San，China）。她于 1862 年 9 月 16 日出生于夏威夷州的火奴鲁鲁，由此可见其是土生华人。根据美国宪法，程阿容出生在美国就是美国公民。这本护照于 1928 年 7 月被注销。

火奴鲁鲁是美国夏威夷州首府和港口城市。18 世纪末，中国同夏威夷已有通商。19 世纪初，已有一百多个中国人在夏威夷经商。在夏威夷语中，火奴鲁鲁意指“屏蔽之湾”或“屏蔽之地”，因为早期本地盛产檀香木，而且大量运回中国，被华人称为檀香山。19 世纪中叶，成千上万的中国人以契约华工的身份前往夏威夷种蔗制糖、种植水稻和进行其他劳务。随着蔗糖业、稻米业和菠萝业的发展，工商业也兴旺起来。在夏威夷经商的中国人以及五年契约期满而留下来的华工，把握这个有利时机，积极经营工商业。1884 年，夏威夷王朝公布檀香山较大的商店有 15 家，其中美国人占 8 家，英国人仅占 1 家，中国人占 3 家。1885 年，檀香山共有商店 692 家，其中华商经营的商店为 219 家，差不多占了 1/3，这对促进夏威夷的经济繁荣发展作用甚大。[①] 而檀香山被后人熟知，则是其为孙中山初往美国的第一站，并在此发动组织成立了中国第一个民主革命团体——兴中会。

---

① 中山市华侨历史学会编：《中山人在夏威夷》，1995 年，第 5 页。

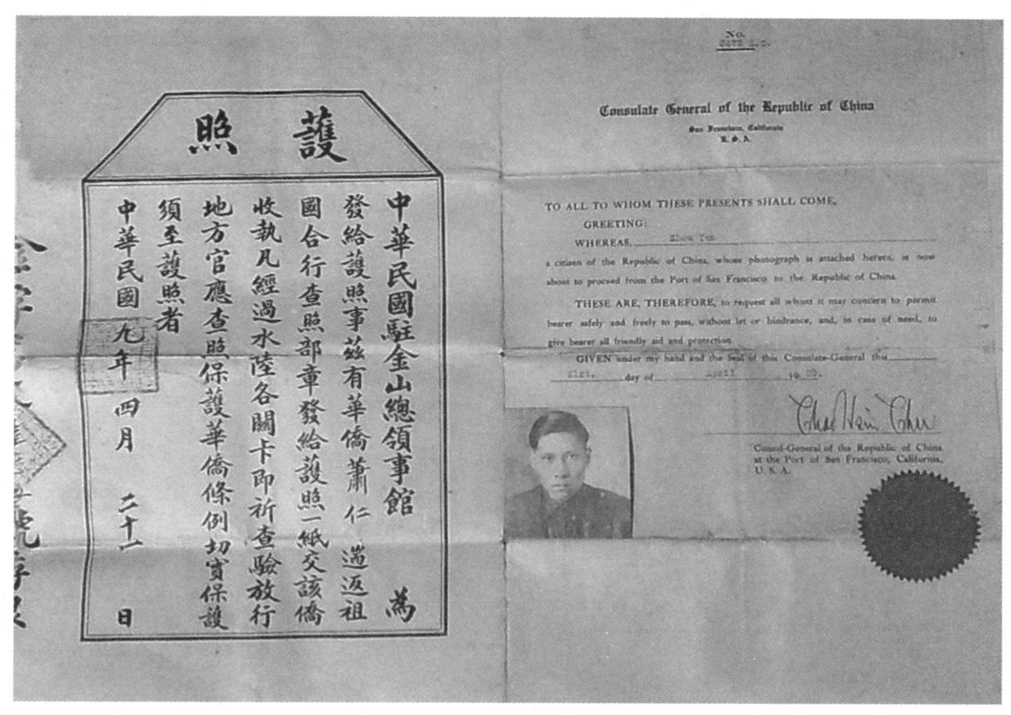

護照

中華民國駐金山總領事館 為
發給護照事茲有華僑蕭仁 遄返祖
國合行查照部章發給護照一紙交該僑
收執凡經過水陸各關卡即祈查驗放行
地方官應查照保護華僑條例切實保護
須至護照者
中華民國 九年 四月 二十一 日

No. [illegible]

Consulate General of the Republic of China
San Francisco, California
U. S. A.

TO ALL TO WHOM THESE PRESENTS SHALL COME,
GREETING:
WHEREAS, [illegible]
a citizen of the Republic of China, whose photograph is attached hereto, is now about to proceed from the Port of San Francisco to the Republic of China.

THESE ARE, THEREFORE, to request all whom it may concern to permit bearer safely and freely to pass, without let or hindrance, and, in case of need, to give bearer all friendly aid and protection.

GIVEN under my hand and the Seal of this Consulate-General this [illegible] day of [illegible] 19[illegible].

Consul-General of the Republic of China
at the Port of San Francisco, California,
U. S. A.

1920 年中华民国驻美国金山总领事馆签发的回国护照

（来源：黎汉升）

1912 年中华民国建立后，中国政坛上渐次出现南北对峙的两个政府，即以袁世凯及其嫡系等为首的北洋军阀统治的北京政府（又称“北洋政府”）和以孙中山为领袖的南方革命政府。在民国初期侨务政策的基础上，南北政府均制定了相应的侨务政策，并做了一些侨务工作。[①] 如北洋政府于 1912 年发布的《布告闽粤等省保护华侨文》，其中有这样的内容：“所有闽、粤等省回国侨民，应责成各该省都督、民政长，通饬所属，认真保护。其有藉端需索，意存侵害者，务当随时查察，按法严惩，俾遂侨民内向之诚，益彰民国大同之治。”[②] 故上图的护照上特别注明了“地方官应查照保护华侨条例切实保护”的字样。

① 任贵祥：《孙中山、袁世凯及其代表的南北政府侨务政策比较研究》，《江汉论坛》2005 年第7 期。

② 李宗一、章伯锋主编：《北洋军阀 · 袁世凯的独裁统治》（第 2 卷），武汉：武汉出版社，1990 年。

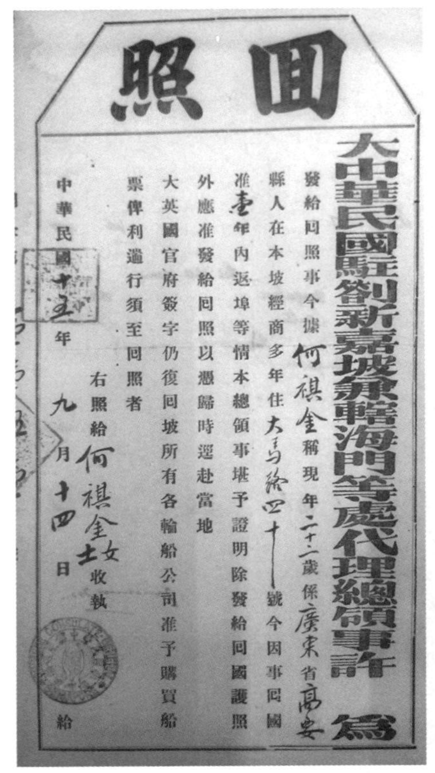

回照

大中華民國駐劄新嘉坡兼轄海門等處代理總領事許　為
發給回照事今據何祺金稱現年二十二歲係廣東省高要
縣人在本坡經商多年住大馬路四十一號今因事回國
准壹年內返埠等情本總領事堪予證明除發給回國護照
外應准發給回照以憑歸時逕赴當地
大英國官府簽字仍復回坡所有各輪船公司准予購買船
票俾利遄行須至回照者
右照給何祺金女士收執
中華民國十五年九月十四日給

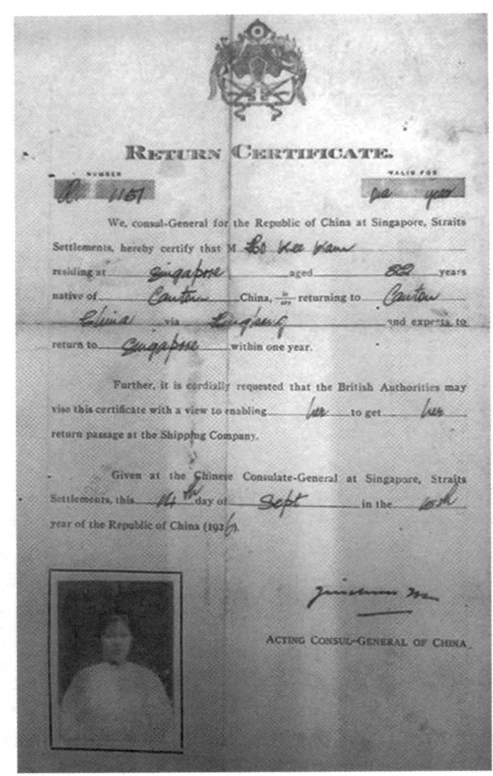

RETURN CERTIFICATE.

NUMBER　VALID FOR one year

We, Consul-General for the Republic of China at Singapore, Straits Settlements, hereby certify that M Ho Kee Kam residing at Singapore aged 22 years native of Canton China, returning to Canton China via Hongkong and expects to return to Singapore within one year.

Further, it is cordially requested that the British Authorities may vise this certificate with a view to enabling her to get her return passage at the Shipping Company.

Given at the Chinese Consulate-General at Singapore, Straits Settlements, this 14th day of Sept in the 15th year of the Republic of China (1926).

ACTING CONSUL-GENERAL OF CHINA.

1926 年大中华民国驻扎新嘉（加）坡兼辖海门等处代理总领事签发的回照

（来源：何锡钿）

“海门”，指的即是“海峡殖民地”。海峡殖民地（Straits Settlements），是英国在 1826—1946 年对位于马来半岛的三个重要港口和马来群岛各殖民地的管理建制，由新嘉（加）坡、槟榔屿和马六甲（麻六甲）三个英属港口组成，因此被当地华人称为“三洲府”，先以槟榔屿为首府，后又移至新加坡。

上图是由中华民国驻扎新嘉（加）坡兼辖海门等处代理总领事签发的回照。持照人何祺金，22 岁，广东高要人，拟因事回国。总领事除了发给其回国护照外，还发给回照，使其旅途方便。

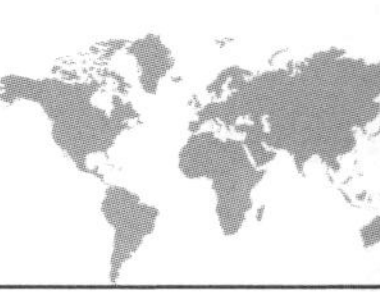

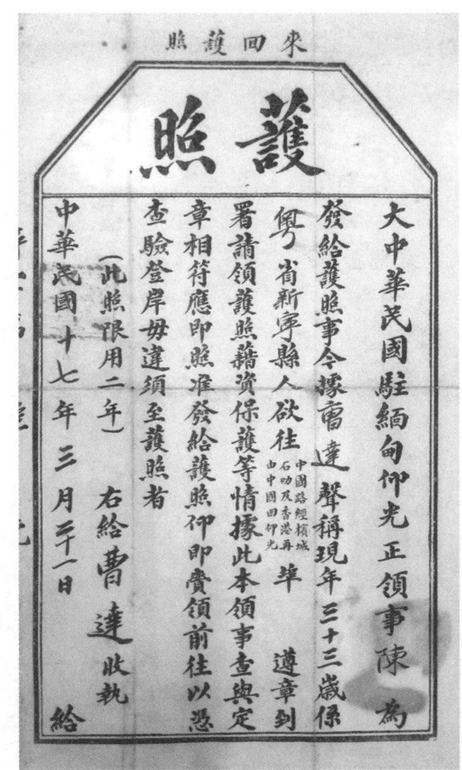

來回護照

護照

大中華民國駐緬甸仰光正領事陳 為
發給護照事令據曹達 聲稱現年三十三歲係
粵 省新寧縣人欲往中國路經檳城石叻及香港再由中國回仰光 埠 遵章到
署請領護照藉資保護等情據此本領事查與定
章相符應即照准發給護照仰即賚領前往以憑
查驗登岸毋違須至護照者
（此照限用二年）
右給曹達 收執
中華民國十七年三月二十一日 給

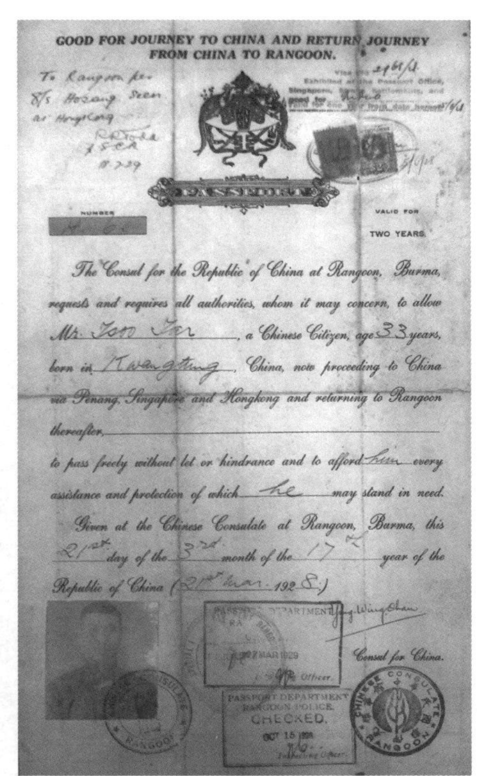

GOOD FOR JOURNEY TO CHINA AND RETURN JOURNEY FROM CHINA TO RANGOON.

PASSPORT

NUMBER

VALID FOR TWO YEARS.

The Consul for the Republic of China at Rangoon, Burma, requests and requires all authorities, whom it may concern, to allow Mr. Tsoo Tar, a Chinese Citizen, age 33 years, born in Kwangtung, China, now proceeding to China via Penang, Singapore and Hongkong and returning to Rangoon thereafter, to pass freely without let or hindrance and to afford him every assistance and protection of which he may stand in need.

Given at the Chinese Consulate at Rangoon, Burma, this 21st day of the 3rd month of the 17th year of the Republic of China (21st Mar. 1928.)

Consul for China.

PASSPORT DEPARTMENT RANGOON POLICE CHECKED.

CHINESE CONSULATE RANGOON

1928 年大中华民国驻缅甸仰光正领事签发的来回护照

（来源：何锡钿）

18 世纪末叶，缅甸仰光已有不少闽、粤籍华侨，其中有很多是商人。他们在缅甸经营土特产、饮食业、制革业、裁缝、中药、药材、旧式制造业和工业、士多（商店）或洋杂货、碾米业和榨油业、木材业、石油业、烟草业、包捐、五金业、运输和贸易业、汇兑业、种植与畜牧业等。他们凭自己的聪明才智和艰苦奋斗的精神，再加上同缅甸人的亲善关系，初步奠定了华人社会经济的基础。

上图是 1928 年中华民国驻缅甸仰光正领事签发的来回护照。持照人曹达，33 岁，广东新宁人，拟经槟城、石叻（新加坡）及香港去中国内地，回程再由中国回仰光。

E/Canada

Consulate General of the Republic of China in Havana, Cuba

No. 658/32572

Height 5 ft 4 inches
Age 45 years
Complexion Chinese
Hair black
Eyebrows do
Forehead regular
Eyes black
Nose Ordinary
Mouth do
Beard Nil
Profession Merchant

I hereby grant this PASSPORT to Chang Lu Lun a Chinese citizen who is about to leave this ISLAND for China, via U.S.A. and request all the Civil, Military and other Authorities of the Country or Contries through which the said Chang Lu Lun may travel to allow him to pass safely and freely and also afford him in case of need, all lawful aid and protection.

GIVEN under my HAND and the SEAL of the CONSULATE GENERAL of CHINA at HAVANA in the REPUBLIC of CUBA, this 25th day of July 1930.

Consul General AD INTERIM

25th July 1930

Good for one year from date of issue.

1930 年中华民国驻古巴总领事馆签发的回国护照

（来源：暨南大学图书馆馆藏）

上图的护照持有人 Chang Lu Lun，古巴商人，拟取道美国返回中国。

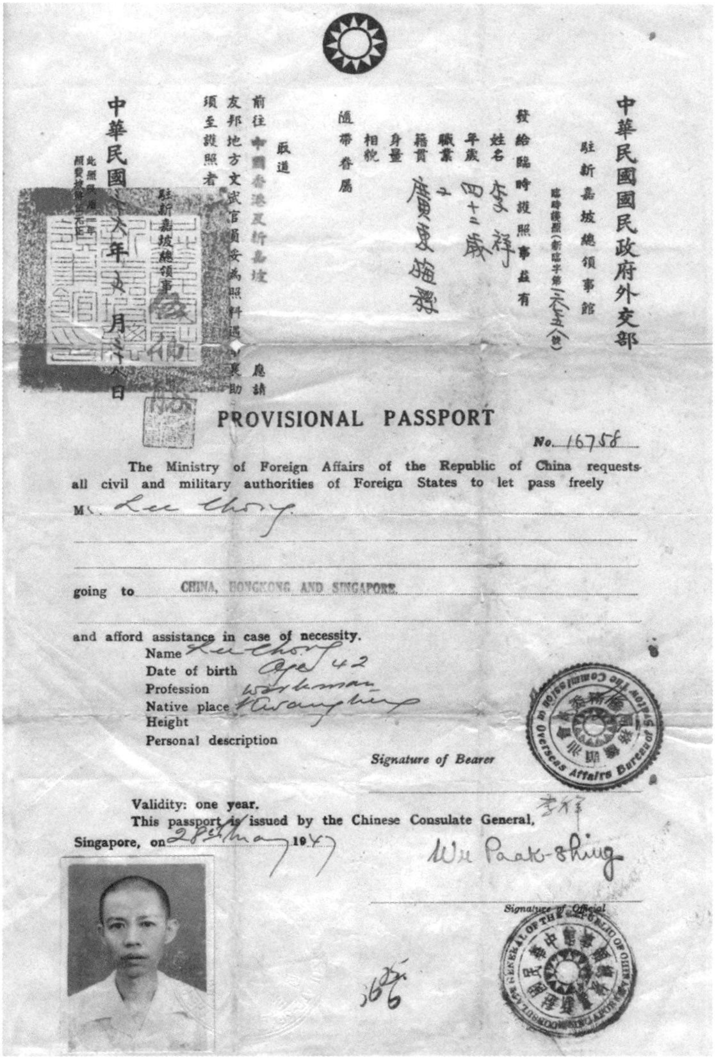

中華民國國民政府外交部
駐新嘉坡總領事館
發給臨時護照事茲有
姓名 李祥
年歲 四十二歲
職業 工
籍貫 廣東梅縣
身量
相貌
隨帶眷屬
取道
前往中國香港及新嘉坡
友邦地方文武官員妥為照料遇必要時予以援助 應請
須至護照者
中華民國 年 月 日
駐新嘉坡總領事

PROVISIONAL PASSPORT

The Ministry of Foreign Affairs of the Republic of China requests all civil and military authorities of Foreign States to let pass freely

M. Lee Chong

going to CHINA, HONGKONG AND SINGAPORE

and afford assistance in case of necessity.

Name Lee Chong
Date of birth Age 42
Profession Workman
Native place Kwangtung
Height
Personal description

Signature of Bearer

Validity: one year.
This passport is issued by the Chinese Consulate General, Singapore, on 28th May 1947

Signature of Official

1947 年中华民国驻新嘉（加）坡总领事馆签发的临时回国护照

（来源：何锡钿）

上图持照人李祥，42 岁，广东梅县（今梅州）人，拟取道回中国。护照有效期为一年。该护照上除了盖有“中华民国驻新嘉坡总领事馆”的印章外，还盖有“汕头侨务局侨务委员会”的印章。据 1941 年 5 月国民政府侨务委员会颁布的《回国侨民登记规则》，各口岸边省侨务处局负责办理侨民回国登记事宜。因此，从该护照加盖了“汕头侨务局侨务委员会”的印章来看，持照人回国后办理了侨民登记手续。

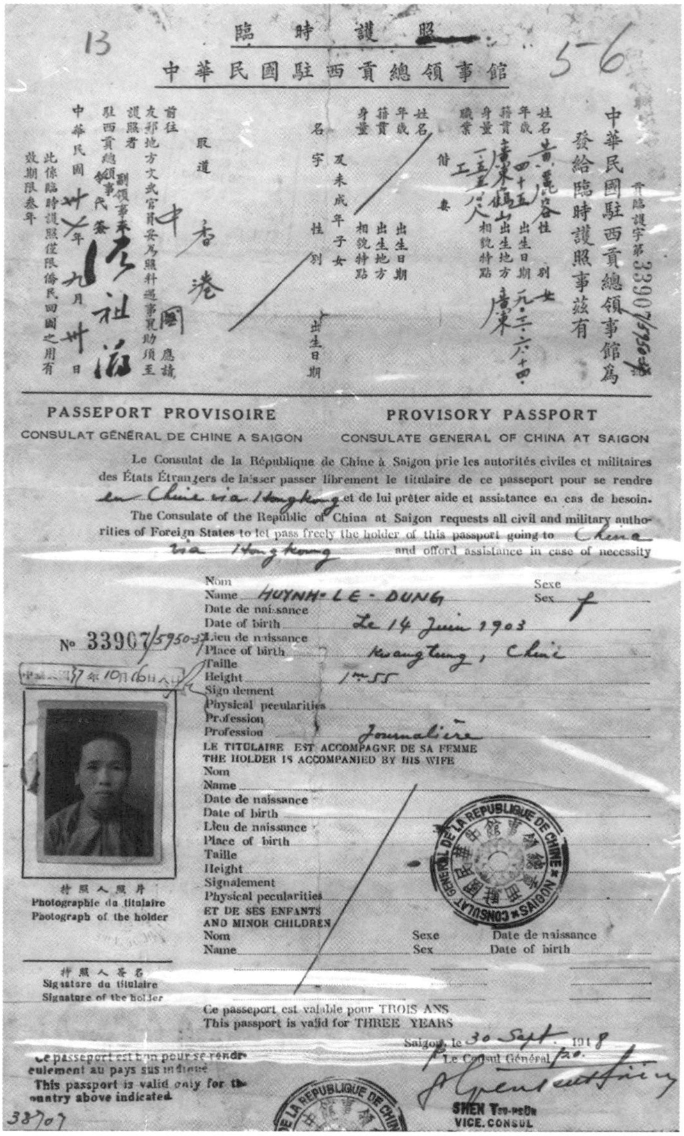

臨時護照

中華民國駐西貢總領事館

西臨護字第33907/5950-37號

中華民國駐西貢總領事館為發給臨時護照事茲有

姓名 黃麗容 性別 女
年歲 四十五 出生日期 一九○三、六、十四
籍貫 廣東鶴山 出生地方 廣東
身量 一公尺五十五 相貌特點
職業 工人

偕 妻 姓名 性別 年歲 出生日期 籍貫 出生地方 身量 相貌特點
及未成年子女 名字 性別 出生日期

取道 香港 回國 應請
前往友邦地方文武官員妥為照料遇事寬助須至護照者

駐西貢總領事代 副領事 沈祖滋

中華民國卅七年九月卅日

此係臨時護照從限僑民回國之用有效期限叁年

PASSEPORT PROVISOIRE — PROVISORY PASSPORT

CONSULAT GÉNÉRAL DE CHINE A SAIGON — CONSULATE GENERAL OF CHINA AT SAIGON

Le Consulat de la République de Chine à Saigon prie les autorités civiles et militaires des États Étrangers de laisser passer librement le titulaire de ce passeport pour se rendre en Chine via Hongkong et de lui prêter aide et assistance en cas de besoin.

The Consulate of the Republic of China at Saigon requests all civil and military authorities of Foreign States to let pass freely the holder of this passport going to China via Hongkong and offord assistance in case of necessity

N° 33907/5950-37

Nom / Name HUYNH-LE-DUNG Sexe / Sex f
Date de naissance / Date of birth Le 14 Juin 1903
Lieu de naissance / Place of birth Kwangtung, Chine
Taille / Height 1m55
Signalement / Physical peculiarities
Profession / Profession Journalière

LE TITULAIRE EST ACCOMPAGNE DE SA FEMME
THE HOLDER IS ACCOMPANIED BY HIS WIFE
Nom / Name
Date de naissance / Date of birth
Lieu de naissance / Place of birth
Taille / Height
Signalement / Physical peculiarities
ET DE SES ENFANTS AND MINOR CHILDREN
Nom / Name Sexe / Sex Date de naissance / Date of birth

持照人照片
Photographie du titulaire
Photograph of the holder

持照人簽名
Signature du titulaire
Signature of the holder

Ce passeport est valable pour TROIS ANS
This passport is valid for THREE YEARS

Saigon, le 30 Sept. 1948
Le Consul Général p.o.
SHEN Tsu-HSU
VICE. CONSUL

Ce passeport est bon pour se rendre seulement au pays sus indiqué
This passport is valid only for the country above indicated

1948 年中华民国驻越南西贡总领事馆签发的临时回国护照

（来源：关汉函）

西贡，是越南最大的城市。1946 年 11 月越南国会通过命名为西贡市，1975 年 4 月 30 日，越南民主共和国统一全国后，为纪念越南共产党的主要创立者胡志明，便将西贡改名为“胡志明市”。

上图持照人黄丽容，45 岁，广东鹤山人，职业为工人，拟取道香港回中国内地。该护照有效期为三年。

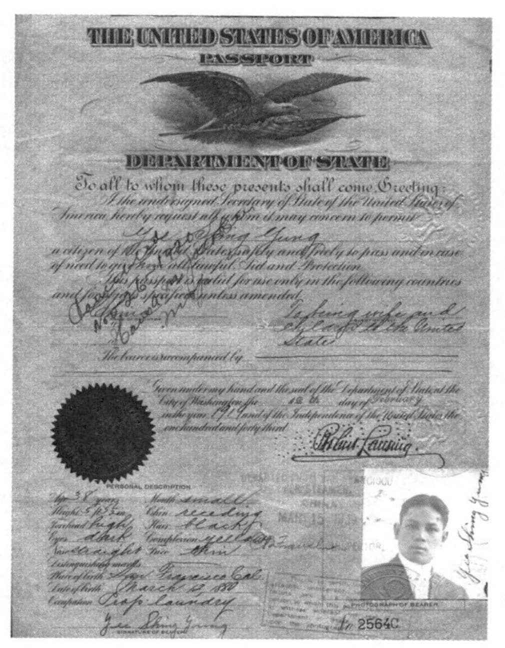

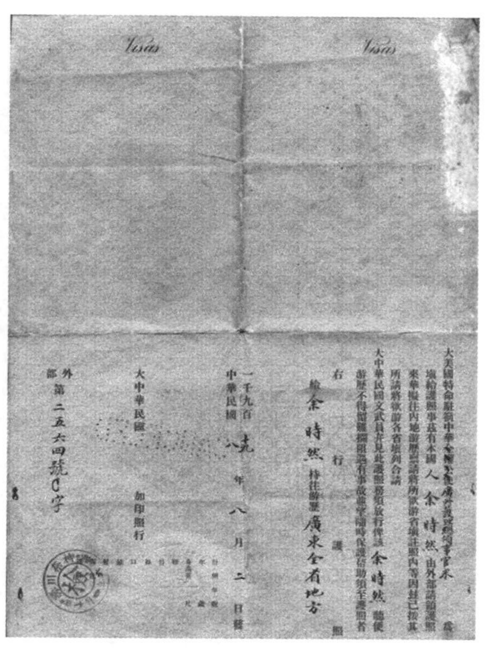

1919 年大美国驻中华全权公使广州护理总领事签发的赴中国的游历护照

（来源：暨南大学图书馆馆藏）

19 世纪中叶之前，由于清政府的闭关锁国政策，外国人不被允许到中国内地进行旅游考察等活动。自从中国与外国列强签订不平等的《天津条约》之后，内地游历才逐步向外国人开放。外国游客进入中国内地游历前，必须领取由“领事官签发，地方官盖印”的游历执照，如果出发地在京城，由外国驻京公使签发，如果出发地在通商口岸，则由驻地方领事官签发。但也有例外，比如美国人的游历护照就规定只能由美国驻华公使签发。①

上图的外国人游历护照即由美国驻中华全权公使签发，持照人余时然，美国公民，因此被美总领事官称为“本国人”，其以外国人的身份赴“广东全省地方”游历。

① 徐佳峰：《浅析晚清外国人游历护照制度》，《法制与社会》2015 年第 26 期。

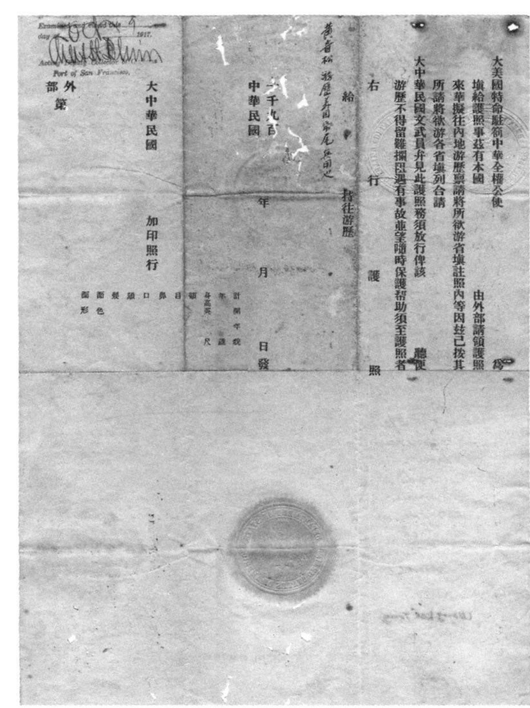

1917 年大美国驻中华全权公使签发的赴中国的游历护照

（来源：何锡钿）

上图也是一张“大美国特命驻扎中华全权公使”签发的赴中国的游历护照，但该护照只有美国驻华公使签发记录，没有中华民国有关机构的检验核准记录，而那行“黄奇松游历美国纸尾无用也”的小字更让这张护照存疑。“纸尾”即土生华人子女入境后的美籍公民证书，[①] 由此看来，持照人黄奇松或许因为合法身份有问题致使该游历护照作废。

① 参见谭雅伦：《简说早期美国华人社区对排华历史词汇的抗衡翻译》，《五邑大学学报》（社会科学版）2013 年第 1 期。

六、投资置业

海外华侨的职业多种多样，除了务工务农外，经商是华侨职业的重要组成部分。早期自由移民时期的中国移民，绝大部分以经商为主要活动。明末南洋有华侨约 10 万人，职业构成以商贩为主，应占 60% 以上，其次是各类工匠。① 经过数百年的世事沧桑和几代人的艰苦奋斗，海外华侨逐渐在居住地站稳了脚跟，并积极投身居住地的经济活动。这些经济活动从商业、手工业的小本经营开始，逐步发展到利用综合管理技术、手段和模式进行投资、置业。海外华侨利用他们的聪明才智，吃苦耐劳，在海外撑起华人经济的一片天。也正是因为海外华侨巨大的经济实力，才促使清政府对华侨的态度有了从“弃侨”到“护侨”的转变。

刘伯骥的《美国华侨逸史》中对华侨商号有这样的描述：“华侨商号系采用合伙制，常有十余伙友，住在店内，雇一厨子及其他杂役，维持业务，对外人则严为限制。”②

右图是 1851 年美国金山（即旧金山）砵仑华侨商号宝纶号的股份簿，其内容为“广东华侨李奕惠等股东五人集资股本银壹仟大员，在美国砵仑开设宝纶号，经营苏杭生意（百货绸缎等）”，簿中对资本份额、公议条款等均有详细之规定。

砵仑即美国俄勒冈州的城市波特兰（Portland），是美国西北太平洋地区仅次于西雅图的第二大城市。

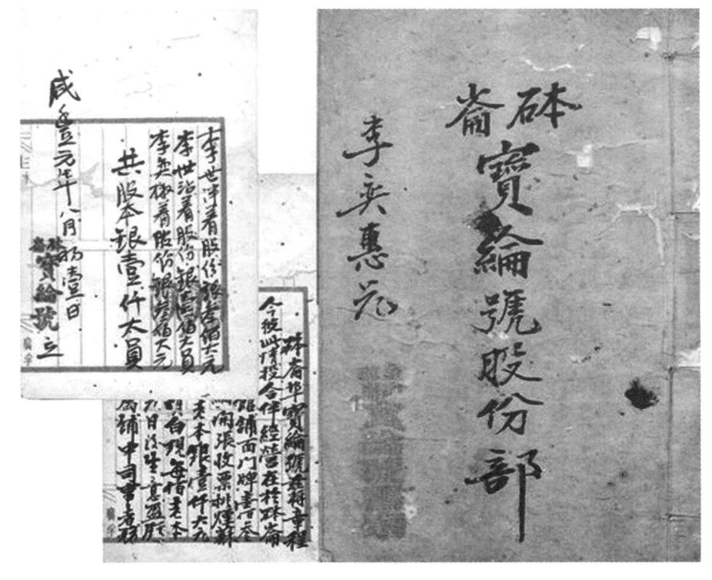

1851 年美国金山砵仑华侨商号宝纶号股份部（簿）

（来源：徐云）

① 庄国土：《明末南洋华侨的数量推算和职业、籍贯构成》，《南洋问题研究》1990 年第 2 期。

② 刘伯骥：《美国华侨逸史》，台北：黎明文化事业股份有限公司，1984 年，第 357 页。

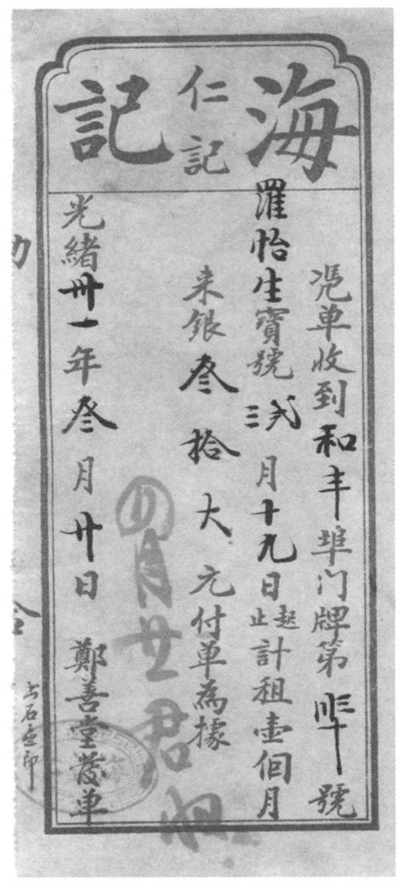

海記
仁記

凭单收到和丰埠门牌第　號
羅怡生寶號　三月十九日起 式月十九日止 計租壹個月
来银叁拾大元付单為據
光緒卅一年叁月廿日　鄭善堂發单

1905 年新加坡华侨铺租收单
（来源：徐云）

自 1819 年莱佛士开拓新加坡后，华南移民相继涌向新加坡。1836 年以后，华族（新加坡对有中华民族血统的人的称呼）人数便超过马来族，成为新加坡岛上的多数民族。早期新加坡华人经济主要是农业与商业，商业活动大多是从事中介商和零售商。20 世纪以后，华人工业也茁壮成长。

上图是新加坡华侨铺租收单，租铺者为罗怡生（宝号），收租者为郑善堂，租金一个月“叁拾大元”。

19 世纪 70 年代新加坡
直落亚逸街上的华人商铺

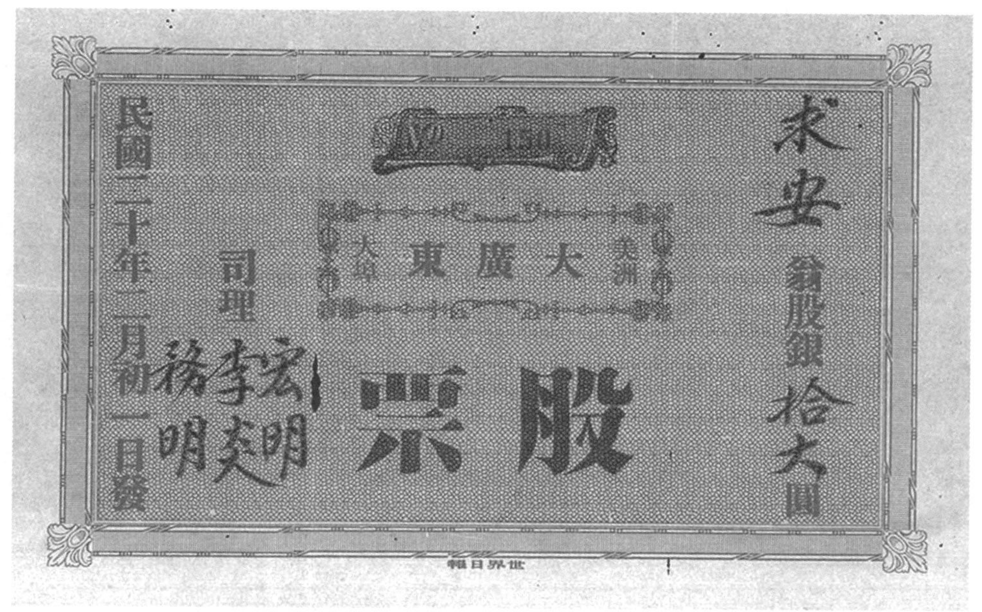

1931 年华侨购买的美洲大埠大广东（酒楼）股票
（来源：郑锦龙）

1911 年旧金山华人餐馆杏花楼

美国人称中餐馆为“杂碎店”，始于淘金时期。19 世纪 40 年代，加利福尼亚地区发现金矿，急需大批劳力开采，因此中国广东许多破了产的农民便涌向美国，同时也把下层民众简朴的饮食带到那里。据说美国第一家中餐馆于 1850 年在旧金山开业。[①] 美国中餐馆与在美华人的关系极其密切，感情至深，堪称鱼水情。50% 以上的在美华人直接或间接从事中餐馆的经营。中餐馆业是在美华人的主要经济支柱之一。尤其重要的是，中餐馆几乎成了华人的保护伞。初到美国的华人，无论是求学者还是求职者，在社会上立足未稳时，几乎都在中餐馆从事过各式各类工作。[②]

早期海外中餐馆的菜式多以粤菜为主体，广东人移民海外也以开餐馆的居多。上图是华侨认购的 1931 年美洲大埠大广东（酒楼）的股票，股银“拾大圆”。

① 方雄普编著：《海外华商夜话》，北京：中华工商联合出版社，1999 年。

② 青松：《中餐馆在美国》，《中国集体经济》1999 年第 6 期。

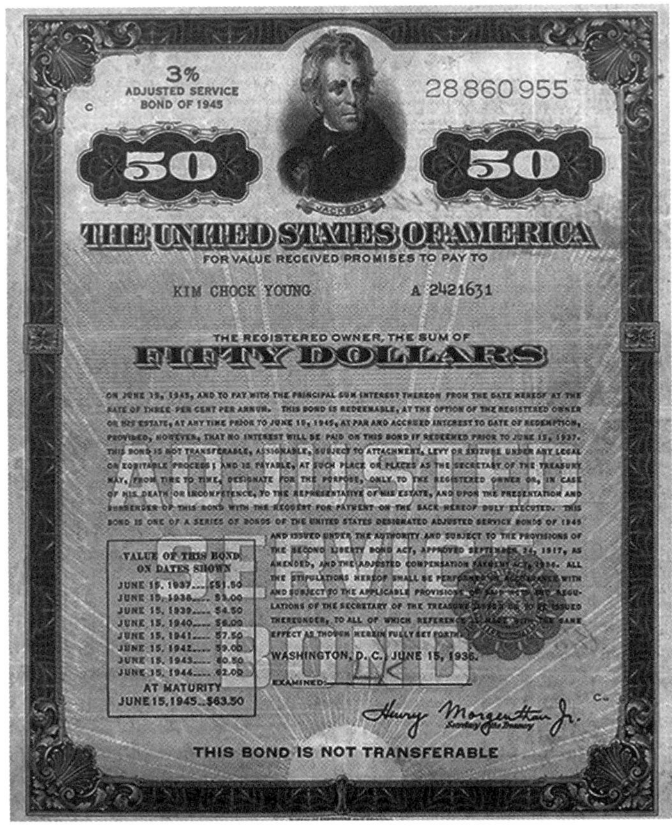
3%
ADJUSTED SERVICE
BOND OF 1945

28860955

50 JACKSON 50

THE UNITED STATES OF AMERICA
FOR VALUE RECEIVED PROMISES TO PAY TO

KIM CHOCK YOUNG A 2421631

THE REGISTERED OWNER, THE SUM OF
FIFTY DOLLARS

ON JUNE 15, 1945, AND TO PAY WITH THE PRINCIPAL SUM INTEREST THEREON FROM THE DATE HEREOF AT THE RATE OF THREE PER CENT PER ANNUM. THIS BOND IS REDEEMABLE, AT THE OPTION OF THE REGISTERED OWNER OR HIS ESTATE, AT ANY TIME PRIOR TO JUNE 15, 1945, AT PAR AND ACCRUED INTEREST TO DATE OF REDEMPTION, PROVIDED, HOWEVER, THAT NO INTEREST WILL BE PAID ON THIS BOND IF REDEEMED PRIOR TO JUNE 15, 1937. THIS BOND IS NOT TRANSFERABLE, ASSIGNABLE, SUBJECT TO ATTACHMENT, LEVY OR SEIZURE UNDER ANY LEGAL OR EQUITABLE PROCESS; AND IS PAYABLE, AT SUCH PLACE OR PLACES AS THE SECRETARY OF THE TREASURY MAY, FROM TIME TO TIME, DESIGNATE FOR THE PURPOSE, ONLY TO THE REGISTERED OWNER OR, IN CASE OF HIS DEATH OR INCOMPETENCE, TO THE REPRESENTATIVE OF HIS ESTATE, AND UPON THE PRESENTATION AND SURRENDER OF THIS BOND WITH THE REQUEST FOR PAYMENT ON THE BACK HEREOF DULY EXECUTED. THIS BOND IS ONE OF A SERIES OF BONDS OF THE UNITED STATES DESIGNATED ADJUSTED SERVICE BONDS OF 1945 AND ISSUED UNDER THE AUTHORITY AND SUBJECT TO THE PROVISIONS OF THE SECOND LIBERTY BOND ACT, APPROVED SEPTEMBER 24, 1917, AS AMENDED, AND THE ADJUSTED COMPENSATION PAYMENT ACT, 1936. ALL THE STIPULATIONS HEREOF SHALL BE PERFORMED IN ACCORDANCE WITH AND SUBJECT TO THE APPLICABLE PROVISIONS [illegible] AND REGULATIONS OF THE SECRETARY OF THE TREASURY [illegible] ISSUED THEREUNDER, TO ALL OF WHICH REFERENCE [illegible] THE SAME EFFECT AS THOUGH HEREIN FULLY SET FORTH.

VALUE OF THIS BOND ON DATES SHOWN	
JUNE 15, 1937	$51.50
JUNE 15, 1938	53.00
JUNE 15, 1939	54.50
JUNE 15, 1940	56.00
JUNE 15, 1941	57.50
JUNE 15, 1942	59.00
JUNE 15, 1943	60.50
JUNE 15, 1944	62.00
AT MATURITY JUNE 15, 1945	$63.50

WASHINGTON, D.C., JUNE 15, 1936.

EXAMINED:

Henry Morgenthau Jr.
Secretary of the Treasury

THIS BOND IS NOT TRANSFERABLE

1936 年华侨购买的美国国债

（来源：张智）

1932 年，新上任的美国总统罗斯福面临空前严重的经济危机。罗斯福总统上任以后的三年间，国家财政支出增至 24 208 535 000 美元，这惊人的数目和美国开国至威尔逊总统时期（1789—1902 年）100 余年间的支出几乎相等。1936 年预算收支相抵不敷达 45 亿美元，庞大的不敷数目只有通过发行公债来抵偿。1935 年美国国债总额达到 287 亿美元，每个国民平均负担 227. 07 美元。①

上图是 1936 年美国华侨 Kim Chock Young（金卓永，音译）购买的 50 美元美国国债。美国华侨从劳工苦力到有能力购买美国公债、支持美国的经济建设，这张华侨购买的美国国债，打开了洞察美国华侨社会近百年世事变迁的另一扇窗。国债上的人物照片是第三任总统托马斯 · 杰弗逊。

① 钟明生：《美国复兴计划中国债的激增及加重赋税的影响》，《现代生产杂志》1935 年第 1 卷第 12 期。

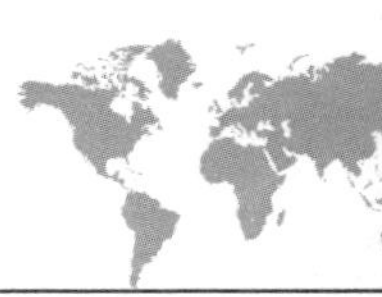

第貳優先股票 SECOND PREFERENCE SHARE CERTIFICATE

廣東銀行有限公司

No. 02071 第

Ledger Folio 1331

THE BANK OF CANTON, LTD.

HEAD OFFICE: HONGKONG

Issue of Second Preference Shares of $10.00 each, pursuant to the Scheme of Arrangement sanctioned on the 17th day of July, 1936 in Miscellaneous Proceedings No. 2 of 1936, by the Supreme Court of Hongkong.

This is to certify that 楊婷記 of Shanghai is the Registered Holder of Six (6) of the above mentioned Second Preference Shares Nos. 171097 to 171102 inclusive in The Bank of Canton, Limited, subject to the terms of the said Scheme of Arrangement and to the Memorandum and Articles of Association of the Company, and that upon each of the said shares the full amount of $10.00 has been paid up.

Given under the Common Seal of the said Company this 1st day of February 1937.

The Common Seal of the said Company was hereunto affixed in the presence of

Chief Manager

Directors.

Entered by

Examined by

楊婷記先生占第貳優先股份陸股 由一七一○九七號至一七一一○二號每股已交足港銀拾圓

No transfer of any portion of the shares comprised in this certificate can be registered unless accompanied by this certificate.

1937 年华侨购买的广东银行有限公司股票

（来源：郑锦龙）

1936 年广东银行美国旧金山分行月历

广东银行于民国元年（1912 年）设于香港，由李煜堂、陆蓬山等发起创办。广东银行是除中国银行外，在国外设立分行或代理处较多的华商银行之一，先后在美国旧金山、泰国曼谷各设立了一处分行。旧金山是美国西部著名商埠，也是美国华侨最集中的几个城市之一，有不少侨汇业务可以开发。广东银行旧金山分行于 1935 年以前即已设立，1935 年与广东银行同时停业清理，1937 年整理后复业，成为广东银行吸收北美侨汇的主要孔道。①

上图是 1937 年清理后复业的广东银行（香港总行）的股票，每股十元，共六十元，计“陆股”。

① 宋钻友：《粤资金融机构与旅沪粤商商贸活动之关系——以国华、广东银行为中心》，《社会科学》2007 年第 9 期。

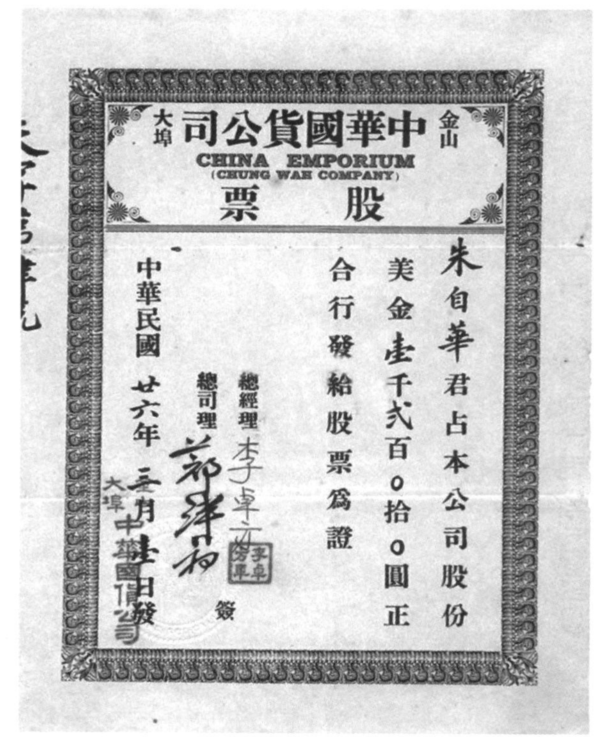

金山 中華國貨公司 大埠

CHINA EMPORIUM

(CHUNG WAH COMPANY)

股票

朱自華君占本公司股份

美金壹千弍百〇拾〇圓正

合行發給股票為證

總經理

總司理 簽

中華民國廿六年叁月壹日發

大埠中華國貨公司

1937 年华侨购买的旧金山中华国货公司股票

（来源：郑锦龙）

旧金山华侨商号出售中国货品的广告单

中国的“国货运动”发端于20世纪初。1905年，“国人因华侨问题，排斥美货”。1908年，“国人又因二辰丸问题，排斥日货”。辛亥革命后不久，上海出现了“中华国货维持会”和“劝用国货会”等提倡国货的团体。1915年因“二十一条”而抵制日货，1919年又因五四运动抵制日货，海参崴、新加坡、巴达维亚、旧金山华人也一致行动。拒日货、日钞、日船，报拒登日本广告，抵制几成暴动。[①] 30年代的国货年运动是国货运动的重要组成部分。上海是国货年运动的嚆矢，1932年，上海国货公司成立。以上海为中心，各地国货公司纷纷成立，国货介绍所、国货展览会的计划及实施层出不穷。[②] 日本全面侵华战争爆发后，中国国土接连沦丧，各地国货公司相继停止撤退，国货运动终于不解自散。但此时海外华侨的活动则显得异常活跃。华侨们不仅在侨居地不买、不用日货，还积极参加国货运动，购买国货公司的股票，在经济上制裁日本侵略者，支持祖国的持久抗战。

右上图是美国华侨朱自华认购的旧金山中华国货公司股票，其占该公司股份1 200美元。

① 吕建云：《论中国三十年代的国货运动》，《浙江社会科学》1991年第6期。

② 黄庆庆：《20世纪30年代国货年运动研究》，安徽师范大学硕士学位论文，2012年，第26页。

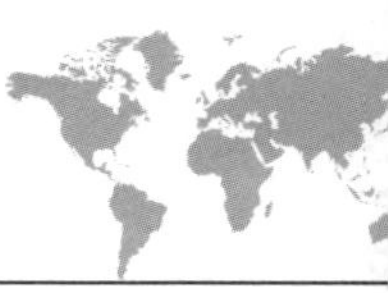

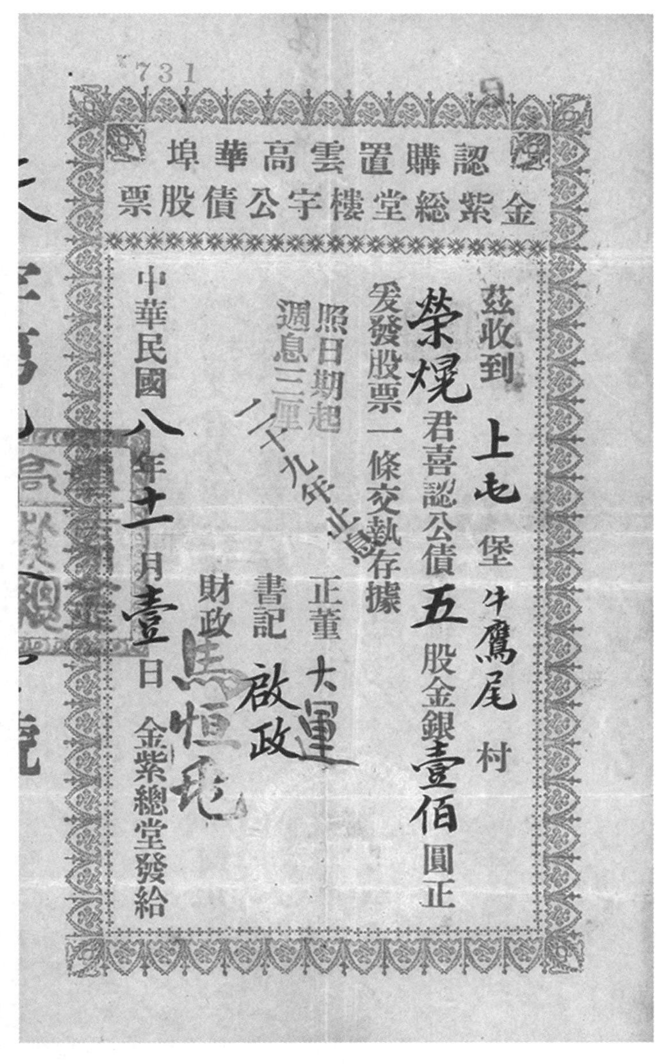

731

認購置雲高華埠
金紫總堂樓宇公債股票

茲收到 上屯 堡 牛鷹尾 村
榮熀 君喜認公債 五 股金銀 壹佰 圓正
爰發股票一條交執存據
照日期起
週息三厘
二十九年止息
正董 大運
書記 啟政
財政 馬恒熀
中華民國 八 年 十二 月 壹 日
金紫總堂發給

1919 年华侨购买的加拿大金紫总堂楼宇公债股票

（来源：何锡钿）

社团楼宇建设是海外华侨股票投资的主要项目。上图是 1919 年华侨马荣熀认购加拿大温哥华金紫总堂楼宇的公债股票，“五股金银壹佰圆正”。

金紫是南粤马氏的发祥地。族传始祖直北公随宋高宗南渡临安，于建炎年间止居于古冈城南（今新会城）的东旁金紫街，闻名遐迩的“金紫”亦是由此得名。现台山马氏宗亲，计海内外有十万余众。[①]

① “编者的话”，《金紫之声》，1996 年第 1 期。

杜蘭士哇省

南斐洲華僑聯衛會所股票

鳥乃斯堡埠

№ 19

此券證明何上熾先生為南斐洲杜省華僑聯衛會所會員因聯合積資買受本會所樓宇地基一座及在廣州市長堤建築南斐洲杜省華僑聯衛會所分會樓宇地基一座此後如再有擴充利益仍屬各會員所有一切權利永遠平等均分特設此股票授與本會所會員

廣東省廣州府順德縣平步堡桂園鄉

何上熾先生收執為據 股票例附列於後

主席馮俊宸 西書記鄭聯

中書記陳逸堂 理財

中華民國拾年十二月十五日 發給

P.O. Box 4266. 15 DEC 1921 TELEPHONE 2251.

TRANSVAAL CHINESE UNITED CLUB

10, Commissioner Street,
Johannesburg
South Africa.

branch
Canton, China.

This is to Certify

that Mr Ah Kim

In terms of the rules of the above Club, We the undersigned hereby certify that bearer is registered as a Member of the above Club and remains such, so long as he pays his Annual Subscription and subject to the rules of the Said Club.

This certificate is the property of the Member and is not transferable except to the lawful heirs of such member.

President

Secretaries

Treasurer

1921 年华侨购买的南斐洲杜兰士哇省华侨联卫会所股票

（来源：徐云）

20 世纪 40 年代南斐洲杜兰士哇省华侨联卫会所旧址

南斐洲杜兰士哇省华侨联卫会所成立于 1909 年，前身为南斐杜省华侨公会。上图是 1921 年南斐洲杜兰士哇省华侨联卫会所股票。持有人何上炽，广东顺德人，为南斐洲杜省华侨联卫会所会员。“因联合集资，买受本会所楼宇地基一座，及在广州市长堤建筑南斐洲杜省华侨联卫会所分会楼宇地基一座。此后如再有扩充利益，仍属各会员，所有一切权利永远平等均分，特设此股票授与（予）本会所会员。”

杜兰士哇，即德兰士瓦，在 1910 年至 1994 年是南非的一个省。虽然该省现在已不存在，但仍是一个著名的地理名称。

駐美
余武溪總公所實業公司正式樓股票

第　　號
埠　　邑　　村
炘中翁　　股
共金銀　　圓
司庫　余
主席　余澤生
書記　余
民國十九年八月一日
駐美余武溪總公所實業公司發給

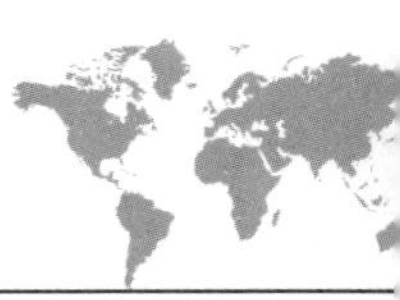

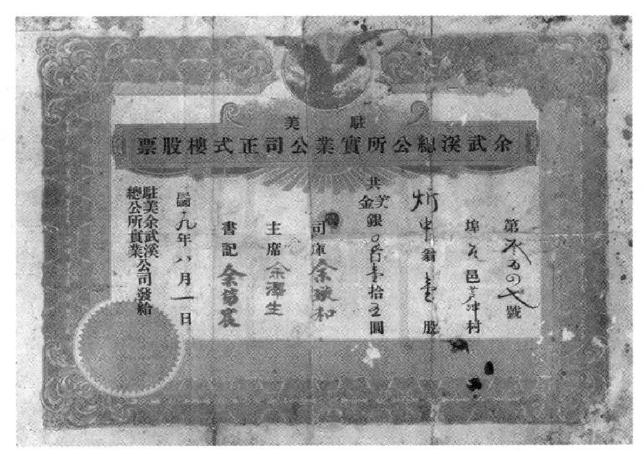

1930 年华侨购买的驻美余武溪总公所实业公司正式楼股票
（来源：关汉函）

№ 0961
中國國民黨駐古巴總支部籌款完成建樓債券
債券

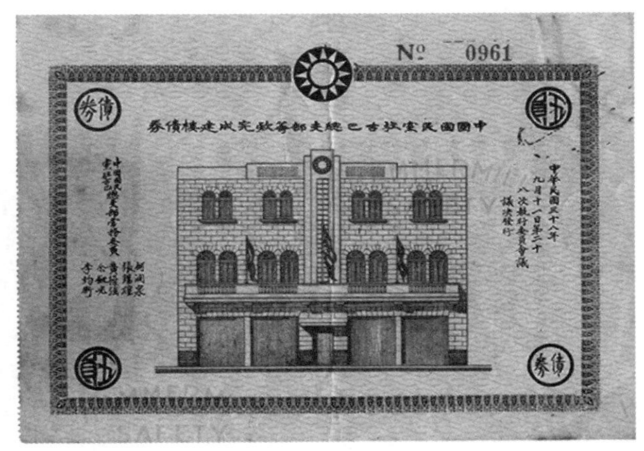

1949 年华侨购买的中国国民党驻古巴总支部筹款完成建楼债券
（来源：何锡钿）

余武溪总公所是余姓同乡组织。余氏是由祖先名字中的字演变而来的姓氏。余姓分布广泛，尤以四川、广东、江西、云南、河南、湖北、安徽等省居多，上述七省余姓约占全国汉族余姓人口的 77% 。

上图一是广东华侨炘中认购的 1930 年驻美余武溪总公所实业公司正式楼股票，一股 15 美元。

上图二是 1949 年华侨购买的中国国民党驻古巴总支部筹款完成建楼债券。据 1949 年 9 月中国国民党驻古巴总支部执行委员会第二十八次会议筹款完成建楼案，“执行发行债券八千张，以本支部楼业为担保；债券偿还日期以该总支部楼落成一年后开始”。

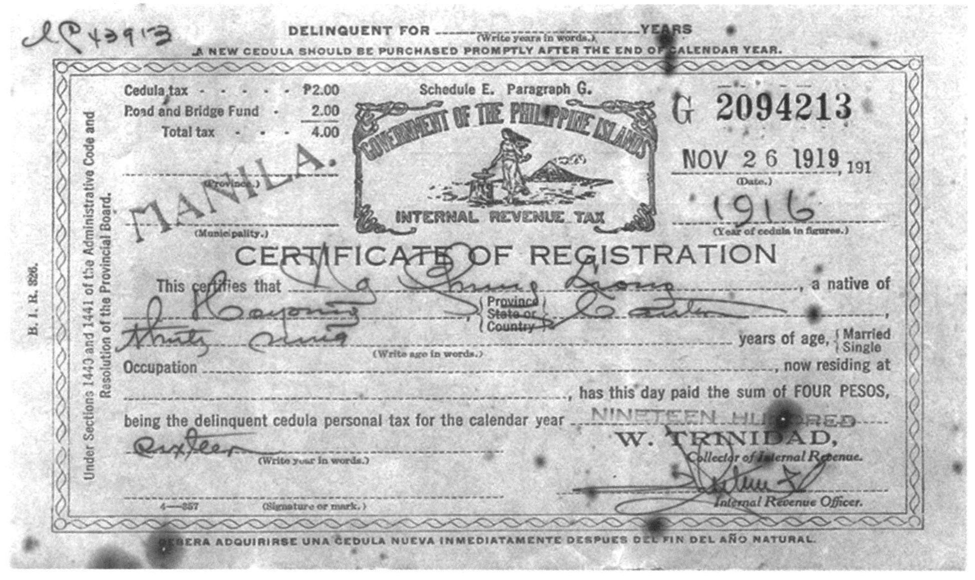

DELINQUENT FOR ______________ YEARS
(Write years in words.)
A NEW CEDULA SHOULD BE PURCHASED PROMPTLY AFTER THE END OF CALENDAR YEAR.

Cedula tax . . . . . ₱2.00
Road and Bridge Fund . 2.00
Total tax . . . 4.00

Schedule E. Paragraph G.

GOVERNMENT OF THE PHILIPPINE ISLANDS
INTERNAL REVENUE TAX

G 2094213

NOV 26 1919, 191
(Date.)

(Province.)
MANILA.
(Municipality.)

1916
(Year of cedula in figures.)

CERTIFICATE OF REGISTRATION

This certifies that ______________, a native of
______________ (Province, State or Country) ______________,
______________ (Write age in words.) years of age, {Married / Single}
Occupation ______________, now residing at
______________, has this day paid the sum of FOUR PESOS,
being the delinquent cedula personal tax for the calendar year NINETEEN HUNDRED
Sixteen
(Write year in words.)

W. TRINIDAD,
Collector of Internal Revenue.

4—857 (Signature or mark.)
Internal Revenue Officer.

B. I. R. 826.
Under Sections 1443 and 1441 of the Administrative Code and Resolution of the Provincial Board.

DEBERA ADQUIRIRSE UNA CEDULA NUEVA INMEDIATAMENTE DESPUES DEL FIN DEL AÑO NATURAL.

1916 年菲律宾华侨完税注册证书

（来源：暨南大学图书馆馆藏）

东南亚国家的华侨在住在国的经济中占有重要的地位乃是众所周知的事实，菲律宾的华侨也不例外。早在西班牙人来到菲律宾以前，便有华侨到菲律宾经商。他们勤劳节俭，吃苦耐劳，经过几代人的努力，绝大多数的菲律宾华侨步入当地上等和中等收入阶层。1521 年，麦哲伦率领西班牙探险队到达菲律宾群岛后，西班牙逐步侵占菲律宾。1898 年，美国依据西班牙战争后签订的《巴黎条约》占领菲律宾。美据时代，华侨依然控制着菲岛经济，[1] 华人社会有了更多的经济机会，菲律宾华侨的经济实力飞跃增长。

上图是由菲律宾政府完税部门为华侨出具的总共 4 比索的完税注册证书。

晚清时期的菲律宾华商

① 杨建成主编：《三十年代菲律宾华侨商人》，台北：“中华学术院”南洋研究所，1984 年。

Los contribuyentes deben dar parte a la Dirección de Contribuciones, calle Lampa 549 (Banco del Herrador) cuando abran, cierren o traspasen su establecimiento, o cambien de giro, para la anotación correspondiente.

PATENTE - 4to. TRIMESTRE de 1931

MINISTERIO DE HACIENDA

DIRECCION DE CONTRIBUCIONES

Contribución de Patentes

PROVINCIA DEL CALLAO

LIQUIDACION	
Patente . . .	$
3% Descuento	,,
25% multas	,,
Total	$

No. 1310 4to. TRIMESTRE DE 1931 $

Don Won Kuen Chen

inscrito en la Matrícula de Patentes de la Provincia del Callao, ha pagado la cuota de

que le corresponde en el CUARTO TRIMESTRE por el ejercicio de su industria de Zapatería clase 2ª

en la calle de Núm. 320

V.º B.º

EL DIRECTOR DE CONTRIBUCIONES

Callao, 31 de Diciembre de 1931.

EL ACTUADOR DE PATENTES

Fíjese esta patente en lugar visible del Establecimiento, escritorio ú oficina del contribuyente

1931 年秘鲁华侨鞋店的完税证明

（来源：暨南大学图书馆馆藏）

1929—1933 年，在世界经济危机的冲击下，秘鲁的经济也难逃厄运。国内外市场萧条，华侨的商业受到很大影响，华侨有的转营别业，有的缩小生意规模，许多店铺关门，失业人数过半。有些华侨沦为乞丐，流落街头，有的甚至自杀。①

上图是秘鲁华侨鞋店缴付 1931 年第四季税款“50 soles”的证明。当时侨民必须在规定日期之前缴交税款，15 天之内缴清可减免 3%，超过 15 天就要交全额，超过 30 天要多缴 25%，到隔年 3 月 15 日未缴清则取消证照。如果持证人死亡或失踪，只要生意继续，该税款就要缴付。在此背景下，华侨鞋店的经营状况可想而知。

① 杨安尧：《秘鲁华侨华人经济的变化和发展》，《八桂侨史》1994 年第 1 期。

七、其　他

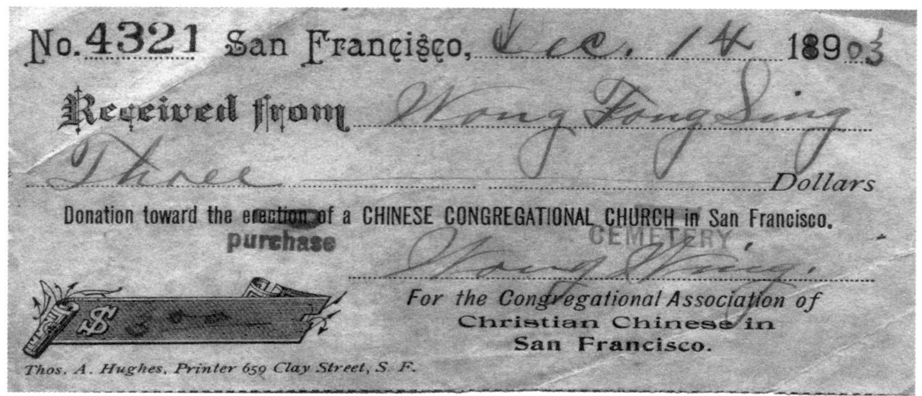
No. 4321 San Francisco, Dec. 14 1903
Received from Wong Fong Sing
Three Dollars
Donation toward the erection of a CHINESE CONGREGATIONAL CHURCH in San Francisco.
purchase CEMETERY
Wong Wing
For the Congregational Association of Christian Chinese in San Francisco.
Thos. A. Hughes, Printer 659 Clay Street, S. F.

1903 年华侨用于建造基督教华人公理会协会位于旧金山墓地的捐款收据
（来源：暨南大学图书馆馆藏）

19 世纪在美华人接受西方文化，除了美国社会施加给他们的直接或间接影响之外，还有基督教会系统地、积极地向华人灌输西方的伦理观念。早在 1824 年，廖亚四（Lieaou A－See，音译）在纽约洗礼，是美国最早皈依基督教的华人。基督教教义和当时华人传统思想有很大的差异，所以华人基督教教徒经常被亲戚同乡疏远，也被传统团体排斥。在华人社会里，他们往往另构成一个集团，生活以教会为中心。① 如 1873 年成立的基督教华人公理会协会（The Congregational Association of Christian Chinese），其章程包括：任何欲加入的成员必须抛弃一切之偶像和恶习，且须证明自己是耶稣基督的追随者，且须得到以上会员的引荐，其名必须在被该本会接受之前一周提交该会，所有成员中三分之二票数通过方可成为会员等。19 世纪末 20 世纪初，随着资本主义意识在华人社会传播开来，华人教徒教友的人数不断增加，在社会上形成一股不可忽视的势力。

上图是 1903 年华侨用于建造基督教华人公理会协会位于旧金山墓地的捐款收据，捐款 3 美元，记录号 4321。研究显示，1900 年美国旧金山华人人口为 13 954 人。②

---

① 麦礼谦：《从华侨到华人：二十世纪美国华人社会发展史》，香港：三联书店（香港）有限公司，1992 年。

② Judy Yung. Unbound Feet: A Social History of Chinese Women in San Francisco. Berkeley: University of California Press, 1995.

下图是温哥华基督教门诺会救恩堂主日崇拜泊车卡，说明华人基督教徒中有中上层富裕之人。

No.
溫哥華基督教門諾會救恩堂
Vancouver Chinese Mennonite Church
375 East Pender Street, Vancouver, B.C. Canada V6A 1V1
主日崇拜泊車
Sunday Service Parking
姓名 Name:
車號 Plate No:

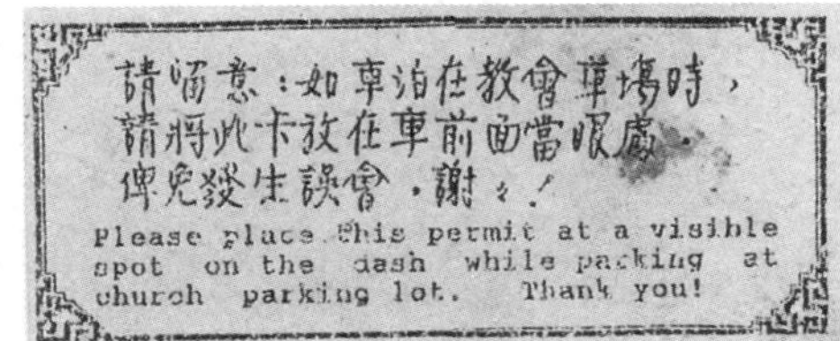
請留意：如車泊在教會車場時，請將此卡放在車前面當眼處，俾免發生誤會，謝謝！
Please place this permit at a visible spot on the dash while parking at church parking lot. Thank you!

温哥华基督教门诺会救恩堂主日崇拜泊车卡

（来源：徐云）

在 1916 年美国总统大选中，一个主要问题就是战争。第一次世界大战是一场血腥的战争，欧洲是此次大战的中心。绝大多数美国人不想介入欧洲的纷争之中，他们支持自己政府的政策，即保持中立。正是这一愿望使得伍德罗 · 威尔逊赢得连任。但在德国的不断挑衅下，威尔逊总统在和平与战争问题上再也没有了选择——1917 年 4 月 6 日，美国宣布对德开战。美国组建了规模庞大的军队，大批美军越过大西洋来到欧洲，在欧洲西部战场与德国作战。而在美国国内，各州建立的民兵队伍作为正面战场的后备力量必不可少，其中就有华人的身影。

Assembly Dist. No. 15 Borough of Man New York City

STATE OF NEW YORK

Notice of Enrollment Under Military Law

To Chin Yuck Suey

Residence 17 Doyer St

June 19 1917

Take Notice: That pursuant to the provisions of the Military Law of the State of New York, you have been duly enrolled as liable to service in the Militia of the State.

OFFICIAL:
E. P. Goodrich
Enrollment Officer
By Nathan Bernstein
Assistant

By command of the Governor
Louis W. Stotesbury
The Adjutant General

[READ INSTRUCTIONS ON REVERSE SIDE]

1917 年美国华人参加纽约州民兵队伍的证明

（来源：郑锦龙）

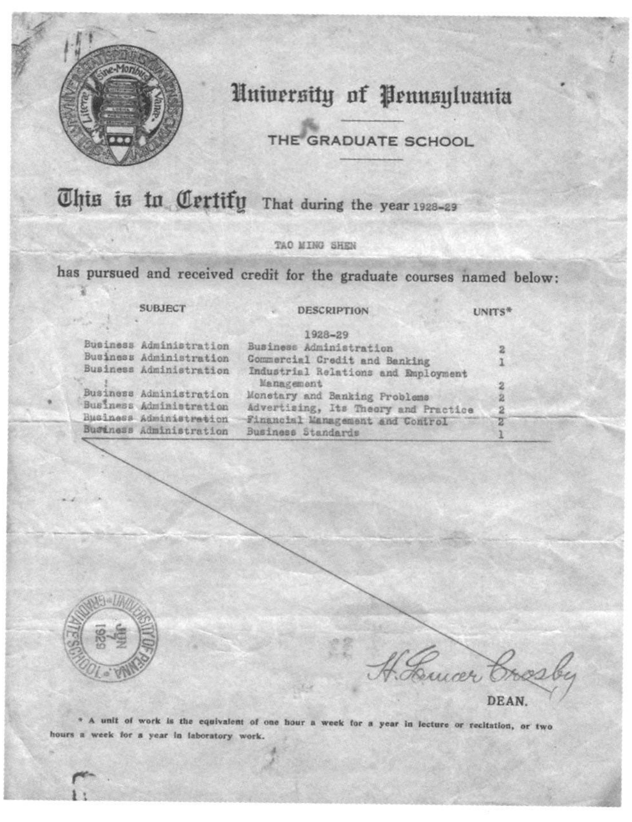

University of Pennsylvania

THE GRADUATE SCHOOL

This is to Certify That during the year 1928-29

TAO MING SHEN

has pursued and received credit for the graduate courses named below:

SUBJECT	DESCRIPTION	UNITS*
	1928-29	
Business Administration	Business Administration	2
Business Administration	Commercial Credit and Banking	1
Business Administration	Industrial Relations and Employment Management	2
Business Administration	Monetary and Banking Problems	2
Business Administration	Advertising, Its Theory and Practice	2
Business Administration	Financial Management and Control	2
Business Administration	Business Standards	1

GRADUATE SCHOOL UNIVERSITY OF PENNA. JUN 7 1929

H. Lamar Crosby

DEAN.

* A unit of work is the equivalent of one hour a week for a year in lecture or recitation, or two hours a week for a year in laboratory work.

1928—1929 年美国宾夕法尼亚大学华人学生学业证书

（来源：徐云）

宾夕法尼亚大学是位于美国宾夕法尼亚州费城的一所私立大学，由美国著名科学家和政治家本杰明·富兰克林创办于 1740 年，现在是美国常春藤联盟成员之一，因其优秀的本科生教育、出色的科研成果和卓越的研究生课程而享誉世界。

左图的持证人 Tao Ming Shen（陶明深，音译）于 1928—1929 年在宾夕法尼亚大学学习商业管理相关课程。

下图是全美中国留学生总会的合照，可见中国留学生已踏足哈佛大学、耶鲁大学、普林斯顿大学、康奈尔大学等知名院校。

1911 年全美中国留学生总会的合照

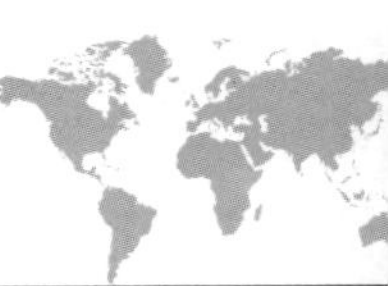

結婚證書

滕寶友係浙江省定海縣人年廿九歲宣統三年十月十九日吉時生
盧翠菊係浙江省定海縣人年廿二歲民國七年八月初二日吉時生
今由
王汝祖
王德憲先生介紹謹詹於中華民國二十八年六月十七日下午三時在
法大馬路鴻運樓舉行結婚儀式恭請
王崇清先生證婚嘉禮初成良緣遂締情敦鶼鰈願相敬之如賓祥叶螽麟定克昌於厥後同心同德宜室宜家永結鸞儔共盟鴛牒此證

結婚人 滕寶友 盧翠菊
證婚人 王崇清
介紹人 王汝祖 王德憲
主婚人 滕安清 盧順熙

中華民國二十八年六月十七日訂

1939 年新加坡华人滕宝友、庐翠菊的结婚证书
（来源：徐云）

新加坡是中国之外唯一的华族人口占多数的国家，也是大中华地区之外仍保留较多中华文化的国家之一，中国南方的传统礼俗、风水、命理、儒家思想及宗教文化仍然对新加坡华人有很大的影响。

上图的结婚证书上不但列有结婚人，还列有证婚人、介绍人、主婚人，图案精美、喜庆，极具中国传统文化色彩。

南洋华侨结婚合影

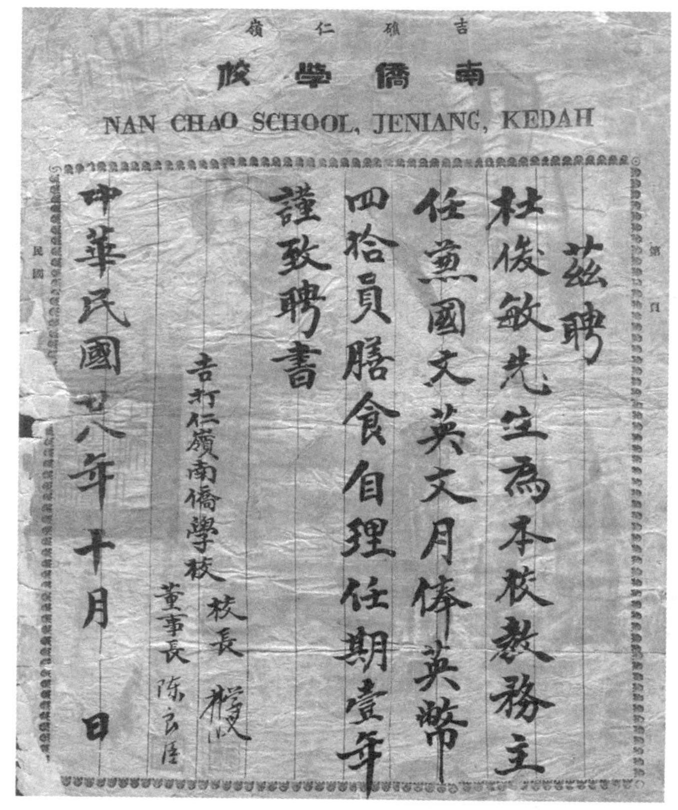

吉礁仁嶺

南僑學校

NAN CHAO SCHOOL, JENIANG, KEDAH

茲聘

杜俊敏先生為本校教務主

任兼國文英文月俸英幣

四拾員膳食自理任期壹年

謹致聘書

吉打仁嶺南僑學校 校長 [illegible]

董事長 [illegible]

中華民國廿八年十月 日

1939 年马来亚吉礁州仁岭南侨学校教师聘书

（来源：徐云）

在“二战”以前，马来西亚的华文教育已形成一定的规模。19 世纪末，清政府曾派人前往马来西亚协助开办华文教育，使其无论是学制还是课程都开始遵循新式教育的模式。此后，华文教育逐渐从旧式教育中解脱出来，成为华人社会的民族文化事业。马来西亚华文教育与中国教育的接轨使其逐渐成为中国的侨民教育。对于海外侨民的华文教育，无论是清政府还是民国政府都颇为重视。于是，不仅中国的教育思想不断地影响到马来西亚，中国教员也陆续前往马来西亚执教，中文教材更是被大量引入马来西亚。此时，马来西亚的华文教育已不再是专业性和学术性的纯教育，而是发展成为一项富有民族特征的民族教育。①

上图是马来亚吉礁州仁岭南侨学校颁发的聘书，聘任杜俊敏为学校的教务主任兼国文和英文教师，月薪 40 英镑，聘期为一年。

① 郑良树：《马来西亚华文教育发展史》（第二分册），马来西亚华校教师会总会，1999 年。

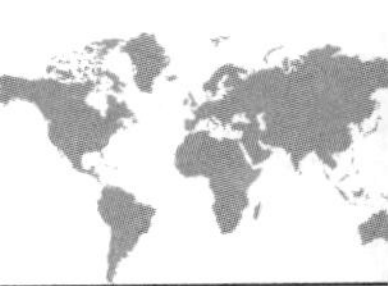

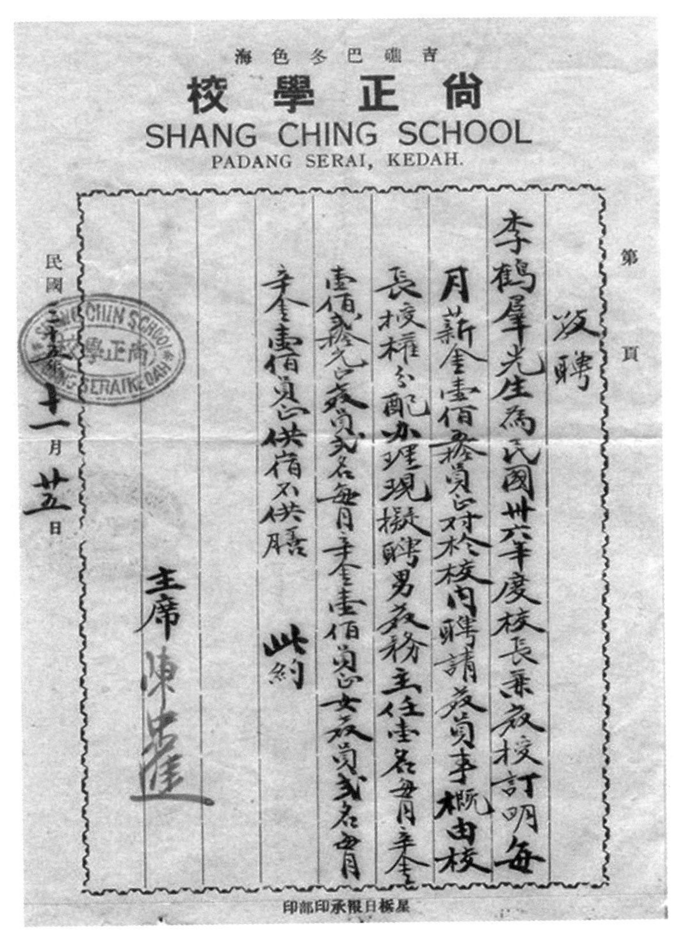

吉礁巴多色海

尚正學校

SHANG CHING SCHOOL

PADANG SERAI, KEDAH.

第　頁

敦聘

李鶴羣先生為民國卅六年度校長兼教授訂明每月薪金壹佰五拾員對於校內聘請教員事概由校長校權分配辦理現擬聘男教務主任壹名每月薪金壹佰叁拾員女教員貳名每月薪金壹佰員正供宿不供膳

此約

主席　陳忠進

民國三十五年十一月廿五日

星檳日報承印部印

1946 年马来亚吉礁巴东色海尚正学校校长聘书

（来源：暨南大学图书馆馆藏）

马来西亚华人社团对当地华文教育的发展而言，有着举足轻重的作用。战后初期，许多华人社团创办了实行华文教育的学校，学校的创办积极推动了马来西亚华文教育的发展，这对当地华人社会的生存和发展无疑具有非常重要的作用。①

上图是 1946 年马来亚吉礁巴东色海尚正学校校长聘书。聘任李鹤群为校长兼教授，每月薪水“壹佰五拾员”，“对于校内聘请教员事”，概由其负责。聘书的签发人陈忠进，应是支持办学的社团首领。

① 石沧金：《试析二战后马来西亚华人社团与华文教育发展的关系》，《南洋问题研究》2005 年第 4 期。

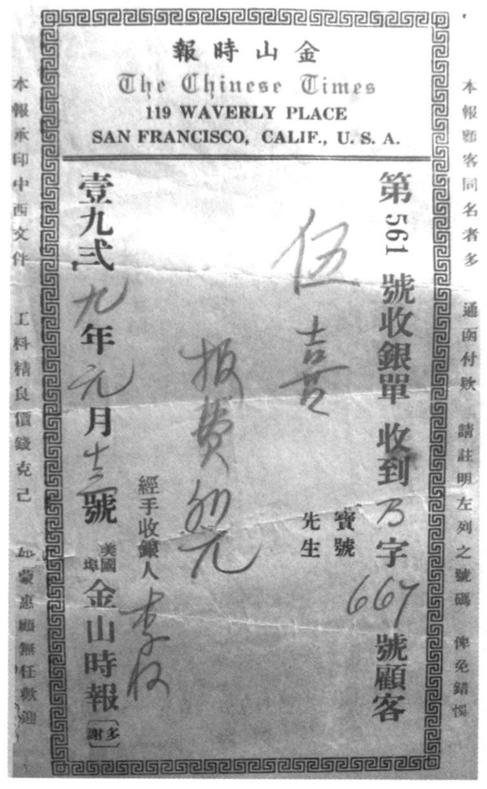

本報承印中西文件 工料精良價錢克己 如蒙惠顧無任歡迎

金山時報
The Chinese Times
119 WAVERLY PLACE
SAN FRANCISCO, CALIF., U. S. A.

第561號收銀單 收到 万字667號顧客

先生 寶號

壹九弍九年元月十三號

經手收銀人

美國埠金山時報 [謝多]

本報郵客同名者多 通函付欵 請註明左列之號碼 俾免錯悞

1929 年美洲华侨订购《金山时报》的收据
（来源：郑锦龙）

《金山时报》股票

《金山时报》由美国华人社团“美洲同源总会”于 1924 年 7 月 15 日创办，是一份土生华人创办的中文日报。发起人为林华耀、洪耀宗、林康惠。该报自称“以发展华侨公益为职志”“不偏不倚”“保持中立”。报纸时序采用中华民国纪年。该报历年来对涉及国家民族的大事，言论均站在中华民族的立场上。[①] 2006 年，拥有 81 年历史、美国当时发行历史最悠久的华文日报《金山时报》于 1 月 14 日停刊。该报所有人力、物力、财力并入《星岛日报》，后者增设“金山侨社版”。

① 方积根、胡文英：《美国华文报刊的历史与现状》，《新闻研究资料》1988 年第 4 期。

《中西日报》于1899年创刊于纽约，原名为“华美新报”。1900年报社迁至旧金山，改名为“中西日报”，1950年停刊，创办者为著名旅美华侨伍盘照。作为晚清时期北美主流华文媒体，《中西日报》在西学东渐的过程中意义重大。右图是1944年美国华侨订购《中西日报》的收据，报银“伍圆”。

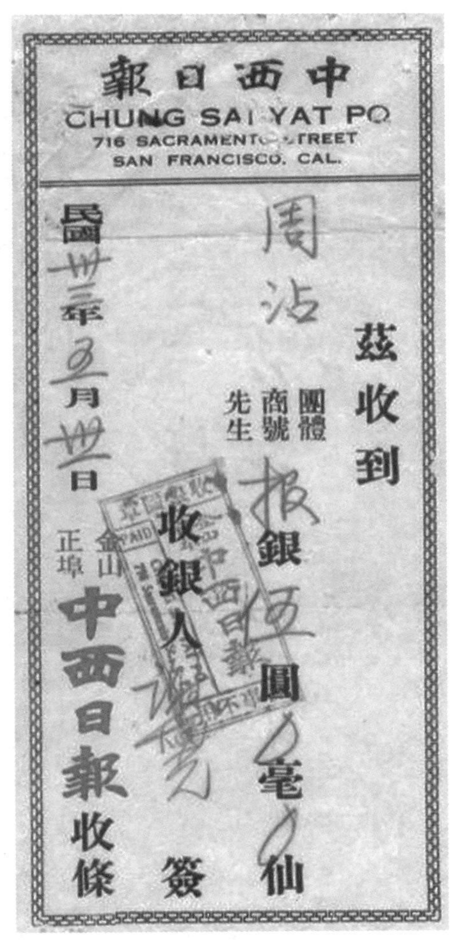

中西日報
CHUNG SAI YAT PO
716 SACRAMENTO STREET
SAN FRANCISCO. CAL.

茲收到 周沾 團體 商號 先生 報銀 伍 圓 毫 仙
收銀人 簽
民國卅三年五月卅日
金山 正埠 中西日報收條

1944年美国华侨订购《中西日报》的收据
（来源：徐云）

伍盘照（1868—1931年），1868年出生于中国广东台山。13岁赴美国旧金山，1889年考入长老会神道大学，毕业后被派为华人长老会牧师，继任洛杉矶南加州华人长老会主任牧师。1899年5月2日，伍盘照辞去了牧师职务，在洛杉矶开办了中文报纸《华美新报》。1900年2月，该报改名为“中西日报”，伍盘照自己出任总经理兼总编辑。《中西日报》作为华侨的喉舌，仗义执言，因此深得美国华人读者的欢迎，发行量不断增加，很快就发展成为全美发行量最大的中文报纸。

中西日報
CHUNG SAI YAT PO

《中西日报》合订本

伍盘照

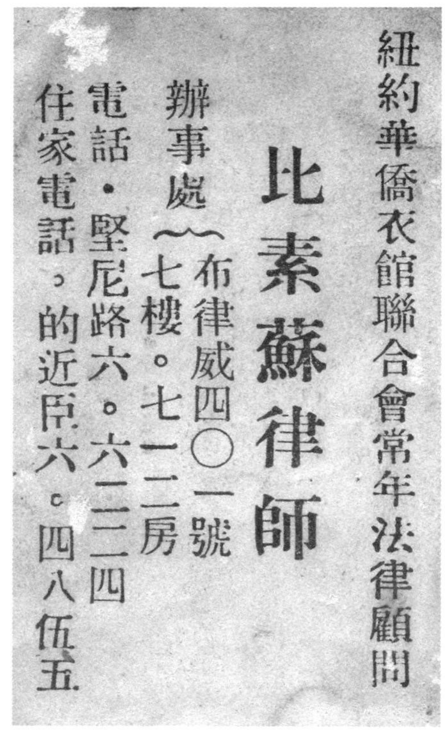
紐約華僑衣館聯合會常年法律顧問
比素蘇律師
辦事處︿布律威四〇一號
︿七樓。七一二房
電話・堅尼路六。六二三四
住家電話。的近臣六。四八伍五

美国纽约华侨衣馆联合会常年法律顾问名片
（来源：暨南大学图书馆馆藏）

美国华人洗衣馆

由洗衣业人士组成的纽约华侨衣馆联合会（即“衣联会”）成立于1933年4月，是美国华侨华人进步社团。该会创办宗旨即为“内谋同业之利益，外求取消一切苛例”。成立伊始，衣联会就派代表向市参议会交涉，说服参议会将衣馆牌照费由二十元减到十元，保证金由一千元降到一百元。衣联会也经常为会员解决个别衣馆在营业上经常碰到的一些问题，其中涉及牌照局、工务局、楼宇局、卫生局等的案件为最多。此外，还帮助处理被无赖恐吓、顾客控告赔偿、贼匪打劫和业主交涉等案件。①

左上图这张“常年法律顾问名片”，反映出当时衣联会非常重视自身权益维护，并聘请了常年法律顾问。

① 麦礼谦：《从华侨到华人：二十世纪美国华人社会发展史》，香港：三联书店（香港）有限公司，1992年。

時新行

香港干諾道中六十號三樓

電話：二八七一二　電報掛號(中文)：九〇一〇

本號專營出入口貨
廠家代理代客買賣
接駁各埠華僑滙款
代辦華僑出國手續
接理美加移民案件
招待各地歸國華僑
代定輪船飛機客位
接辦僑胞一切委托

SEE SUN HONG
IMPORTERS & EXPORTERS
FACTORY REPRESENTATIVES & COMMISSION AGENTS

60 CONNAUGHT RD. C., 2ND. FL.
TELEPHONE: 28712
HONG KONG

CABLE ADDRESS: "SESUN" HONG KONG
CODES: "ACME" COMMODITY
and phrase "BENTY"

民国时期（香港）时新行经营华侨业务的名片

（来源：暨南大学图书馆馆藏）

1843 年 7 月 22 日，中英《五口通商章程》在香港公布。27 日，广州开埠，香港逐渐成为远东地区新兴的商业中心和中国对外贸易的重要转运站，也是联系海外华侨与祖国大陆的桥梁。晚清民国时期，华侨移民海外，大多都以香港作为中转站或落脚点，于是香港出现了一些专门为华侨服务的行栈，生意颇为兴隆。

民国时期香港街景

上图是民国时期香港时新行经营华侨业务的名片，从中可以看出该商行办理有关华侨事务的项目还不少。

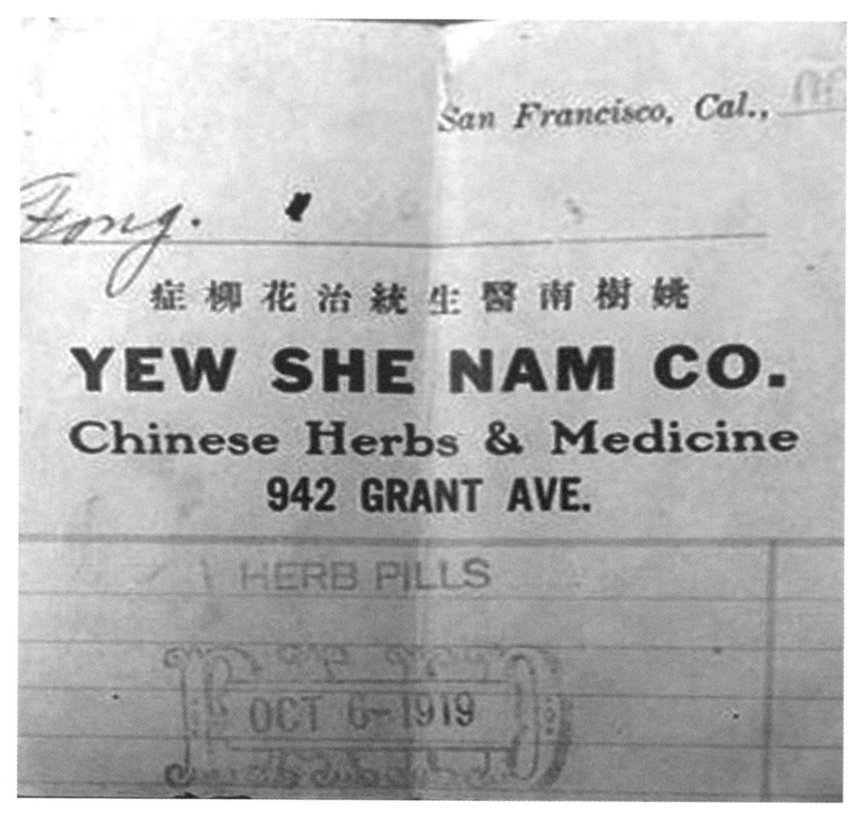
San Francisco, Cal.,
症柳花治統生醫南樹姚
YEW SHE NAM CO.
Chinese Herbs & Medicine
942 GRANT AVE.
HERB PILLS
OCT 6-1919

1919 年美国旧金山华侨医生统治花柳症的就诊单
（来源：徐云）

旧金山红灯区街头的华妓

早期出国的华工大多是男性，女性的比例极少。在这样一个缺少女性和家庭的单身汉社会中，很多美国华侨无法像正常人那样，在精神上享受男欢女爱及天伦之乐，因此多沉湎于吞云吐雾的烟管、吆五喝六的赌馆或者妓院之中。很多被拐卖贩运而来美国的华妓，被帮会和不法商人在当地交易市场公开出售。《纽约时报》1869 年 3 月 17 日报道，在过去的几周内，发生了好几起华人被其同胞杀害的案件，每一起案件都因争夺从香港带来的华人妇女而产生。[①] 嫖妓恶习的泛滥，带来性病的滋生蔓延，以至于治疗性病的医院和医生公开亮相，吃香得很。

① 潮龙起：《美国华人史》，济南：山东画报出版社，2010 年，第 124 – 129 页。

抱团取暖

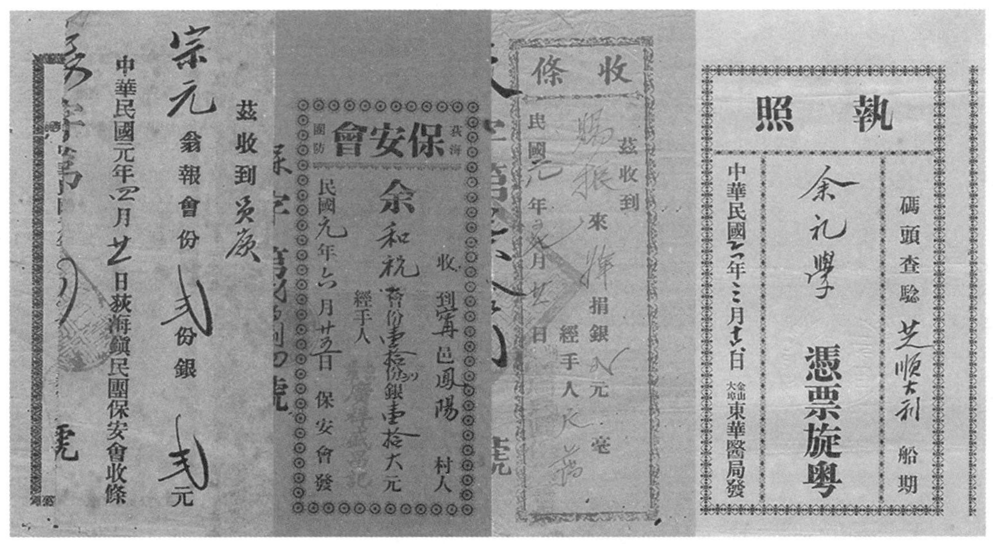
兹收到 翁報會份 份銀 元
中華民國元年 月 日荻海鎮民團保安會收條

保安會 荻海 國防
兹收到寧邑鳳陽 村人 經手人
民國九年 月 日 保安會發

收條
兹收到 來 捐銀 元 毫 經手人
民國 年 月 日

執照
碼頭查驗 …… 船期
…… 憑票旋粵
中華民國 年 月 日 金山大埠東華醫局發

社团会费收据

中国人移居海外由来已久。19 世纪中叶以后，中国人向海外移民方才形成高潮。早期华人移民，多为穷困之人，未得本国政权或当地社会保护，非互助无以自存。移民定居海外，再牵引家乡亲友相率出洋、相伴而居，呈“连锁移民”状态。久而久之便形成族人乡亲相伴聚居的状况。华人移民几乎都来自闽粤两省，闽粤多山，地区差异较大，十里不同调、百里不同音。早期来自中国各地的移民为居住和谋生的方便，基于地缘、族缘、神缘等因素，彼此结成团体，在异域守望相助，共谋生存和发展，华人社团遂产生。早期社团以同乡会为主，次之则是宗亲会和神缘会。宗亲会和神缘会的成员通常也来自同方言的地域，只是在同乡的基础上再进一步强调血缘和神缘纽带。随着华人数量的增加和华人社会的扩大，华人纠合成社团的纽带种类也显著增加。除地缘、血缘和神缘纽带外，行业、慈善、宗教、文教等各类社团次第产生。到 19 世纪末以后，目标为中国或当地政治事务的政治性社团也开始出现。①

社团组织的会员必须缴纳会费，才能参加社团组织的活动或得到社团组织的帮助。会费名目主要有注册费、公益费、检运先友费、楼宇建设费、杂费、出港票费、法律手续费等，数额也不尽相同，从数元到几十元不等。缴交会费是会员的义务，带有强制性。倘有不遵者，其人遇有事端，社团组织一概不理。至来日回华时，还要追收会费。

① 庄国土：《论早期东亚华人社团形成的主要纽带》，《南洋问题研究》2010 年第 1 期。

一、入会费收据

华侨加入某社团组织，都要缴纳数目不等的入会费。这些入会费，也称为“注册费”“登记费”“底银”等，如果没有专门印制和发放会员证，入会费收据通常也作为会员凭证。

在早期的华侨社会，社团组织不少以“堂”相称，其中以血缘性宗亲组织为甚。随着社会的发展，“堂”渐被“会馆”“公所”或“会”代替，但至今有些社团依然保留着堂号。①

李敦宗堂是李姓海外移民的血缘组织，故右图的收据中仅写名“珥明”，免写姓氏。为了携带方便和便于查验，早期有些社团的入会证明采用布质材料制作。右图的堂底银收据，材质为布质，既是缴纳会费的证明，也是会员身份的证明，因此，收据上有“此票遗失即要报明挂号，如有拾得冒认者议罚”的字样。

敦宗堂
李字第[illegible]十號收到
新寧縣 筋[illegible]村 人名珥明年 歲交
堂底銀拾圓正
此票遺失即要報明掛號
如有拾得冒認者議罰
宣統元年九月廿三日給

1909 年美国金山正埠李敦宗堂堂底银布质收据
（来源：郑锦龙）

① 方雄普：《美国早期华侨社会的堂斗》，《侨园》1994 年第 6 期。

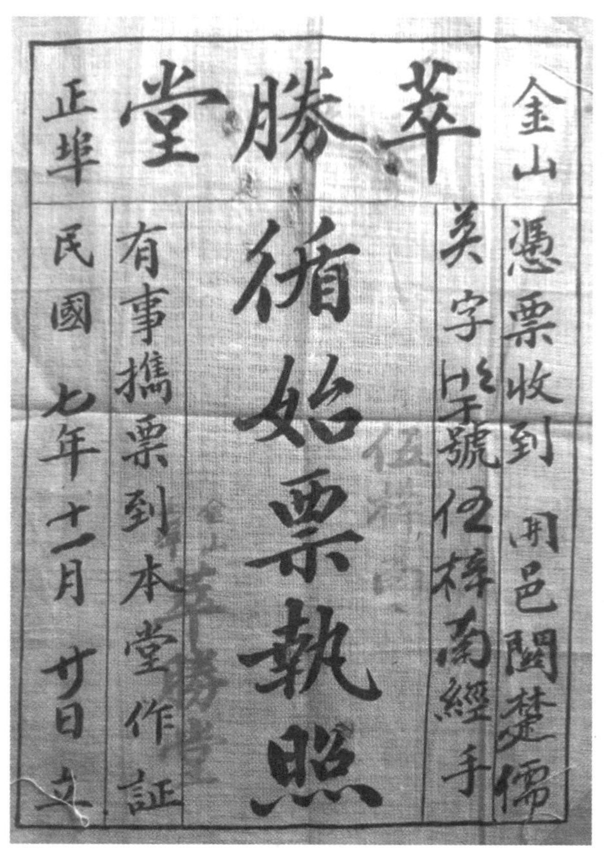

金山 萃勝堂 正埠

憑票收到開邑關楚儒

美字[illegible]號伍梓蘭經手

循始票執照

有事攜票到本堂作証

民國七年十一月廿日立

1918 年美国金山正埠萃胜堂循始票执照

（来源：郑锦龙）

萃胜堂是美洲华侨秘密结社之一。孙中山在 1904 年赴美动员侨胞支持革命时，见识了当时美国华侨秘密结社之盛况。他在《重订致公堂新章》中说：“凡华人所到之地，莫不有之，而尤以美国隆盛。”据司徒美堂回忆，旧金山的秘密堂会有萃胜堂、秉公堂、协胜堂、合胜堂、安益堂、瑞端堂、聚良堂、竹林山房、协英堂、华亭山房等 12 个，纽约有安良总堂和协胜分堂。[①]

秘密会社对其成员的控制非常严密，凡堂会成员，“受人欺侮，可回堂报告，请求解决，逢有患难打斗之事，人人须勇敢向前，不得畏缩”。萃胜堂是成立于 1867 年的华侨秘密堂会，其堂规要求堂的命令必须首先服从。

上图是 1918 年美国金山正埠萃胜堂循始票执照，上面有“有事携票到本堂作证”的字样，说明堂会组织严密，自成一体。

---

① 中国致公党中央研究室编：《司徒美堂》，北京：中国致公出版社，2001 年，第 53 页。

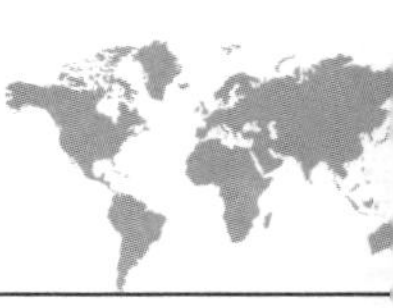

執照

茲有

伍烈傳年四十二歲係廣東省廣州府

州新寧縣人日居棉蘭埠 商業

今特來本會入會壹份每年願繳會

銀陸 盾正附此執據

擔保人

宣統三年三月 日

日麗中華商務總會給

1911 年印尼日丽中华商务总会的入会费执照

（来源：何锡钿）

成立商会，是晚清政府把商政作为振兴实业的重要内容之一。1905 年冬，清政府委派商务大臣张振勋、商部郎中时宝璋到外洋考察商务，劝谕海外华商联合创办商会。1907 年 11 月，又特派农工商部右侍郎杨士琦出洋考察，大力倡导组织商会。[①] 根据 1903 年清政府商部颁布的《商会简明章程》，海外各埠中华总商会的建立需向清朝商部备案、核查，接受商部的章程和指导，而且总理、协理由会董公推，再由商部批准任命。这些商会在维护侨商自身利益、振兴商务方面起到积极作用。

上图的持照人为伍烈传，42 岁，广东新宁人，在苏门答腊的棉兰经商，1911 年加入印尼日丽中华商务总会。印尼是华侨出现最早且人数最多的国家之一。在爪哇、苏门答腊等地，有很多原籍闽粤的富商大贾，掌控了当地的主要产业和经济命脉。日丽位于印尼苏门答腊岛东岸，日丽中华商务总会在当地华人经济中起着举足轻重的作用。

① 丁进军：《清末海外华商设立商会史料》，《历史档案》1995 年第 1 期。

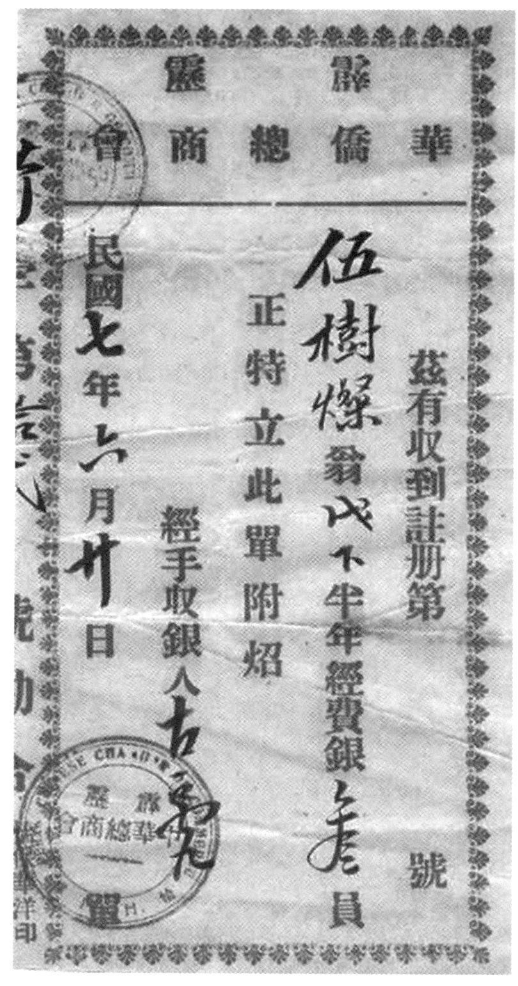
霹靂華僑總商會

茲有收到註册第　號

伍樹燦翁

正特立此單附炤

經手收銀人古

民國七年六月廿日

1918 年霹雳华侨总商会入会费收据

（来源：徐云）

上图的持据人为伍树灿。霹雳州是马来西亚十三个州属之一，首府是怡保。霹雳华侨总商会是霹雳州最早的华人商会，成立于 1907 年，第一任会长是胡子春。霹雳华侨总商会在中国保皇党与革命党斗争期间，一直听命于清政府。1910 年 9 月 8 日，霹雳华侨总商会发起了剪辫运动，并得到积极的回应。1912 年中华民国成立后，霹雳华侨总商会开始遵奉国民政府为中国的合法政府，为国民政府传播信息，成为中国政府和霹雳州华人社会的一座桥梁。①

① 陈爱梅演讲：《事二主——二战前霹雳华侨总商会的角色与功能》，拉曼大学中华研究所网站，http：//www. utar. edu. my/ics/index. jsp？ fcatid = 252&fcontentid = 2643&f2ndcontentid = 9518。

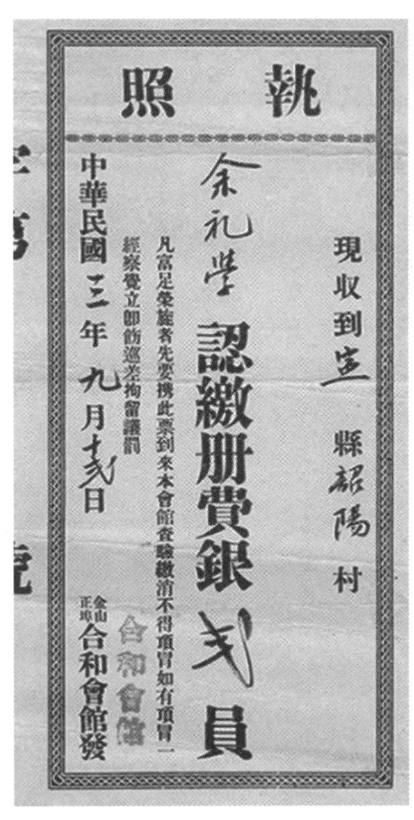

執照

現收到[illegible]縣[illegible]陽村

余礼学 認繳册費銀[illegible]員

凡富足榮旋者先要携此票到来本會館査驗繳消不得頂冒如有頂冒一經察覺立卽飭巡差拘留議罰

中華民國三年九月[illegible]日

金山正埠合和會館發

合和會館

1914 年美国金山正埠合和会馆的入会费执照

（来源：徐云）

合和会馆，是美国中华总会馆七大会馆之一，成立于 1862 年，为地缘组织，由新宁之余姓，与开平之邓、胡、谢、朱、潘、利、区姓及恩平之郑姓等组织而成。会馆之职员人数，公定主席一名，通事一名，庶务一名，董事共二十二名，以各姓氏捐款多少安排轮值公职，总体上以余姓捐款最多。

上图的执照中有“凡富足荣旋者，先要携此票到来本会馆查验缴消，不得顶冒。如有顶冒，一经察觉，立即饬巡差拘留议罚”字样，说明入会收据不仅是入会证明，也是华侨离美返乡前必须缴验的证明。

晚清时期合和会馆的馆址

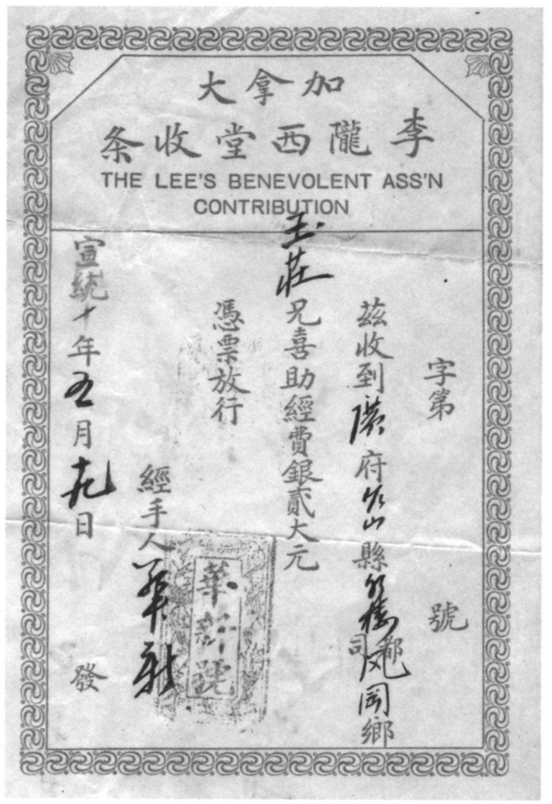

加拿大

李隴西堂收条

THE LEE'S BENEVOLENT ASS'N
CONTRIBUTION

字第　　號

茲收到廣府台山縣　　鄉

玉莊兄喜助經費銀貳大元

憑票放行

經手人

宣統十年五月廿九日　發

1918 年加拿大李陇西堂的入会费收条

（来源：何锡钿）

加拿大李氏公所

唐贞观十二年（638 年），太宗诏令天下，定陇西为李姓的郡望。自此，海内外李姓的郡望、堂号多以“陇西”命名。李氏华侨的足迹遍布美国、泰国、日本、加拿大、印度尼西亚、印度、菲律宾、马来西亚、缅甸、新加坡及欧洲各国。

李陇西堂是加拿大李姓人士的第一个宗亲会，1880 年建立于维多利亚，1931 年改名为“李氏公所”。据称加拿大李氏公所拥有 13 000 多名李姓成员。在加拿大的宗亲侨团中，以李氏公所和黄江夏总堂拥有的会员最多，实力也最为雄厚。①

① 梅显仁：《加拿大的华人宗亲会》，《八桂侨刊》1998 年第 1 期。

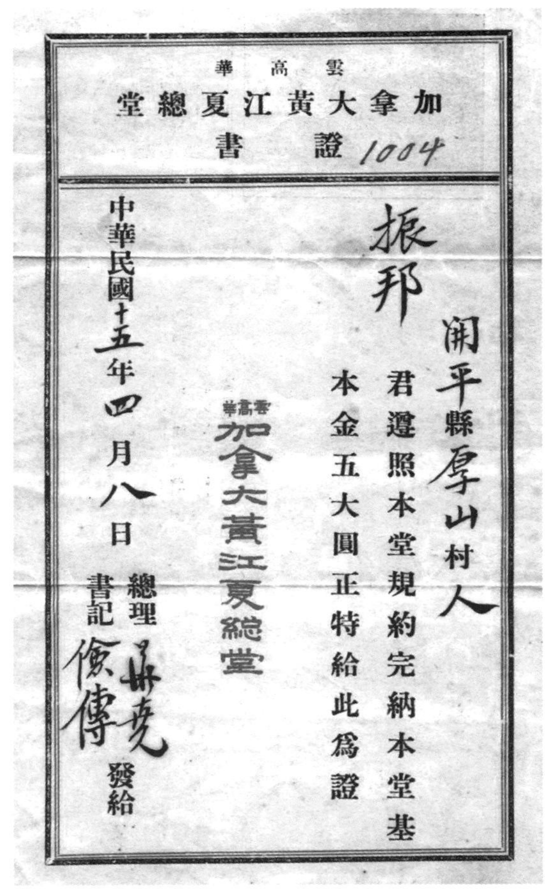

雲高華
加拿大黃江夏總堂
證書 1004

振邦 開平縣厚山村人
君遵照本堂規約完納本堂基
本金五大圓正特給此爲證

雲高華 加拿大黃江夏總堂

中華民國十五年四月八日
總理
書記
發給

1926 年加拿大黄江夏总堂的入会基本金证书
（来源：暨南大学图书馆馆藏）

加拿大黄江夏总堂是加拿大黄氏宗亲总会的前身。黄氏宗亲组织在温哥华的历史可追溯到 1913 年。当年，黄云山总公所在温哥华成立，成为当地第一个黄氏宗亲组织。1922 年，另一黄氏宗亲组织——黄江夏总堂正式创会。1970 年，为适应时代发展、集中人力物力资源振兴族务，黄云山总公所与黄江夏总堂合并，成立黄氏宗亲总会，旨在集中人力财力，加强宗亲联系，敦亲睦族，促进教育与体育事业发展，谋求宗人福利，并力图推进中华文化，弘扬国粹，为华人争取平等权益。

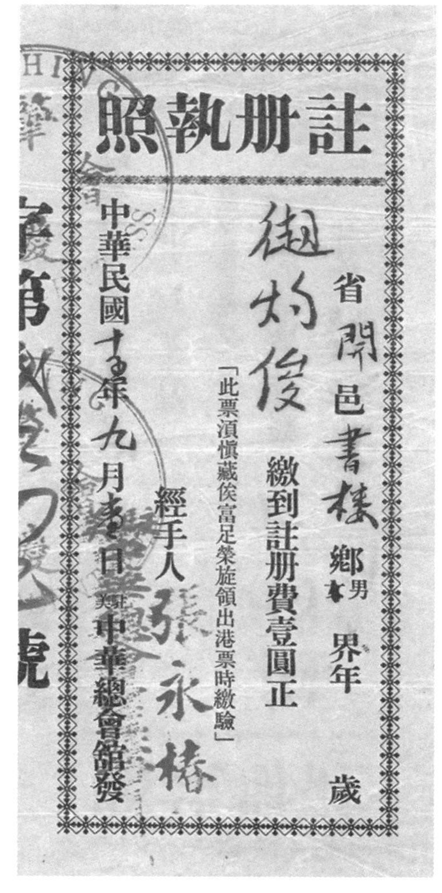
註册執照

省開邑書樓鄉男界年　歲

趙灼俊

繳到註册費壹圓正

「此票須慎藏俟富足榮旋領出港票時繳驗」

經手人張永椿

中華民國十五年九月廿日駐美中華總會館發

第　　號

1926 年驻美中华总会馆的入会费执照

（来源：何锡钿）

驻美中华总会馆

驻美中华总会馆是美国华侨的最高机构，成立于 1854 年。当时，美国华侨在加利福尼亚州成立的会馆已经有六所，分别为三邑会馆、阳和会馆、人和会馆、宁阳会馆、合和会馆、冈州会馆，六大会馆联合主办洋务，称为“六大公司”。1862 年，更名为“中华公所”。1876 年，肇庆会馆成立，六大会馆增为七大会馆，“中华公所”亦同时更名为“中华会馆”。1901 年 1 月 25 日，“中华会馆”正式向加利福尼亚州政府备案成立“驻美中华总会馆”，七大会馆乃支撑中华会馆的七大支柱。

上图有“此票洍（须）慎藏，俟富足荣旋领出港票时缴验”的提示，“富足荣旋”是身在异域打拼的侨胞的共同期望。

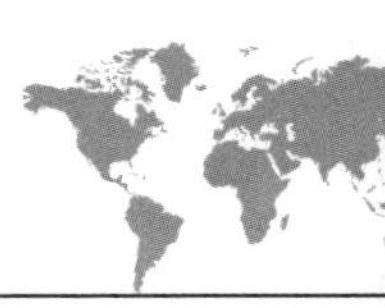

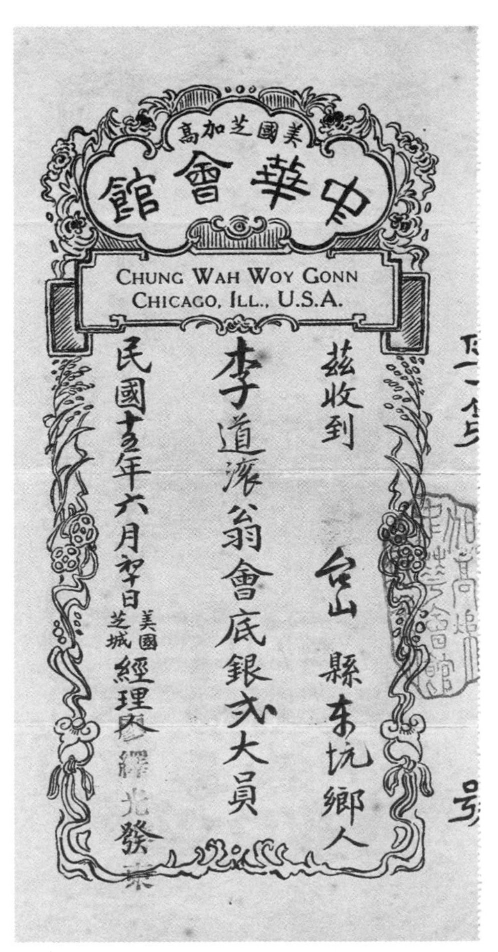

1926 年美国芝加高（哥）中华会馆的入会底银收据

（来源：何锡钿）

美国芝加哥中华会馆

芝加哥位于美国中部，属于伊利诺伊州，是一个多种族的城市，大芝加哥地区的华人总数约 6 万人。根据记载，最先在芝加哥落脚的华人是一位名叫梅宗周的广东台山人，时间是 1878 年。芝加哥中华会馆成立于 1904 年，会员主要由广东台山人组成。

上图入会底银收据的持有人为李道滚，广东台山东坑人，入会“底银贰大员”。

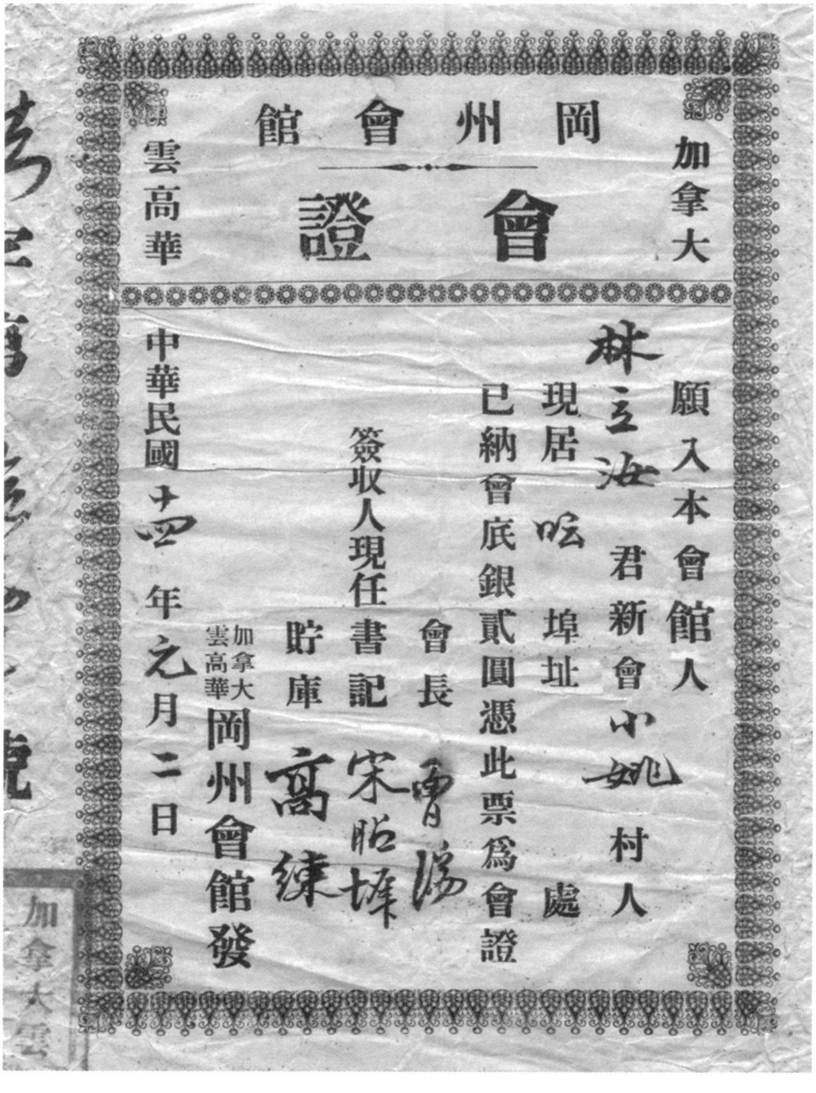

加拿大
雲高華
岡州會館
會證

願入本會館人林立汝君新會小姚村人
現居　　埠址　　處
已納會底銀貳圓憑此票爲會證
會長
簽收人現任書記
貯庫
加拿大雲高華岡州會館發
中華民國十四年元月二日

1925 年加拿大冈州会馆的入会底银收据

（来源：何锡钿）

“冈州”是广东新会的古称，后来海外的新会人成立了最早的侨团，取名“冈州会馆”。加拿大冈州会馆在 1925 年 1 月 18 日创立于温哥华，其宗旨是：联络乡情，互助互爱，发展会务，支持家乡公益、慈善事业。加拿大的广东新会、鹤山华人均可参加。

上图入会底银收据的持有人为林立汝，广东新会小姚村人。

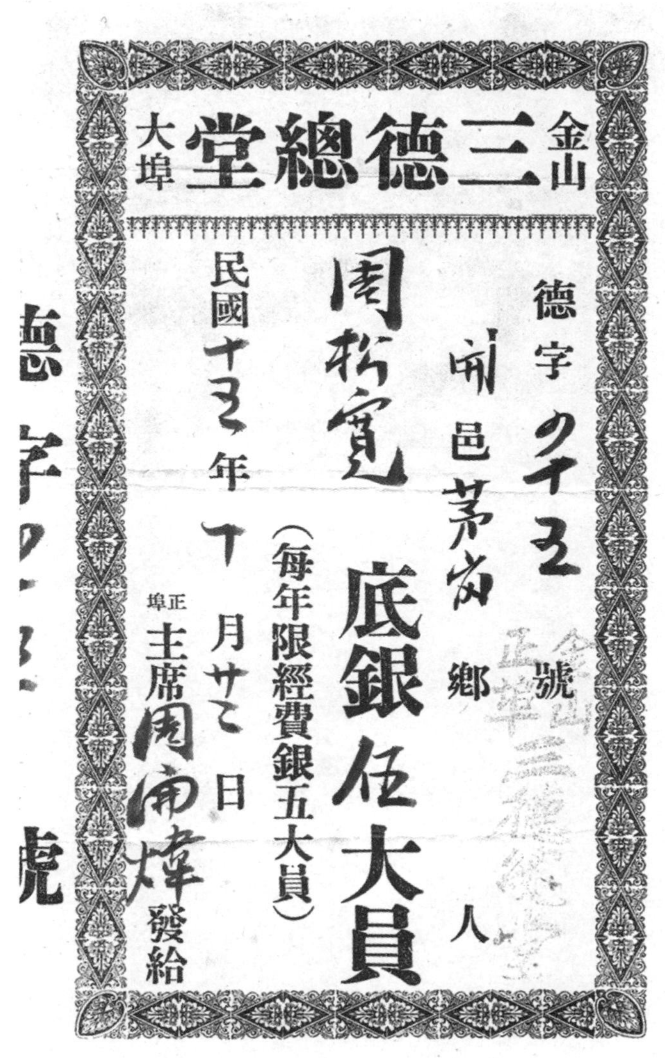

金山 三德總堂 大埠

德字 四千五 號

開邑 茅岗 鄉 人

周松寬 底銀伍大員

（每年限經費銀五大員）

民國十五年十月廿二日

正埠 主席 周甫煒 發給

1926 年美国金山大埠三德总堂的入会底银收据

（来源：何锡钿）

“三德总堂”是广东兴宁傅氏堂号，源自宋代名臣傅尧俞。傅尧俞为中书侍郎，一生正直，处事刚勇。司马光曾谓：“清、直、勇三德，人所难兼，吾于钦见之焉。”这也是“三德堂”名称的由来。

上图入会底银收据的持有人为周松宽，广东开平茅岗人。

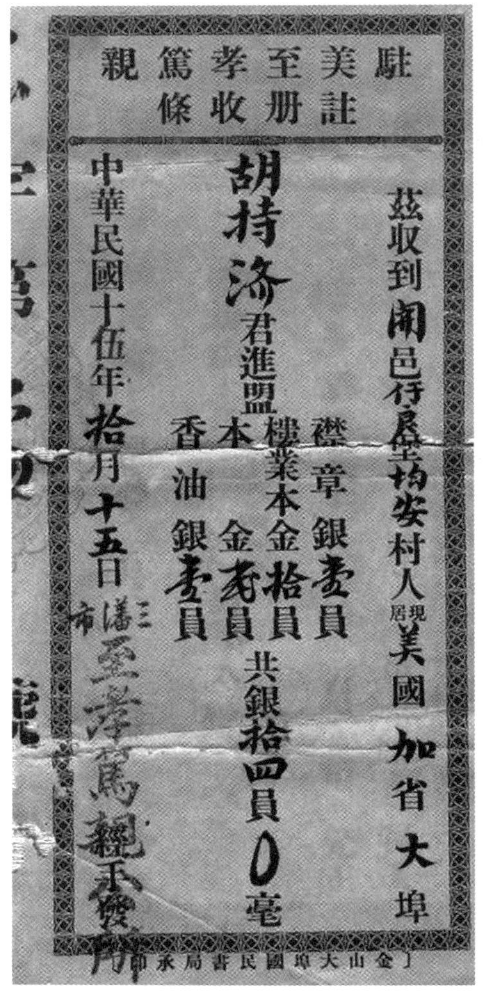

駐美至孝篤親

註册收條

茲收到開邑仔岡坊安村人現居美國加省大埠

胡持濟君進盟本

襟章銀壹員

樓業本金拾員

本金叁員

香油銀壹員

共銀拾四員〇毫

中華民國十伍年拾月十五日

三藩市至孝篤親

金山大埠國民書局承印

1926 年驻美至孝笃亲公所注册收条

（来源：何锡锢）

驻美至孝笃亲公所是美国移民中陈、胡、袁三个舜裔血缘姓氏的宗亲组织。1900 年 5 月，侨胞陈程学在美国西雅图创立了至孝笃亲公所，宗旨是弘扬祖德、联络宗亲、增进情谊。1906 年芝加哥也成立了笃亲堂。1916 年，驻美至孝笃亲总公所在旧金山成立。该公所将美加两国所有舜裔组织统一为联合会所，以集中事权，提高效率，为宗亲服务。当初发起时，以陈、胡、袁三姓为主，后来扩大到舜裔十姓，包括陈、胡、袁、姚、王、孙、虞、田、陆、车，现在全世界舜裔宗亲共有两亿多人。

上图注册费收条的持有人为胡持济，广东开平人。

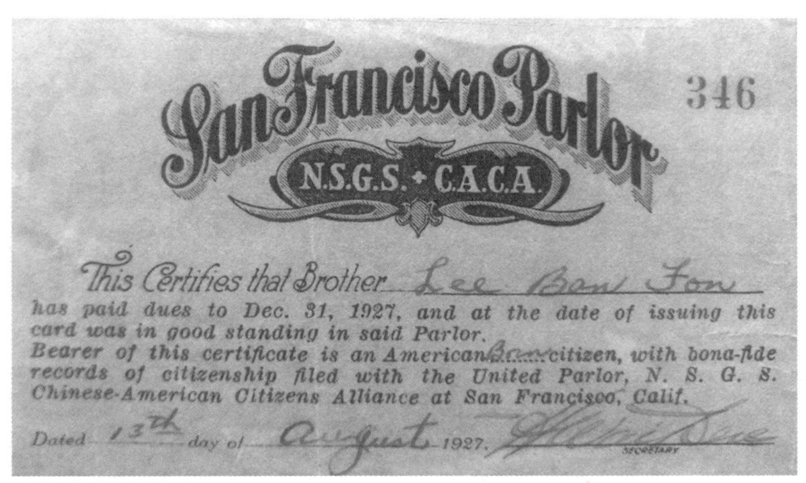

San Francisco Parlor 346

N.S.G.S. + C.A.C.A.

This Certifies that Brother Lee Ban Fon
has paid dues to Dec. 31, 1927, and at the date of issuing this card was in good standing in said Parlor.
Bearer of this certificate is an American Born citizen, with bona-fide records of citizenship filed with the United Parlor, N. S. G. S. Chinese-American Citizens Alliance at San Francisco, Calif.

Dated 13th day of August 1927.

SECRETARY

1927 年美国同源会旧金山分会会费缴纳证明

（来源：郑锦龙）

1895 年，美国加利福尼亚州土生华人组织了自己的团体——同源总会，其宗旨是促进美籍华人的美国化进程，结束种族歧视，并保护他们的权利，同时提高他们在华人社区中的地位。促使美国土生华人根据自身特点成立他们自己的团体组织的社会历史原因主要有二：一是随着有家庭的华侨华人人数的不断增多，土生华人的人数也有很大增长；二是在受到种族歧视的情况下，有必要组织起来以争取平等地位和写在美国宪法上的美国公民不可剥夺的根本权利。早在 1895 年，有些土生华人青年希望参加美国青年在旧金山成立的黄金西部土生子弟会（Native Sons of the Golden West），但是，因为受到该会会章中种族歧视条款的限制，被拒于门外。这年 4 月，他们决定成立自己的组织，通过章程，延聘律师，于 5 月间向加利福尼亚州政府备案，定名为金州土生子弟会（Native Sons of the Golden State），与美国白人的黄金西部土生子弟会的性质相同，对内则称为同源总会。其在章程中特别提到行使不可剥夺的公民权利，积极参加选举和其他政治活动，与种族歧视的各种表现进行斗争。1915 年后，随着美国土生华人人数的迅速增长，同源会的英文名改为 The Chinese American Citizens Alliance，也叫美籍华人联合会，并发展成全国性组织，在芝加哥、波特兰、底特律、匹兹堡、洛杉矶等城市建立了分支机构。①

上图是 1927 年美国同源会旧金山分会会费缴纳证明。持证人李班芳（Lee Ban Fon），美国出生的公民，已经缴纳会费到 1927 年 12 月 31 日，是信誉良好的会员。

---

① 李春辉、杨生茂主编：《美洲华侨华人史》，北京：东方出版社，1990 年，第 194 页。

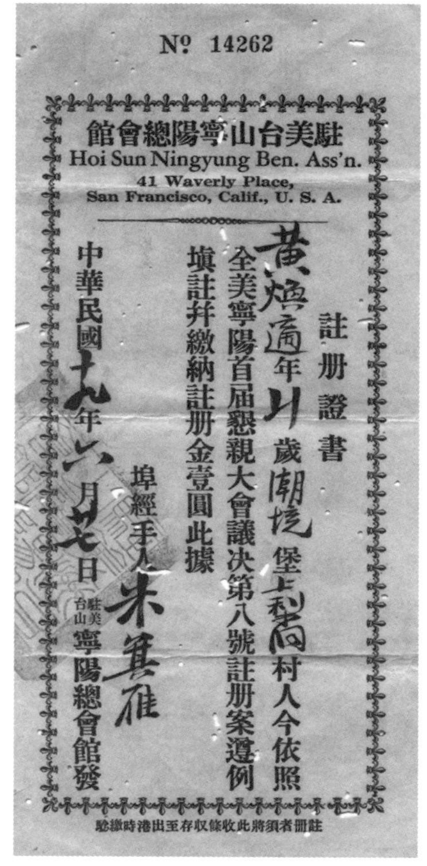

№ 14262

駐美台山寧陽總會館

Hoi Sun Ningyung Ben. Ass'n.

41 Waverly Place,
San Francisco, Calif., U. S. A.

註冊證書

黃煥適年廿歲潮境堡上梨崗村人今依照
全美寧陽首屆懇親大會議決第八號註冊案遵例
塡註并繳納註冊金壹圓此據

埠經手人朱其雅

中華民國十九年六月廿七日

駐美台山寧陽總會館發

註冊者須將此收條存至出港時繳驗

1930 年驻美台山宁阳总会馆的注册证书

（来源：暨南大学图书馆馆藏）

驻美台山宁阳总会馆是广东台山人的地缘性会馆，在全美华人社团中具有举足轻重的地位。由于台山古时曾称宁阳，所以台山籍的同胞在组织同乡会时多冠以“宁阳”二字，社团则大多以“宁阳会馆”为名。台山人旅居美国、加拿大者特别多，因此，美、加的宁阳会馆成立较早也较为普遍。旧金山的宁阳会馆组建最早，建于 1854 年 4 月，后来成为全美宁阳总会馆。全美宁阳总会馆 1928 年在旧金山举行首届恳亲大会，大会通过决议将宁阳会馆冠以“台山”二字，重新修订章程，发动乡亲重新注册，并决定资助成立宁侨公会，作为宁阳会馆的实力后盾。[①] 上图的收据中已经冠以“台山”二字。

① 《广东台山华侨志》编纂委员会编：《广东台山华侨志》，香港：香港台山商会有限公司，2005 年，第 68 页。

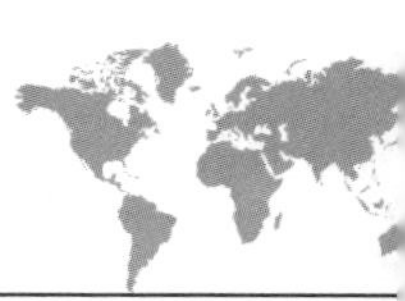

駐美三藩市林西河總堂

LIM SAI HOO ASS'N.

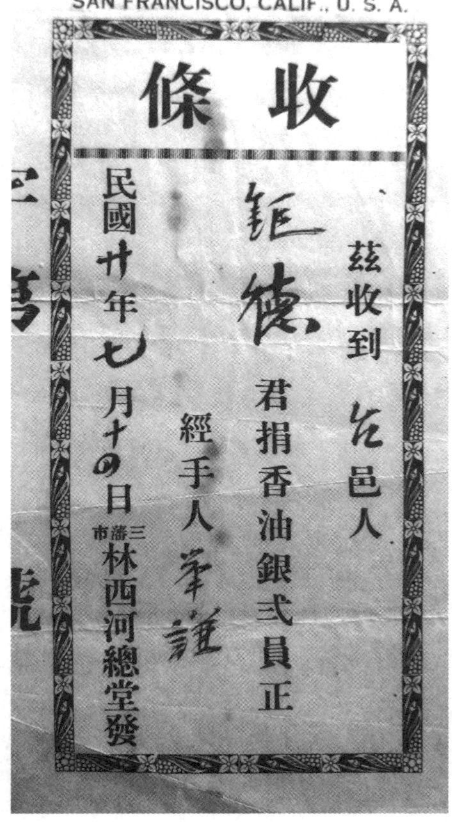

30 ST. LOUIS ALLEY
SAN FRANCISCO, CALIF., U. S. A.

收條

茲收到台邑人
鉅德君捐香油銀弍員正
經手人華謙
民國廿年七月十四日
三藩市林西河總堂發

1931 年驻美三藩市林西河总堂香油银捐款收条

（来源：郑锦龙）

驻美三藩市林西河总堂是林姓血缘宗亲组织。林姓始祖林坚，殷商之臣比干之子。比干被暴君纣王剖心杀死后，其正妃夫人妫氏方孕三月逃往牧野，生男名泉。周武王灭殷商建周，昭泉乃殷商忠直之臣比干之子，赐名林坚，并封于西河或清河，又封于博陵（今河北安平），至子孙林载又赐爵为博陵公，以他出生地一带作为食邑，子孙得以世代享有这一爵位。后来，人们习惯称林姓为“西河林”“林西河”。

“香油银”类似中国人在庙中上香时奉献的“香火钱”，是社团会费的一种。

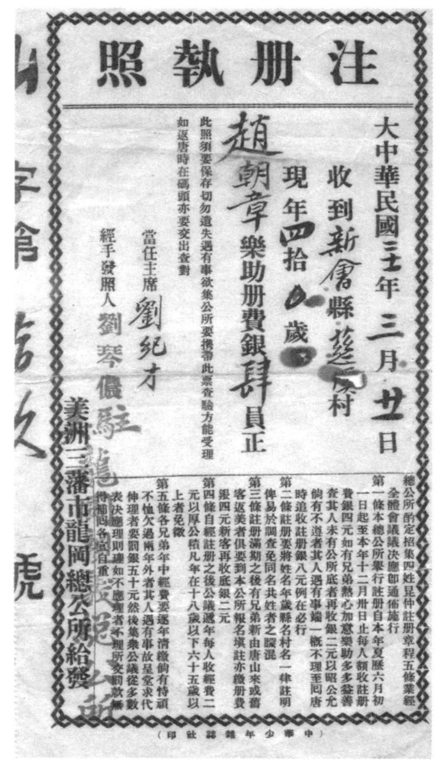

注册執照

大中華民國廿一年三月廿日

收到新會縣蓮[illegible]村

現年四拾八歲

趙朝章樂助册費銀肆員正

此照須要保存切勿遺失遇有事欲集公所要携帶此票查驗方能受理

如返唐時在碼頭亦要交出查對

當任主席劉紀才

經手發照人劉琴儀

駐美洲三藩市龍岡總公所給發

總公所酌定招集四姓昆仲註册章程五條業經全體會議議決應即通佈施行

第一條本總公所舉行註册自本年夏歷六月初一日起至本年十二月卅日止每人額收註册費銀四元如有兄弟熱心加意樂助多多益善查其人未有公所底者再收銀二元以昭公允倘有不遵者其人遇有事端一概不理至回唐時追收註册銀八元例在必行

第二條註册要將姓名年歲縣名村名一律註明俾易於調查免同名共姓者之朦混

第三條註册滿期之後有兄弟新由唐山來或舊客返美者俱要到本公所報名填註亦繳册費銀四元新客再收底銀二元

第四條自經註册之後公議遞年每人收經費二元以厚公積凡年在十八歲以下六十五歲以上者免徵

第五條各兄弟年中經費要逐年清繳倘有特頑不恤欠過兩年外者其人遇有事故呈堂求代伸理者要罰銀五十元然後集衆公議從多數表決應理則理如不應理者不理所交罰款無得過問各宜自重

（中華少年雜誌社印）

1932 年美洲三藩市龙冈总公所注册执照

（来源：暨南大学图书馆馆藏）

“龙冈”三名源于清康熙初年，因其时广东开平县单水口地区有龙冈古庙一座，庙内供奉刘、关、张、赵四先祖神像。龙冈之组织乃从此发祥，该地为台山、新会、开平三县交界处，当地同胞是最早到海外谋生的。侨居美国之四姓宗亲，于清光绪初年在旧金山布碌仑港首先建造龙冈古庙，1910 年旧金山龙冈公所大楼落成，为四姓侨胞联络中心。1951 年，美洲龙冈公所第三届恳亲代表大会提出，美洲龙冈团体应扩充为世界性组织。1960 年世界龙冈亲义总会遂正式成立。

世界龙冈亲义总会会徽

上图注册执照的持有人赵朝章，广东新会人。该执照附有明确完整的“入会章程”，并有“此照须要保存，切勿遗失，遇有事欲集公所要携带此票查验方能受理，如返唐时在码头亦要交出查对”的提示。

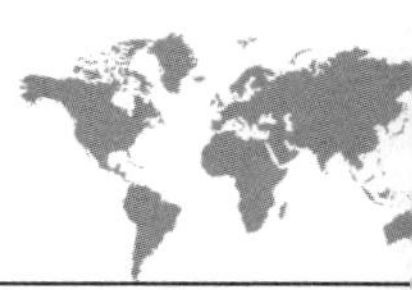

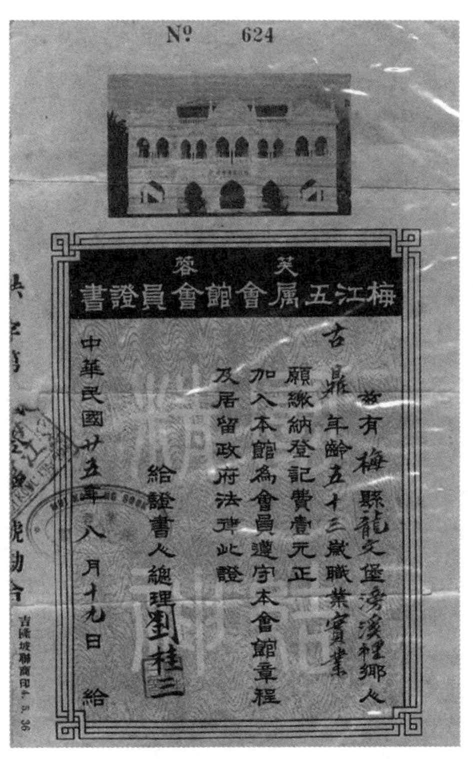

No. 624

芙蓉

梅江五屬會館會員證書

茲有梅縣龍文堡湊溪裡鄉人

古鼎 年齡五十三歲 職業實業

願繳納登記費壹元正

加入本館為會員遵守本會館章程

及居留政府法律此證

給證書人總理劉桂三

中華民國廿五年八月十九日 給

1936 年马来亚芙蓉梅江五属会馆入会费收据

（来源：暨南大学图书馆馆藏）

马来亚锡矿女工

马来亚森美兰梅江五属会馆 1895 年成立于芙蓉（Seremban），是客家人的地缘组织。自 18 世纪以来，大量客家人移居海外，分布在世界各地，这其中有不少的商界和政界巨子。芙蓉是马来西亚森美兰州的首府，也是华人的主要传统聚居地之一，华人占当地人口总数的比例约为 45%，为当地主要族裔之一。旅居马来西亚的梅州籍华侨华人有 32. 12 万人，其中梅江五属（梅县、兴宁、五华、平远及蕉岭）籍占大部分。

上图入会费收据的持有人古鼎，53 岁，广东梅县人，愿加入该会，遵守该会章程及居留地政府法律。

右图为马来亚锡矿女工，也称“琉琅婆”，是华人妇女从业人数较多的职业，而从事这一职业的大都是客家妇女。

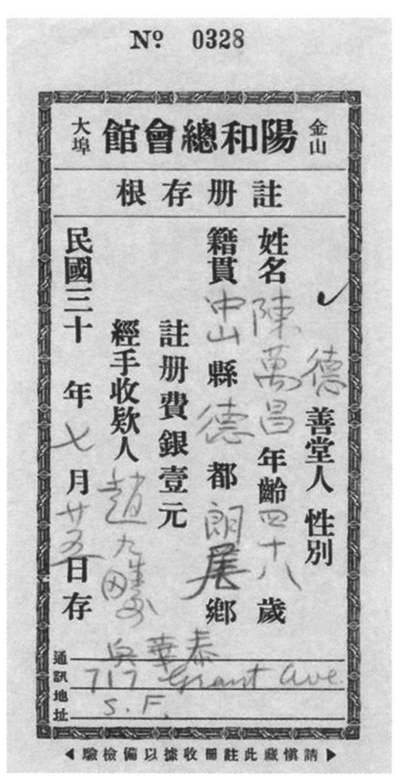

№ 0328

金山大埠 陽和總會館

註冊存根

姓名 陳萬昌 德善堂人 性別

籍貫 中山縣德都朗屏鄉 年齡四十八歲

註冊費銀壹元

經手收欵人 趙九疇

民國三十年七月廿五日存

通訊地址 吳華泰 717 Grant Ave. S.F.

◀請慎藏此註冊收據以備檢驗▶

1941 年美国金山大埠阳和总会馆注册存根
（来源：广东中山博物馆馆藏）

阳和总会馆，是美国中华总会馆七大会馆之一，由地缘接近的香山（中山）、东莞、增城、博罗四县侨民所组成，创立于 1852 年。阳和总会馆组织结构以十二善堂为基础，包括同善堂、积善堂、喜善堂、敦善堂、集善堂、归善堂、德善堂、良善堂、宝安堂、义安堂、乐善堂、博善堂。善堂的主要目的在于行善，所以“行善”是阳和精神之一。阳和总会馆在当代的一个创新之举，是率先打破女性不能就任会馆主席和中华总会馆商董的先例，叶李锦芳女士于 1989 年选任并进入中华总会馆商董会。①

美国旧金山阳和总会馆

上图入会注册存根的持有人为德善堂成员陈万昌，广东中山人。

① 李爱慧：《当代美国粤籍传统侨团的延续与变迁》，《东南亚研究》2014 年第 4 期。

二、公益费收据

公益费是社团会费的重要组成部分，主要用于社团组织的会务工作和公益活动，如扩建馆舍、捐建医院、解决华侨社会的各种纠纷等。公益费收缴的方式有多种，有的是在社团会费里固定征收，如“回国公益费”；有的则遇事方临时征收，如“建楼捐”“建医院捐”等。

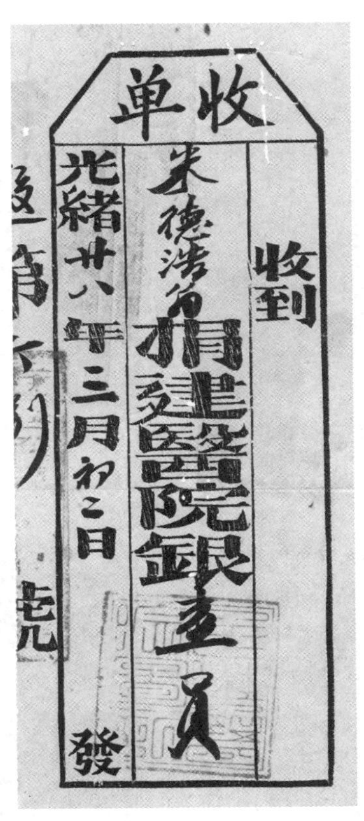

1902 年美国金山正埠宁阳会馆的捐建医院收单

（来源：何锡钿）

华侨在海外奋力打拼，但医疗卫生条件不佳，住在国医疗领域的排华现象也十分普遍。有些国家对华侨传统就医方式和中医药的偏见、歧视以及实行的医疗隔离政策，使得华侨在医疗领域未受到公平对待。因此，创建医院是他们进行公益捐助的主要内容。

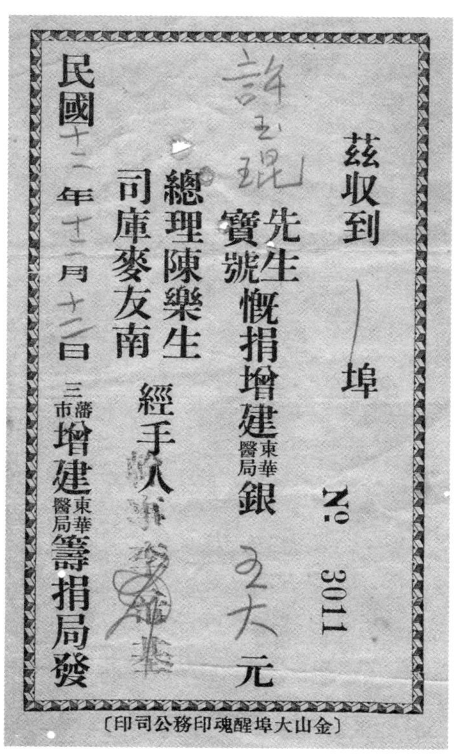

茲收到　　埠　№ 3011

許玉琨 先生/寶號 慨捐增建東華醫局銀 五大 元

總理陳樂生

司庫麥友南

經手人

民國十二年十二月十二日

三藩市增建東華醫局籌捐局發

〔金山大埠醒魂印務公司印〕

1923 年美国三藩市增建东华医局筹捐局的捐款收据
（来源：何锡钿）

1900 年 3 月，美国中华会馆意识到兴修医院的迫切性，遂修建了东华医局。1906 年旧金山发生地震，震后引起的火灾将东华医局烧毁，医局遂停办。1922 年，在中华会馆的召集下，15 家侨团组织了大规模的募捐，侨民募捐资金达 20 万元。1924 年，在东华医局原来戾臣街的地址上修建医院，楼高 5 层，于 1925 年 4 月建成并投入使用。新医院命名为“东华医院”。中华会馆对该医院予以鼎力支持，每年划出固定的资金给医院作为维持经费。①

1900 年东华医局成立时董事及医务人员合影

① 栗晋梅：《旧金山华侨华人争取医疗平等权利的斗争研究（1850—1970）》，华中师范大学硕士学位论文，2014 年，第 36 页。

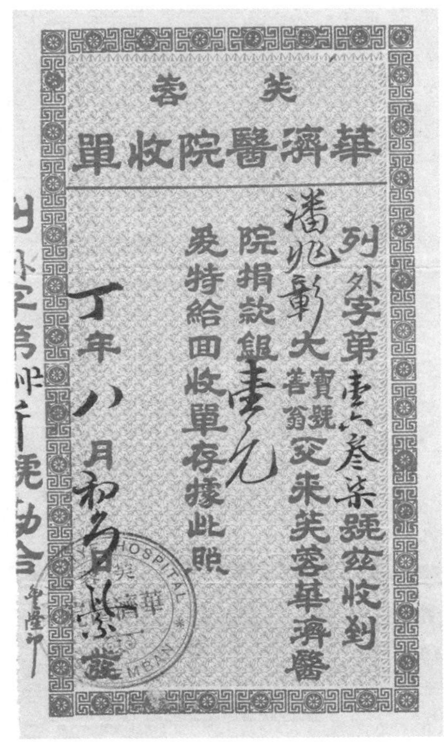

芙蓉

華濟醫院收單

列字第壹六叁柒號茲收到

潘兆彰大善翁寶號交來芙蓉華濟醫院

捐款銀壹元

爰特給回收單存據此照

丁卯年八月

1927 年马来亚芙蓉华济医院的捐款收单

（来源：何锡钿）

№ 4409

Chinese Consol'd. Benevolent Association

315 N. W. Davis Street Bet. 3rd. & 4th. Sts.

Portland, Oregon, U. S. A.

砵崙創建中華會館普濟醫院收單

宣統二年閤埠公議凡各梓里每名額捐底銀五元多捐者益善永遠得會館利權

民廿八年十月廿六日收到砵崙埠

台山縣捐冊票第四四零九號

喜捐銀伍圓

公推經手收銀出票商店

美國砵崙埠中華會館發給

間有不肯捐異日旋唐檢查捐冊無名定必照本會館例倍收毋得異議各宜見諒

1939 年美国砵仑埠中华会馆创建

普济医院的捐款收单

（来源：暨南大学图书馆馆藏）

新加坡华人创建的同济医院同仁合影

上图左用大“善翁”“宝号”称谓捐款的个人和商号，说明捐建医院的善举受到社会的广泛尊重。上图右的收单上有两行小字，右边的一列小字是“宣统二年阖埠公议，凡各梓里，每名额捐底银五元，多捐者益善，永远得会馆利权”；左边的一列小字是“间有不肯捐，异日旋唐检查，捐册无名，定必照本会馆例倍收，毋得异议，各宜见谅”。由此可以看出社团组织对捐建医院十分重视。

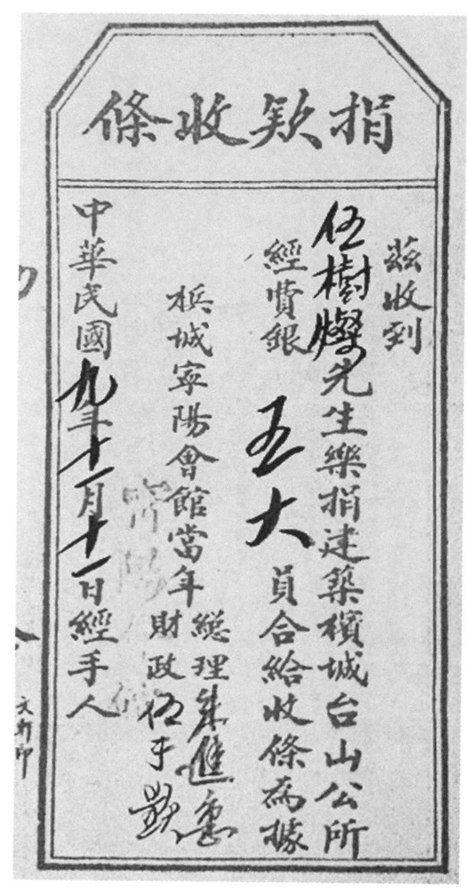

捐款收條

茲收到
伍樹攀先生樂捐建築檳城台山公所
經費銀五大員合給收條爲據
檳城寧陽會館當年總理朱進惠
財政伍于勤
中華民國九年十月十一日經手人

1920 年马来亚槟城宁阳会馆乐捐槟城台山公所捐款收条
（来源：郑锦龙）

马来亚槟城宁阳会馆

槟城是马来西亚十三个联邦州之一，位于西马来西亚西北部。华人是最早来到槟城开荒创业的族群。在槟城，祖籍台山的华人很多，与台山直接有关的文化载体就有伍氏家庙和宁阳会馆，它们是远在海外的台山人的避风港和心灵的寄托所。大伯公街是槟城华人元素最为集中的特色街道之一，这里聚集了众多宗祠、会馆、庙宇等，宁阳会馆也坐落在这里。

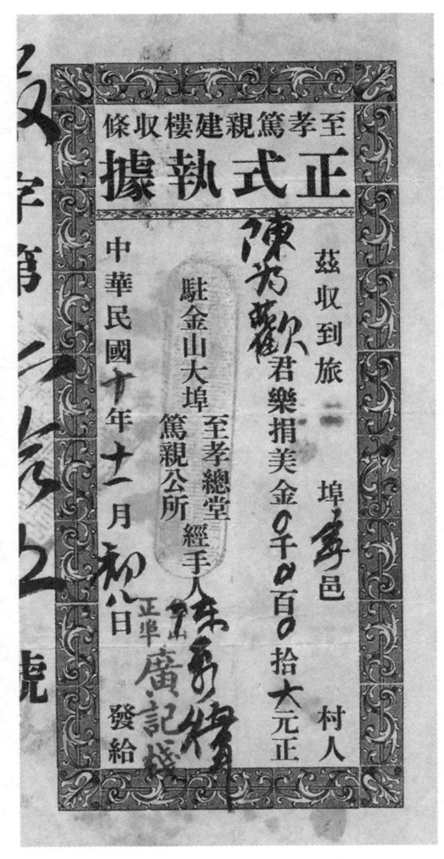

至孝篤親建樓收條

正式執據

茲收到旅　埠　邑　村人

君樂捐美金　千　百　拾　元正

駐金山大埠至孝總堂篤親公所經手人

中華民國　年　月　日　發給

1921 年美国金山大埠至孝笃亲公所的建楼捐款收条

（来源：何锡钿）

龍岡親義

合建收條

大中華民國二十年　月　日收到

縣　都堡　里

（樂）（助）（建）（築）（銀）（拾）（圓）

當任主席　司庫

正總理　書記

美國三藩市龍岡親義建樓籌辦局發

1931 年美国三藩市龙冈亲义建楼筹办局乐助建筑银合建收条

（来源：暨南大学图书馆馆藏）

早期在旧金山出现的堂号属于宗族性质的华侨团体、宗族团体的建立，是以姓氏为基础的。宗族组织有单姓和联姓之分：一般单姓组织的都是大姓，人数比较多，如李氏敦宗总公所、黄氏宗亲总会、余风采堂、林西河堂等；联姓组织则是由人数相对较少的姓氏联合组成，如刘、关、张、赵四姓组成的龙冈总公所，陈、胡、袁三姓组成的至孝笃亲总公所等。①

馆舍是一个社团组织的门面。海外华人社团都十分重视馆舍的建设，因此楼宇建设是华侨社团捐款和公债的主要项目之一。

① 杨连峰：《转型期以来美国华人社团嬗变》，暨南大学硕士学位论文，2006 年，第 29 页。

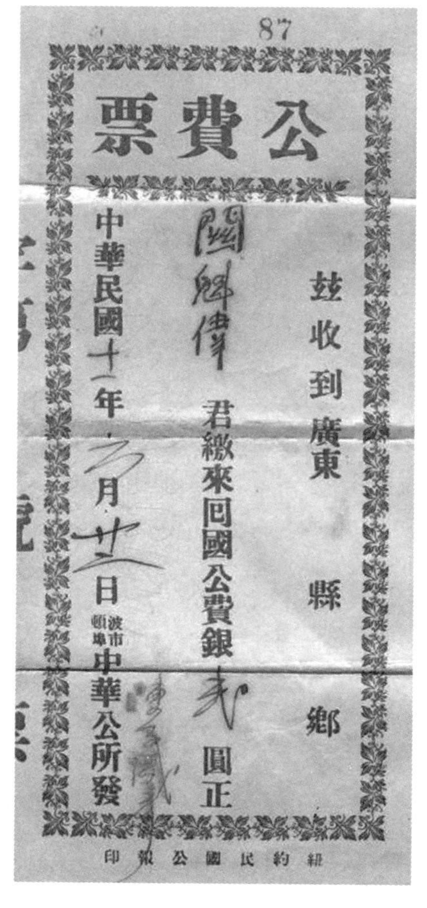

87

公費票

茲收到廣東　縣　鄉

君繳來回國公費銀貳圓正

中華民國十一年　月廿日

波士頓埠中華公所發

紐約民國公報印

1922 年美国波士顿中华公所回国公费票收据

（来源：暨南大学图书馆馆藏）

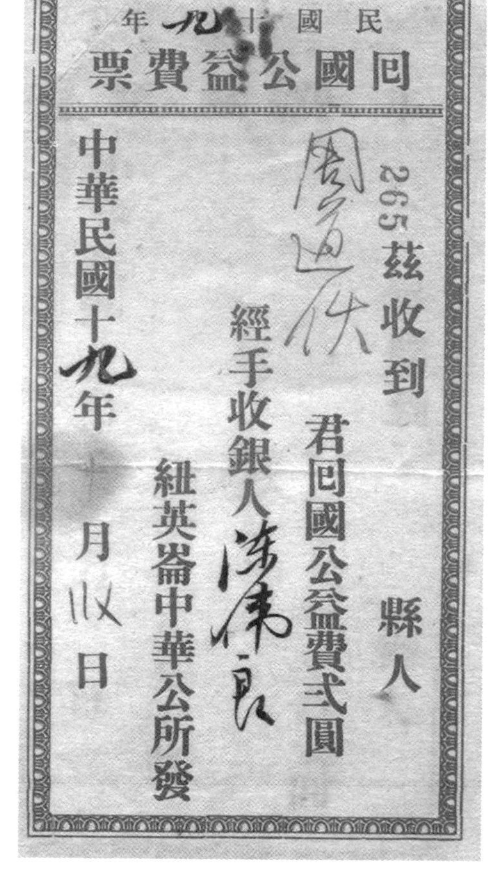

民國十九年

回國公益費票

265

茲收到　縣人

君回國公益費弍圓

經手收銀人

紐英崙中華公所發

中華民國十九年　月　日

1930 年美国纽英仑中华公所回国公益费票收据

（来源：暨南大学图书馆馆藏）

随着中国移民数量的增加，相关的移民事务也更加繁多和复杂。在海外，除各种地域及姓氏的组织外，还必须有全体性的组织，举办各种公共事宜，调解各组织间的纠纷，方能维持华侨社会的秩序，此种全体性的组织即中华会馆或中华公所，[①] 其在华侨社会中的作用十分重要。

上面两图分别是波士顿中华公所和纽英仑（新英格兰）中华公所回国公益费票的收据。

---

① 杨连峰：《转型期以来美国华人社团嬗变》，暨南大学硕士学位论文，2006 年，第 13 页。

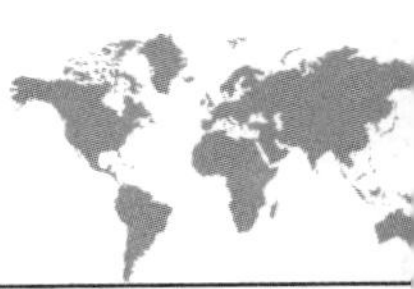

美国西雅图唐人街

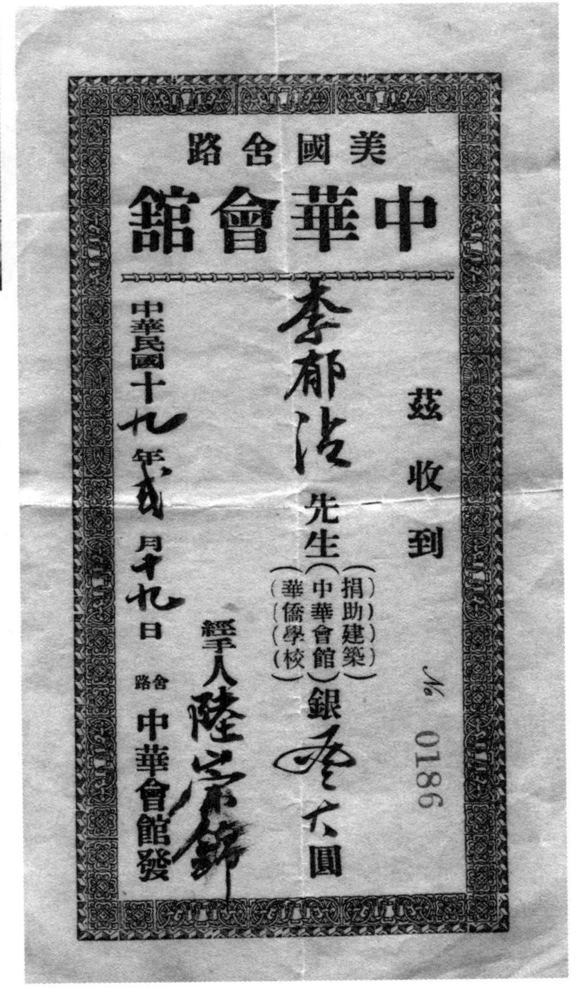

美國舍路
中華會館
茲收到
李郁浩先生（捐助建築）（中華會館）（華僑學校）銀[illegible]大圓
№ 0186
經手人陸[illegible]
中華民國十九年貳月十九日
舍路中華會館發

1930 年美国舍路中华会馆公益费捐款收条
（来源：暨南大学图书馆馆藏）

舍路，即美国太平洋西北区最大的城市西雅图（Seattle）。西雅图是个多民族城市，白人约占全市人口的 70.1%；黑人占 8.4%；印第安人和土著人占 1.0%；西班牙/拉丁美洲裔占 5.3%；混血人占 4.5%；亚裔占 13.1%，其中华裔约占全市人口的 3.45%。

几个世纪以来，数以千万计的中国人远涉重洋，前往异国谋生并定居下来。由于历史原因，散居海外各地的华人在住在国，大部分聚居在一起，构成华人社区。华人将这些社区称为“唐人街”，外国人则称之为“中国城”，或称“华埠”（Chinatown）。目前，唐人街或中国城分布在全球五大洲，许多国家的重要城市里都有举世闻名的唐人街。在西雅图，同样也有一座中国城，它在一个叫“International District”的区域。这里除了区街店面、文化风貌、人情习俗等饱含鲜明的中国传统特色外，还有许多中国式的古色古香的建筑、中药房、粤式茶楼、堂会、公园等。这些几乎都是老一代华侨呕心沥血建造而成的，是他们撑起西雅图华埠的脊梁，让当地的华人有了在异国他乡的精神和物质家园，也让身处异国他乡的中华同胞在一个完全陌生的国度倍感亲切与温暖。

西雅图中华会馆成立于 1912 年，旨在通过联合宗亲社团、社区组织、堂口和商业机构，服务华人社区，为华人移民谋福祉。

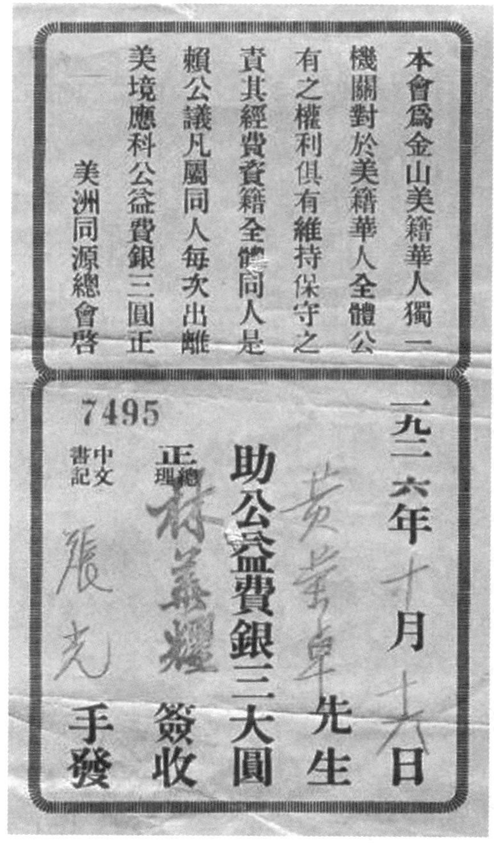

本會爲金山美籍華人獨一機關對於美籍華人全體公有之權利俱有維持保守之責其經費賫籍全體同人是賴公議凡屬同人每次出離美境應科公益費銀三圓正
美洲同源總會啓

7495

一九二六年　月　日
先生
助公益費銀三大圓
正總理　簽收
中文書記　手發

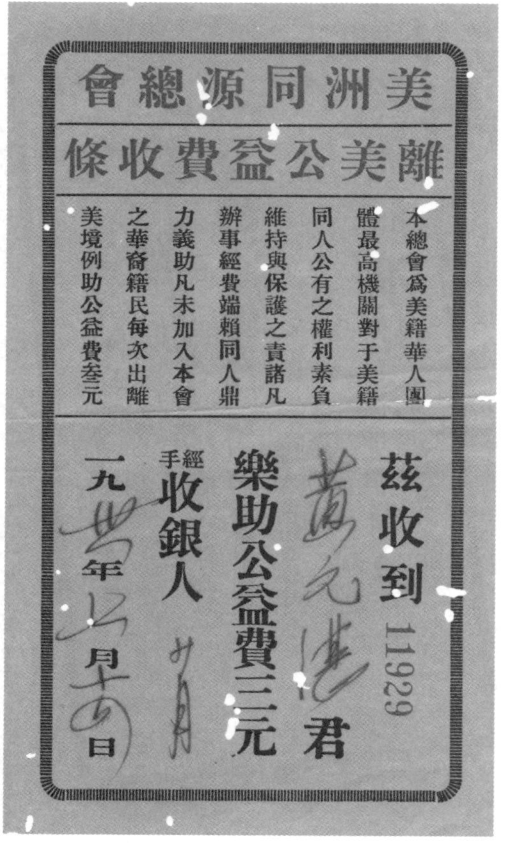

美洲同源總會
離美公益費收條

本總會爲美籍華人團體最高機關對于美籍同人公有之權利素負維持與保護之責諸凡辦事經費端賴同人鼎力義助凡未加入本會之華裔籍民每次出離美境例助公益費叁元

11929

茲收到　君
樂助公益費三元
經手收銀人
一九　年　月　日

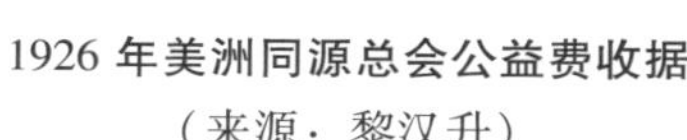

1926 年美洲同源总会公益费收据
（来源：黎汉升）

1942 年美洲同源总会的离美公益费收条
（来源：何锡钿）

上图左是“1926 年美洲同源总会公益费收据”，上面有“凡属同人每次出离美境应科公益费银三圆正”。

上图右是“1942 年美洲同源总会的离美公益费收条”。上面的文字除了强调“诸凡办事经费端赖同人鼎力义助”外，缴纳公益费的对象也由“凡属同人”改为“凡未加入本会之华裔籍民”。

作为土生土长的社团组织，同源总会收据上的日期采用公元纪年法，而不是像中国传统移民社团那样采用民国纪年法。这种小小的区别，可以看出两类华人群体之间不同的文化认同。

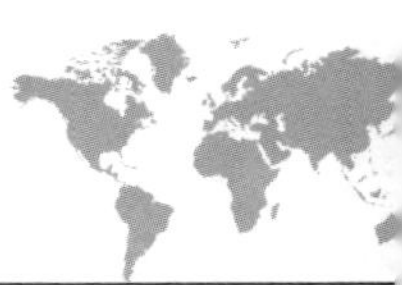

三、驳例费收据

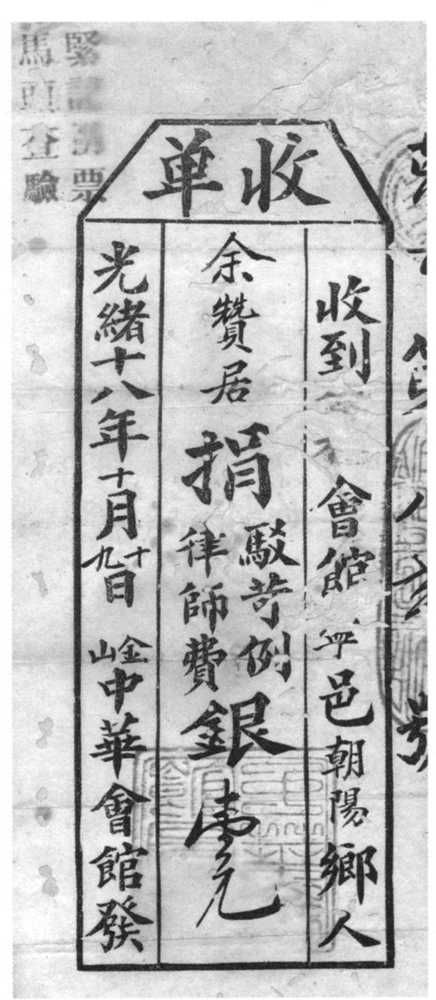

收單

收到 會館 邑朝陽鄉人

余贊居 捐駁苛例律師費銀壹元

光緒十八年十月廿九日 金山中華會館發

緊記携票 馬頭查驗

1892 年美国中华会馆驳苛例律师费的捐款收单

（来源：何锡钿）

驳例，即驳斥、拒绝、抵制对华人的各种歧视条例（即苛例）。海外华人众多，偶然的、孤立的或个人的排华事件时有发生。但是若要把排华当成一种社会运动看，先在社会上造成舆论，然后推动其民意代表通过一系列的法案，再由政府有关机构执行，且为时达百年之久的，恐怕只有美国、加拿大、澳大利亚和新西兰这四个国家了。①

自 1882 年至 1943 年排华法案废除，美国先后共颁布了 15 项有关排华的法令，如禁止中国移民入美，虐待并驱赶旅美华侨，不许有中国血统的人归化入籍等。华人入境时和入境后也受到种种刁难及苛待。在中华会馆等华人社团的率领下，美国华人通过各种渠道争取应该获得的各种权益，举行了各种形式的抵制苛例活动。驳例费即是社团为组织各种驳例活动而征收的经费。

1892 年，“排华法案”修订案要求所有美籍华人，包括在美国出生的华裔公民，必须进行身份登记，并随身携带身份证件，否则将会被捕或驱逐出境。以中华会馆为首的华人社区领袖发起了全国性的抗议活动，同时发动在美华人一人捐 1 美元，筹得 20 万美元，聘请律师把官司一直打到联邦最高法院。

左图为美国中华会馆驳苛例律师费的捐款收单，持单人余赞居，广东台山人。票面左上角盖有“紧记携票，马（码）头查验”的印章，说明将来持单人返回中国时，需提供此收单在码头查验，看其是否履行了会员义务。

① 沈己尧：《海外排华百年史》，北京：中国社会科学出版社，1985 年，第 7 页。

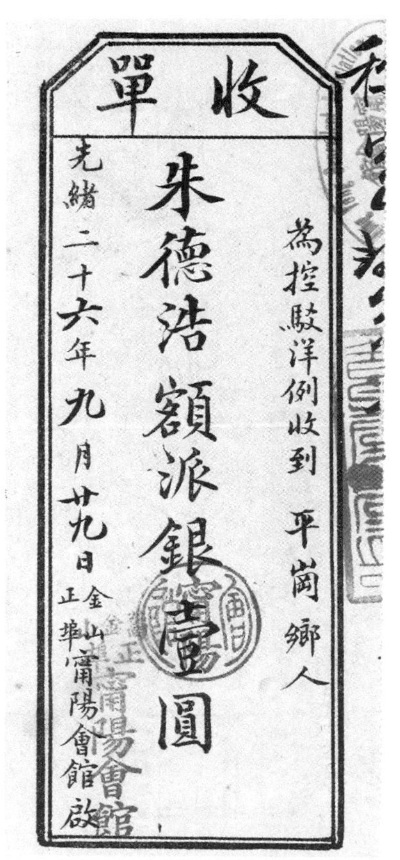
收單

為控駁洋例收到平岡鄉人

朱德浩額派銀壹圓

光緒二十六年九月廿九日

金山正埠甯陽會館啟

1900 年美国金山正埠宁阳会馆驳洋例额派银收单
（来源：何锡钿）

美国在华人出入境手续上多次出尔反尔，引起美国华人的愤怒和不满。1882 年美国“排华法案”规定，赴美华人须由中国官员发放签证。1884 年美国政府又制定补充法案，已入外籍的华人进入美境由该外国政府发放签证，未入外籍的华人进入美境则须由中国领事发放签证。但是，1888 年美国国会通过修正法案，宣布美国政府向已经在美国合法居留的华人移民发放的入境许可证作废，并立即生效。这项追溯既往的法案致使约两万名华人无法如期返回美国。1889 年美国最高法院判决，国会“废除华人入境许可证”的法案符合联邦宪法。① 为反对和抵制美国国会的修正法案，美国华侨开展了新一轮的驳例活动。

① 刘晓妹：《伍廷芳与中美侨务问题交涉研究（1897—1902）》，东北师范大学硕士学位论文，2009 年。

1894 年，美国胁迫清政府签订《中美会订限制来美华工、保护寓美华人条约》，禁止新去美国的华人入境，就连可自由往来的中国商人、学生和官方人员也受到十分苛刻的检查。1904 年条约期满，清政府要求废约，但美国提出续订新约。海内外华人对此义愤填膺，1905 年掀起了“拒约反美运动”。在这场运动中，海外华侨不仅首先提出了抵制美货的思想，而且积极支持、声援、配合国内的反美斗争，为运动的胜利作出了重要的贡献。最后，美国总统老罗斯福引咎致歉，将主持中国移民的官员免职，并将庚子赔款退回中国，在北京创办清华大学，以此向中国赎罪。①

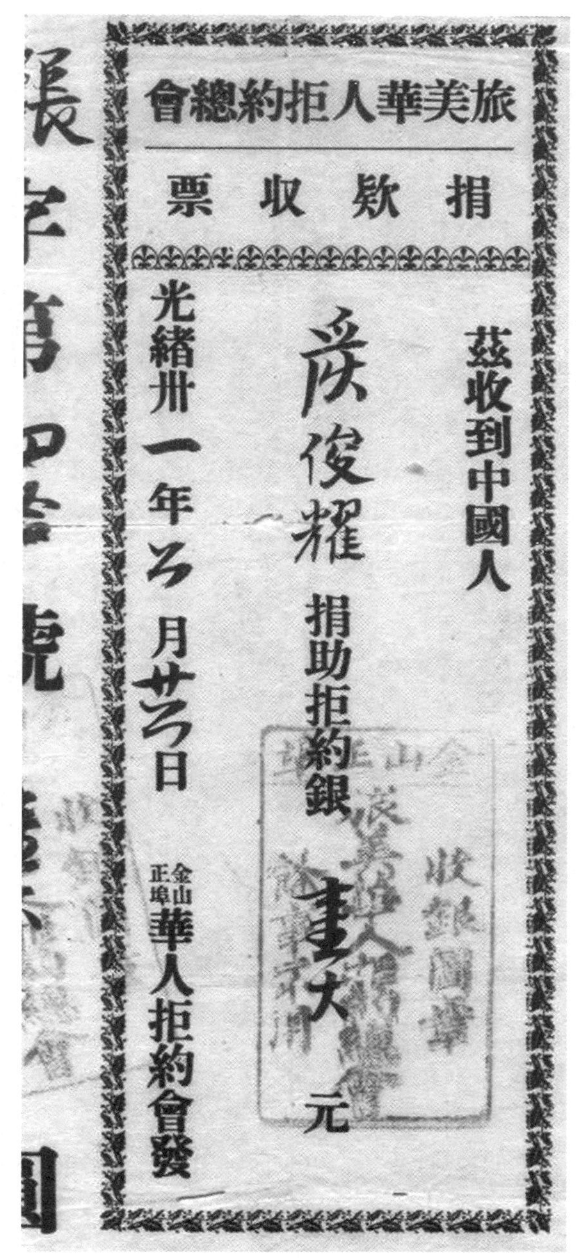
旅美華人拒約總會

捐欵收票

茲收到中國人 [illegible]俊耀 捐助拒約銀 壹大元

光緒卅一年 [illegible] 月 [illegible] 日

金山正埠華人拒約會發

1905 年美国金山正埠华人拒约总会拒约银捐款收票

（来源：暨南大学图书馆馆藏）

上图收票中“中国人”三个字，有别于以往社团收据上的称谓习惯，彰显了美国华人在这场运动中强烈的民族意识。正如有学者指出的：“抵制美货运动不仅不是一场排外主义运动，相反这次运动表现出来的民众对民族与国家利益的高度关怀、全民国家思想的萌芽、主权意识的觉醒和文明、理性的对外精神，以及现代舆论对外交的巨大影响力，均与传统排外主义有着本质的不同。”②

① 吴玉成：《广东华侨史话》，香港：香港世界出版社，1996 年，第 190 页。

② 王立新：《中国近代民族主义的兴起与抵制美货运动》，《历史研究》2000 年第 1 期。

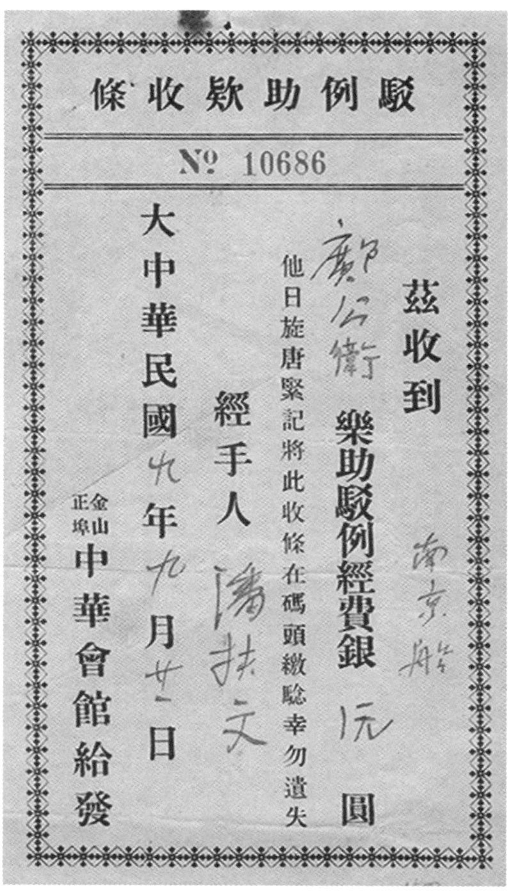
駁例助欵收條
№ 10686
茲收到
鄺公衛 樂助駁例經費銀　　圓
他日旋唐緊記將此收條在碼頭繳驗幸勿遺失
經手人 潘扶文
大中華民國九年九月廿一日
金山正埠 中華會館給發

1920 年美国金山正埠中华会馆的驳例助款收条
（来源：徐云）

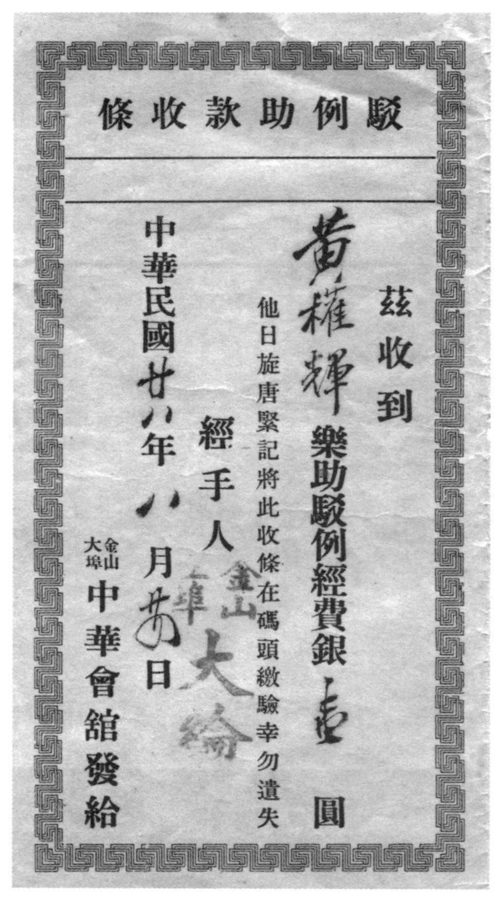
駁例助款收條
茲收到
黃權輝 樂助駁例經費銀 壹 圓
他日旋唐緊記將此收條在碼頭繳驗幸勿遺失
經手人
中華民國廿八年八月　日
金山大埠 中華會舘發給

1939 年美国金山大埠中华会馆的驳例助款收条
（来源：暨南大学图书馆馆藏）

美国排华政策从 1882 年 5 月一直持续到 1943 年 12 月。在此期间，以中华会馆为首的华侨社团从未放弃为争取正当权利而作的斗争，因此，驳例费一直是会馆会费的一部分。

驳例费收条同时也是回国返乡时必备的缴验凭证。上面两图的驳例助款收条中，都有“他日旋唐紧记将此收条在码头缴验，幸勿遗失”的提示。

美洲土生同源總會
抗爭苛例籌欵收條
No. 838
壹九壹一年二月十三日 收到
李堯先生交來
捐助抗爭苛例費銀五大元
美洲土生同源總會 司庫 [illegible] 簽收
書記 [illegible] 手發

1911 年美洲土生同源总会捐助抗争苛例筹款收条
（来源：暨南大学图书馆馆藏）

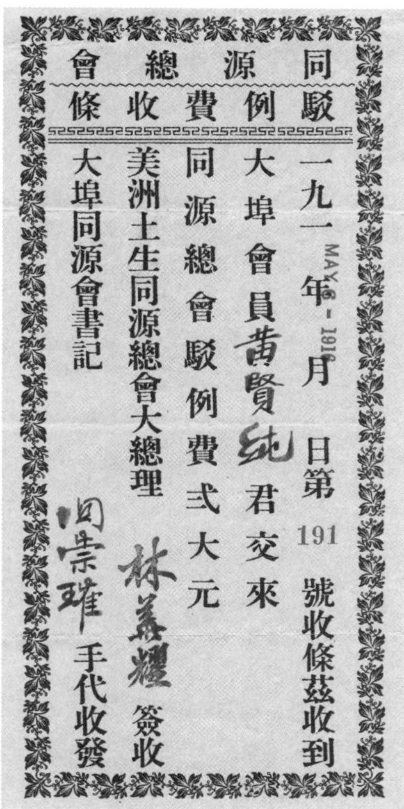

同源總會
駁例費收條
一九一 年 月 日第 191 號收條茲收到
大埠會員黃賢純君交來
同源總會駁例費弍大元
美洲土生同源總會大總理 [illegible] 簽收
大埠同源會書記 [illegible] 手代收發
MAY 6 1916

1916 年美国同源总会的驳例费收条
（来源：暨南大学图书馆馆藏）

虽然土生华人具有美国公民身份，但在排华期间，美国土生华人的权益也时常受到美国当局的漠视和侵犯。同源总会作为人数众多的美国华裔的唯一全国性领导机构，在十分困难的条件下，面对美国各级政府无视华裔公民权利所制定的歧视、排斥华人的苛例，总是挺身而出，据理力争，使广大华裔的处境在一定程度上得到改善。

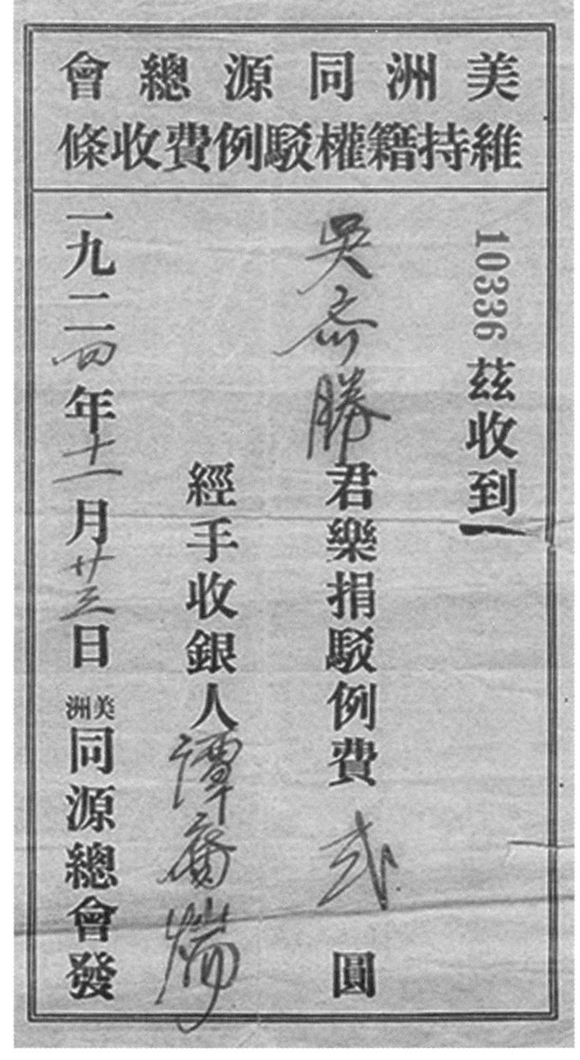
美洲同源總會
維持籍權駁例費收條
10336 茲收到
[illegible]君樂捐駁例費 弍 圓
經手收銀人 [illegible]
一九二四年十一月廿三日
美洲同源總會發

1924 年美洲同源总会维持籍权驳例费收条
（来源：徐云）

1924 年，美国国会通过以民族来源为依据的《移民限额法》。尽管在之后的 40 年，美国又颁布了许多移民法修正案，还制定了许多新的移民法，如数量众多的难民法，但是都没有超出《移民限额法》的基本框架，因此可以说 1924 年的移民法确立了其后 40 年美国移民政策的基本模式。①

《移民限额法》“排斥一切不能归化为美国公民的外侨”，因此，华商之妻与其幼年子女以及美籍华裔公民的中国籍妻室皆不准入美境。这项法令直接剥夺和损害了包括美国土生华人在内的华人的权益，为此美洲同源总会再次发起了维护土生华人权利的驳例活动，而且，这次驳例活动以“维持籍权”为主要诉求。经数年努力，美国国会于 1930 年修改条例，允许 1924 年 5 月 26 日前结婚的美籍华人妻子入境，但 1924 年移民法通过之后结婚的土生华人妻子仍不准入境。直到 1936 年有关条款作了一些修正，情况才有所缓和。到 1946 年，即在美国政府规定华人每年移民限额为 105 人之后，经过同源总会的有效争取，美国政府终于决定不把美籍华人和华裔在中国的妻子计入限额之内。这样就使数以千计的美籍华人和华裔的妻子可以赴美和家人团聚。

---

① 朱周保：《从民族来源到国家来源——1924—1965 年美国移民政策分析》，复旦大学硕士学位论文，2009 年。

四、出港票

出港票是每个要回国的旅美华侨按例事先向他们所属的社团领取的证明，领取证明时须出示平时缴交相关会费、捐款的收据，经社团核查属实后，缴纳从数元到二十元不等的费用，才能到其社团所联系的船务公司购买船票回国。华侨到码头登船时，有专人查验出港凭证，“凭票旋唐”。

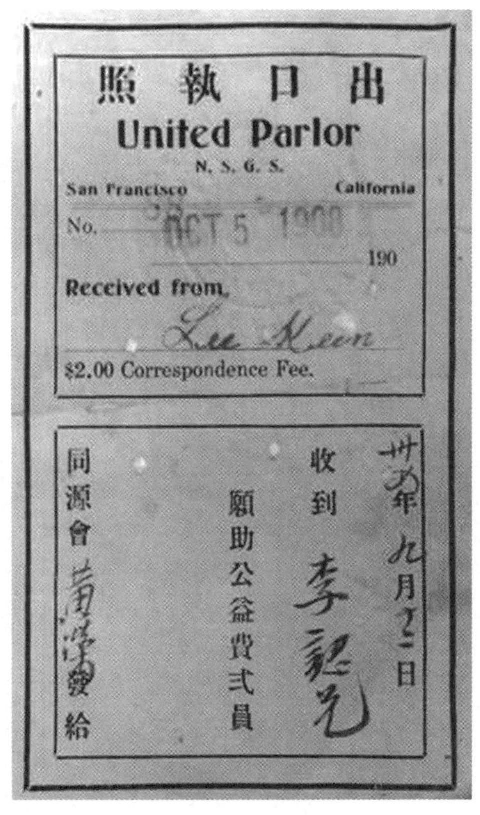

出口執照
United Parlor
N. S. G. S.
San Francisco California
No. OCT 5 1908 190
Received from
$2.00 Correspondence Fee.

收到
顯助公益費弍員
卅四年九月
同源會 發給

1908 年美洲同源会的出口执照
（来源：祺源）

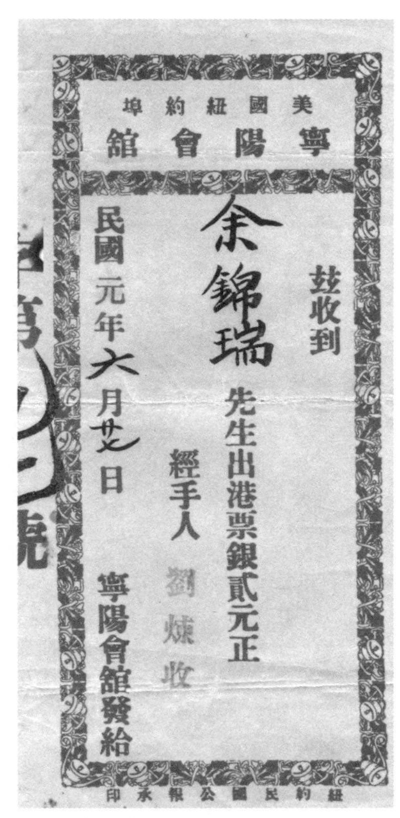

美國紐約埠
寧陽會館
茲收到
余錦瑞
先生出港票銀貳元正
經手人 劉煉收
民國元年六月廿日
寧陽會館發給
紐約民國公報承印

1912 年美国纽约埠宁阳会馆发的出港票
（来源：暨南大学图书馆馆藏）

晚清时期是否有“出港票”的说法还不得而知，但可以肯定的是民国时“出港票”的说法已经比较普遍。上图左是 1908 年美洲同源会的出口执照，也就是民国时期所说的“出港票”。早期有些社团收取的公益费，也有出港票银的性质。

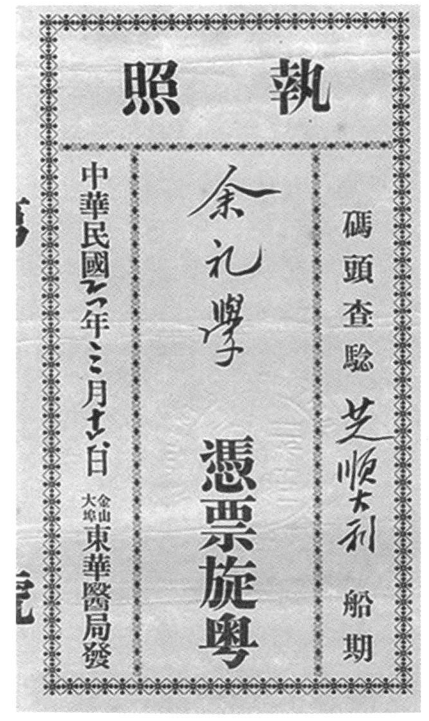
執照

碼頭查驗　芝顺大利　船期

余礼学

憑票旋粵

中華民國　年　月　日

金山大埠東華醫局發

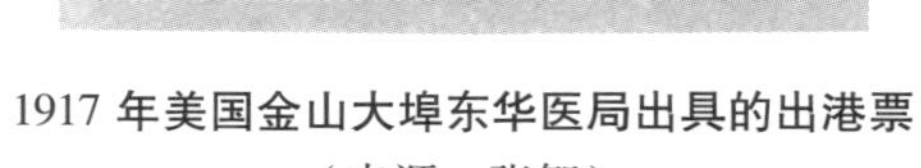
1917 年美国金山大埠东华医局出具的出港票
（来源：张智）

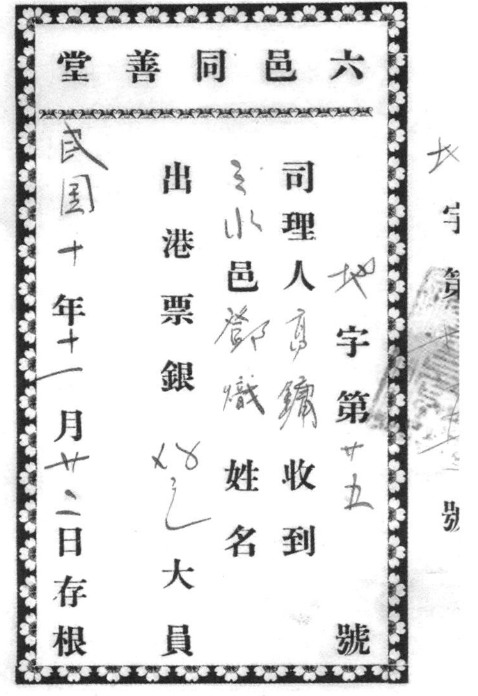
六邑同善堂

地字第廿五號

司理人　收到

三水邑　姓名

出港票銀　大員

民國十年十一月廿二日存根

1921 年六邑同善堂出港票
（来源：暨南大学图书馆馆藏）

广东华侨是最早到美国定居的中国人。1930—1940 年，在美华侨约 12 万人，几乎全数为广东籍，其中大半属恩平、台山、开平、新会之四邑人，尤以台山人占多数。① 早期旧金山的发展，也全靠华人繁荣起来。1850—1860 年，旧金山华埠常被称为“小广州”，或“小中国”。② 因此，上图左为美国金山大埠东华医局出具的出港票，直接写上了“凭票旋粤”。

上图右中的六邑同善堂，原属美国的三邑会馆。成立于 1850 年的三邑会馆，原以南海、番禺和顺德乡侨为主体，后来扩大到九邑，除了南海、顺德、番禺三县外，另有花县、三水、清远、高要、高明、四会六个县的乡侨。三邑会馆变成实际上的“九邑会馆”后，办理邑侨在侨居地去世后的丧葬事务的善堂则有另一番格局：原南海的福荫堂、番禺的昌后堂、顺德的行安堂继续保留，后加入的六县的善堂则组建六邑同善堂。后来，六邑同善堂虽然退出了三邑会馆，但各善堂服务于乡侨“落叶归根”的宗旨没有改变。③

---

① 吴玉成：《广东华侨史话》，香港：香港世界出版社，1996 年，第 163 页。

② 刘伯骥：《美国华侨逸史》，台北：黎明文化事业股份有限公司，1984 年，第 52 页。

③ 高伟浓：《早年美国的华社善堂与华侨的落叶归根》，《华侨华人历史研究》2006 年第 2 期。

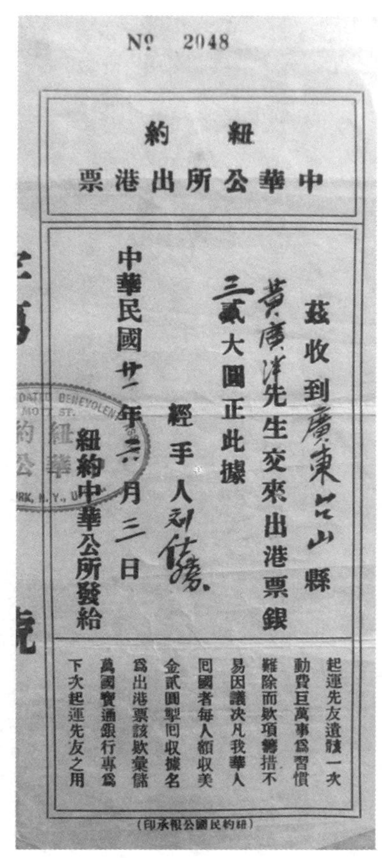

Nº 2048

紐約

中華公所出港票

茲收到廣東台山縣

黃廣洋先生交來出港票銀

貳大圓正此據

經手人

中華民國廿一年六月三日

紐約中華公所發給

起運先友遺骸一次動費巨萬事爲習慣難除而款項籌措不易因議決凡我華人回國者每人額收美金貳圓掣回收據名爲出港票該款彙儲萬國寶通銀行專爲下次起運先友之用

（紐約民國公報承印）

1932 年美国纽约中华公所出港票

（来源：郑锦龙）

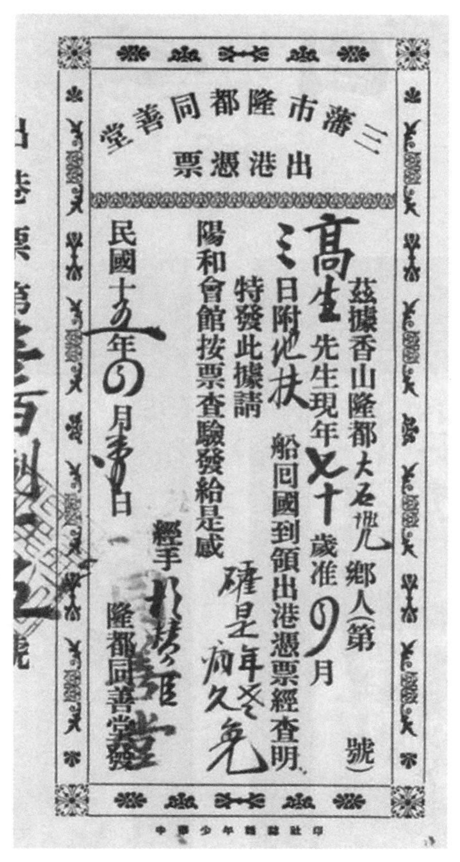

三藩市隆都同善堂

出港憑票

茲據香山隆都大石兜鄉人（第　號）

高生先生現年七十歲准九月

三日附池扶船回國到領出港憑票經查明

確是年老病久免

特發此據請

陽和會館按票查驗發給是咸

經手

隆都同善堂

民國十五年九月　日

1926 年美国三藩市隆都同善堂给

老病华侨签发的出港凭票

（来源：广东中山博物馆馆藏）

上图左是 1932 年美国纽约中华公所出港票，其中有这样的文字说明："起运先友遗骸一次，动费巨万，事为习惯难除，而款项筹措不易。因议决凡我华人回国者，每人额收美金贰圆，掣回收据，名为出港票。该款汇储万国宝通银行，专为下次起运先友之用。"由此可以看出，此出港票是会员为执运先友缴纳了相关费用而获取的收据。

上图右是 1926 年美国三藩市隆都同善堂给老病华侨签发的出港凭票。对于那些在国外劳碌一生又缺乏经济能力的华侨，社团会帮助其购买船票，并赠送旅费。该出港票上有"确是年老病久，免"几个字，证明持有人高生因年老体弱，被批准免去出港票银。

三藩市隆都同善堂于 1908 年成立，隶属于阳和会馆，故该出港票上有"请阳和会馆按票查验"字样。

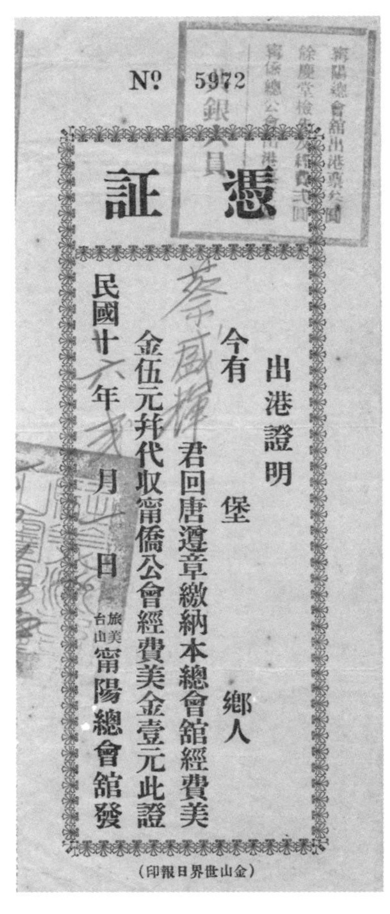

№ 5972

憑証

出港證明

今有　　堡　　鄉人

君回唐遵章繳納本總會館經費美

金伍元并代収甯僑公會經費美金壹元此證

民國廿六年　月　日

旅美台山甯陽總會館發

（金山世界日報印）

1937 年旅美台山宁阳总会馆的出港凭证

（来源：何锡钿）

執照

碼頭查驗　　船期

中華民國卅六年　月　日

中華總會館票銀三元

甯陽出港票銀五元

助檢先友經費一元

另收甯僑公會費一元

中華學校銀壹元

東華醫院銀壹元

和平總會銀壹元

共銀十三元

憑票旋唐

駐美台山寧陽總會館發

1947 年驻美台山宁阳总会馆的出港执照

（来源：何锡钿）

上面两图均为驻美台山宁阳总会馆出具的出港票。上图左是 1937 年的凭证，出港票银共六元；上图右是 1947 年的执照，持有人在缴交了“中华总会馆票银、宁阳出港票银、检先友经费、宁侨公会费、中华学校银、东华医院银、和平总会银”七项经费共十三元后，得到了会馆出具的出港票。

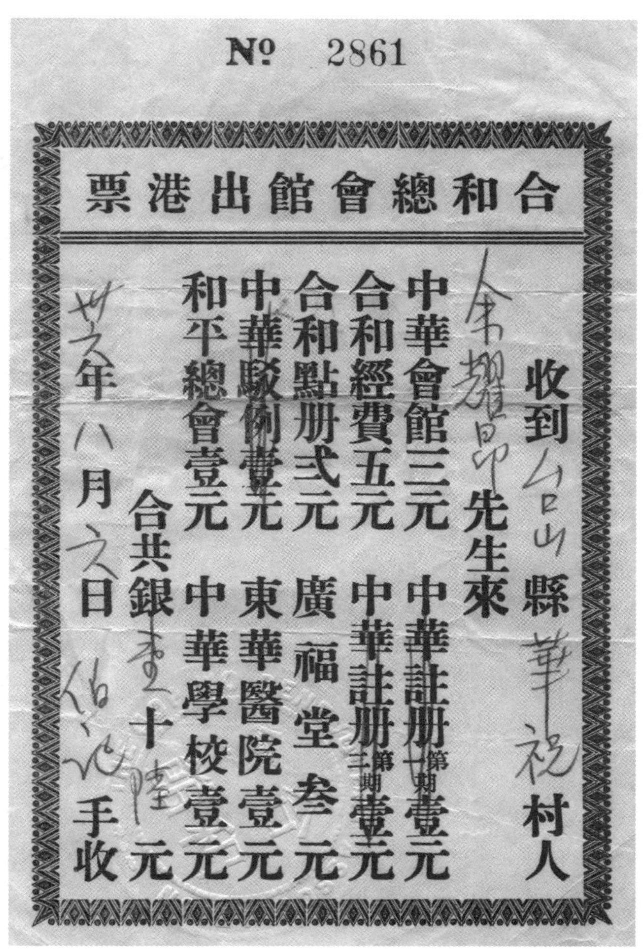

№ 2861

合和總會館出港票

收到台山縣華祝村人余耀昂先生來

中華會館三元
合和經費五元
合和點册弍元
中華駁例壹元
和平總會壹元

中華註册第一期壹元
中華註册第二期壹元
廣福堂叁元
東華醫院壹元
中華學校壹元

合共銀拾陸元

卅六年八月六日　手收

1947 **年美国合和总会馆出港票**

（来源：暨南大学图书馆馆藏）

民国后期，由于社团建设的需要，领取出港票需要缴纳的会费名目也不断增加。从上图可以看出，台山人余耀昂缴交了“中华会馆”“合和经费”“合和点册”“和平总会”“广福堂”“东华医院”“中华学校”等各项费用共十六元后，方才得到会馆出具的出港票。

第二次世界大战期间，中美两国成为反法西斯同盟国，“排华法案”成为中美关系的障碍。经罗斯福总统提议，美国国会于 1943 年 12 月 17 日通过了《麦诺森法案》（*Magnuson Act*），或称“排华法案废除案”，从而废除所有“排华法案”。因此，上图出港票各项费用中，划掉了“中华驳例”“中华注册”费。

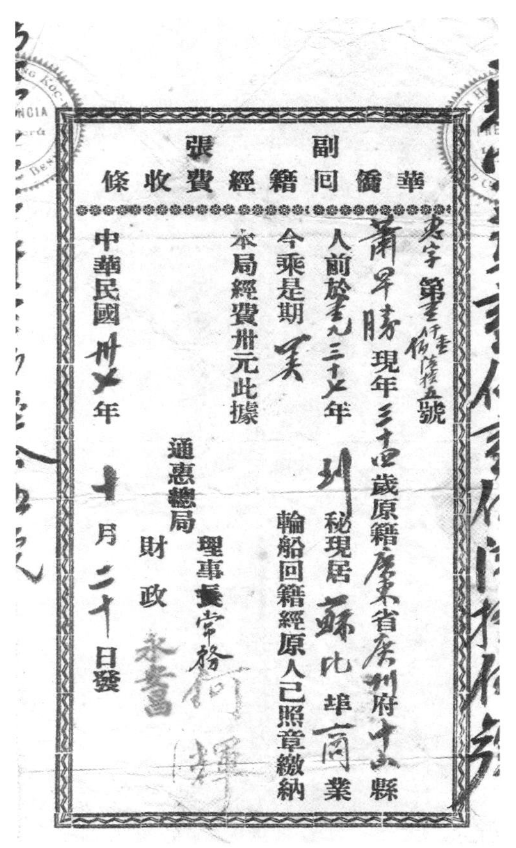

副張

華僑回籍經費收條

東字第……號

蕭早勝 現年三十四歲原籍廣東省廣州府……縣

人前於一九三十七年 到秘現居……埠 商業

今乘是期……輪船回籍經原人已照章繳納

本局經費卅元此據

通惠總局 理事長 常務 財政

中華民國卅七年十月二十日發

1948 年秘鲁通惠总局的华侨回籍经费收条

（来源：何锡钿）

秘鲁中华通惠总局早期领导人

与世界上许多国家的华侨华人社会有所不同的是，秘鲁各地侨团基本统一于历史悠久的中华通惠总局之下。中华通惠总局创立于 1886 年春天，是清政府驻秘鲁公使郑藻如奉光绪皇帝御颁圣旨成立的。“通惠”即通商惠工之意，建局初衷为联络乡亲、扶济侨胞，是华侨华人的慈善福利机构。其宗旨是“团结侨胞，维护华人的正当权益”。

上图为 1948 年秘鲁通惠总局的华侨回籍经费收条，总局经核查，在华侨萧早胜已经照章缴纳本局经费三十元后，为其出具了回籍经费收条。

五、执运费和坟场建设费收据

执运费是死后将遗骨运回家乡安葬的费用；坟场建设费是会馆修建坟场的费用。除了安全互助、沟通信息、聚会娱乐等职能外，社团最严肃的任务之一是殡葬那些死去的乡亲，之后送他们的遗骨回国安葬。身在异国打拼的华侨，对自己的身后事十分重视，为了寿终正寝，他们需要在生前捐助一些必要的费用。如果说社团的注册费、公益费、驳例费、出港票等会费的缴纳多少带一些强制性的话，为了死后能得到社团组织的善后，最终魂归故里，执运费便成为社团成员非常愿意按期缴纳的费用。

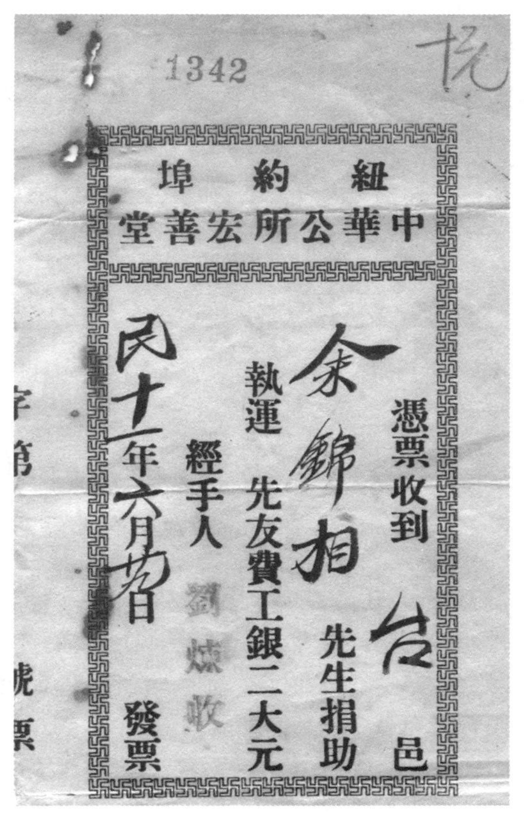

1342

紐約埠
中華公所宏善堂

憑票收到　邑
先生捐助
執運　先友費工銀二大元
經手人
民　年　月　日　發票

1922 年纽约埠中华公所宏善堂执运先友费收据
（来源：暨南大学图书馆馆藏）

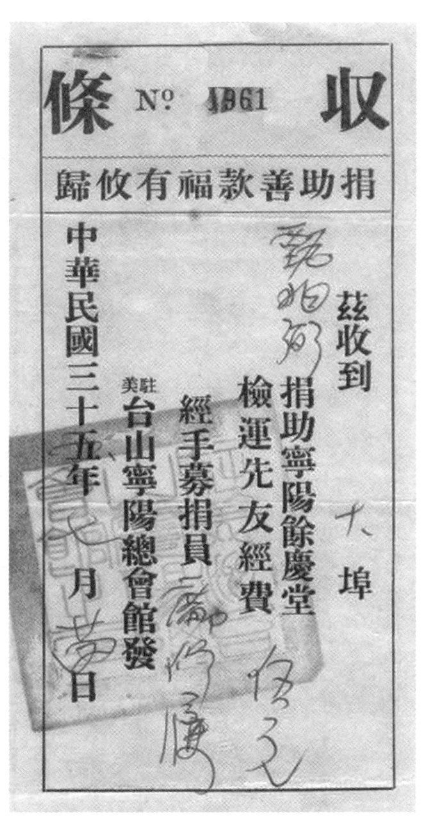

收條　No. 1961

捐助善款有福攸歸

茲收到　埠
捐助寧陽餘慶堂
檢運先友經費
經手募捐員
駐美台山寧陽總會館發
中華民國三十五年　月　日

1946 年驻美台山宁阳总会馆检运先友经费收条
（来源：暨南大学图书馆馆藏）

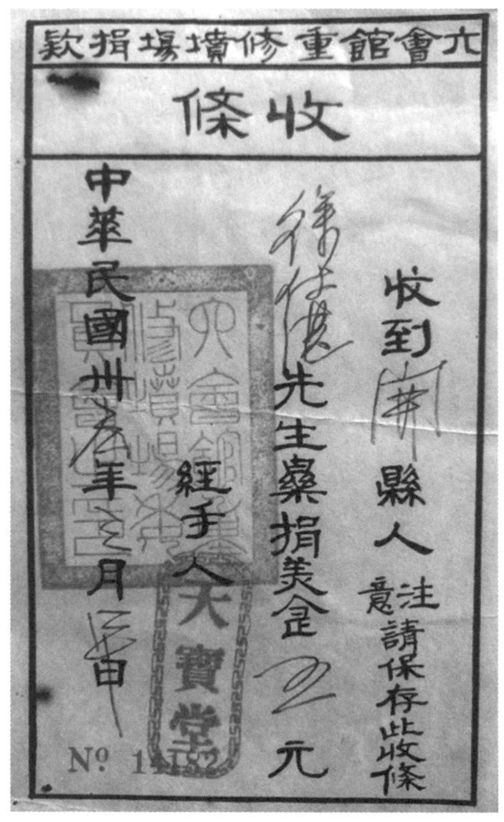

六會館重修墳場捐款

收條

收到[illegible]縣人

[illegible]先生樂捐美金[illegible]元

注意請保存此收條

經手人 天寶堂

中華民國卅[illegible]年[illegible]月[illegible]日

№ 1[illegible]

1947 年美国六会馆重修坟场捐款收条

（来源：郑锦龙）

宁阳会馆的余庆堂坟场

每个在海外的会馆都设有自己的公墓，比如宁阳会馆的余庆堂就建有余庆堂坟场，为会员服务。华人坟场的建立，说明华人在侨居地所受的歧视也涉及身后事。他们早年或不获准葬在公共坟场，或被拨给劣地，或时遭破坏。又因墓地太少，须定期抛棺检骨运回中国，以腾出墓穴给后来者。由此看来，海外华人原籍安葬传统的形成因素，除了民间信仰、风俗、思家怀乡之情外，还有华侨在侨居地的生活经验、所受待遇和实际困难的影响等。①

① 叶汉明：《东华义庄与环球慈善网络：档案文献资料的印证与启示》，香港：三联书店（香港）有限公司，2009 年，第 19 页。

各会馆大都有一个称作“善堂”的辅助单位，负责收集清理遗骨并将它们运回家乡安葬。华侨去世，安葬若干年后，善堂择日开墓，将死者遗骨进行整理、清洁，装进一个金属箱中，清楚标明死者姓名和出生地。这些箱子将被运到香港东华医院，从东华医院再运到死者家乡，由他们的家属认领安葬。整个过程都由会馆负责承担。一个骨殖箱的运费是五美元，外加交十美元给卫生部，再加上补助家属的安葬费（通常是七美元），这就成为会馆的主要开支。①

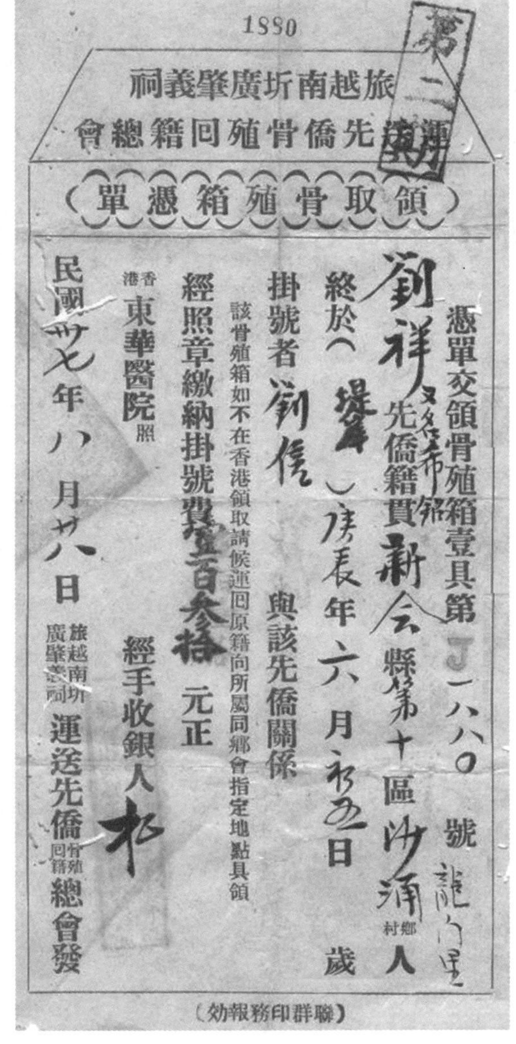

1880

旅越南圻廣肇義祠

運送先僑骨殖回籍總會

（領取骨殖箱憑單）

第二

憑單交領骨殖箱壹具第 J 一八八〇 號

劉祥 先僑籍貫 新会 縣第十區 沙浦 村鄉人

終於（ 堤岸 ）庚辰年 六 月 初五 日 歲

掛號者 劉信 與該先僑關係

該骨殖箱如不在香港領取請候運回原籍向所屬同鄉會指定地點具領

經照章繳納掛號費 壹百叁拾 元正

經手收銀人 松

香港 東華醫院 照

民國 卅七 年 八 月 廿六 日

旅越南圻廣肇義祠 運送先僑骨殖回籍總會發

（聯群印務報効）

1948 年旅越南圻广肇义祠运送先侨骨殖回籍总会的领取骨殖箱凭单

（来源：徐云）

右图是一张信息全面的关于先侨骨殖回国的证明文件。通过这张凭单，我们可以看出这些信息：第一，先侨骨殖回籍有专门的组织负责，如“运送先侨骨殖回籍总会”“香港东华医院”“原籍向所属同乡会”；第二，先侨的姓名、籍贯、卒地、卒时、登记号、挂号者（领骨殖人）姓名、挂号费金额等一一记录完整；第三，领取物件是骨殖箱；第四，领取地点的说明，如“该骨殖箱如不在香港领取，请候运回原籍向所属同乡会指定地点具领”。

保存在香港东华医院的骨殖箱

能被家属认领骨殖的先侨是幸运的，有很多因各种原因无人认领的骨殖只能安葬在“华侨义冢”。据《新会华侨华人史话》一书介绍，自 1992 年至 2001 年，新会共发现华侨义冢四处共 2 527 穴，穴点数量之多及义冢规模之大，为全国少见，引起海内外关注。

① 刘伯骥：《美国华侨史》，台北：黎明文化事业股份有限公司，1982 年，第 164 页。

六、牌位费和帛金费收据

牌位，即写有死者姓讳、身份、官职、封谥等供后人们祭奠的灵牌。按照汉族传统习俗，人逝世后其家人要为其制作牌位，作为逝者灵魂离开肉体之后的安魂之所。海外侨胞虽身在异域，但仍希望死后能魂归故里，因此为祖籍家乡的祠堂捐款而得到一个牌位供后人祭拜，在他们看来是一件非常值得做的事。一般来说，捐款数目越多，牌位所摆放的位置就越好。

帛金，即吊丧时给死者家属的礼金。海外华侨去世后，所属社团会给其家属一定数量的恤款，而这些恤款来源就是平时会员所缴纳的帛金。从目前掌握的资料看，帛金只有土生华人社团才会收取。

右图为美国金山风采堂为广东台山华侨（余）超隆出具的缴交正座主位银的收据。“风采”成为余族的徽号，用以纪念太祖忠襄公余靖。

广东开平荻海风采堂是海内外众多风采堂中形制与规模最大的建筑，而“正座主位”是祠堂里最好的牌位。

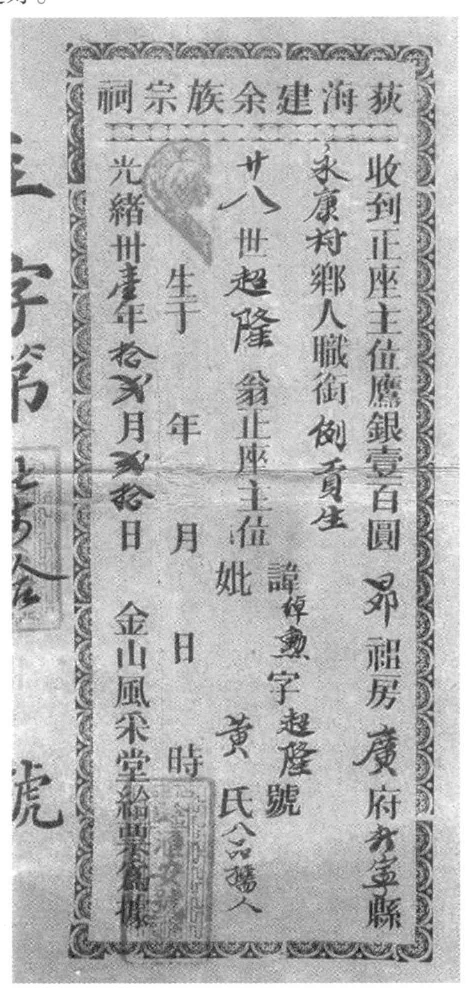
荻海建余族宗祠
收到正座主位鷹銀壹百圓 昴祖房 廣府新寧縣
永康村鄉人職銜例貢生
廿八世超隆翁正座主位 諱偉勲字超隆號
生于 年 月 日 時 妣黃氏公品塘人
光緒卅壹年拾貳月貳拾日 金山風采堂給票為據

1905 年美国金山风采堂出具的缴交正座主位银的收据
（来源：何锡钿）

广东开平荻海风采堂外景

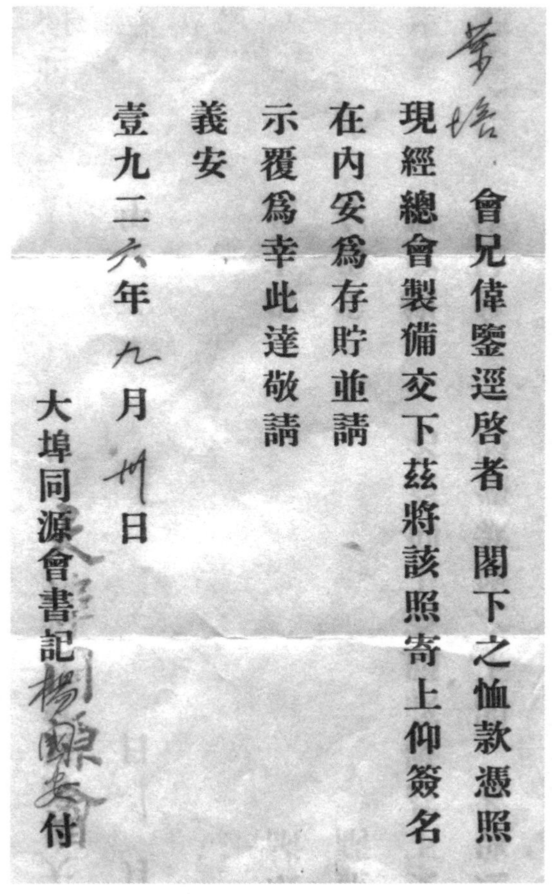

董培 會兄偉鑒逕啓者 閣下之恤款憑照
現經總會製備交下茲將該照寄上仰簽名
在內妥爲存貯並請
示覆爲幸此達敬請
義安
壹九二六年九月卅日
大埠同源會書記楊□□付

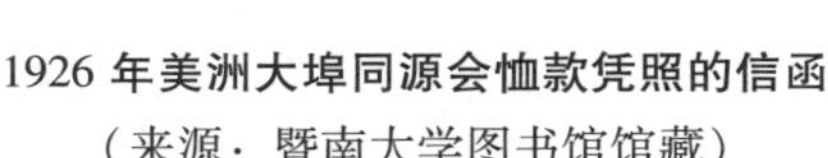

1926 年美洲大埠同源会恤款凭照的信函
（来源：暨南大学图书馆馆藏）

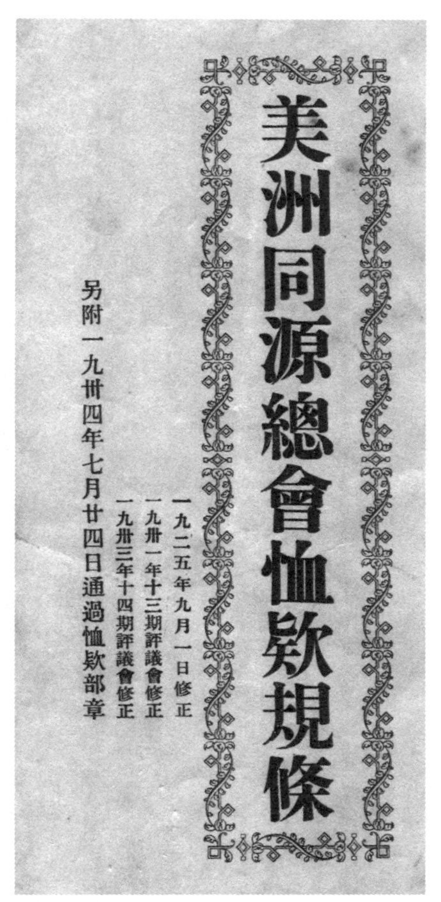

美洲同源總會恤欵規條
一九二五年九月一日修正
一九卅一年十三期評議會修正
一九卅三年十四期評議會修正
另附一九卅四年七月廿四日通過恤欵部章

美洲同源总会恤款规条
（来源：暨南大学图书馆馆藏）

从 1920 年起，同源会创立了抚恤金制度。这是一项很重要的福利措施。它规定，会员的遗孀可领取到抚恤金 1 000 美元。因为华人在美国社会保险方面遭受歧视，所以同源会的抚恤金制度对他们就有很大的吸引力。此后入会的人更多。①

同源会会员按规定缴纳有关恤款后，会获得同源会出具的恤款凭照（证）。如该会员不幸身故，其家属可按凭照（证）约定获得相应的抚恤金。上图左是美洲大埠同源会给董培的信函，告知其恤款凭照已经制作完毕，并寄交本人。

① 李春辉、杨生茂主编：《美洲华侨华人史》，北京：东方出版社，1990 年，第 195 页。

美洲同源總會恤款憑證

恤款憑證第叁叁四八號
大華同源會會員伍喜
一九一七年六月六日入會
一九二八年伍月十六日加入恤籍已繳恤款基本金
拾圓其收條第叁叁四八號如不幸逝世將名下應享之
恤款由同源總會給交中國廣東省台山縣
公益斗洞埠銀排地村予之妻黃氏——收領
一九二八年六月二日會員伍喜簽名
一九二八年五月廿四日美洲同源總會
總理
書記
發

1928 年美洲同源总会恤款凭证

（来源：郑锦龙）

上图是 1928 年美洲同源总会恤款凭证。持证人伍喜，1928 年 5 月加入恤籍，已缴恤款基本金“拾圆”，如不幸逝世，将名下应享之恤款由同源会给交中国广东省台山县公益斗洞埠银排地村的妻子黄氏收领。

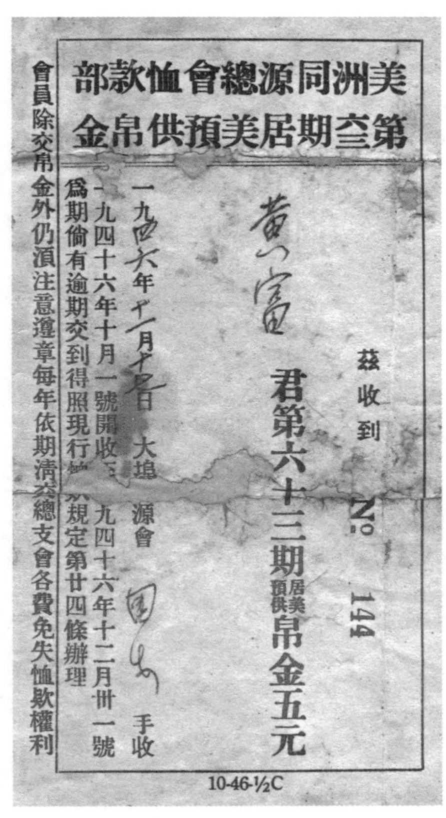

美洲同源總會恤款部
第叁期居美預供帛金

No 144

茲收到

黃富 君第六十三期居美預供帛金五元

一九四六年十一月十七日 大埠 源會 手收

一九四十六年十月一號開收至一九四十六年十二月卅一號

爲期倘有逾期交到得照現行恤款規定第廿四條辦理

會員除交帛金外仍湏注意遵章每年依期清交總支會各費免失恤欵權利

10-46-½C

1946 **年美洲同源总会的居美预供帛金收据**

（来源：何锡钿）

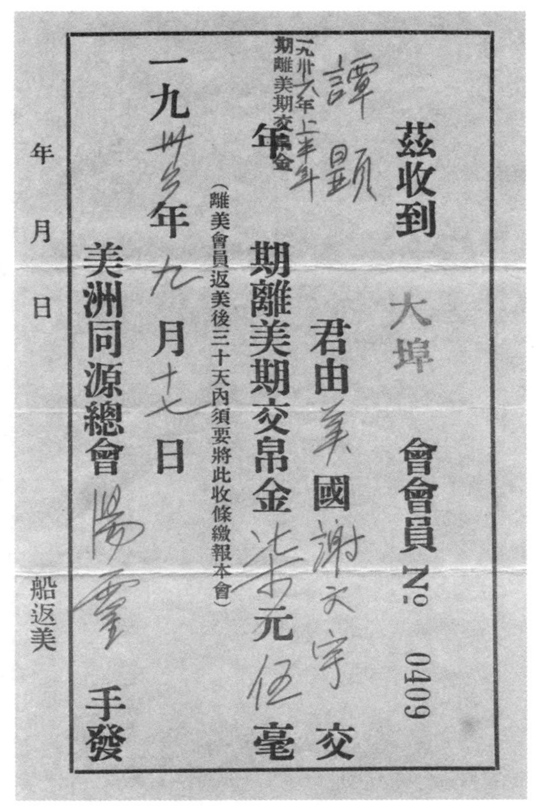

會員 No 0409

會員

茲收到 大埠 譚顯 君由美國謝文宇交

一九卅六年上半年期離美期交帛金

期離美期交帛金 元 毫

（離美會員返美後三十天內須要將此收條繳報本會）

一九卅六年九月十七日

美洲同源總會 手發

年 月 日 船返美

1936 **年美洲同源总会的离美帛金收据**

（来源：何锡钿）

上图左是美洲同源总会会员所缴纳的居美预供帛金收据，“会员除交帛金外，仍湏（须）注意遵章，每年依期清交总支会各费，免失恤款权利”。

即使华侨回国或离美，帛金也要如期如数缴纳。上图右是华侨谭顕委托谢文宇代为缴纳的1936年上半年离美帛金的收据。

七、其　他

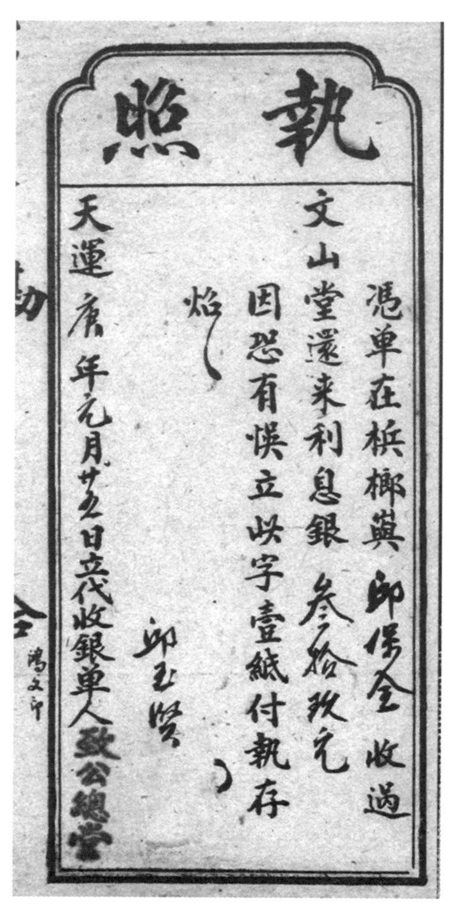

執照

憑單在梹榔嶼邱傑全收過
文山堂還来利息銀叁拾玖元
因恐有悞立此字壹紙付執存
炤
邱玉賢
天運庚　年元月廿五日立代收銀單人致公總堂

1900 年致公总堂代收邱姓华侨家族文山堂利息银的执照
（来源：易明仁）

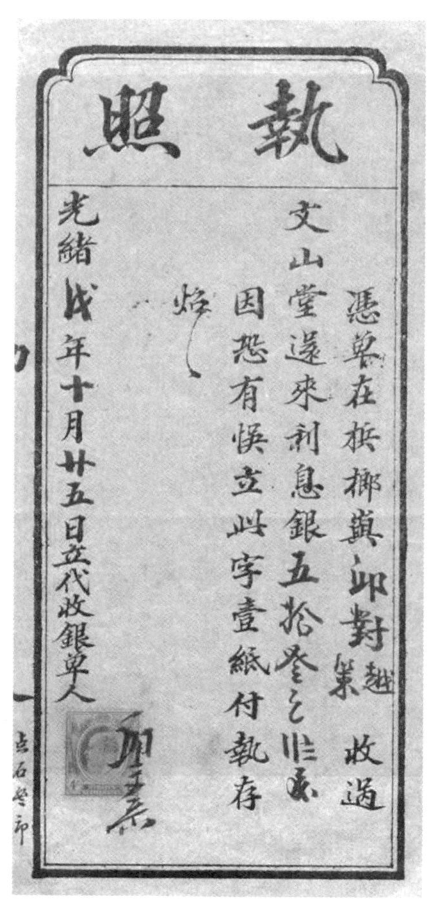

執照

憑單在梹榔嶼邱對　收過
文山堂還來利息銀五拾叁
因恐有悞立此字壹紙付執存
炤
光緒戊　年十月廿五日立代收銀單人

1908 年马来亚梹（槟）榔屿邱姓华侨家族文山堂利息银的执照
（来源：暨南大学图书馆馆藏）

18 世纪末 19 世纪初，闽人大量移民槟榔屿，而邱、杨、谢、林、陈五大姓因人数众多、经济实力强大，逐渐形成槟榔屿闽南人社会的主流。[①] 槟榔屿邱姓是福建厦门移居马来亚槟榔屿的邱氏族人，槟榔屿邱氏长房号龙山堂，其他各房分别组织了敦敬堂、文山堂、绍德堂。各房有自己的祠堂，公墓有邱氏公冢，学校有新江学校，种植园有邱氏园坛。邱氏家族的首领邱善佑是槟榔屿著名的侨领。随着华人人数的增加，华人社会的分化不断加剧，帮与帮的划分越来越分明，华人社会内的职业垄断也逐步形成。这时，各帮为了继续保持本帮在某一行业的垄断地位或打破他帮在另一行业的霸主地位，必须有一个组织来维护本帮的利益，于是洪门成了保证他们所属帮派传统经营职业不受外人侵犯的武装。因此我们就不难理解为什么在 19 世纪 40 年代以后，华人集中的南洋、美洲等地以商业、种植业、矿业为主的广府人、福建人、潮州人、客家人在各地都会有自己的洪门堂口存在。[②]

从上页左图的“1900 年致公总堂代收邱姓华侨家族文山堂利息银的执照”可以看出，致公总堂所代收的文山堂利息银，应该类似于黑帮“保护费”。上页右图的“1908 年马来亚槟（槟）榔屿邱姓华侨家族文山堂利息银的执照”，应是文山堂上缴邱氏总房或总堂的费用凭证。

① 沈燕清：《槟城福建华人五大姓氏饷码经营探析》，《八桂侨刊》2013 年第 4 期。

② 邱格屏：《辛亥革命时期革命派对海外洪门的动员》，《山东大学学报》（哲学社会科学版）2011 年第 5 期。

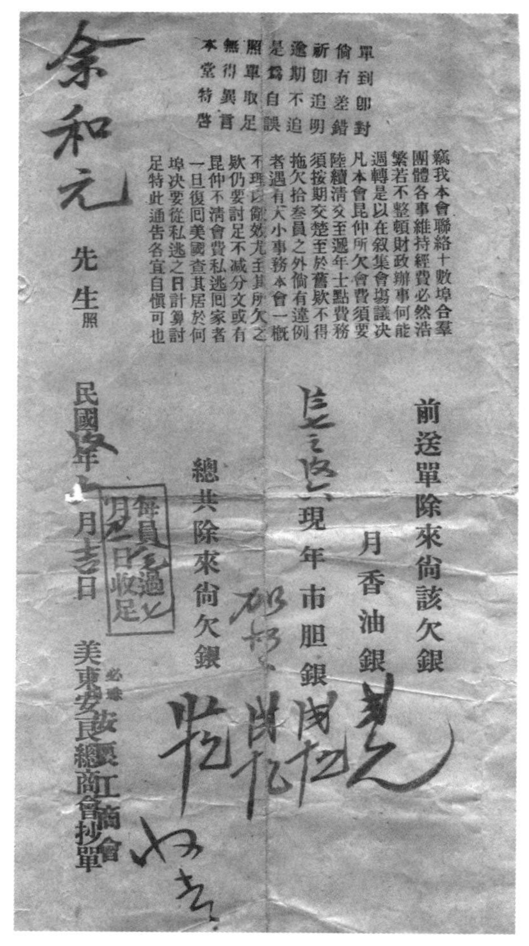

單到即對
倘有差錯
祈即追明
逾期不追
是為自誤
照單取足
無得異言
本堂特告

竊我本會聯絡十數埠合羣團體各事維持經費必然浩繁若不整頓財政辦事何能週轉是以在叙集會塲議决凡本會昆仲所欠會費須要陸續清交至還年十點費務須按期交楚至於舊欵不得拖欠拾叁員之外倘有違例者遇有大小事務本會一概不理以儆效尤至其所欠之欵仍要討足不減分文或有昆仲不清會費私逃回家者一旦復回美國查其居於何埠决要從私逃之日計算討足特此通告各宜自慣可也

前送單除來尚該欠銀

月香油銀

現年市胆銀

總共除來尚欠銀

余和元 先生 照

民國 年 月 日

美東安良總商會抄單

1930 年美东安良工商会的催缴会费抄单

（来源：暨南大学图书馆馆藏）

美国安良工商会于 1893 年 11 月创建于纽约，现在全美 23 个城市均设有分会。该会以发展工商事业，增进会员福利，互助合作，注重慈善，兴办教育及推进社会公益为宗旨。成立一百多年来，该会在华人社会中具有较高地位及一定影响，是美国华人社会最大的团体之一。缴纳会费是会员的义务，而该会对欠缴会费的现象也毫不留情。

上图的催缴会费抄单上有严格的规定，如“凡本会昆仲所欠会费须要陆续清交……旧款不得拖欠拾叁员之外；倘有违例者，遇有大小事务本会一概不理……其所欠之款仍要讨足，不减分交，或有昆仲不清会费私逃回家者，一旦复回美国，查其居于何埠，决要从私逃之日计算讨足”。而收单人余和元，共欠会费 26 元，需尽快补缴。

全美溯源总堂由雷、方、邝三姓海外乡亲创立于1886年，是美国侨界一个颇具影响力的侨团。溯源堂历史悠久，组织遍布世界各地。如美国、加拿大、古巴、新加坡、斐济、菲律宾、泰国、澳大利亚、缅甸和中国香港等国家和地区，都设有溯源分堂。可以说，凡有三姓宗亲的地方，都已建立起溯源堂。一百多年来，全美溯源总堂坚持创会宗旨，团结、服务乡亲，热心社会公益，坚持爱国爱乡，投身于侨居地的社会发展和中国的革命与建设。上图右是1939年美国大埠溯源总堂百子会开派楼业股息的派单，持单人雷钰传拖欠该堂会费共17元，其中包括基本金10元、特别捐2元、年费5元，因此在应得股息中扣除了上述各项欠费17元，并发派单予以说明。

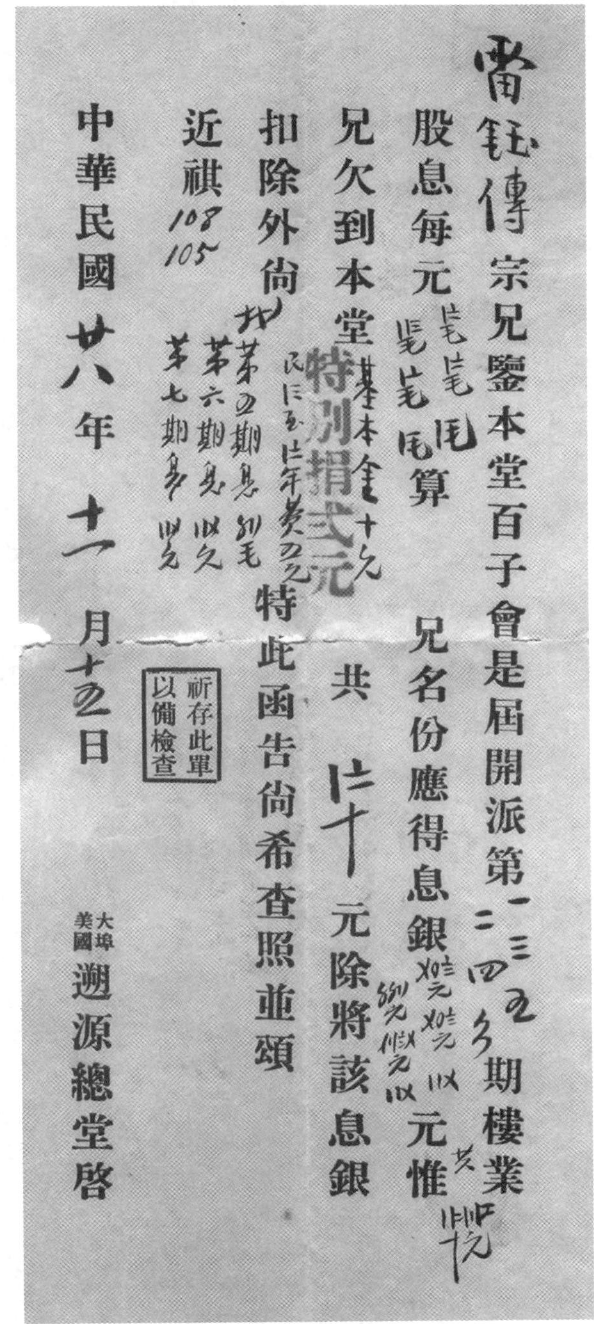
雷钰傳宗兄鑒本堂百子會是屆開派第一二三四五期樓業
股息每元　算　兄名份應得息銀　元惟
兄欠到本堂基本金十元　特別捐弍元　共　元除將該息銀
扣除外尚　特此函告尚希查照並頌
近祺
中華民國廿八年十一月十四日
祈存此單以備檢查
美國大埠溯源總堂啓

1939年美国大埠溯源总堂百子会开派楼业股息的派单

（来源：徐云）

精忠报国

拾圓
孫文

第二次執照
中華民國粵省軍政府都督 為
發給執照事茲准籌款局報告
財政司長
中華民國元年十一月初四日 發給

凭據
中華革命黨發起人 收到
潘受之 君捐助中華革命軍軍需銀 拾圓 元
軍政府成立之後本利四倍償還並給
以各項路鑛商業優先利權此據
經手收銀人 漢民
天運四年九月 日發給
潘受之券

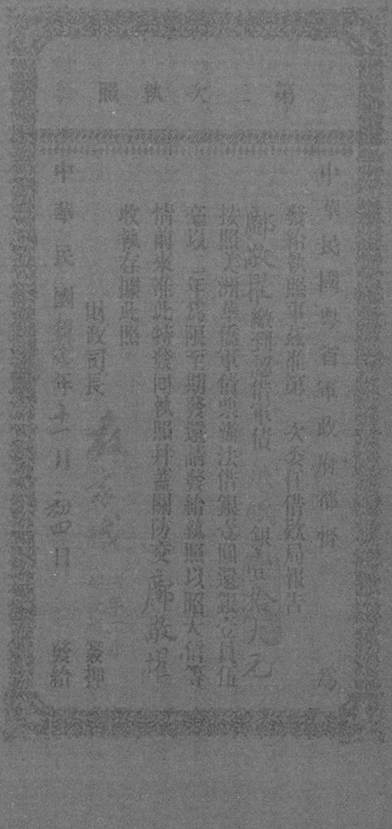

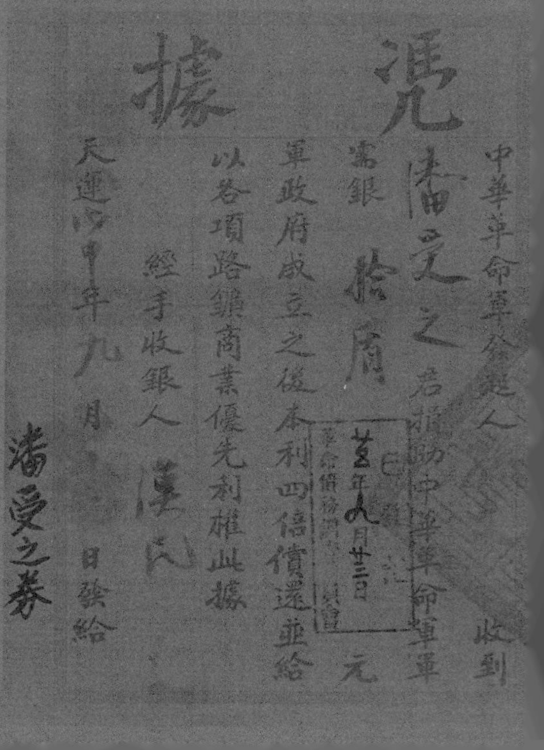

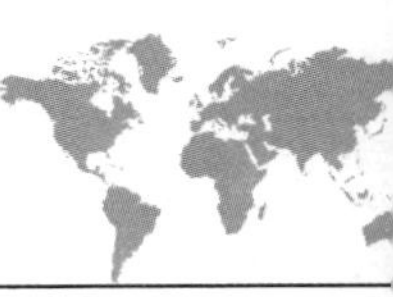

近代以来，中国积贫积弱、战乱频繁、民不聊生，甚至一度处于亡国亡种的边缘。甲午战争后，中国人民的民族意识开始觉醒。严复在《救亡决论》中喊出了“救亡”口号，康有为亦要求中国人发愤自救，孙中山于兴中会成立时喊出了“振兴中华”的时代最强音。近代以来的志士仁人，在强烈的危机感和民族意识的刺激下，在救亡图存、振兴中华的大旗下，探索挽救中华民族的道路，中国近现代的反帝反封建革命运动从此展开。

华侨是中国近现代反帝反封建民族民主主义革命不可忽视的动力之一。自19世纪末戊戌变法、改良救国运动兴起，中间经过讨袁护法、第一次国共合作、国民革命高潮、抗日战争、全国解放战争，到中华人民共和国成立这纵跨新旧民主主义革命的两大历史时期，国内发生的历次重大的反帝反封建斗争事件，均得到海外华侨的大力支持和参与，其中掀起了以支援辛亥革命为中心的第一次爱国高潮和以支援祖国抗战为中心的第二次爱国高潮。华侨与中国革命的关系十分密切，为中国近现代民族民主革命作出了重大贡献。大量历史事实证明了孙中山高度赞誉的“华侨是革命之母”“华侨有功革命”和中国共产党领导人所肯定的华侨对祖国的革命事业“给予了热情的支持”“华侨素来是为中国民主革命，为中国独立、和平、民主事业作了极大贡献的一支力量”。

孙中山（1866—1925 年），广东省香山县（今中山市）人，中国近代民族民主革命的开拓者，中国民主革命的伟大先行者。1903 年 9 月，孙中山先生从日本赴檀香山。为了争取和发展革命力量，扫除保皇党对洪门的影响，他到各地发表演讲，宣传革命思想，还创办《檀山新报》，亲撰《敬告国民书》《驳保皇报》等文章。1904 年（光绪三十年），孙中山为联络华侨而在檀香山加入致公堂，接受“洪棍”（洪门三把手，掌管执法）之职。旋赴北美，在总堂大佬（会长）黄三德的支持下重订章程为“驱除鞑虏，恢复中华，创立民国，平均地权”，实行会员总注册，试图使致公堂成为资产阶级性质的团体。1905 年由爱国华侨司徒美堂任总监督。1911 年曾与同盟会联合组成洪门筹饷局，筹款支援辛亥革命。

一、民主救国

保大清光緒皇帝會

入會存票

茲收到南非洲砵厘士碧埠

朱友源君喜捐會份英金壹磅員

光緒三十年拾月　日

橫濱保皇會立

1904 年横滨保皇会为南非洲砵厘士碧埠华侨出具的入会存票

（来源：何锡钿）

近代海外华侨觉醒并大规模地参与祖国反帝反封建的救国运动，是在 19 世纪末民族危机加深、戊戌变法失败后开始的。在以孙中山为首的革命党人的启蒙宣传下，广大华侨踊跃参加革命组织，前仆后继投身反清武装起义，创办报刊，宣传革命，为革命慷慨捐款。中华民国创立后，华侨又积极参加护法运动、第一次国共合作、国民革命运动等。在中国近代史上，海外华侨为中国民族民主革命作出了突出的贡献。

保皇会的全称是“保救大清光绪皇帝会”，也称“中国维新会”。1898 年 9 月下旬，以慈禧太后为首的封建顽固派发动政变，标志着康有为、梁启超发动并领导的资产阶级维新改良运动失败。康、梁逃亡海外，决定“劝导侨胞，广筹经费”，借重华侨以成勤王之举。1899 年 7 月，康、梁在加拿大维多利亚成立了保皇会，宣传君主立宪，反对革命。加拿大保皇会成立后，康、梁及其门生弟子分赴美洲、南洋、大洋洲等地华侨较多的 200 多个城市进行活动，保皇会组织遍布世界各地，会员多达数十万人。

保皇会设总会和分会，总会肩负组织、联络、接待、收支等具体运作，分会基本上听命于总会，其活动情况要上报总会，捐款也要上交总会。保皇会有两个总会，一个设于日本横滨，一个设于香港。海外各地保皇会组织的经费全部由当地华侨负担。

上图是横滨保皇会为南非洲砵厘士碧埠华侨出具的入会存票。砵厘士碧埠，即伊丽莎白港（Port Elizabeth），南非主要海港之一，也是南非最大的羊毛交易市场，始建于 1799 年。

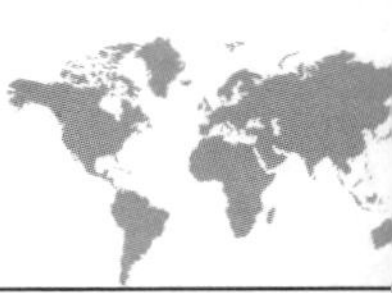

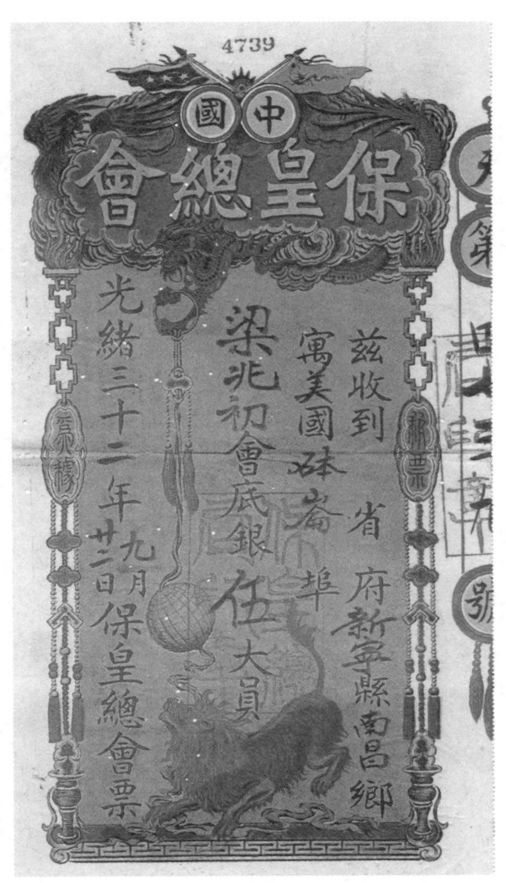

4739

中國

保皇總會

茲收到

寓美國砵崙埠　省　府新寧縣南昌鄉

梁兆初會底銀伍大員

光緒三十二年九月廿二日保皇總會票

1906 年美国砵仑埠保皇总会的底银收据

（来源：何锡钿）

保皇会同志纪念章

维新改良运动失败后，逃亡海外的康有为、梁启超等改良派人士，除了在各侨居地广泛建立保皇组织进行忠君改良宣传外，还广泛发动华侨为他们捐款，许多华侨倾囊相助。各地保皇会的活动经费以及康、梁的旅费、生活费及其他费用，全赖华侨资助。①

上图是美国砵仑埠保皇总会的底银收据。持有人梁兆初，广东新宁人，居住在美国砵仑。

① 任贵祥：《华侨与中国民族民主革命》，北京：中央编译出版社，2006 年，第 28 页。

与世界上许多流亡人物和流亡组织不一样，康有为和保皇会在海外从事政治活动的同时，还进行商业和投资活动。在康有为的鼓励下，保皇会在美国等地的华侨社会中广泛招股，投资各业。[①] 保皇会投资的第一个重大举措是成立中国商务公司。1903 年，保皇会发布正式组建公司的函件、章程，组成中国商务公司。公司总部设在香港，分公司设在广州、上海、横滨、旧金山等地。它经营的业务既有金银汇兑、土特产进出口等小宗，也涉及五金、矿产、轮船、铁路、银行、机器厂、买地、垦田等大宗。保皇会会员认为“今日救皇救国，全恃此商会为根本”，因此对商会非常支持。商会的资金来源以华侨捐款为主，筹措商款虽然步履维艰，辛苦备尝，但华侨踊跃支持。[②]

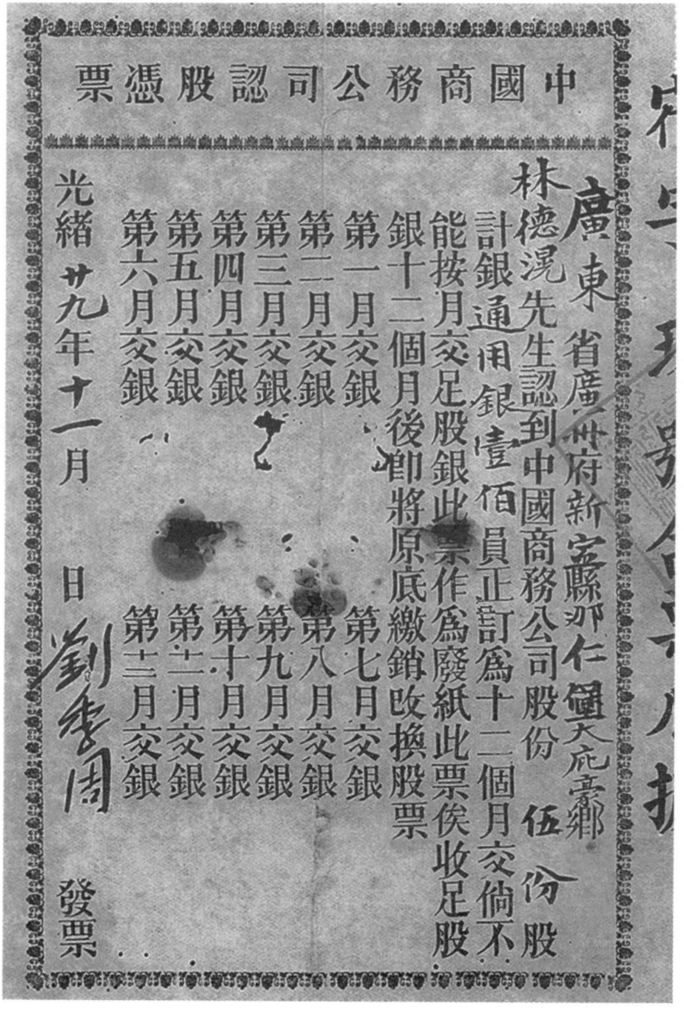

中國商務公司認股憑票

廣東省廣州府新寧縣那仁里大庇豪鄉
林德滉先生認到中國商務公司股份伍份股
計銀通用銀壹佰員正訂爲十二個月交倘不
能按月交足股銀此票作爲廢紙此票俟收足股
銀十二個月後即將原底繳銷改換股票

第一月交銀　第七月交銀
第二月交銀　第八月交銀
第三月交銀　第九月交銀
第四月交銀　第十月交銀
第五月交銀　第十一月交銀
第六月交銀　第十二月交銀

光緒廿九年十一月　日　劉季周　發票

1903 年中国商务公司认股凭票

（来源：郑锦龙）

上图是中国商务公司认股凭票，认购人林德滉，广东新宁人，认股 5 份，股银壹佰元。

① 高伟浓：《二十世纪初康有为保皇会在美国华侨社会中的活动》，北京：学苑出版社，2009 年，第 279 页。

② 蔡惠尧：《试论保皇会失败的内部原因》，《近代史研究》1998 年第 2 期。

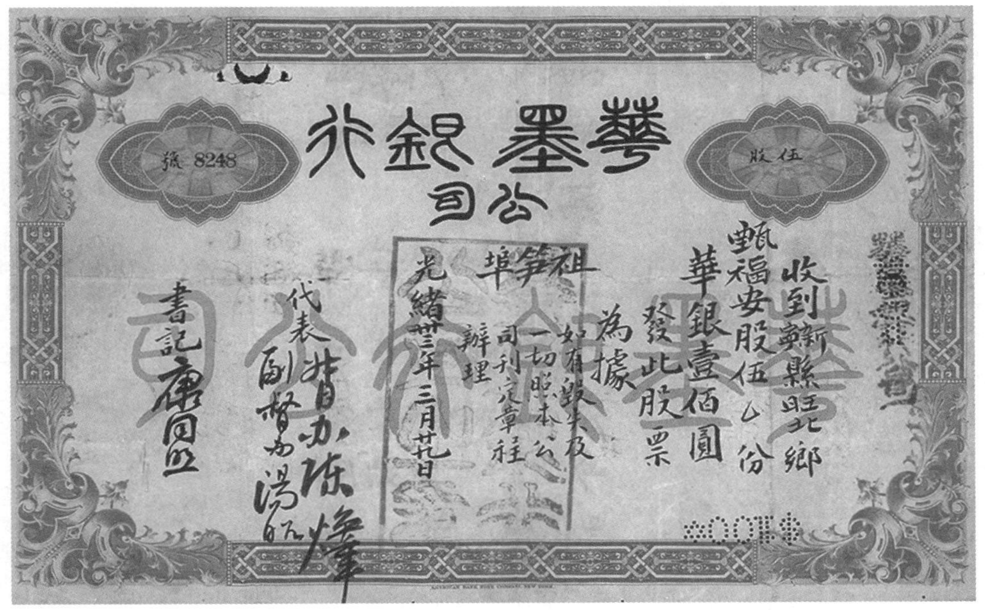

1907 年由康有为等保皇会成员和华侨集资创办的华墨银行公司股票

（来源：郑锦龙）

1906 年，康有为到达墨西哥，看准时机，用个人资金进行房地产投资，转手之间，净赚十多万银圆。1907 年，康有为在墨西哥组建华墨银行公司，到 1908 年为止，银行积累了大量的资产，并将大部分资金用于楼市投资和建造有轨电车线路，其余则投资到商业公司在纽约和香港开展的各项业务中。1911 年墨西哥内乱，华侨被杀者颇众，保皇会的各项生意损失惨重。华侨联合驻墨公使张荫棠向墨西哥政府索赔，但赔款寥寥，康有为在墨西哥的生意烟消云散。①

① 方志钦、蔡惠尧：《评康有为的商务活动》，《广东社会科学》1997 年第 2 期。

康有为

康有为（1858—1927 年），广东南海丹灶苏村人，中国政治家、思想家、教育家。光绪二十一年（1895 年）进士，曾与弟子梁启超进行戊戌变法，失败后流亡海外，不忘改良，组织了改良派政治团体——保皇会，并任会长，梁启超、徐勤任副会长。该会以保救光绪、反对慈禧和抵制革命为宗旨，陆续在美国、墨西哥以及中美、南美、日本、南洋等地建立组织，共建总会 11 个、分会 103 个，总部设于澳门。以澳门《知新报》和横滨《清议报》为喉舌，宣传君主立宪。辛亥革命后，康有为于 1913 年回国，定居上海辛家花园，主编《不忍》杂志。康有为信奉孔子的儒家学说，并致力于将儒家学说改造为可以适应现代社会的国教，曾担任孔教会会长。1927 年 3 月，康有为于青岛去世。

梁启超

梁启超（1873—1929 年），广东新会人，近代政治家、思想家、文学家、学者。自幼勤学，17 岁中举，后师从康有为，成为资产阶级改良运动的宣传家。戊戌变法前，与康有为一起联合各省举人发动“公车上书”。此后先后领导北京和上海的强学会，又与黄遵宪一起办《时务报》，任长沙时务学堂的主讲，并著《变法通议》，为变法做宣传。戊戌变法失败后，与康有为一起流亡日本，在海外推动君主立宪。辛亥革命之后一度入袁世凯政府，担任司法总长；后对袁世凯称帝、张勋复辟等不满，严词抨击，并加入段祺瑞政府。他倡导新文化运动，支持五四运动。退出政坛后，梁启超在学术上亦大有成就，推进文体改良，倡导“诗界革命”和“小说界革命”。其著作合编为《饮冰室合集》。1929 年 1 月，梁启超去世。

致公堂，又称“义兴公司”，是洪门的一个海外分支。洪门原是明末清初的一个秘密民间组织，以反清复明为宗旨，对内称“洪门”，对外则称“天地会”或“洪帮”。在遭到清王朝的残酷镇压后，洪门成员开始向海外转移，流散到港澳、南洋和美洲等地。[①] 美洲洪门组织最早在檀香山诞生，1876 年正式登记成立，总部设于旧金山，并在纽约、芝加哥等地设有分堂。辛亥革命期间，孙中山对美洲致公堂进行了改造，使其加入革命阵营，这无疑减少了革命的阻力，增强了革命的力量。对致公堂来说，通过改组，由原来封建、落后、保守、狭隘的秘密团体，转变成关心祖国、支持祖国革命的进步组织，这无疑也是一大进步。[②]

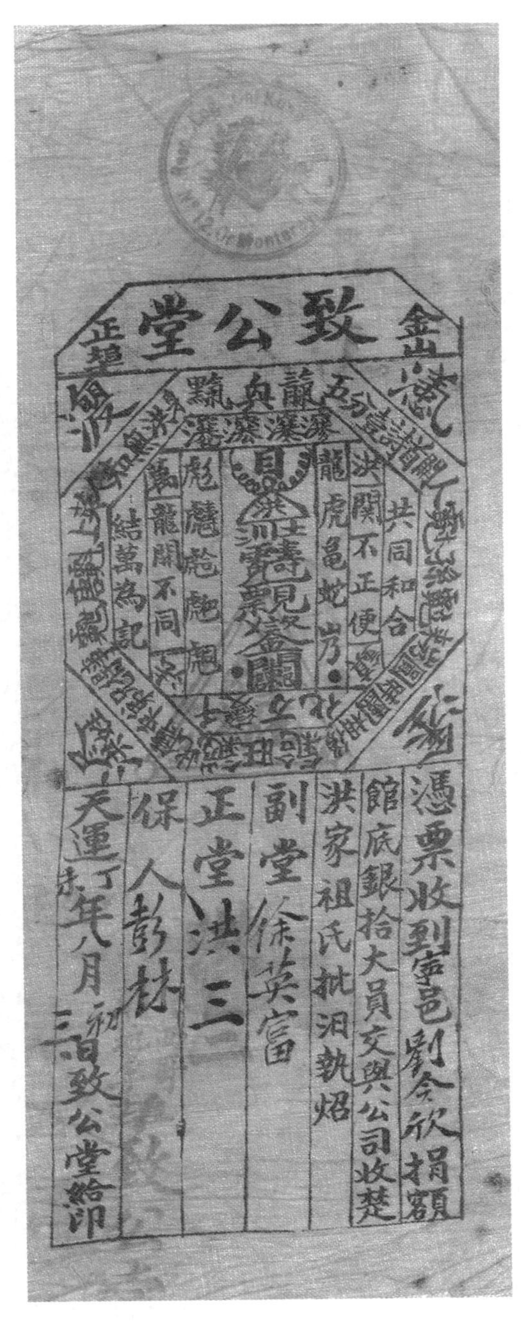
金山 致公堂 正埠

憑票收到宰邑劉余欣捐額
館底銀拾大員交與公司收楚
洪家祖氏批泪執熖
副堂徐英富
正堂洪三
保人彭林
天運丁未年八月初三日致公堂給

1907 年致公堂底银收据

（来源：何锡钿）

① 王永兴：《洪门兄弟与“义兴公司”》，《收藏界》2010 年第 3 期。

② 任贵祥：《华侨与中国民族民主革命》，北京：中央编译出版社，2006 年，第 28 页。

致公堂底银收据的图案很讲究，上面印有各种洪门暗语，非洪门内部的会员则不知所云。下图的致公堂底银收据，上部印有洪门致公总堂大楼全景及洪门标志。楼宇两侧，有“左松”和“右柏”的树木图案，而洪门即称公所为“松柏林”。票布上有“公司收楚，洪氏批明执照”等字样。所谓“洪氏”或“洪家祖氏”，乃洪门对内的自称。票布上的“批明执照”的“明”字，写成天地会所造的“汨”字。票布左侧的“共同和合”及票布印章上的“共同和合、结万为记”，亦是早期洪门票布中的常见用语。

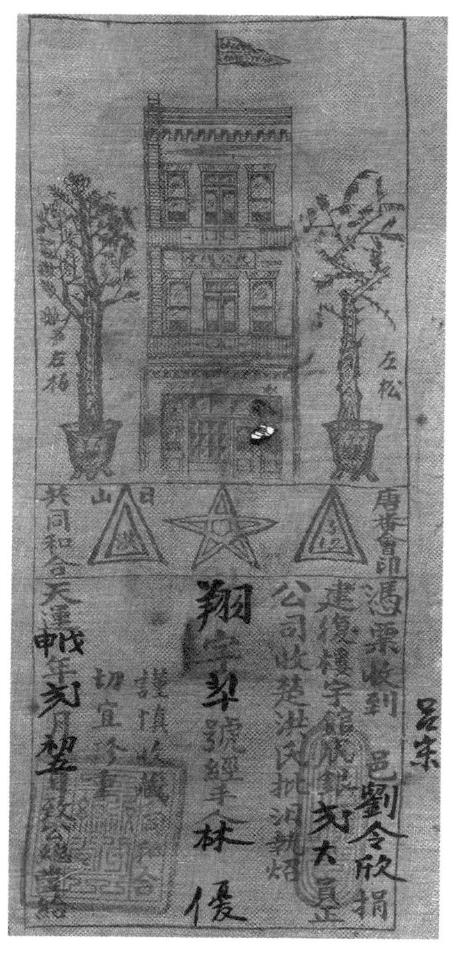

1908 年致公堂底银收据

（来源：何锡钿）

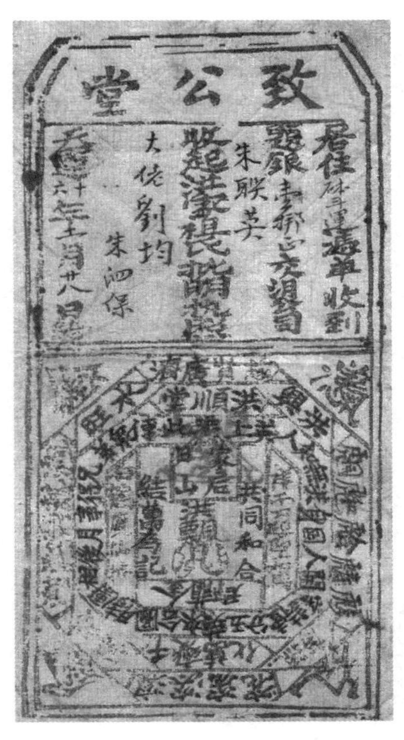

1913 年致公堂底银收据

（来源：何锡钿）

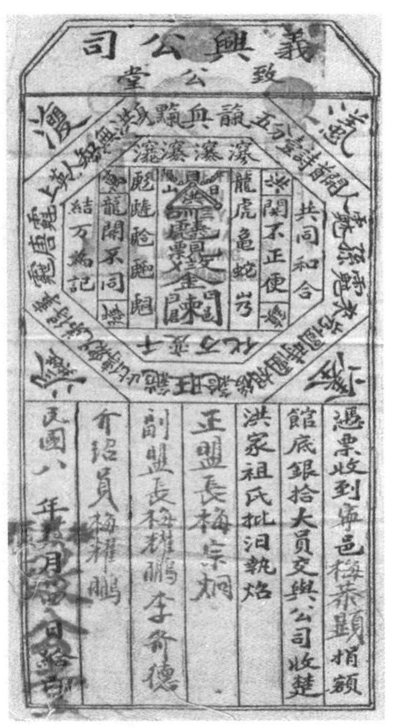

1919 年致公堂底银收据

（来源：暨南大学图书馆馆藏）

“底银”是指致公堂的成员为建设会馆、公所所捐纳的银钱。致公堂组织在收取“底银”后所发的单据，或叫“底票”，也就是“会员证书”。为了收藏、携带方便，常用布制成，又称“腰凭”，其文字排列采用八卦样式的比较多。据牛山周《中国秘密社会史》称：“腰子……为会员之保证，入会后，由会中付给。有大、小、白、赤、黄数种，多以布片印成……居中则撩公所之朱印。”[①] 由于致公堂以“反清复明”为宗旨，清政府官厅一旦搜获此类证件，不问其为人如何，有无犯罪行为，即判斩立决。故会员为消灭证据起见，往往在领到凭证诵读熟稔之后立即焚毁灭迹。[②] 因此能见到保留下来的致公堂“腰凭”，诚属不易。

洪门组织以“反清复明”为宗旨，不用清王朝的纪年法而另立纪年法，大约从清代中期起，洪门内部开始将“天运”作为纪年法。

① 牛山周：《中国秘密社会史》，石家庄：河北人民出版社，1990 年。

② 李子峰：《海底》，南昌：江西教育出版社，2010 年，第 97 页。

金山 致公總堂 大埠

茲收到

國 埠

君常年經費

經手

民國 月 日發

1920 年美国金山大埠致公总堂常年经费收据

（来源：易明仁）

1925 年中国致公党总部开幕时全体职员的合影

致公堂正式改为致公党是在 1925 年。1923 年 10 月 10 日，五洲洪门第三次恳亲大会在美国旧金山召开。这次大会着重讨论了改堂为党、成立中国致公党的问题，并通过了《中国致公党党纲草案》。会议决定成立中国致公党筹备委员会，并着手进行改堂为党的工作。1925 年 10 月 10 日，中国致公党正式成立。

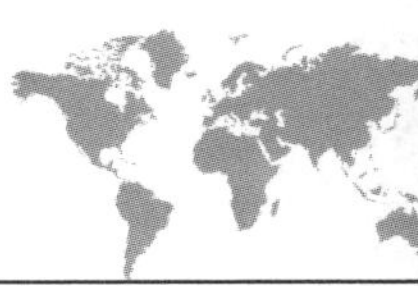

中華民務興利公司債券

第壹回黄字第[illegible]九五號

廣東募債總局五年内清還

公債本利

壹仟圓券

總理經手收銀人孫文

天運歲次乙巳年十一月十[illegible]日發

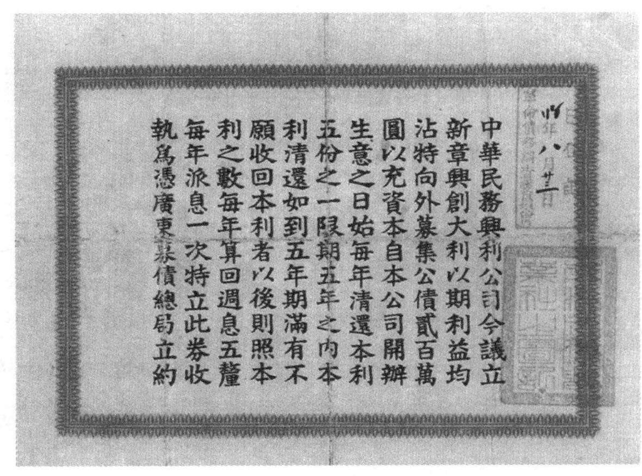

中華民務興利公司今議立新章興創大利以期利益均沾特向外募集公債貳百萬圓以充資本自本公司開辦生意之日始每年清還本利五份之一限期五年之内本利清還如到五年期滿有不願收回本利者以後則照本利之數每年算回週息五釐每年派息一次特立此券收執爲憑廣東募債總局立約

1905 年中华民务兴利公司债券

（来源：黄中行）

1905 年 8 月 20 日，中国同盟会在日本成立，选举孙中山为同盟会总理。中国同盟会以孙中山提出的“驱除鞑虏，恢复中华，创立民国，平均地权”为革命纲领，积极准备发动推翻清王朝的武装起义。为筹集军饷，孙中山曾于当年 11 月在越南发行了“中华民务兴利公司债券”，这是同盟会成立后在海外发行的首种革命债券。

此券正面上端中间横书“中华民务兴利公司债券”，中间直书两行“公债本利，壹仟圆券”，右旁为“广东募债总局五年内清还”，左旁是“总理经手收银人孙文”，背面有债券发行的说明。此种债券有孙中山的签字，以示慎重，并随时填写号码。据说该债券发出数量不多，效果并不理想，故以后改为银票、金币券等。①

① 童然星：《辛亥革命时期孙中山的海外活动与募捐》，《东方博物》2010 年第 3 期。

1906 年孙中山在越南河内发行的中国革命政府百元债券

（来源：何锡钿）

中华革命军是孙中山创立同盟会前在檀香山建立的革命团体。1903 年 11 月和次年 1 月，孙中山先后在夏威夷希洛、檀香山发表批驳保皇党的演说，号召华侨支持和投身民主革命斗争，并在此基础上重振革命组织，因此分别在两地创立革命团体并取名“中华革命军”，以铭记《革命军》作者邹容之功。中华革命军采用新的誓词：“驱除鞑虏，恢复中华，创立民国，平均地权。如有反悔，任众处罚。”近千名华侨加入中华革命军。随后，孙中山又发行革命债券，向华侨募款。华侨纷纷捐款，以助革命事业。

上图的中国革命政府百元债券被称为“中华革命军第一票”。该债券是孙中山于 1906 年在越南河内发行的一种筹饷。此票的正面印有英文，背面印有法文，上端有“中国革命政府”（英文/法文）字样，另有孙中山的英文签名。其译文为“中国革命政府约定付给持券人一百元，本政府在中国成立后一年，由广东政府官库或其海外代理机构支付。1906 年 1 月 1 日，总理孙文”。由于当时在东南亚的筹饷之地，有不少是英、法的殖民地，这批债券用英、法文印刷，便于在洋人中筹款，而加盖“中华革命军银票壹百元”的蓝色长方形印章，是为了便于在华侨中筹饷。

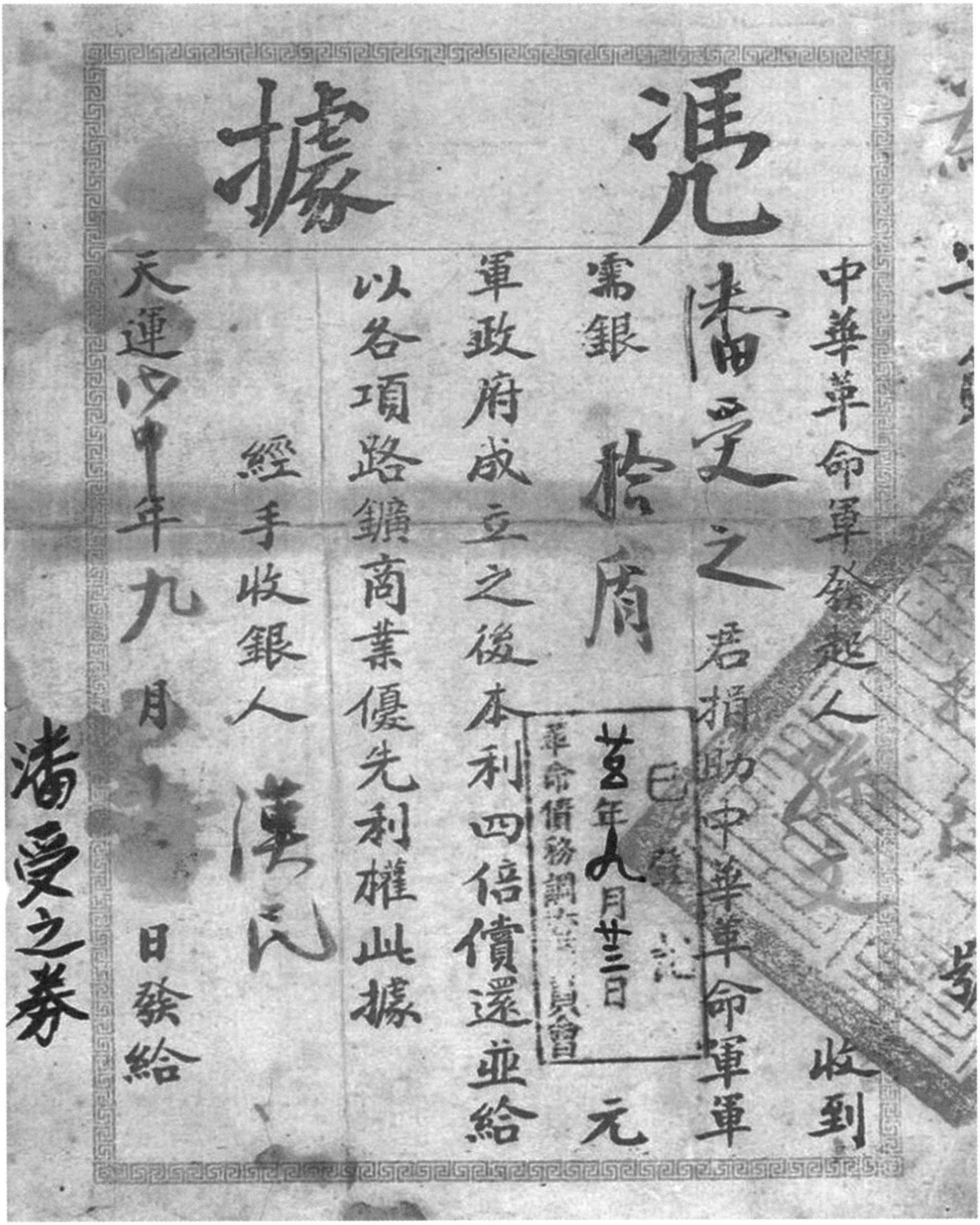

憑據

中華革命軍發起人　　收到
潘受之君捐助中華革命軍軍
需銀拾圓元
軍政府成立之後本利四倍償還並給
以各項路鑛商業優先利權此據
經手收銀人　漢民
天運戊申年九月　日發給

潘受之券

1908 年中华革命军接受海外华侨捐款凭据
（来源：黄中行）

潘受之

从 1905 年同盟会在东京成立至辛亥革命结束，短短的六年之内，同盟会先后共发动了八次革命，而起义的军需，大部分筹自华侨商贾或会党团体，并采用随捐随写的收条方式。

上页图是 1908 年中华革命军接受海外华侨捐款凭据，自右至左直书为："中华革命军发起人孙文，收到潘受之君捐助中华革命军军需银拾盾，军政府成立之后，本利四倍偿还，并给以各项路矿商业优先利权，此据。经手收银人汉民。天运戊申年九月十二日发给。"孙中山及其领导的革命团体在开展反清斗争的各个历史时期，曾先后发行过多种筹饷债券，不同时期所发债券的借还之比并不一。这是一张"借一还四"的筹饷债券。

潘受之（1873—1962 年），今广东省佛山市三水区大塘镇白水村人，新加坡华人革命家。1907 年，受孙中山先生的资产阶级民主革命思想影响，加入中国同盟会，倾资捐助以助国民革命，并在坤甸副埠、新加坡、八打威等埠创办《华侨日报》《中兴日报》《晨报》等报纸，并创建图存学校、德育女子学校以及图存阅报书社、民峰社剧团等宣传革命。孙中山对潘氏的革命行为大加赞赏，于 1912 年专门颁发旌义状，以表彰他对革命的贡献。

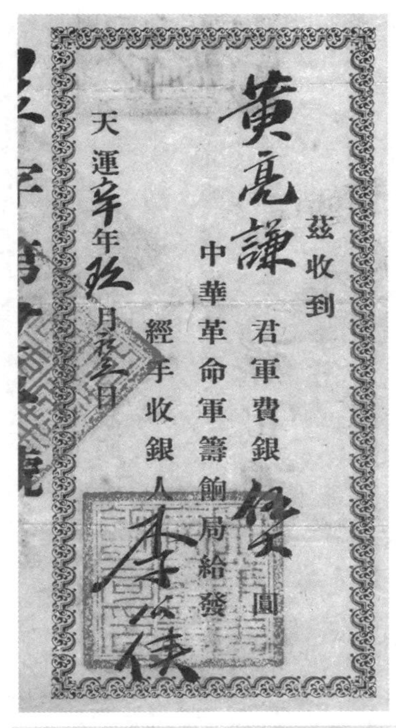

茲收到

黄亮謙君軍費銀[illegible]圓

中華革命軍籌餉局給發

經手收銀人李公俠

天運辛年玖月叁日

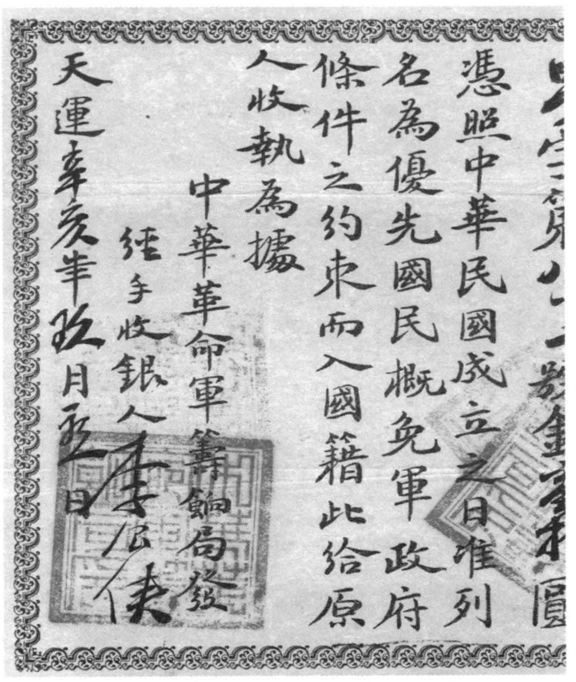

憑照中華民國成立之日准列名為優先國民概免軍政府條件之約束而入國籍此給原人收執為據

中華革命軍籌餉局發

經手收銀人李公俠

天運辛亥年玖月叁日

1911 年中华革命军筹饷局签发的中华革命军捐款收据及存根

（来源：何锡钿）

李公侠

1911 年 7 月，美洲洪门筹饷局（又称“中华革命军筹饷局”，对外称“国民救济局”）在旧金山成立，主要负责为国内武装起义筹集经费。成立第一年筹得的 40 余万美元是辛亥革命的主要经费来源。1911 年 10 月 10 日武昌起义爆发后，筹饷局继续派演说员按原计划筹款，并将万余美元赠给即将回国的孙中山，还给各省起义军汇寄饷项，数额不菲。按照《洪门筹饷局缘起》的规定，筹饷局在旧金山致公总堂的协助下，向各地致公堂寄发了“捐册”，用于各地华侨捐款的登记。各地捐款皆由旧金山洪门筹饷总局统一管理。洪门筹饷局在接受华侨捐助的军费银时，还会根据所发捐册，按名给发执照为凭。上面有“中华民国成立之日准列名为优先国民，概免军政府条件之约束而入国籍，此给原人收执为据。中华革命军筹饷局发，经手收银人李公侠”字样。

李公侠（1886—1961 年），又名李是男，广东台山人，中国近代民主革命家。出生于美国旧金山华侨家庭，1906 年在香港加入同盟会。1909 年与黄伯耀在旧金山组织少年中国学社，创办《美洲少年周报》，宣传革命。次年改少年中国学社为同盟会，任会长，改《美洲少年周报》为《少年中国晨报》，任编辑。1911 年 6 月，李公侠遵照孙中山的直接指示，让全体同盟会会员加入洪门致公堂，并组成统一的筹饷局，在华侨中更广泛地开展革命工作。1914 年组织剧团，为革命筹款。1921 年任孙中山大总统府秘书。

1911 年洪门筹饷局面向海外华侨发行的中华民国金币券

（来源：何锡钿）

中华民国金币券是孙中山于 1911 年在美国发起成立美洲洪门筹饷局时发行的革命债券。为了筹得更多的革命活动款项，孙中山先生和洪门筹饷局在一无政权、二无银行、三无实业的情况下，及时赶印一批具有震撼力、号召力的募捐凭证——中华民国金币券，面向海外发行。这种印制精美的金币券，分 10 元、100 元、1 000 元三种面值。为了此次募集，孙中山亲拟《革命军筹饷约章》，规定“凡认任军饷至美金五元以上者，发回中华民国金币票双倍之数收执。民国成立之日，作为国宝通用，缴纳课税，兑换实银”。为得到华侨的广泛支持，孙中山同洪门筹饷局筹款人员不辞劳苦，辗转北美温哥华、多伦多、维多利亚、纽约等地巡回演讲宣传，海外华侨深受鼓舞，纷纷慷慨解囊，使筹款行动大见成效。中华民国成立后，孙中山践行承诺，兑付了大部分金币券。中华民国革命债券调查委员会又在 1935—1937 年收回未能兑付的金币券。令人感动的是，许多华侨表示无须国家偿还，有的当面销毁，有的持券纪念。

中華民國軍需公債
定額壹萬萬圓週年捌釐計息
民國元年中央政府發行
壹佰圓公債票
中華民國元年貳月貳日
副總統
中華民國臨時大總統
財政部總長
№017447

1912 年中华民国军需公债

（来源：何锡钿）

1912 年 1 月 1 日，由孙中山创立的南京临时政府宣告成立。但新生的资产阶级革命政权从一开始就陷入了严重的财政危机之中。作为临时政府首都的南京“库藏如洗”，各省也无“分文报解”。发行巨额公债就成为挽救临时政府财政危机的一项重要举措。在军需公债发行过程中，南京临时政府采取了各种措施，其中向华侨募集是一项重要举措。南京临时政府派员赴日本、南洋各埠向该处华侨进行劝募。军需公债的发行得到了国外华侨的积极支持，大洋洲、美洲、南洋等地华侨应募颇为踊跃，以致南京临时政府所接“各埠华侨函电定购公债票者日有十数起”。①

① 刘晓泉：《民国元年军需公债初探》，《西南大学学报》（社会科学版）2008 年第 5 期。

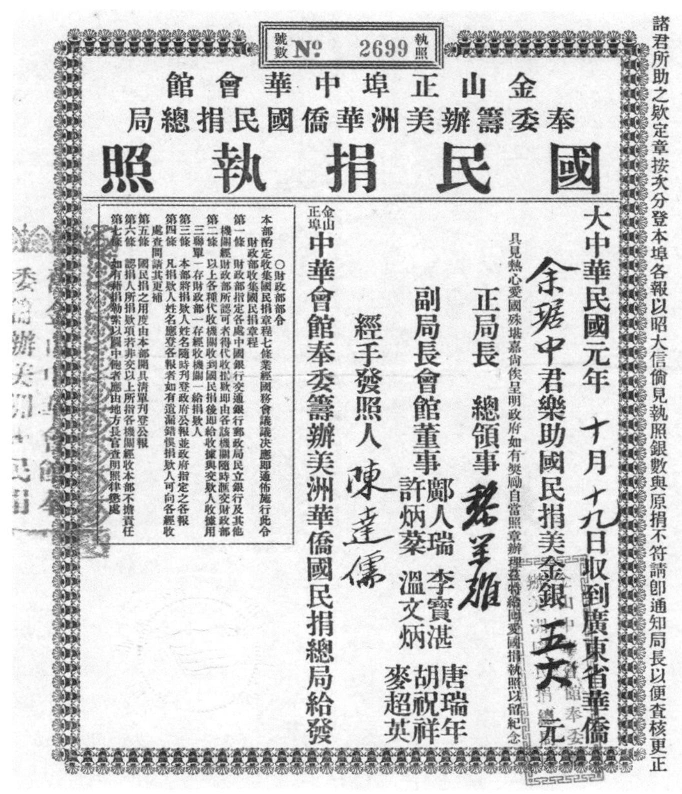

執照號數 № 2699

金山正埠中華會館

奉委籌辦美洲華僑國民捐總局

國民捐執照

大中華民國元年 十月十九日收到廣東省華僑

余琚中君樂助國民捐美金銀 五大元

具見熱心愛國殊堪嘉尚俟呈明政府如有奬勵自當照章辦理茲特給回愛國捐執照以留紀念

正局長 總領事

副局長會館董事 鄺人瑞 李寶湛 唐瑞年 許炳棻 溫文炳 胡祝祥 麥超英

經手發照人 陳達儒

金山正埠中華會館奉委籌辦美洲華僑國民捐總局給發

○財政部部令

本部酌定收集國民捐章程七條業經國務會議議決應即通佈施行此令

財政部收集國民捐章程

第一條 財政部指定各處中國銀行交通銀行郵政局民立銀行及其他機關經財政部所認可者得代收捐欵即由各該機關隨時滙交財政部

第二條 以上各種代收機關收到國民捐後即給收據與交欵人收據用三聯單一存財政部一存經收機關一給捐欵人

第三條 本部將捐欵人姓名隨時刋登政府公報並政府指定之各報

第四條 凡捐欵人姓名應登各報者如有遺漏錯悞捐欵人可向各經收處查問請其更補

第五條 國民捐之用度由本部開具清單刋登公報

第六條 認捐人所捐欵項若非交以上所指各機關經收本部不擔責任

第七條 如有藉捐勒索以圖中飽者應由地方長官查明照律懲處

諸君所助之欵定章按次分登本埠各報以昭大信倘見執照銀數與原捐不符請卽通知局長以便查核更正

1912 年美国金山正埠中华会馆的国民捐执照

（来源：何锡钿）

民国元年（1912 年）的国民捐运动是一场为了挽救国家财政危机而兴起的民众运动。民国建立之初，国家财政因收入微薄且支出浩大而极度困难，中国陷入严重的财政危机之中。为摆脱财政危机，南京临时政府与北京政府相继向各列强举借外债。外债的举借虽能使中国暂时度过财政危机，但外国人以善后借款行控制中国财政、军事之实，最为国民所不容。而黄兴倡导的以国民捐拒外债的主张正是在这样一个大背景下提出的。①

上图的“1912 年美国金山正埠中华会馆的国民捐执照”上，除了捐款人姓名、捐款金额外，还印有国民政府财政部颁布的酌定收集国民捐章程七条规定，盖有“金山正埠中华会馆奉委筹办美洲华侨国民捐总局”的印章，以及旧金山总领事兼美洲华侨国民捐总局局长黎荣耀的签名。

① 沈航：《借款、政局与民众运动——以 1912 年国民捐运动为中心的考察》，天津师范大学硕士学位论文，2010 年，第 1 页。

第二次執照

中華民國粵省軍政府都督胡　爲
發給執照事茲准第二次委任借欵局報告
高榮焜繳到認借軍債 港紙 銀壹拾大元正
按照美洲華僑軍債票辦法借銀壹圓還銀壹員伍
毫以二年爲限至期發還請發給執照以昭大信等
情前來准此特發回執照并蓋關防交高榮焜
收執存據此照
財政司長廖仲愷 簽押
中華民國元年五月二十日 發給

1912 年中华民国粤省军政府财政司长
廖仲恺签发的军债借款第二次执照
（来源：何锡钿）

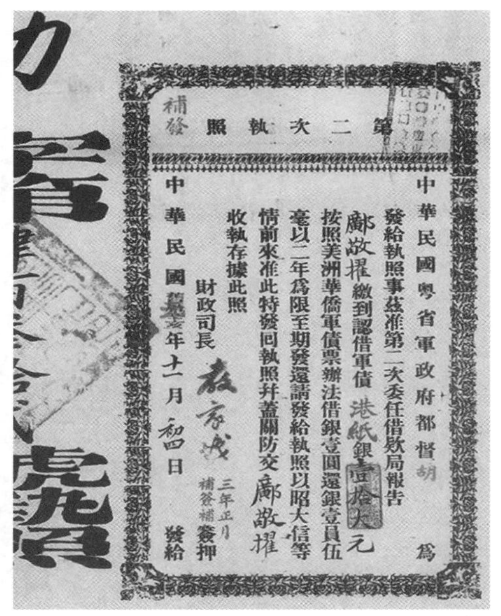

補發 第二次執照

中華民國粵省軍政府都督胡　爲
發給執照事茲准第二次委任借欵局報告
鄺敬擢繳到認借軍債 港紙銀壹拾大元
按照美洲華僑軍債票辦法借銀壹圓還銀壹員伍
毫以二年爲限至期發還請發給執照以昭大信等
情前來准此特發回執照并蓋關防交鄺敬擢
收執存據此照
財政司長 [illegible] 三年正月補發補 簽押
中華民國[illegible]年十一月初四日 發給

1912 年中华民国粤省军政府财政司长
严家炽签发的军债借款第二次执照
（来源：暨南大学图书馆馆藏）

武昌起义后，广东独立，成立中华民国粤省军政府，公举胡汉民为都督。民国元年至二年，军政府曾向海外华侨、国内殷商募借“军债”。第一次募债 70 万元，在此基础上，借款局继续筹借军债，支援革命。因为是第二次募债，故借款凭据为“第二次执照”。按照美洲华侨军债票办法改为借银一元，还银一元五毫，以二年为限。

廖仲恺（1877—1925 年），广东惠阳人，近代民主革命家。1902 年留学日本，仰慕孙中山，萌发反清革命思想。1905 年加入中国同盟会。1909 年学成回国，在清政府中发展革命势力。1911 年广东光复后应召担任广东军政府财政部副部长。1913 年宋教仁被刺后，廖仲恺潜赴北京策动国会议员反袁，险遭捕杀，旋回广东参与讨袁活动，失败后流亡日本。1914 年在东京参与组织中华革命党，任财政部部长，以后一直追随孙中山左右，主持财政工作。1917 年参加护法运动。1921 年协助孙中山北伐。1922 年陈炯明叛变，廖仲恺被囚禁，旋被营救脱险；同年 9 月奉孙中山之命秘密赴日本与苏俄特使越飞会谈，磋商中苏合作。1924 年 6 月任广东省省长。1925 年 8 月 20 日被暗杀。

廖仲恺

入會證書

顏如雲君由會員王宗文君紹介入會業經本會許可持此證明

中國同盟會僑越西貢支部

中華民國二年四月廿九日

1913 年中国同盟会侨越西贡支部的入会证书

（来源：泉州华侨历史博物馆馆藏）

中国同盟会是清朝末年由孙中山领导和组织的一个统一的全国性资产阶级革命政党。设总部于东京，国内分东南西北中五个支部，国外分南洋、欧洲、美洲、檀香山四个支部；支部下按国别、地区设立分会。凡愿入会者，须遵守本会定章，立盟书，缴入会捐一元，发给会员凭据。

1905 年，孙中山主持成立了中国同盟会西贡堤岸分会，这是同盟会在东南亚开设的第一个分会。上图是 1913 年中国同盟会侨越西贡支部的入会证书。持证人颜如云，又名颜国隆，生于 1873 年，籍贯为福建省永春县达埔镇达德村，系旅居越南西贡的爱国侨胞。1907 年，孙中山到越南西贡宣传爱国民主革命思想，并在河内建立中国同盟会分会。颜如云受到孙中山民主革命思想的影响，于 1913 年在西贡加入同盟会。①

① 张素萍：《永春华侨的同盟会员证》，《东南早报》，2011 年 10 月 10 日。

中華革命黨債券

第三種

拾圓

No 24232

一 本債券發行償還均以日本幣爲準

一 本債券利息爲照券面價格一倍

一 本債券於新政府成立後三年內由財政部定期公告償還

一 本債券於財政部公告償還後三年內得向革命債券整理局或原經手之籌餉局換取本息

一 本債券得任意轉讓

中華民國 年 月 日

中華革命黨總理 孫文

1914 年中华革命党债券

（来源：何锡钿）

1913 年秋，“二次革命”失败，孙中山避居日本东京。1914 年 7 月，在东京改组国民党为中华革命党，积极开展反对袁世凯专制独裁、重建民主共和制度的斗争，努力实现“雪癸丑之耻”“竟辛亥之功”的目标。同时发行革命债券，筹饷的对象是广大海外华侨。对捐款十元以上的华侨，均致发“革命公债”，作为收据凭执，并订明偿还办法。此项公债，面额分十元、百元、千元（均以日元为本位）三种。为对捐赠者有所鼓励，财政部复决定配合发给捐认债券有功章，计分三等：凡认满债券一万元者颁发一等有功章（金质），满一千元者颁发二等有功章（银质），满一百元者颁发三等有功章（铜质）。此两项办法实施后，对海外筹款工作起到进一步推动作用。[①] 中华革命党财政部部长张人杰于 1917 年 1 月 30 日公布，中华革命党总部经手的海外捐款总数为日币 170 余万元。此外，还有朱执信、邓仲元经手的讨伐龙济光之役的海外捐款 5 万余元。[②]

左页图的债券中盖有“革命债务调查委员会已登记”的印章。1934 年 5 月 21 日，国民政府财政部召开第二次全国财政会议，决定成立“革命债务调查委员会”，限于民国二十六年（1937 年）前，凡持有革命债券者可向委员会登记，经该会验明并加盖“已登记”章后，由国库兑现收回。[③]

---

① 罗翼群：《有关中华革命党活动之回忆》，广州市政协网，http：//www. gzzxws. gov. cn/gzws/gzws/ml/hqcc/201107/t20110720_ 21517. htm。

② 郭梁：《海外华侨与民初捍卫共和的斗争》，《南洋问题研究》1992 年第 3 期。

③ 安跃华：《中华革命党本部债券的发行》，《中国国家博物馆馆刊》2011 年第 5 期。

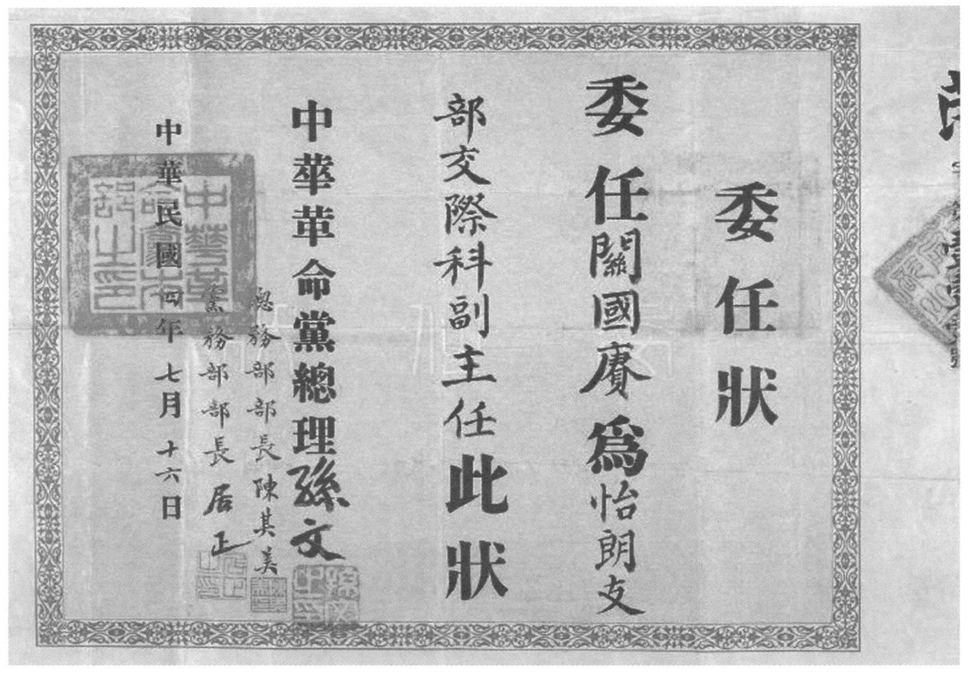
委任狀

委任關國賡爲怡朗支部交際科副主任此狀

中華革命黨總理孫文

總務部部長陳其美

黨務部部長居正

中華民國四年七月十六日

1915 年孙中山签署的怡朗支部交际科副主任的委任状

（来源：徐云）

中华革命党在东京成立时的合影

1914 年，中华革命党成立后，在国内外各地设立支部。国内支部专事组织武装讨伐袁世凯，而海外支部则负责筹款接济革命。中华革命党在南洋各地、欧洲、大洋洲、南非、北美洲、中南美洲，都建立了支部或分部，甚至航行于太平洋的轮船上也发展有中华革命党组织。这一时期，中华革命党先后在海外建立了三十九个支部和四十五个分支部，新党员也不断增加，逐渐发展到一万多人。新加坡、马来亚的中华革命党发展到十一个支部和二十九个分部。[1]

① 郭梁：《海外华侨与民初捍卫共和的斗争》，《南洋问题研究》1992 年第 3 期。

1915年5月，袁世凯承认了日本提出的“二十一条”，这激起海内外中国人的强烈反对。孙中山致函南洋华侨匡慎刚、邓泽如，指出袁世凯承认“二十一条”后必将称帝，应抓住有利时机进行倒袁斗争。又致函叶独醒等人，请为筹款，以助军饷。在邓泽如等人的安排、协助下，革命党人所到之处，向侨胞演讲宣传、劝购公债，华侨一再慷慨解囊、踊跃认购。孙中山任命林森为美洲的筹款委员长，在旧金山成立了民国维持总会，作为南北美洲筹饷总机关。据统计，自1914年7月6日至1916年2月，经民国维持总会捐款输饷者遍及美洲一百五十多个城市，24 000余人，捐款金额达204 651.98美元，汇交东京中华革命党总部，另有林森亲自带回国18万元。[①]

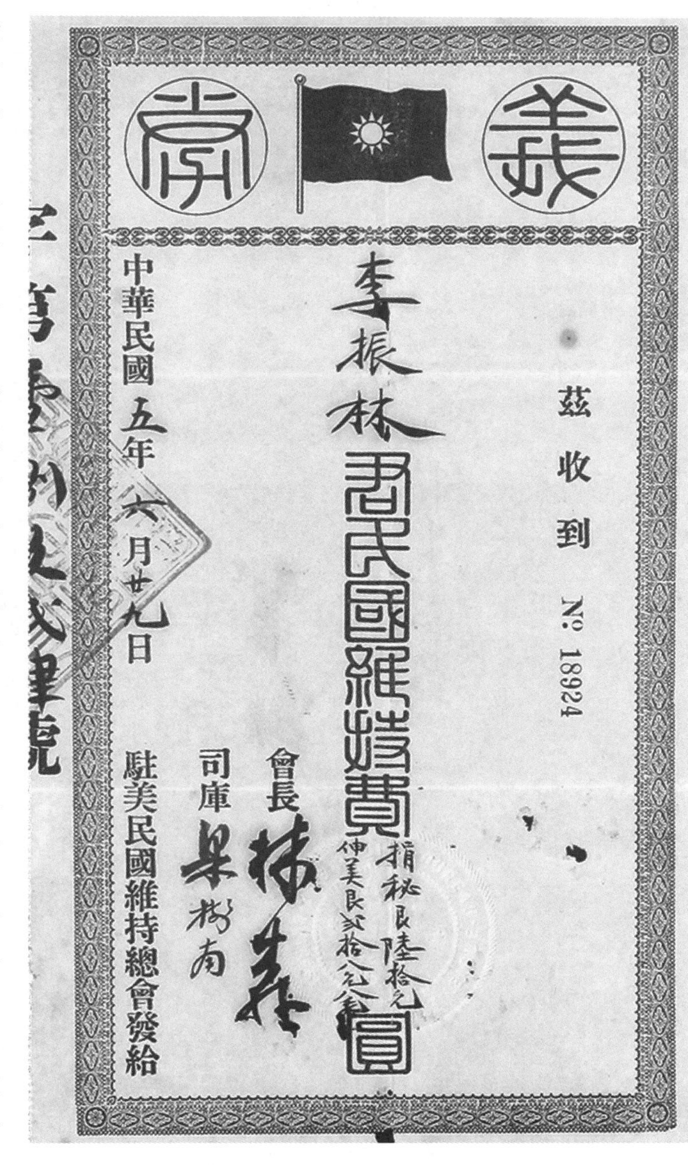
義 捐

茲收到 № 18924

李振林 君民國維持費 員

會長 林森

司庫 梁樹南

中華民國五年六月廿九日

駐美民國維持總會發給

1916年驻美民国维持总会出具的民国维持费的义捐收据

（来源：郑锦龙）

① 郭梁：《海外华侨与民初捍卫共和的斗争》，《南洋问题研究》1992年第3期。

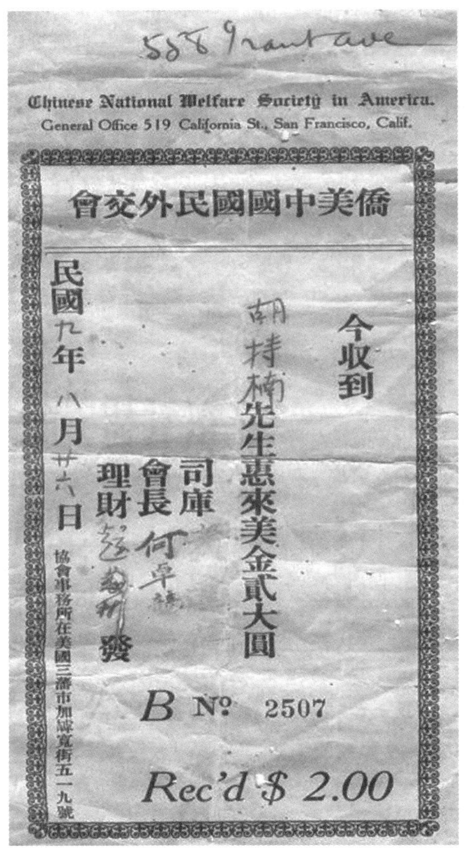

588 Grant ave

Chinese National Welfare Society in America.
General Office 519 California St., San Francisco, Calif.

僑美中國國民外交會

今收到
胡持楠先生惠來美金貳大圓

司庫
會長 何卓競
理財
發

民國九年八月廿六日

協會事務所在美國三藩市加利寬街五一九號

B No. 2507

Rec'd $ 2.00

1920 年美国侨美中国国民外交会的募捐收条

（来源：暨南大学图书馆馆藏）

僑美中國國民外交會函開組職團體保我國權文 八月二十六日

諸先生鈞鑒國際聯盟會以維持人道消滅強權號召於世乃山東一案偏於威脅竟以中國腹心要地判歸日本恃强凌弱不平莫甚迭閱海內輿情憤激羣起反對歐擊國賊抵制賤貨我議和代表復能不辱使命堅拒簽約寧爲玉碎不爲瓦全爭同人格亦足自壯方今列强挾勢均持侵掠主義戴公理人道之假面具而實用强權武力之手腕吾人當急圖自振勿爲所欺早釋內紛協力禦侮僕等僑居異域感受外界之刺激較深關懷祖國之念特切刻正籌策羣力組織僑美中國國民外交會於三藩市矢志入會者逾五千人共圖固結團體一致對日保我國權雪我國恥並於中西言論闡發正誼實力儲金備以濟急而美國議員如轉慎等亦多仗義執言堅持公道願爲中國助足見良心未喪公義不沒國是大可爲也補牢未晚穴舟可鑑願與諸公善圖之專此並頌公安僑美中國國民外交會會長何卓競暨全體謹上

侨美中国国民外交会函开组织团体保我国权文

（来源：《京师总商会月报》1919 年第 1 卷第 8 期）

侨美中国国民外交会会徽

1919 年 1 月 18 日至 6 月 28 日，第一次世界大战战胜国在法国巴黎召开“巴黎和会”。中国代表团提出的收回山东主权等正当要求被拒绝。这一消息传至国内，举国哗然，引发了五四爱国运动。美国侨美中国国民外交会在此背景下由旅美留学生李绍昌发起成立，致力于维持人道、消灭强权，保卫国家主权。①

上图左是 1920 年美国侨美中国国民外交会的募捐收条，持有人胡持楠，捐款“美金贰大圆”。

① 参见张静：《国民外交的一次尝试——中国加入太平洋国际学会之前后》，“1920 年代的中国”国际学术研讨会论文。

委任狀

委任鄧祝三為坤甸

中國國民黨支部幹事此狀

中國國民黨總理 孫文

總務部主任 居正

中華民國九年五月十日

1920 年孙中山签发的坤甸中国国民党支部干事的委任状

（来源：郑锦龙）

辛亥革命后，海外同盟会组织更名为国民党支部。孙中山最初计划将国民党海外支部也一律改为中华革命党，后因不便于筹饷和向当地政府立案注册，仍沿用国民党海外支部名义，但实行中华革命党的革命宗旨。① 国民党海外支部分布广泛，在海外华侨中发展党员，引导海外华侨的政治取向，在华侨中有重要的政治影响。1919 年 10 月，孙中山又将中华革命党更名为中国国民党。因此，海外华侨中的中国国民党组织，是由孙中山领导的同盟会，经国民党、中华革命党演变而来的。②

上图是孙中山签发的坤甸中国国民党支部干事的委任状。坤甸（Belian）是印度尼西亚西加里曼丹省首府，华人人口占三分之一，是典型的华人社会。在 18 世纪，此地曾建立华人自治组织兰芳公司。兰芳公司于 1777 年由嘉应州（今梅州）人罗芳伯联合坤甸的三星、山心、老埔头及新埔头 4 家公司组成，总厅设在曼多尔（又译东万律）。1888 年，因力量悬殊，兰芳公司终于被荷兰殖民军击败，从此结束营业。总共有 10 位总长领导过兰芳公司，其存在 111 年之久。

---

① 郭梁：《海外华侨与民初捍卫共和的斗争》，《南洋问题研究》1992 年第 3 期。

② 任贵祥：《华侨与中国民族民主革命》，北京：中央编译出版社，2006 年，第 215 页。

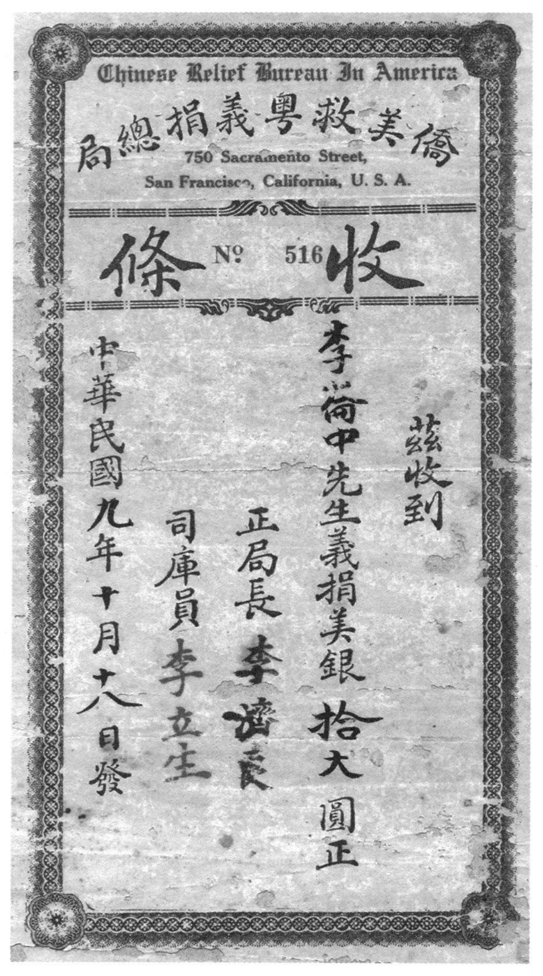
Chinese Relief Bureau In America
僑美救粵義捐總局
750 Sacramento Street,
San Francisco, California, U. S. A.
收條 No 516
茲收到
李尚中先生義捐美銀拾大圓正
正局長 李[illegible]
司庫員 李立生
中華民國九年十月十八日發

1920 年侨美救粤义捐总局义捐收条
（来源：何锡钿）

1917 年 7 月张勋复辟被粉碎后，段祺瑞以“再造民国”之元勋身份再次出任国务总理，掌握了北京政府实权。段祺瑞一方面拒绝恢复被解散的国会和《中华民国临时约法》，制造了“安福国会”；另一方面积极推行“武力统一”政策，力主对南方用兵。1917 年 7 月，孙中山从上海来到广州，筹建护法军政府，与北洋军阀政权南北对峙。从军政府同年 9 月正式成立起，中经桂系军阀的篡权把持，孙中山被迫离粤，尔后又将桂系逐出广东，重新掌握领导权，直至 1921 年 5 月军政府改组为正式政府止，历时约 4 年之久。在此期间，海外华侨一如既往地对孙中山的革命活动大力支持。

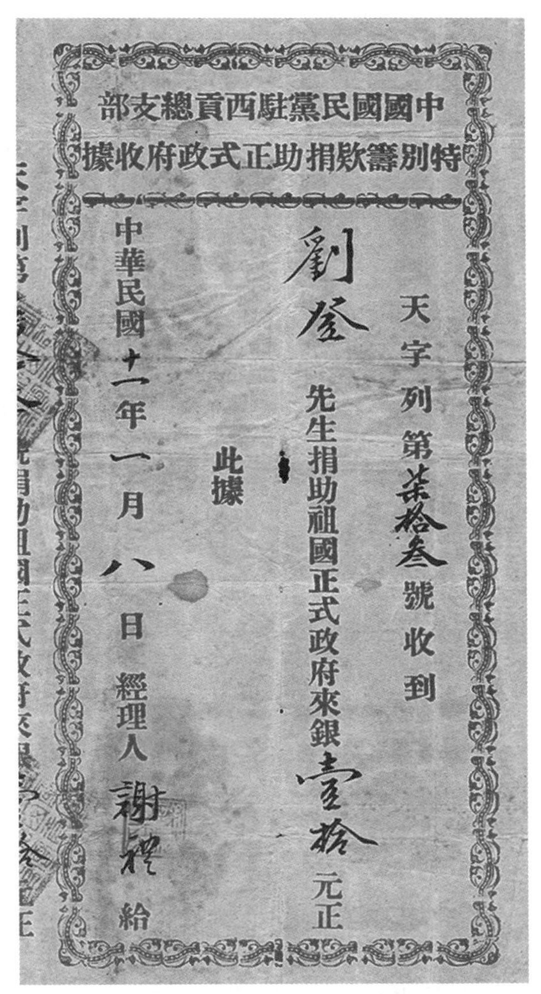

中國國民黨駐西貢總支部
特別籌欵捐助正式政府收據

天字列第柒拾叁號收到
劉登 先生捐助祖國正式政府來銀壹拾元正
此據
中華民國十一年一月八日 經理人謝禮給

1922 年中国国民党驻西贡总支部特别筹款捐助正式政府收据
（来源：郑锦龙）

1921 年元旦，孙中山在军政府发表演讲，正式提议仿照民国元年创立南京临时政府先例，在广州成立民国正式政府。3 月 6 日，广东各界人士一万余人举行国民大会，呼吁尽快选举总统，组织正式政府。海外不少华侨团体也纷纷来电，催请非常国会议决组织政府案。4 月 7 日，广州正式政府克服内部阻力，终于得以成立。[①] 在广州正式政府筹建过程中，国民党海外各支部也积极组织筹款工作，海外华侨踊跃筹款捐助。

① 莫世祥：《广州“正式政府”述论》，《广东社会科学》1991 年第 4 期。

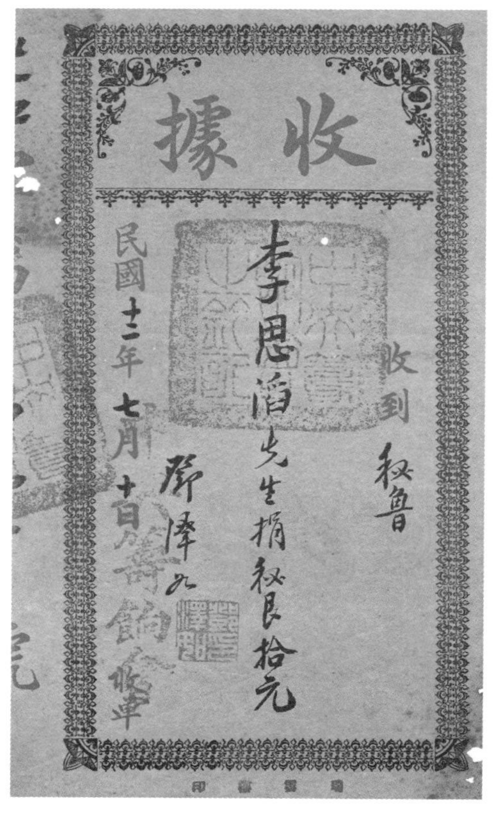

收據

收到

秘魯

李思滔先生捐秘艮拾元

民國十二年七月十日

鄧澤如

籌餉收單

1923 年中央筹饷会的捐款收据

（来源：何锡钿）

1921 年 9 月，经孙中山批准，中央筹饷会在广州成立，筹集义捐，以济国家之急。爱国人士及海外华侨踊跃捐饷，支援北伐，以解军政燃眉之急。中央筹饷会工作由邓泽如负责。孙中山对邓主持的中央筹饷会工作很满意，表扬他“急公好义，办事得力，深堪嘉许”。

邓泽如

邓泽如（1869—1934 年），名文恩，号泽如。清光绪年间，以契约劳工身份到马来亚谋生，逐步发展成为南洋知名的实业家。1907 年，邓泽如加入同盟会，任马来亚分会会长。邓泽如为孙中山领导的革命数次筹款，接济军费。1912 年回国，开发矿业，1920 年担任广州军政府内政部矿物局局长兼广东矿务处处长，其间为讨伐袁世凯、陈炯明大力筹款。担任过国民党广东支部部长以及第一、二、三、四届中央监察委员会委员等职。

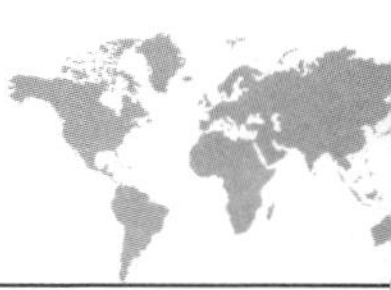

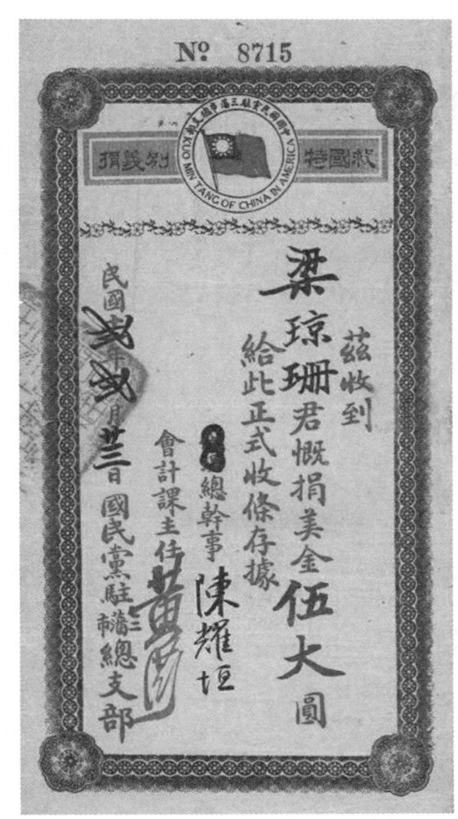

No 8715

救國特別義捐

KUO MIN TANG OF CHINA IN AMERICA

茲收到
梁琼珊君慨捐美金伍大圓
給此正式收條存據
總幹事 陳耀垣
會計課主任
民國　年　月　日
國民黨駐三藩市總支部

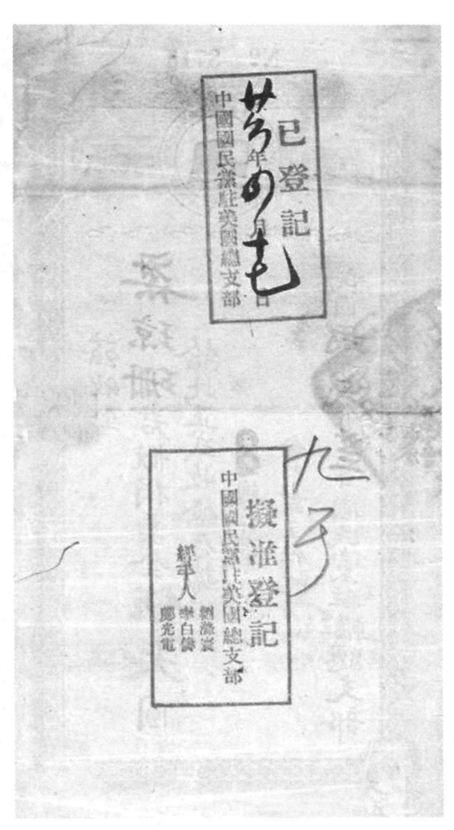

已登記
中國國民黨駐美國總支部
年　月　日

擬准登記
中國國民黨駐美國總支部
經手人

1923 年中国国民党驻三藩市总支部的救国特别义捐收据

（来源：徐云）

美国华侨人数众多，自孙中山发动革命以来，他们始终是积极的支持者。美国国民党总支部设在三藩市（旧金山市），支部有一百多处，党员数量超过 1.2 万。[①] 三藩市总支部是中国国民党在海外的一支重要力量。1922 年，国民党中央侨务委员陈耀垣被任命为国民党驻三藩市总支部总干事。

上图右是收据的背面，盖了中国国民党驻美国总支部的“拟准登记”和“已登记”章戳两处，说明国民党驻美国总支部受国民政府革命债务调查委员会委托，对该收据进行了登记验证。

① 任贵祥：《华侨与中国民族民主革命》，北京：中央编译出版社，2006 年，第 219 页。

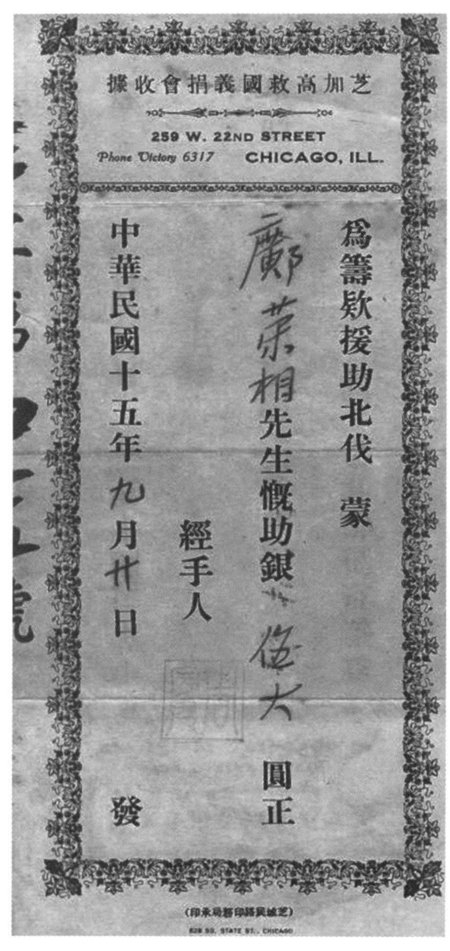
芝加高救國義捐會收據
259 W. 22ND STREET
Phone Victory 6317 CHICAGO, ILL.
爲籌欵援助北伐 蒙
鄺榮相先生慨助銀伍大圓正
經手人
中華民國十五年九月廿日發

1926 年美国芝加高（哥）救国义捐会的
援助北伐捐款收据
（来源：暨南大学图书馆馆藏）

1926 年 7 月 1 日，广东革命政府国民革命军颁布《北伐宣言》，誓师北伐。翌日，由 16 个海外华侨团体组成的华侨协会，在广州召集驻粤各华侨团体，举行了华侨北伐后援会成立大会。各华侨团体的与会代表在会上讨论并通过了《华侨北伐后援会简章》，规定该会的宗旨是“援助国民革命军出师北伐，以求中国之真正统一”。此后，海外各地竞相成立华侨北伐后援会。到 1926 年 9 月，各地建立的华侨北伐后援会共有 524 个，会员约有 100 万人。至 1926 年底，北伐军收到的海外华侨汇款共 100 万元。①

① 陈万安、许肖生：《北伐战争与华侨》，《学术研究》1982 年第 5 期。

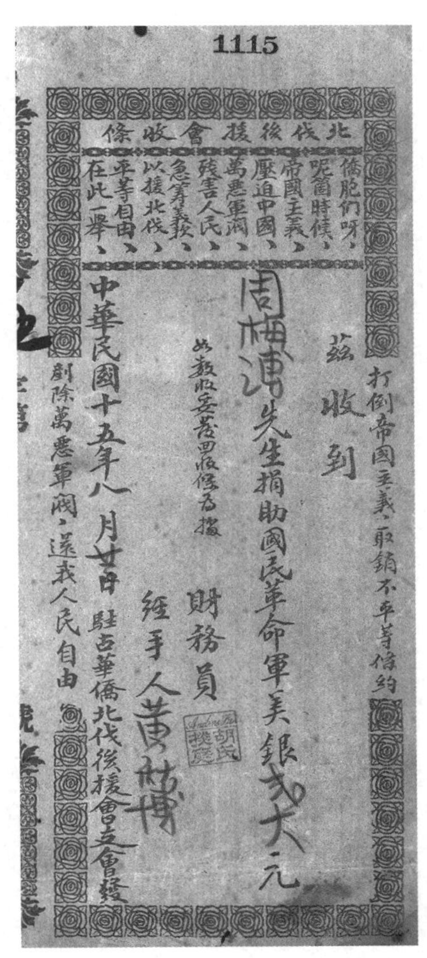

1115

北伐後援會收條

僑胞們呀、呢箇時候、帝國主義、壓迫中國、萬惡軍閥、殘害人民、急籌義款、以援北伐、平等自由、在此一舉、

打倒帝國主義、取銷不平等條約

茲收到

先生捐助國民革命軍美銀 大元

財務員

經手人

中華民國十五年八月廿日 駐古華僑北伐後援會古支會發

剷除萬惡軍閥、還我人民自由

1926 年驻古华侨北伐后援会支会国民革命军捐款收条

（来源：徐云）

上图的收条在引人注目处印上了一些鼓舞人心的宣传口号，如收条上部的“侨胞们呀，呢箇（这个）时候，帝国主义，压迫中国，万恶军阀，残害人民，急筹义款，以援北伐，平等自由，在此一举”；收条右边的“打倒帝国主义，取销（消）不平等条约”；收条左边的“铲除万恶军阀，还我人民自由”。这些宣传口号振奋人心、鼓舞斗志，大大激发了广大华侨募捐筹款的热情。

驻古华侨北伐后援会支会成立后，在古京不到一日即捐款至 2 000 元之多。①

---

① 吴新奇：《海外华侨对北伐的支援——纪念北伐战争 75 周年》，《东南亚研究》2001 年第 3 期。

国民政府旗下的国民革命军在1926年7月9日从当时的根据地广东起兵后，连克长沙、武汉、南京、上海等地。但前进至华中时，国民政府内部因对苏联与中国共产党的态度不同而一度分裂，北伐陷于停顿。宁汉复合后，国民革命军继续北伐，并在西北冯玉祥和山西阎锡山加入后，于1928年6月攻克北京，至此国民政府完成北伐。

中国国民党“一大”后，在海外建立了加拿大、三藩市、檀香山、墨西哥、澳大利亚、暹罗、缅甸、南洋、法国、南非10个总支部及61个支部、324个分部、264个区分部，有党员43 966人、党报24份、学校59所、宣传机关75处。[①] 右图中的“布冧分部”隶属于澳大利亚总支部。

北伐时期的国民革命军

No.

中國國民黨布冧分部收條

收到

伍于定先生荣旋額捐貳镑正

中華民國十六年四月十五日

手簽

1927年中国国民党布冧分部的荣旋额捐款收条

（来源：何锡钿）

① 《华侨革命史》编纂委员会编：《华侨革命史》（下），台北：正中书局，1981年，第378页。

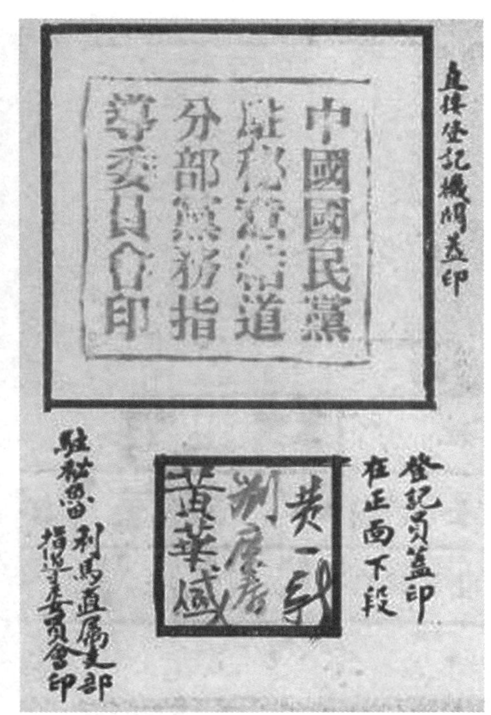

1928 年中国国民党驻秘鲁利马直属支部的中国国民党党员登记证

（来源：暨南大学图书馆馆藏）

1927 年 4 月，国民党开始“清党”，其中党员登记是“清党”、整理党务的中心工作。国民党意欲通过此举来统计全国党员数量，纯化党员成分，强化党员意识。经过党员登记后，国民党党员数量、社会构成及党员分布均发生了显著的变化。1927 年 5 月 5 日，国民党中央常务委员会及各部长联席会议通过了“清党六原则”。5 月 7 日，中央清党委员会正式成立，委任邓泽如为主席。国民党中央作出“清党”的决议后，派人员分赴地方、军队、海外，整理党务、办理党员登记。国民党的 14 处海外总支部、9 处直属支部也都相继成立了党务整理委员会，由委员会统一指导党员登记。①

① 易青：《1928—1930 年中国国民党党员总登记》，《民国档案》2006 年第 3 期。

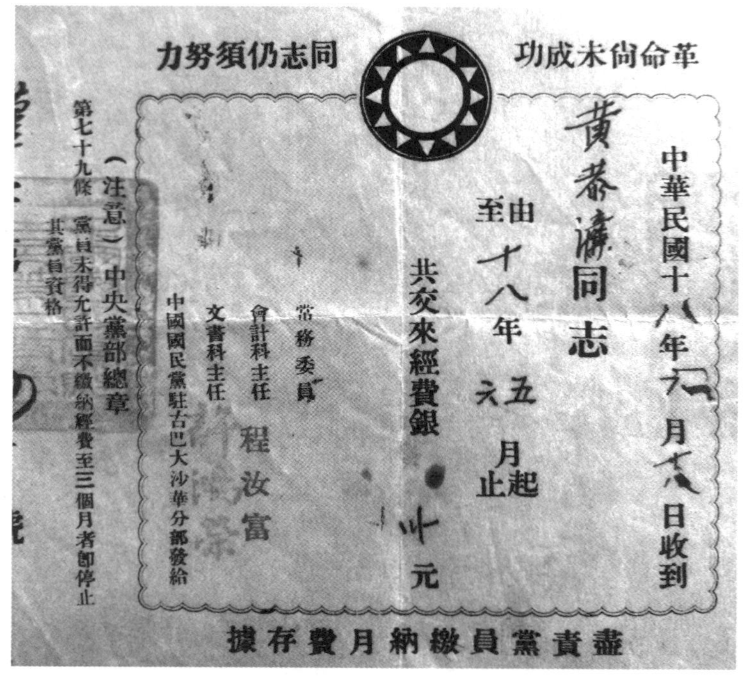

革命尚未成功　同志仍須努力

中華民國十八年六月六日收到

黃恭濂同志

由十八年五月起

至　六　月止

共交來經費銀　　元

常務委員

會計科主任　程汝富

文書科主任

中國國民黨駐古巴大沙華分部發給

（注意）中央黨部總章

第七十九條　黨員未得允許而不繳納經費至三個月者即停止其黨員資格

盡責黨員繳納月費存據

1929 年中国国民党驻古巴大沙华分部党费收据

（来源：郑锦龙）

“革命尚未成功，同志仍须努力”这句话是 1923 年孙中山在中国国民党恳亲大会上的题词。1925 年，孙中山在遗嘱中也表达了这个愿望。“革命尚未成功，凡我同志，务须依照余所著《建国方略》《建国大纲》《三民主义》及《第一次全国代表大会宣言》，继续努力，以求贯彻。主张开国民会议及废除不平等条约，尤须于最短期间促其实现。是所至嘱！”孙中山在病危之中，仍念念不忘拯救中国、拯救民众。他在遗嘱中谆谆以此为嘱，把希望寄托于“唤起民众”，表现了他强烈的爱国之心。

民国期间，国民党海外党员占海外侨胞的很大一部分。国民党海外党员的数量在一些地区最多时曾经占当地侨胞总数的 28. 71% 。平均而言，国民党海外各地的党员占到了海外侨胞总数的 2. 3% ，也就是说每 43 个侨胞中就有 1 个国民党党员，这个比例是比较高的。[①] 在特殊的历史时期，由于其组织设置及与华侨的天然联系，国民党海外党组织就自然地充当起海外华侨与民国政府之间的桥梁与纽带，成为民国政府与海外侨团、侨校之间的有力联系。上图是国民党海外支部党员党费缴纳的收据，缴费人为黄恭濂。

① 国民党第三组编：《中国国民党海外党务现况》，台北：海外出版社，1952 年，第 2 页。

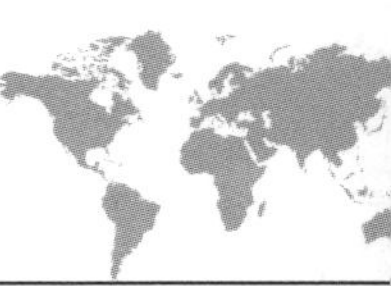

二、抗日战争

抗日战争，是中国人民奋起反抗外敌侵略的民族自救运动，也是中华民族为人类和平作出重大牺牲与贡献的恢宏壮举。关于抗战时期华侨的总人数，国民党侨委会根据各使馆之调查报告及当地政府所发布之文件，统计华侨总人数为 8 700 804。① 在这场神圣的战争中，具有反帝爱国传统的广大海外华侨与祖国人民坚定地站在一起，他们以空前的规模组织起来，积极投身于波澜壮阔的抗日救亡运动，继支援辛亥革命后掀起了以抗日救国为中心的第二次爱国高潮。他们组成各种各样的抗日救亡团体，联合各界华侨，克服艰难险阻，捐款捐物、抵制日货、回国服务和投军，坚持团结民主抗战，开展国际援华活动等。他们告别舒适温暖的家庭，回到战火纷飞的祖国。滇缅公路上有抢运物资的南侨机工在奔波，驼峰航线上有飞虎队的战士们飞越生死线。在世界的每一个角落，客居海外的华侨义无反顾地担起国难，在世界反法西斯战争中默默地奉献自己，为抗日战争的胜利作出了重要贡献。因此，在抗日战争中，除正面战场和敌后战场，还有一个由世界各地华侨开辟的、范围更为广大的“海外战场”。“输财助战”，是毛泽东对海外华侨支援抗战的概括。

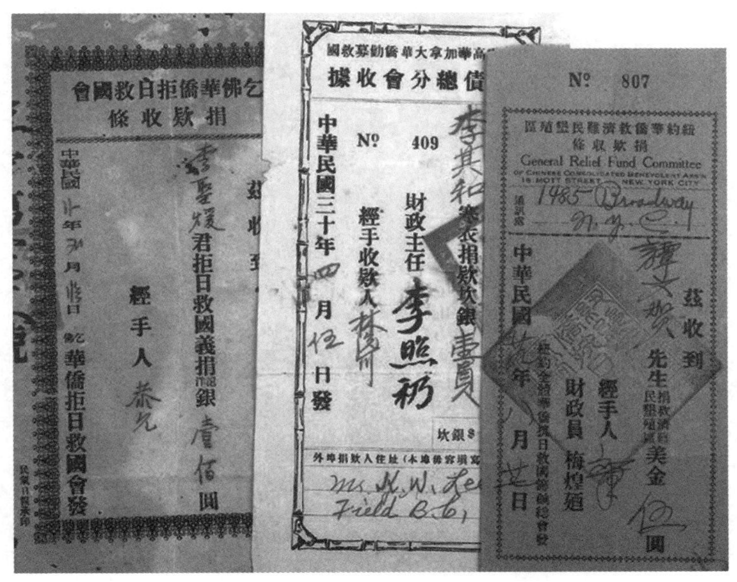

① 魏宏运：《抗战时期的华侨捐输与救亡运动》，《近代史研究》1999 年第 6 期。

（一）月　捐

月捐是一种长期、固定的捐款。全面抗战爆发时，蒋介石即致电海外各地华侨救国社团，指出："海外月捐，增加长期抗战力量，所关至巨，各地侨团务必努力促进，藉收实效。"侨务委员会也发出通电，要求在海外华侨中推广月捐活动。新加坡筹赈总会根据各地区人数和经济状况确定月捐数目，认定新加坡常月捐国币 40 万元，马来亚月捐国币 130 余万元，东爪哇泗水月捐国币 15 万元，苏门答腊月捐国币 6 万元，缅甸月捐国币 30 万元，越南常月捐国币将近 20 万元等。① 在国民政府的积极推动下，月捐活动在五大洲的海外华侨中迅速开展。

抗战爆发以后，200 多万马来亚侨胞在马来亚各地掀起了规模空前的筹赈祖国伤兵难民运动，把出钱献物作为自己应尽的光荣义务。在华侨救亡团体的领导下，马来亚华侨的筹赈运动"风起云涌，海啸山呼，热烈情形，得未曾有"。广大华侨缩衣节食，以持续不断的按月捐、义卖义买、节日特别捐等多种形式踊跃捐输，为支持祖国抗战作出了重要贡献。②

1938 年，毛泽东在延安会见马来亚华侨各界抗敌后援会时题词："马来亚的侨胞用一切力量援助祖国，为中华民族的独立解放而斗争！"

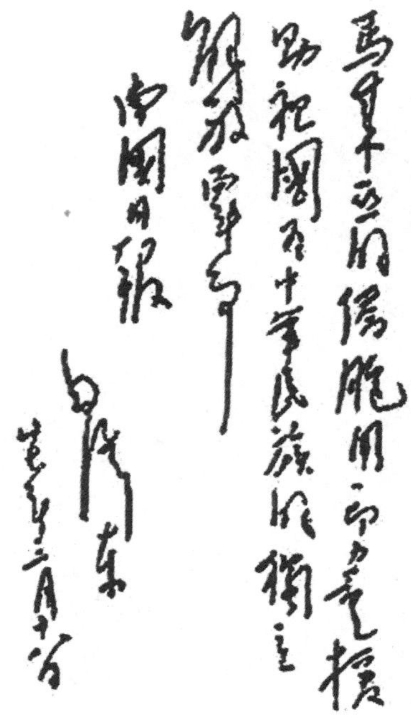

① 魏宏运：《抗战时期的华侨捐输与救亡运动》，《近代史研究》1999 年第 6 期。

② 许肖生：《马来亚华侨对祖国抗战的贡献》，《华南师范大学学报》（社会科学版）1984 年第 4 期。

№ 92891

森美蘭華僑籌賑祖國難民大會

The N. S. China Relief Distress Committee.

月捐收條

茲收到

謝雲軒先生 寶號 七八月份月捐叻幣 貳大元

義此據

分會財政

主任

中華民國廿七年十一月廿日

1938 年马来亚森美兰华侨筹赈祖国难民大会月捐收条

（来源：伍朝星）

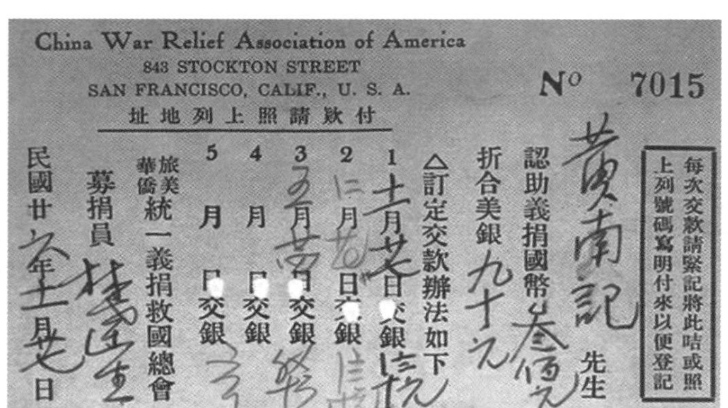
China War Relief Association of America
843 STOCKTON STREET
SAN FRANCISCO, CALIF., U. S. A.
No 7015
付款請照上列地址
每次交款請緊記將此咭或照上列號碼寫明付來以便登記
黃南記 先生
認助義捐國幣叁佰元
折合美銀九十元
訂定交款辦法如下
1 月 日交銀
2 月 日交銀
3 月 日交銀
4 月 日交銀
5 月 日交銀
旅美華僑統一義捐救國總會
募捐員
民國廿 年 月 日

1937 年旅美华侨统一义捐救国总会的分期付款募捐卡
（来源：关汉函）

旅美華僑統一義捐救國總會
總辦事處設在金山中華總會館
CHINA WAR RELIEF ASSOCIATION
843 STOCKTON ST.
SAN FRANCISCO, CALIF., U. S. A.
鄺祖暖 先生認捐
美金義捐伍十圓訂明分期交付由民國廿七年 月 日起每月繳款銀伍圓
認捐人 鄺祖暖
募捐人
每次繳款時請携此証到會以便注簿
戶口証 No 4411

1938 年旅美华侨统一义捐救国总会的抗日月捐认捐证
（来源：何锡钿）

从“九一八事变”起，美国华侨便相继成立了许多救国组织。大致上凡有50 个侨胞聚居之城镇，即有抗日救国组织之存在。抗日救国组织成立后，募捐及抗日宣传活动便如火如荼地开展起来。在整个抗战期间，美国华侨共筹款 2 500 万美元，每人达到 300 美元。① 旅美华侨统一义捐救国总会成立于 1937 年，是美洲地区规模最大的华侨抗日救国组织，是抗战时期美国最为活跃、募款最多的华侨抗日团体之一。其直接统属的分会有 47 个，遍及美国西部、墨西哥、中南美洲共 300 余个大小城镇。截至 1944 年 7 月，该会所筹款项已达 500 万美元之巨，位列全美之首。②

月捐的认捐，有个人认捐，也有商号认捐。“1937 年旅美华侨统一义捐救国总会的分期付款募捐卡”中的“黄南记”应该是一个商号名。

① 黄小坚：《华侨对抗日战争的杰出贡献》，《华侨华人历史研究》1995 年第 3 期。

② 《美洲华侨义捐运动的领袖——邝炳舜》，人民网，http：//politics. people. com. cn/GB/1026/3693484. html，2005 年 9 月 14 日。

月捐具有强制性，是否缴纳月捐，是衡量一个华侨是否爱国的具体标尺。各地侨胞为了夺取抗战胜利，竭尽全力，按月缴纳抗日捐，提出了“逃避义捐，非我族类；捐而不力，不算爱国”的响亮口号。该月捐册中的救济额捐条例规定，安省华侨须每人每月购买慈善票至少壹圆。华侨统一抗日救国总会每三个月对月捐情况进行检查，抗捐、未捐者，将受到处罚。

安省，即加拿大安大略省（Ontario），省会多伦多（Toronto）。

No. 1427

安省　　埠

月捐册

加拿大安省都城駐華僑統一抗日救國總會發

1939 年加拿大安省驻都城华侨统一抗日救国总会的月捐册

（来源：张智）

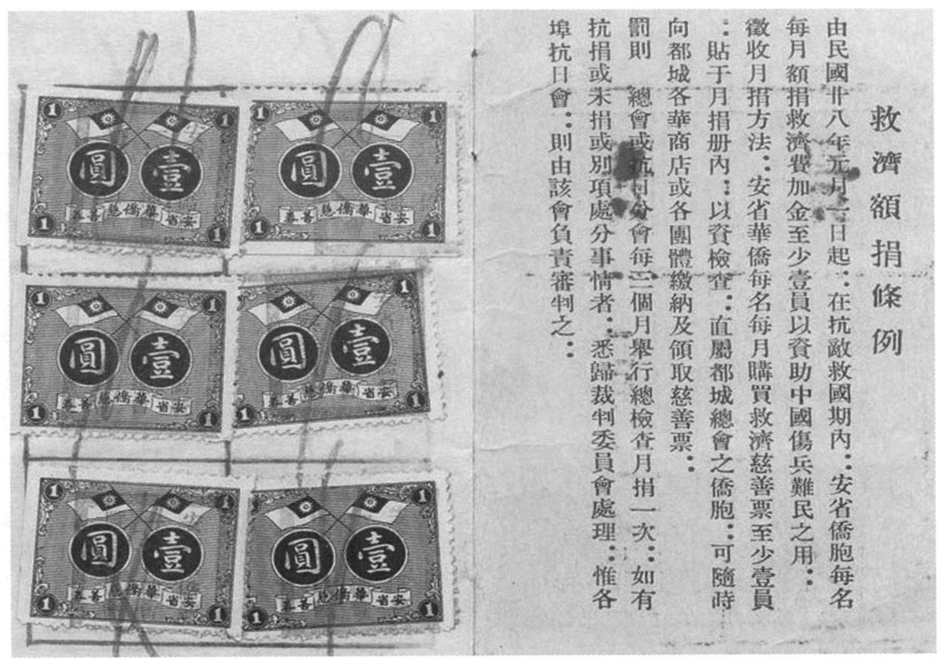

救濟額捐條例

由民國廿八年元月一日起：在抗敵救國期內：安省僑胞每名每月額捐救濟費加金至少壹員以資助中國傷兵難民之用：

徵收月捐方法：安省華僑每名每月購買救濟慈善票至少壹員：貼于月捐册內：以資檢查：直屬都城總會之僑胞：可隨時向都城各華商店或各團體繳納及領取慈善票：

罰則　總會或抗日分會每三個月舉行總檢查月捐一次：如有抗捐或未捐或別項處分事情者：悉歸裁判委員會處理：惟各埠抗日會：則由該會負責審判之：

救济额捐条例

1931 年“九一八事变”发生后，古巴中华总会馆主席林元亨发起成立旅古华侨抗日总会。当时捐款数万元，分寄马占山、蔡廷锴为军饷。淞沪会战结束后，该会工作暂停。1937 年 7 月 7 日“七七事变”发生后，朱家兆等恢复该会活动，悉照前章程办理。各团体派代表 1 人，每月出发担任分区募捐，并在全古各省设立 59 个抗日后援分会，直至 1945 年 8 月中国抗日战争胜利后结束工作。从 1937 年至 1945 年，古巴华侨捐款总计 240 万美元。[①] 右图收条中有“每月认捐（直至休战为止）”的字样，表达了旅古华侨坚持抗战的决心。

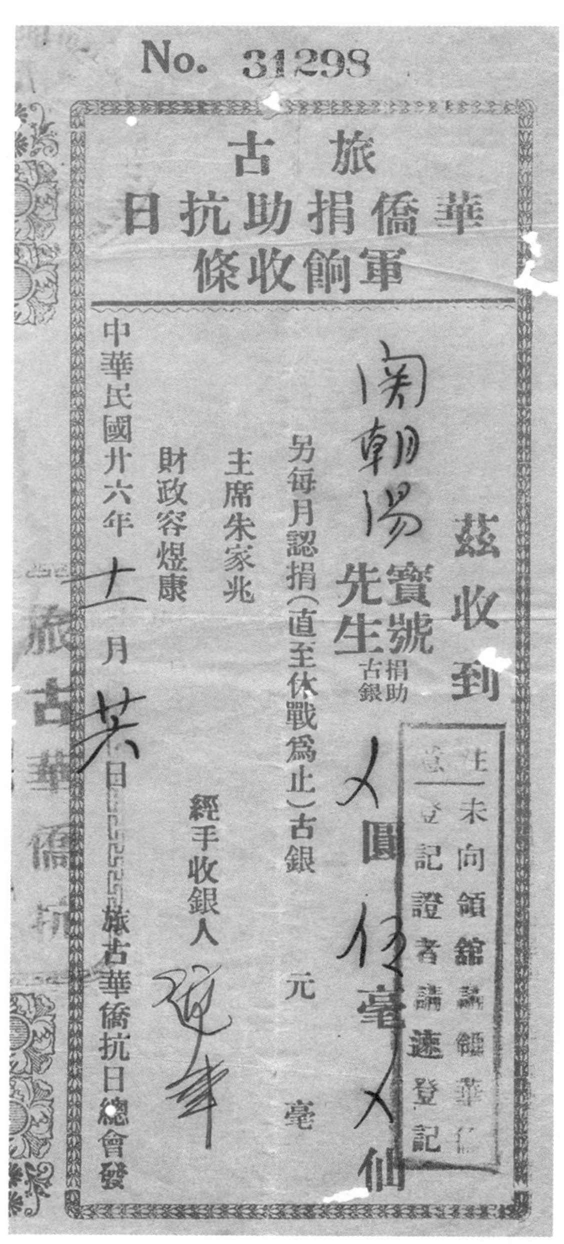

No. 31298

旅古
華僑捐助抗日
軍餉收條

茲收到 寶號/先生 捐助古銀 圓 毫

另每月認捐(直至休戰爲止)古銀 元 毫

主席朱家兆

財政容煜康

經手收銀人

中華民國廿六年 月 日

旅古華僑抗日總會發

注意：未向領館請領華僑登記證者請速登記

1937 年旅古华侨抗日总会的抗日军饷收条

（来源：何锡钿）

① 李砂砂：《略论抗日战争时期华侨的经济支援》，《阴山学刊》2005 年第 4 期。

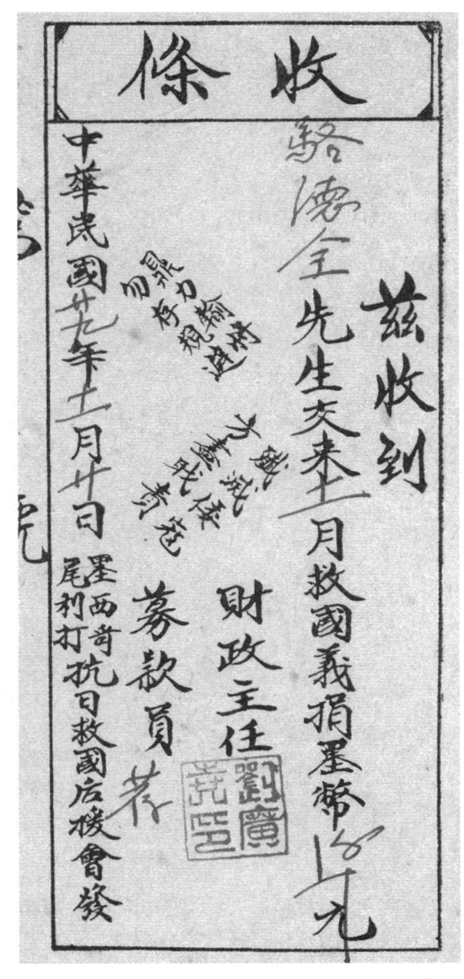

收條

茲收到
駱德全先生交來十一月救國義捐墨幣18元

鼎力輸將 勿存規避
殲滅倭寇 方盡職責

財政主任
募款員

中華民國廿九年十一月廿日
墨西哥尾利打抗日救國后援會發

1940 年墨西哥尾利打抗日救国后援会的救国义捐收条

（来源：何锡钿）

抗战时期，中美洲华侨人数较少，墨西哥有华侨万余人，然捐献并不落后。华侨抗日救国后援会于 1938 年成立后的 16 个月内，举行义捐 1 次，劝募公债 7 次，筹款救济伤兵难民 5 次，并为广东筹款购机，劝募“七七”节食费，又举行黄灾一日捐、救灾奖券等，平均每月筹款 1 次，总计筹得墨币 18 万余元，平均每人约捐 170 元。[①] 上图收条中有“鼎力输将，勿存规避；歼灭倭寇，方尽职责”的口号，具有强烈的宣传效果。

尾利打，即墨西哥尤卡坦州的首府梅里达（Merida）。

---

① 《墨京侨胞捐款救国热》，《华侨先锋》1939 年第 1 卷第 8 期。

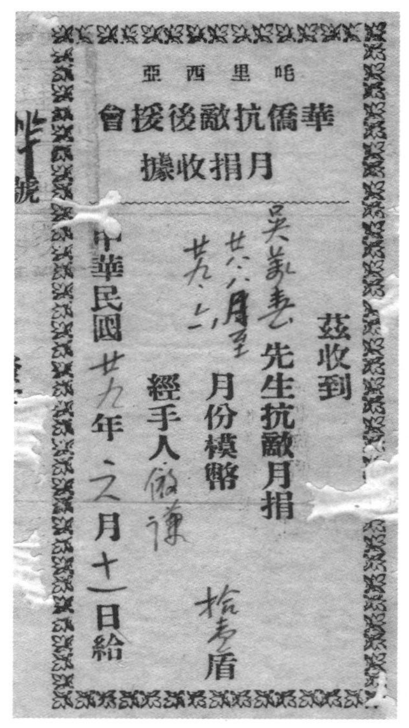
吔里西亞
華僑抗敵後援會
月捐收據
茲收到
吳義春先生抗敵月捐
月份模幣
經手人
中華民國廿九年六月十一日給

1940 年吒（毛）里西亚华侨抗敌后援会的月捐收据
（来源：暨南大学图书馆馆藏）

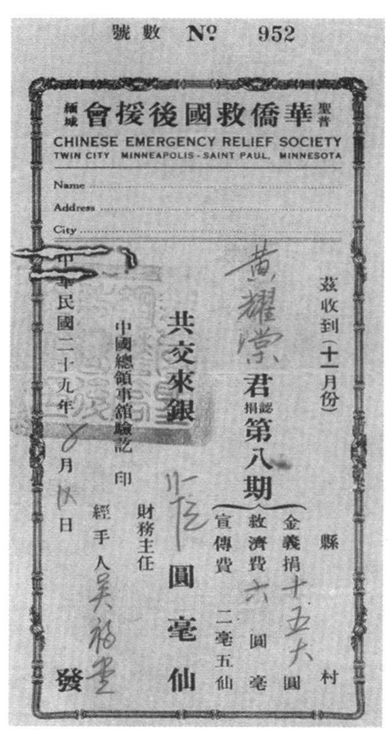
號數 № 952
緬城 華僑救國後援會 聖普
CHINESE EMERGENCY RELIEF SOCIETY
TWIN CITY MINNEAPOLIS - SAINT PAUL, MINNESOTA
Name
Address
City
茲收到（十一月份） 縣 村
黃耀棠君 捐認第八期
金義捐 十五大 圓
救濟費 六 圓 毫
宣傳費 二毫五仙
共交來銀 圓 毫 仙
中國總領事館驗訖印
財務主任
經手人 發
中華民國二十九年 8 月 15 日

1940 年美国缅城华侨救国后援会的义捐收据
（来源：何锡钿）

上图左月捐收据中的“吒（毛）里西亚”，也称“模里斯”，即现在非洲的毛里求斯（Mauritius）。早在 1760 年，就有中国劳工抵达毛岛。在毛里求斯的华人中，客家人占了百分之九十。他们于 1868 年起由中国大陆移居到毛里求斯，用勤劳的双手在异国他乡为自己开拓了一片天地。全面抗战开始后，毛里求斯华侨成立“吒里西亚华侨救国委员会”，后来又更名为“吒里西亚华侨抗敌后援会”。该会是毛里求斯华侨各界人士的共同组织，号召毛岛华侨以捐款捐物的方式支援祖国的抗日战争。在毛里求斯，月捐是从 1937 年 7 月起每月征收，无论大店小店、店东店员，凡有入息者，一律认捐。① 从 1937 年 7 月到 1938 年 1 月的半年时间里，毛里求斯华侨给祖国的汇款就有 7 次。②

上图右收据的持有人黄耀棠，认捐了 11 月的金义捐、救济费、宣传费，并经“中国总领事馆验讫”。缅城是指美国明尼苏达州最大城市明尼阿波利斯（Minneapolis）。

① 陈伊美：《模里斯华侨的爱国热》，《华侨战士》1938 年第 8 期，第 651 页。

② 黄小用、贺鉴：《论非洲华侨对中国抗日的贡献》，《抗日战争研究》2001 年第 3 期。

“九一八事变”爆发后，加拿大华侨迅速组织起多种形式的抗战团体，蒙特利尔的华侨早在1931年10月就组建了抗日会。1932年，卡尔加里有华侨抗日后援会，维多利亚有华侨拒日救国会，多伦多有安大略省华侨拒日救国会。“七七事变”后，加拿大华侨纷纷组织华侨救国会、抗敌后援会、义捐救国会等，这些组织如雨后春笋般出现。据统计，旅加华侨从1937年到1945年，共为祖国抗战事业捐献500万元（加币）。①

右图收条中的“雷振打”，即加拿大萨斯喀彻温省的中南部城市里贾纳（Regina），距离美加边境仅160公里，是加拿大两大重要工业城市之一。

加拿大华侨集会，募捐抗日

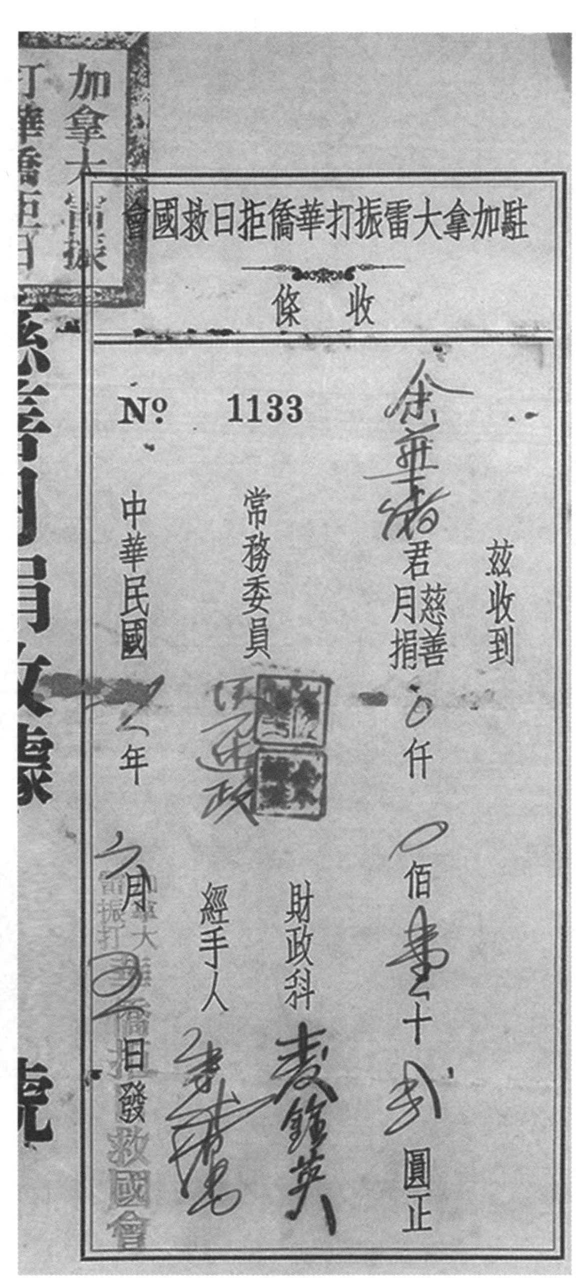

駐加拿大雷振打華僑拒日救國會

收條

№ 1133

茲收到

君慈善月捐

仟

佰

十

圓正

常務委員

財政科

經手人

中華民國 年 月

1943 年驻加拿大雷振打华侨拒日救国会月捐收条
（来源：关汉函）

① 沈毅：《抗日战争中的加拿大华侨》，《辽宁大学学报》（哲学社会科学版）1990年第1期。

（二）劳军捐

为慰劳英勇奋战的前方将士，在国民政府各种劳军机构的组织带领下，输将劳军、支援抗战的民众爱国运动此起彼伏。1937 年 8 月，宋美龄领导的中国妇女慰劳自卫抗战将士总会成立；1938 年 8 月，全国慰劳抗战将士委员会总会成立；1938 年 9 月，全国寒衣总会成立，劳军慰问运动深入展开，如征募寒衣、春礼劳军、文化劳军、鞋袜劳军、出钱劳军、伤兵之友等。据全国慰劳抗战将士委员会总会统计，抗战期间各种劳军捐款超过 5.4 亿元。[①] 对在前线浴血奋战的将士来说，这些劳军活动产生的精神上的慰藉远大于物质上的作用。与祖国命运息息相关的海外华侨，一直是劳军活动的积极支持者，为抗日战争的胜利作出了重要贡献。

蔡廷锴（1892—1968 年），广东罗定人，十九路军军长，抗日名将。因在淞沪会战中奋起抗击日军而声震中外。参与领导“福建事变”，与中华苏维埃共和国临时中央政府和红军签订了《反蒋抗日的初步协定》。“福建事变”失败后，蔡廷锴出洋游历，积极宣传抗日救国，控诉日本侵华罪行，抨击南京政府的不抵抗政策，深受海外华侨和外国友人的欢迎。1935 年元旦，蔡廷锴在旧金山写下了情深意切的抗敌救国箴言，作为临别赠言，与海外华侨们共勉。

蔡廷鍇贈

廷鍇遊歷歐美事為致謝僑胞援助淞滬抗敵之厚意及考察各國軍政以增本人學識蒙僑胞熱烈歡迎且慚且感僑胞既以抗敵救國歡迎廷鍇廷鍇亦以抗敵救國相期望今將歸國爰本古人臨別贈言之義寫此箴言互相勉勵海天萬里相感在精神熱血滿腔所期惟切實

抗敵救國箴言

抗要實力責己為宜
敵貨勿用儉德自持
救要真心做人為基
國恥先立信義歸依
合羣辦事大公無私
勿爭意氣勿亂是非
任怨任勞負責不辭
讓功讓賢成功可期

蔡廷鍇
中華民國二十四年元旦書於金門

1935 年蔡廷锴抗敌救国箴言

（来源：何锡钿）

① 何志明：《抗战时期的劳军运动》，《文史天地》2010 年第 4 期。

华侨抗日救国义勇军是“九一八事变”后陆续从海外归来准备参加对日作战的北伐军旧部。“一·二八事变”爆发后，国民政府将他们集中训练，并编入第19路军第61师。2月1日，华侨义勇军发表通电表示：“小不丧军人之人格，大不失中华之尺土，战死而已。”① 3日开赴上海，16日正式投入战斗，主要在闸北、江湾和吴淞从事抢救伤兵、挖掘战壕、运送弹药等战勤工作。据报载：“华侨义勇军与上海市民义勇军是各种义勇军中成绩最佳、最勇敢、最有功勋者。尤其是华侨义勇军，在火线上共同作战，在后方不断挖战壕，所受的痛苦亦最多。”②

右图是1931年美国旧金山华侨拒日救国后援总会的慰劳义捐收条，捐款人为“陈继成夫人”，由此推断陈继成应该是当时华侨社会的知名人士。

1932年第19路军61师华侨义勇队全体队员合影

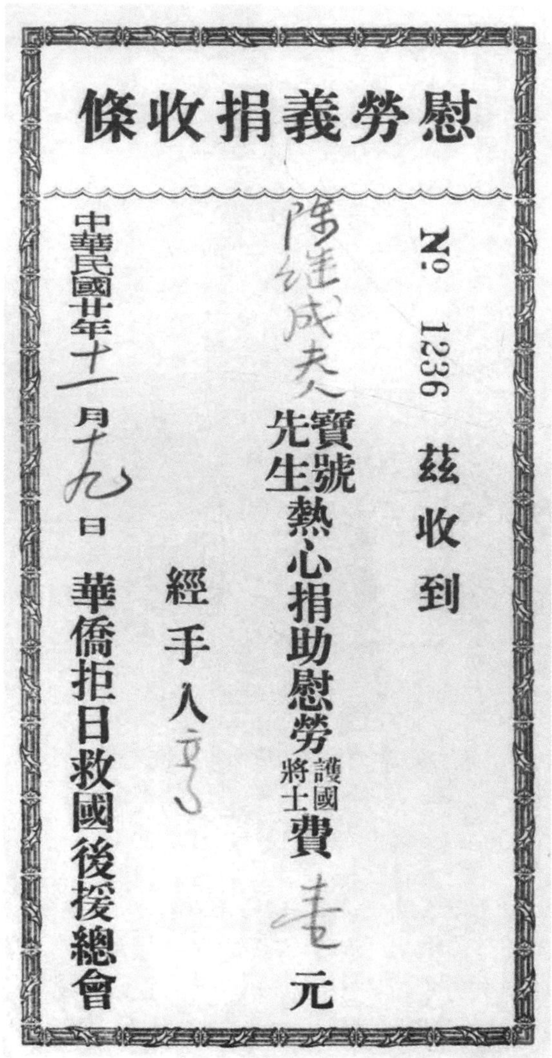

慰勞義捐收條

№ 1236 茲收到

陳繼成夫人 寶號 先生 熱心捐助慰勞護國將士費 壹 元

經手人

中華民國廿年十一月九日 華僑拒日救國後援總會

1931年美国旧金山华侨拒日救国后援总会的慰劳义捐收条

（来源：广东中山博物馆馆藏）

① 《申报》，1932年2月2日。

② 曾瑞炎：《华侨与抗日战争》，成都：四川大学出版社，1988年，第19页。

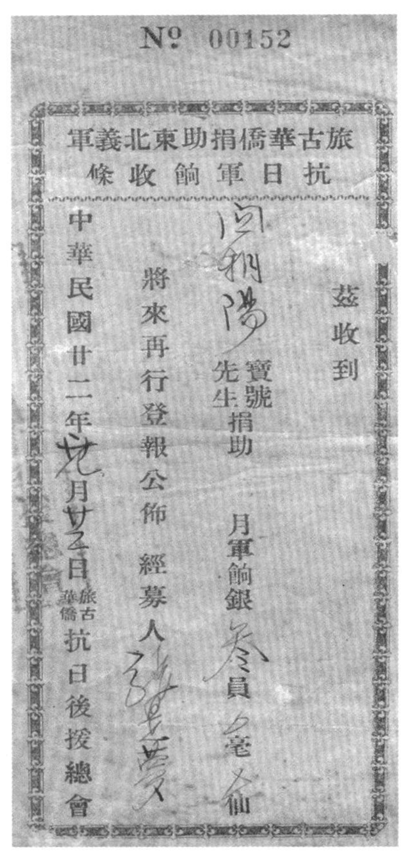

№ 00152

旅古華僑捐助東北義軍
抗日軍餉收條

茲收到
先生寶號捐助　月軍餉銀叁員　毫　仙
將來再行登報公佈　經募人
中華民國廿二年九月　日
旅古華僑抗日後援總會

1933 年旅古华侨捐助东北义军
抗日军饷收条
（来源：何锡钿）

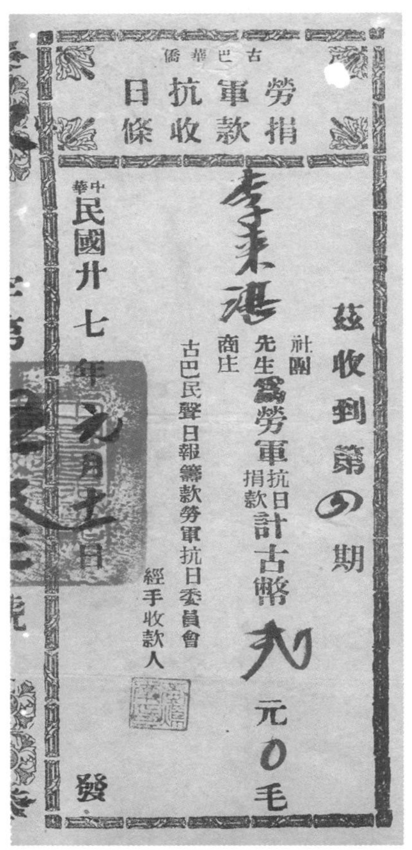

古巴華僑
勞軍抗日
捐款收條

茲收到第四期
社團　商庄　先生爲勞軍抗日捐款計古幣　元　毛
古巴民聲日報籌款勞軍抗日委員會
經手收款人
中華民國廿七年九月　日　發

1938 年古巴《民声日报》筹款劳军
抗日委员会的劳军抗日捐款收条
（来源：何锡钿）

东北义勇军是 1931 年“九一八事变”以后，东北沦陷初期，东北军旧部和爱国民众自发组成的抗日武装力量。人数最多时曾达 30 万人，推动了东北抗日斗争的发展，为中国抗日战争的胜利作出了重要贡献。

1931 年“九一八事变”发生后，古巴中华总会馆即召集社团商庄会议，成立旅古华侨抗日后援总会。①

上图左是旅古华侨捐助东北义军抗日军饷的收条，上面有“将来再行登报公布”的字样。

上图右收条中的《民声日报》，是中国国民党驻古巴总支部的喉舌，于 1922 年 9 月 24 日在哈瓦那创刊。

① 袁艳：《融入与疏离：华侨华人在古巴（1847—1970）》，南开大学博士学位论文，2012 年。

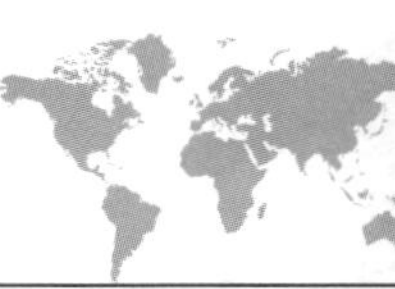

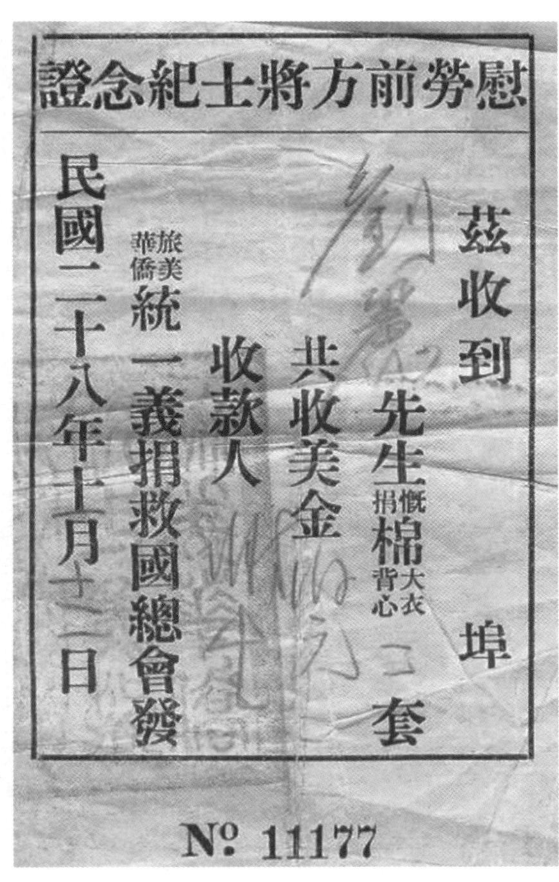

慰勞前方將士紀念證

兹收到　　　　埠

　　　先生慨捐棉大衣背心　　套

共收美金

收款人

旅美華僑統一義捐救國總會發

民國二十八年十一月十二日

№ 11177

1939 年旅美华侨统一义捐救国总会慰劳前方将士纪念证
（来源：徐云）

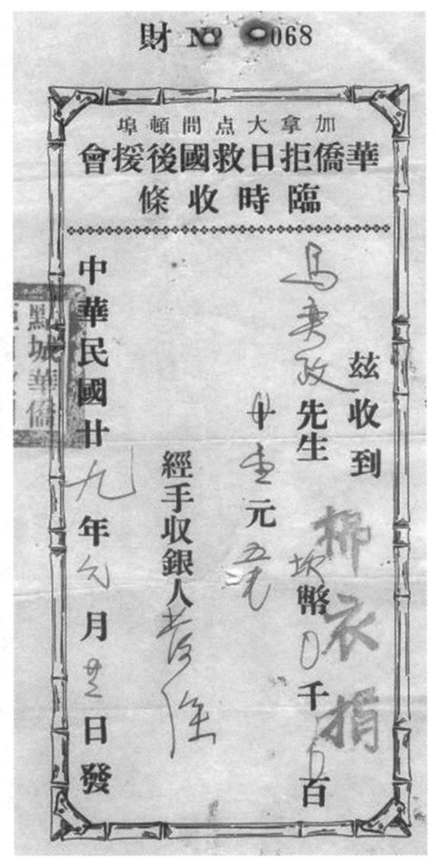

財 № 068

加拿大点問頓埠

華僑拒日救國後援會

臨時收條

兹收到 棉衣捐

　　　先生　　幣　千　百

　　　元

經手收銀人

中華民國廿九年　月　日發

1940 年加拿大点问顿埠华侨拒日救国后援会棉衣捐临时收条
（来源：暨南大学图书馆馆藏）

征募寒衣运动是劳军运动中最具代表性的运动。它的主要领导机构是 1938 年 9 月成立的全国征募寒衣总会。在该会的领导下，通过有针对性的抗日宣传，募集到大量棉衣、背心、寒衣制作材料与资金，为支援前方将士的浴血苦战作出了切切实实的贡献。海外侨胞因输送不便，则以捐款的方式，积极参加征募寒衣运动。有些地方甚至规定了捐献定额，例如旧金山华人社团规定每人最少要捐棉衣两套。

上图右收条中的“点问顿”是广东台山话译音，即加拿大阿尔伯塔省的首府埃德蒙顿（Edmonton），加拿大第五大城市，距美加边界 560 公里，为美国通向北方的门户。

全面抗战的八年中，宋美龄领导中国妇女慰劳自卫抗战将士总会，共发动大型征募活动 9 次。1939 年 10 月，在征募寒衣运动中，宋美龄致电海内外，呼吁各界捐献，募得1 000万元捐款、50 多万件棉衣和 50 万双棉鞋。募集来的棉衣、棉鞋交由各战区慰劳分会及地方长官夫人负责缝制分发。武汉会战中，宋美龄一人捐助棉背心2 000 件，并捐出 70 万元为将士制作寒衣。[①] 抗战时期，宋美龄为军人缝制军服以及在医院探望伤员的照片，激发了许多中国人的爱国心。

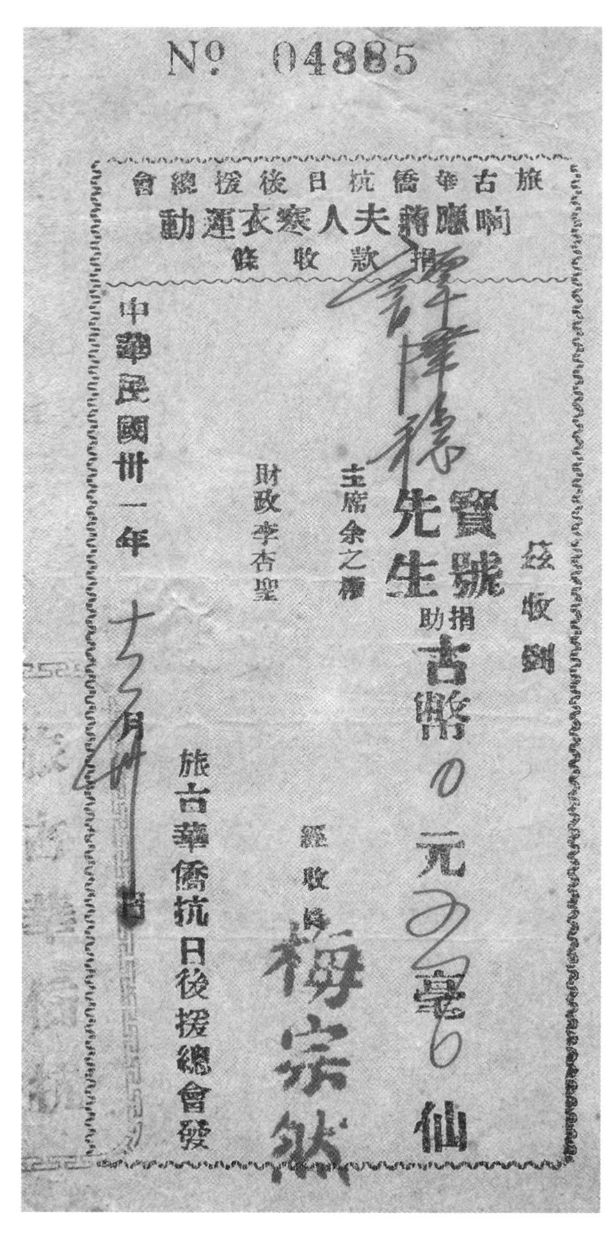
№ 04885

旅古華僑抗日後援總會
響應蔣夫人寒衣運動
捐款收條

茲收到 寶號 先生 捐助古幣 元 毫 仙

主席 余之槕
財政 李杏聖
經收員

中華民國卅一年 月 日
旅古華僑抗日後援總會發

1942 年旅古华侨抗日后援总会响应
蒋夫人寒衣运动捐款收条
（来源：何锡钿）

① 蒋好华：《宋美龄用新生活运动撑起抗战半边天》，忆库网，http：//cache. baiducontent. com，2013 年5 月3 日。

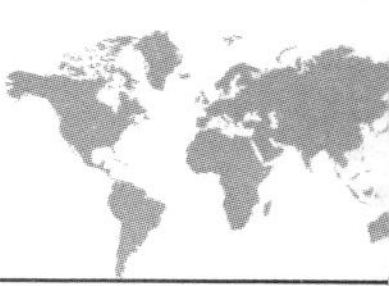

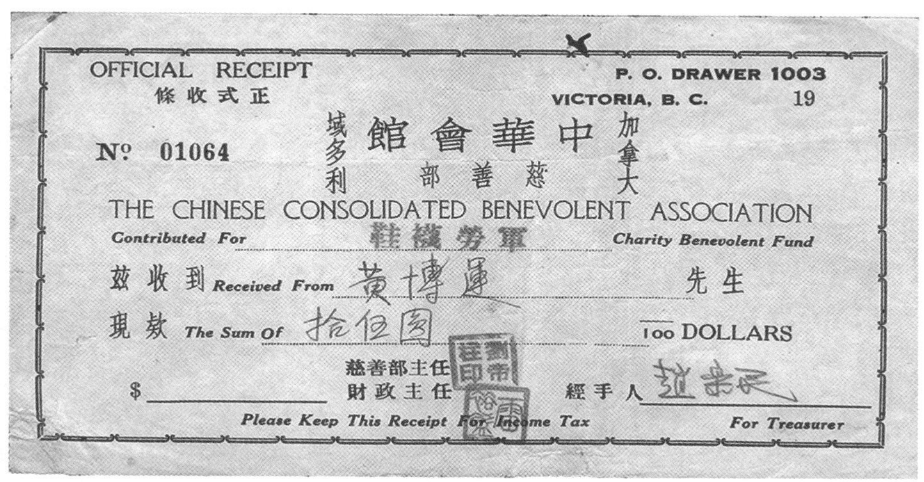

OFFICIAL RECEIPT P. O. DRAWER 1003
正式收條 VICTORIA, B. C. 19

№ 01064 加拿大域多利中華會館慈善部

THE CHINESE CONSOLIDATED BENEVOLENT ASSOCIATION

Contributed For 鞋襪勞軍 Charity Benevolent Fund

茲收到 Received From 先生

現款 The Sum Of 100 DOLLARS

慈善部主任
財政主任

$ 經手人

Please Keep This Receipt For Income Tax For Treasurer

1943 年加拿大域多利中华会馆的“鞋袜劳军”捐款收条

（来源：关汉函）

1943 年初，全国慰劳总会有感于前方士兵生活艰苦，为鼓励士气，特发起为士兵募集鞋袜运动。慰劳总会拟定实施办法：前后方均自 4 月 10 日起至 6 月底结束，每甲至少捐献布鞋一双、布袜一双。①

国内妇女积极参加劳军运动

国内的“鞋袜劳军”在海外华侨社会引起积极的响应。上图是 1943 年加拿大域多利中华会馆的“鞋袜劳军”捐款收条。加拿大域多利中华会馆于 1884 年 6 月正式成立，它是加拿大华人社群第一个成立的正式社区性社团。域多利中华会馆自成立之日起，在团结华人、反对种族歧视、维护华人合法权益、制止暴力和犯罪、弘扬中华文化、调解华人内部纠纷、沟通华人与政府之间的关系上，都作出了重大的贡献。② 抗战伊始，域多利中华会馆就不遗余力地积极组织华侨进行各种形式的抗日救国活动。

域多利，即加拿大不列颠哥伦比亚省的省会维多利亚（Victoria）。

---

① 《慰劳总会发动鞋袜劳军运动，规定每甲至少捐鞋袜各一双》，《新华日报》，1943 年 4 月 16 日第 3 版。

② 黎全恩、丁果、贾保蘅：《加拿大华侨移民史：1858—1966》，北京：人民出版社，2013 年，第 95 页。

全面抗战期间，国民政府先后在国内成立了12个战区，以便对日作战。湘鄂地区所属的第九战区，成立于1938年6月。在1944年中国抗战反攻阶段，祝捷劳军是这一时期的主题。全国慰劳总会相继发动了慰劳鄂西将士、常德劳军、湘鄂劳军、中原劳军、慰劳衡阳守军和缅甸将士、慰劳黔边将士等劳军募捐运动。①

右图是1944年加拿大华侨劝募救国公债总分会慰劳湘鄂前方将士的捐款收据。抗战期间，加拿大一些救国团体，因中国政府动员海外华侨同意抗日的要求等原因而更改了名称。比如，温哥华华侨救国筹饷总局，为遵行政府命令，改名为“加拿大华侨劝募救国公债总分会”②。

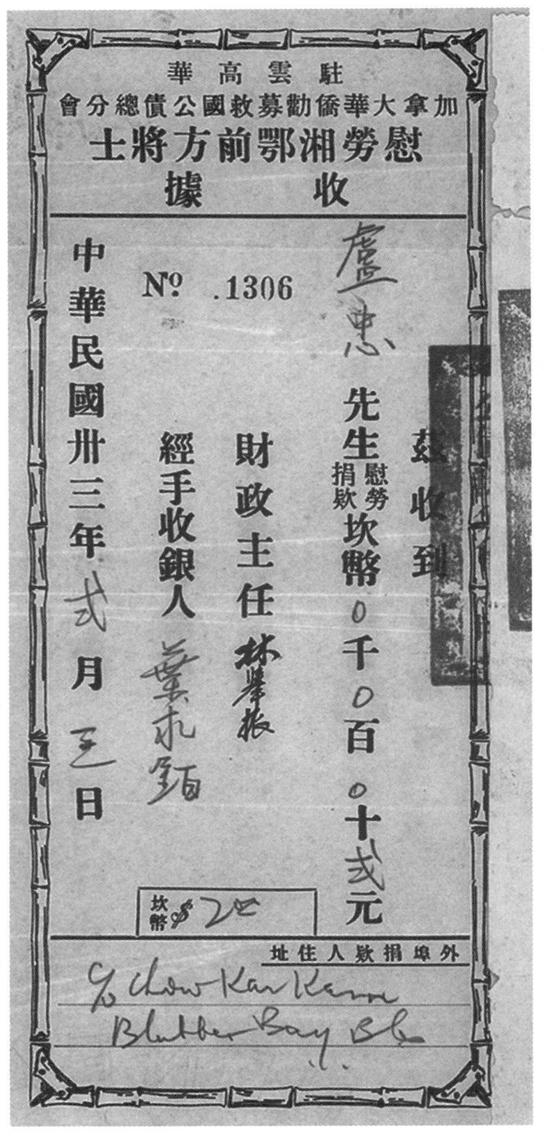

駐雲高華

加拿大華僑勸募救國公債總分會

慰勞湘鄂前方將士

收據

No. 1306

茲收到

盧惠 先生 慰勞捐款 坎幣 0千0百0十弍元

坎幣 $2

財政主任

經手收銀人

中華民國卅三年弍月三日

外埠捐款人住址

C/o Chow Kar Kam

Blubber Bay B.C.

1944年驻云高华（温哥华）加拿大华侨劝募救国公债总分会慰劳湘鄂前方将士的捐款收据

（来源：伍朝星）

1942年1月准备参加第三次长沙会战的中国军队突击队

① 李桂芳：《抗战时期重庆的劳军募捐运动》，西南大学硕士学位论文，2007年，第22页。

② 黎全恩、丁果、贾保蘅：《加拿大华侨移民史：1858—1966》，北京：人民出版社，2013年，第417页。

（三）航空捐

1931 年“九一八事变”爆发，日本发动侵华战争，民族危机日益严重，发展航空事业抗击日寇，迫在眉睫。全面抗战开始后，日军掌握了中国的制空权，中国屡受空袭，军民伤亡、财产损失惨重。为加强航空建设，壮大空防力量，中国航空协会、全国航空建设会、中国航空建设协会等几家专业航空协会组织发起了“航空救国”运动，广大海外华侨为了振兴祖国，驱除日本帝国主义，积极捐款购机。从 1937 年 7 月到 1942 年，华侨共捐献各种飞机 217 架。①

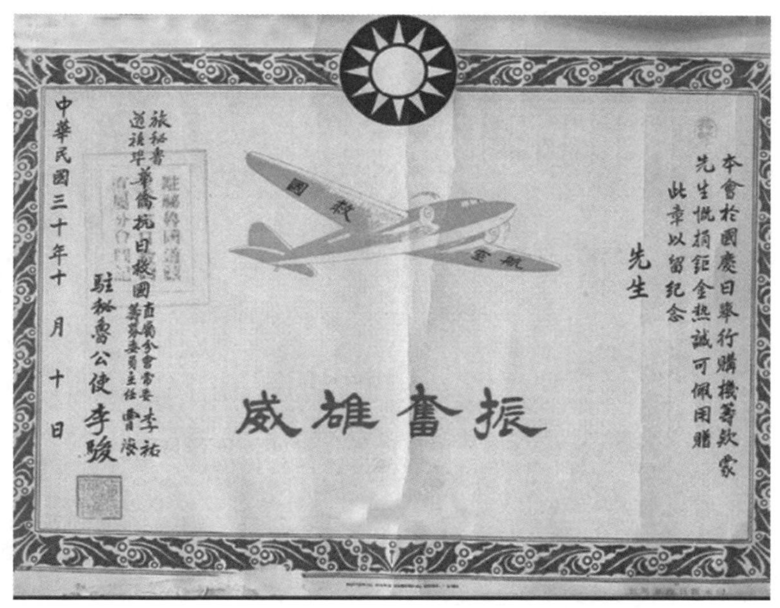

1941 年秘鲁华侨抗日团体的航空捐奖状
（来源：何锡钿）

① 张礼千、章渊若：《南洋华侨与经济之现势》，上海：商务印书馆，1946 年，第 64 页。

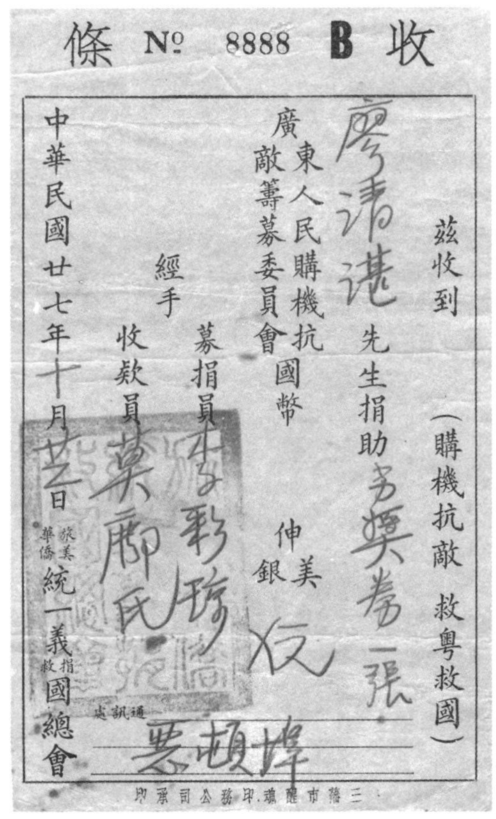

收條 № 8888 B

茲收到

（購機抗敵 救粵救國）

先生捐助

廣東人民購機抗敵籌募委員會國幣

伸美銀

募捐員

經手收款員

中華民國廿七年十月　日

旅美華僑統一義捐救國總會

通訊處

三藩市麗璇印務公司承印

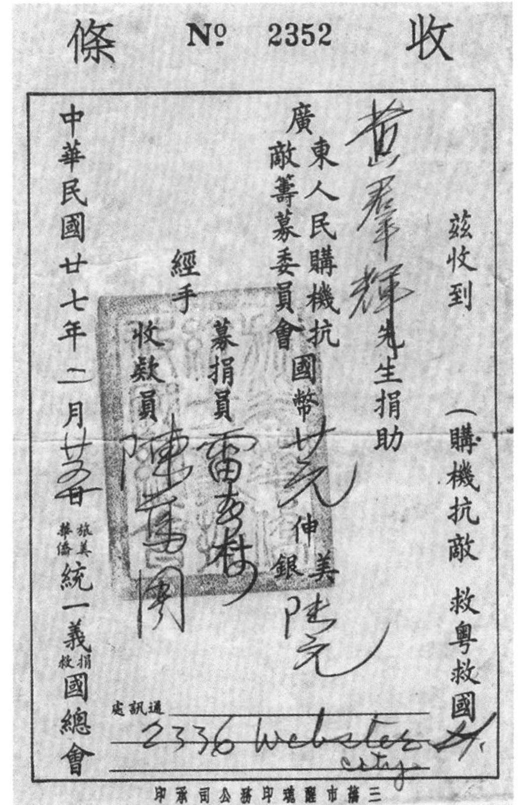

收條 № 2352

茲收到

（購機抗敵 救粵救國）

先生捐助

廣東人民購機抗敵籌募委員會國幣

伸美銀

募捐員

經手收款員

中華民國廿七年二月　日

旅美華僑統一義捐救國總會

通訊處

三藩市麗璇印務公司承印

1938 年旅美华侨统一义捐救国总会的广东人民购机抗敌捐款收条

（来源：何锡钿）

1937 年 11 月 16 日，国民党广东当局为加强空防建设，召集各界团体代表 200 余人，在亚洲酒店举行筹款购机联席会议。联席会议决定成立“广东人民购机抗敌筹募委员会”，向美洲、大洋洲等地粤籍侨胞募集购机款。短短一年多的时间，即筹集资金合国币 800 余万元。[①] 就广东而言，捐机抗敌运动相当踊跃，这是多方面原因促成的，既有“航空救国”历史传统的延续，也受国家大局意识和“广东精神”效应的影响，并且广东毗邻港澳，华侨众多，民众对空战体认更清醒。[②]

上两图均是“1938 年旅美华侨统一义捐救国总会的广东人民购机抗敌捐款收条”，印有“购机抗敌，救粤救国”的宣传口号。

① 黄小坚：《华侨对抗日战争的杰出贡献》，《华侨华人历史研究》1995 年第 3 期。

② 唐富满、欧阳湘：《为何抗战时期广东捐机最踊跃?》，《南方都市报》，2015 年 8 月 6 日。

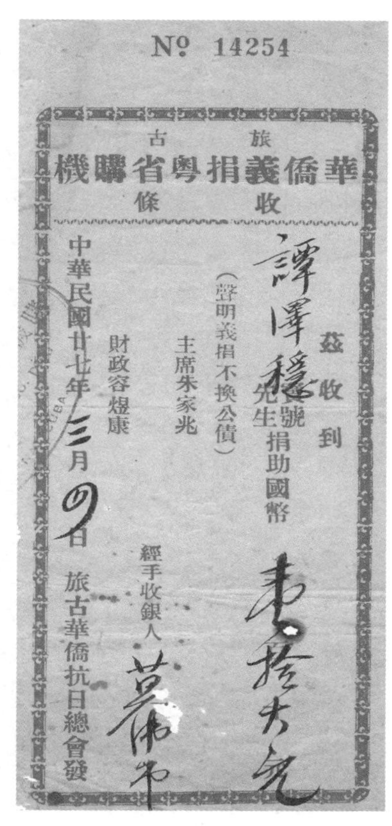

No 14254

旅古
華僑義捐粵省購機
收條

茲收到
譚澤穩先生(號)捐助國幣
(聲明義捐不换公債)
主席朱家兆
財政容煜康
經手收銀人
中華民國廿七年三月四日
旅古華僑抗日總會發

1938 年旅古华侨抗日总会
出具的粤省购机收条
（来源：何锡钿）

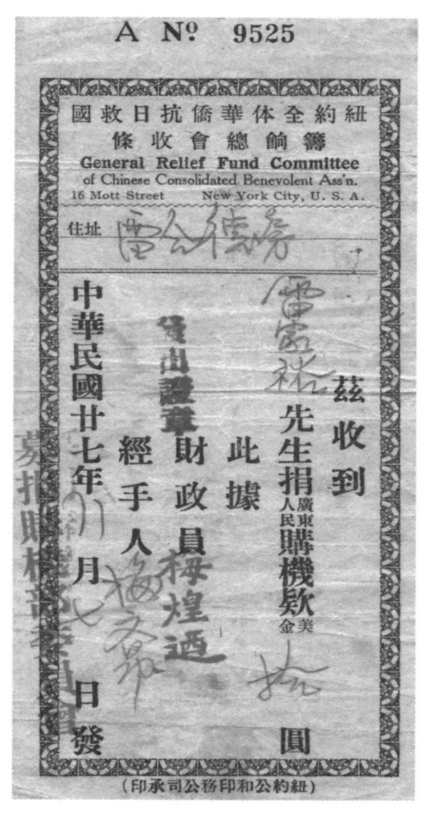

A No 9525

紐約全体華僑抗日救國
籌餉總會收條
General Relief Fund Committee
of Chinese Consolidated Benevolent Ass'n.
16 Mott Street New York City, U. S. A.

住址

茲收到
先生捐廣東人民購機欵美金　　圓
此據
財政員梅煌酒
經手人
中華民國廿七年　月　日發

(紐約公和印務公司承印)

1938 年纽约全体华侨抗日救国筹饷总会
为广东人民购机抗敌捐款收条
（来源：暨南大学图书馆馆藏）

上图左的“1938 年旅古华侨抗日总会出具的粤省购机收条”中，有“声明义捐，不换公债”的字样，表明了旅古华侨无偿支援祖国抗战的坚定决心。

上图右中盖有“募捐购机部委员会”的印章，说明纽约全体华侨抗日救国筹饷总会有独立的部门负责募捐购机工作，并有长期坚持的打算。

输财救国纪念章

为表彰、鼓励全球华人购机募捐，广东人民购机抗敌筹募委员会铸造输财救国金质、银质纪念章，正面上方绘有中华民国国徽，中间刻有飞机图案，下方铸有“输财救国”字样。背面铭文镌有“广东人民购机抗敌筹募委员会赠”，还注明该纪念章为“9K”金制作，并有“香港大道中华珍金铺造”款识。按规定捐款至一定数量者，可分别获得金质、银质和铜质纪念章。纪念章背面右边留有空白，用以临时铸刻捐款者的名字。

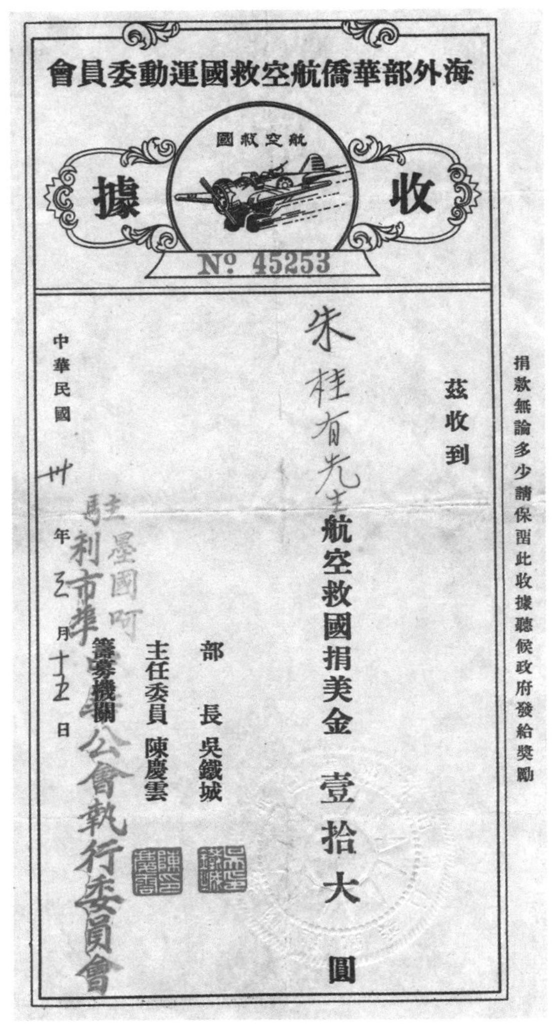

海外部華僑航空救國運動委員會

航空救國

收據

№ 45253

捐款無論多少請保留此收據聽候政府發給獎勵

茲收到

朱桂有先生航空救國捐美金壹拾大圓

部長 吳鐵城

主任委員 陳慶雲

籌募機關 駐墨國阿利市華僑公會執行委員會

中華民國卅年乙月十五日

1941 年国民党海外部华侨航空救国运动委员会航空救国捐款收据

（来源：暨南大学图书馆馆藏）

为了推动航空救国运动的开展，国民党海外部于 1940 年成立了华侨航空救国运动委员会，订立了《航空救国金募集办法》和《奖励条例》，全面发动广大华侨参与航空救国运动，活动内容包括募集捐款、购买战机和推动华侨的航空教育等。

上图收据的右边有一行“捐款无论多少，请保留此收据，听候政府发给奖励”的字样，说明当时的国民政府对推动航空救国运动的重视以及对捐款者的承诺和鼓励。

航空救國券發行簡章

第一條 國民政府為辦理航空募款購機及推進航空教育起見發行本券定名為航空救國券

第二條 本券總額美金伍百萬元照券面十足發行

第三條 本券自戰事結束後由財政部在國庫收入項下於五年內分期抽籤償還之

第四條 本券面額分百元五十元十元五元四種

第五條 對於本券如有偽造及毀損之行為者由司法機關依法懲處

第六條 本簡章自核准日施行

1941 年国民政府发行的航空救国券

（来源：何锡钿）

“航空救国券”于 1941 年由国民政府财政部向海外华侨发行，上面印有“抗战必胜”“建国必成”等口号，华侨踊跃购买。

据《航空救国券发行简章》公布，该券发行总额为美金 500 万元，面额分为 100 元、50 元、10 元、5 元四种，战事结束后由财政部于 5 年内在国库收入中分期抽签偿还。

本會遵奉
國父遺教貫澈航空救國運動起見爰於 月 日演戲開彩籌集義款
特匯政府購機殺敵蒙
先生慷慨捐輸熱誠資助良深欽佩特贈斯章以留紀念
旅秘魯華僑抗日救國總會介休分會 常務委員 黃[illegible]
演戲開彩籌款購機籌備委員會主任委員 阮金權
中華民國三十一年 月 日

1942 年秘鲁华侨抗日救国总会介休分会为华侨颁发的航空救国捐输奖状
（来源：暨南大学图书馆馆藏）

海外华侨捐款购买的飞机

中国航空建设协会是淞沪抗战之后第一个较为成熟的航空团体，于 1932 年 6 月 28 日在上海成立。中国航空建设协会成立后，全国各地群众以及海外广大华侨积极自愿入会，各地纷纷成立支会。古巴华侨华人也设立了中国航空建设协会直属古巴支会。据中国航空建设协会直属古巴支会所征求会员章程，当地凡属中华民国之国民，除附逆汉奸及甘心放弃国民责任者外，一律均须加入该会成为会员。如有违抗，至他日回唐时，依照额收会费，由民国三十年度起计，加倍追收，以示惩戒。会员分为普通会员、特别会员、名誉会员、永久会员、团体会员。普通会员每年缴纳会费古币一元（并要求凡属旅古侨胞勿论失业与否，最低限度要加入该会成为普通会员），特别会员每年缴纳古币两元，名誉会员每年缴纳会费古币十元以上，永久会员一次缴纳会费古币五十元以上。①

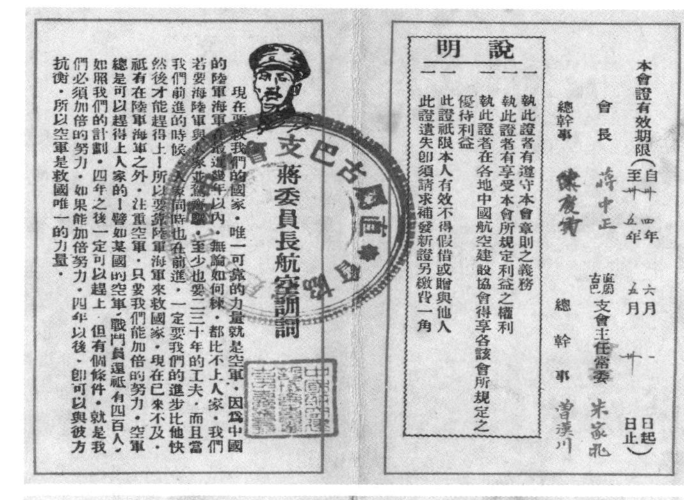
蔣委員長航空訓詞

現在要救我們的國家，唯一可靠的力量就是空軍。因爲中國的陸軍海軍在最近幾年以內，無論如何練，都比不上人家。我們若要海陸軍與人家並駕齊驅，至少也要二三十年的工夫。而且當我們前進的時候，人家同時也在前進。一定要我們的進步比他快，然後才能趕得上！所以要靠陸軍海軍來救國家，現在已來不及。祇有在陸軍海軍之外，注重空軍。只要我們能加倍的努力，空軍總是可以趕得上人家的！譬如某國的空軍，戰鬥員還祇有四百人，如照我們的計劃，四年之後一定可以趕上。但有個條件，就是我們必須加倍的努力。如果能加倍努力，四年以後，即可以與彼方抗衡。所以空軍是救國唯一的力量。

本會證有效期限（自卅四年六月一日起至卅五年五月卅一日止）

會長 蔣中正

直屬古巴支會主任常委 朱家兆

總幹事

總幹事 曾漢川

說明

一 執此證者有遵守本會章則之義務

一 執此證者有享受本會所規定利益之權利

一 執此證者在各地中國航空建設協會得享各該會所規定之優待利益

一 此證祇限本人有效不得假借或贈與他人

一 此證遺失即須請求補發新證另繳費一角

中國航空建設協會

普通會員 譚澤穗

會證

第 字 5116 號

1945 年中国航空建设协会直属古巴支会的会员证

（来源：何锡钿）

上图中的会员证是一张普通会员证，有效期为 1945 年 6 月至 1946 年 5 月。

① 袁艳：《融入与疏离：华侨华人在古巴（1847—1970）》，南开大学博士学位论文，2012 年，第 303 页。

（四）救济捐

全面抗战爆发以后，中国军民伤亡极其惨重，同时也出现了大量的难民和难侨。而伤兵、难民、难侨问题的解决，最终取决于经费是否充足。为此，广大爱国华侨再一次伸出援助之手，纷纷慷慨解囊、踊跃输将，共赴国难。

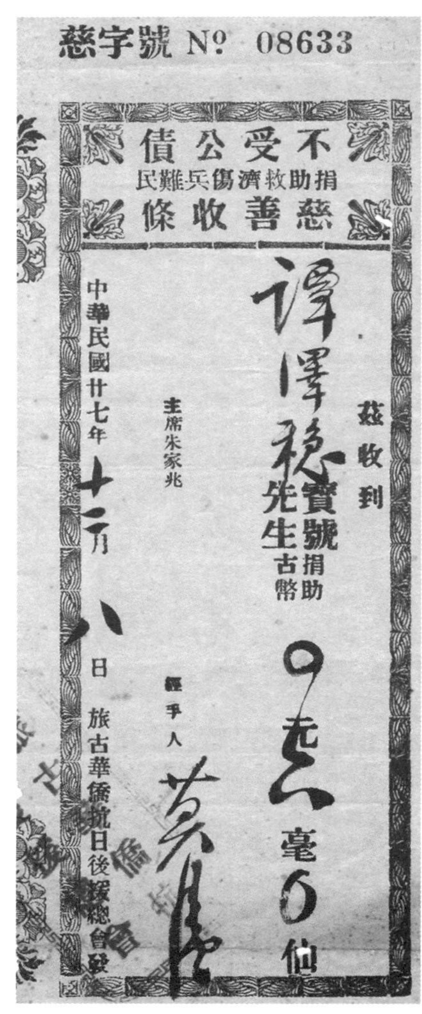

慈字號 № 08633

不受公債

捐助救濟傷兵難民

慈善收條

茲收到 譚澤穗先生寶號捐助古幣 毫 仙

主席朱家兆

經手人

中華民國廿七年十一月八日

旅古華僑抗日後援總會發

1938 年旅古华侨抗日后援总会的捐助救济伤兵难民慈善收条

（来源：何锡钿）

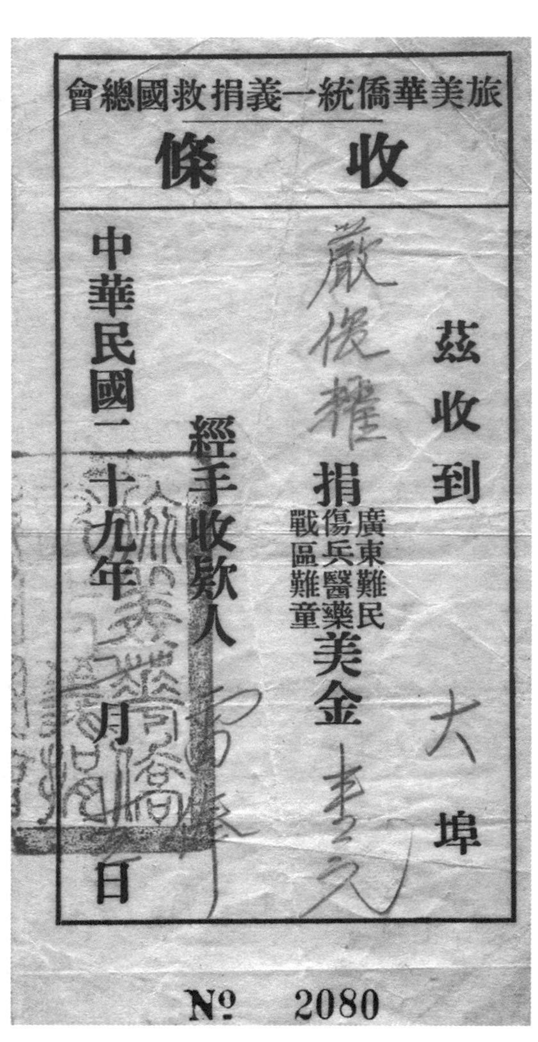

旅美華僑統一義捐救國總會

收條

茲收到 嚴俊權 捐廣東難民 傷兵醫藥 戰區難童 美金

大埠

經手收欵人

中華民國二十九年 月 日

№ 2080

1940 年旅美华侨统一义捐救国总会捐助“广东难民”“伤兵医药”“战区难童”的收条

（来源：暨南大学图书馆馆藏）

随着战争的扩大，伤兵源源不断地送到后方救治，医院床位告急，资金缺乏，救护药品不足。为了从根本上解决这些问题，宋霭龄和几家大医院院长商议后，决定成立伤兵之友总社，统一指挥、协调有关伤兵救治、转运的一切问题。1940 年 3 月，国民党中央海外部又成立了征求伤兵之友海外队总办事处，用文告、函电、广播等方法宣传鼓动，华侨社会对此予以热烈的响应，各地侨团纷纷组织伤兵之友队，发动侨胞踊跃捐款。截至 1940 年 12 月底，海外队捐的款项高达国币 400 余万元，为国内征募总额的三倍以上，大大超过原定征募国币 100 万元的数额。①

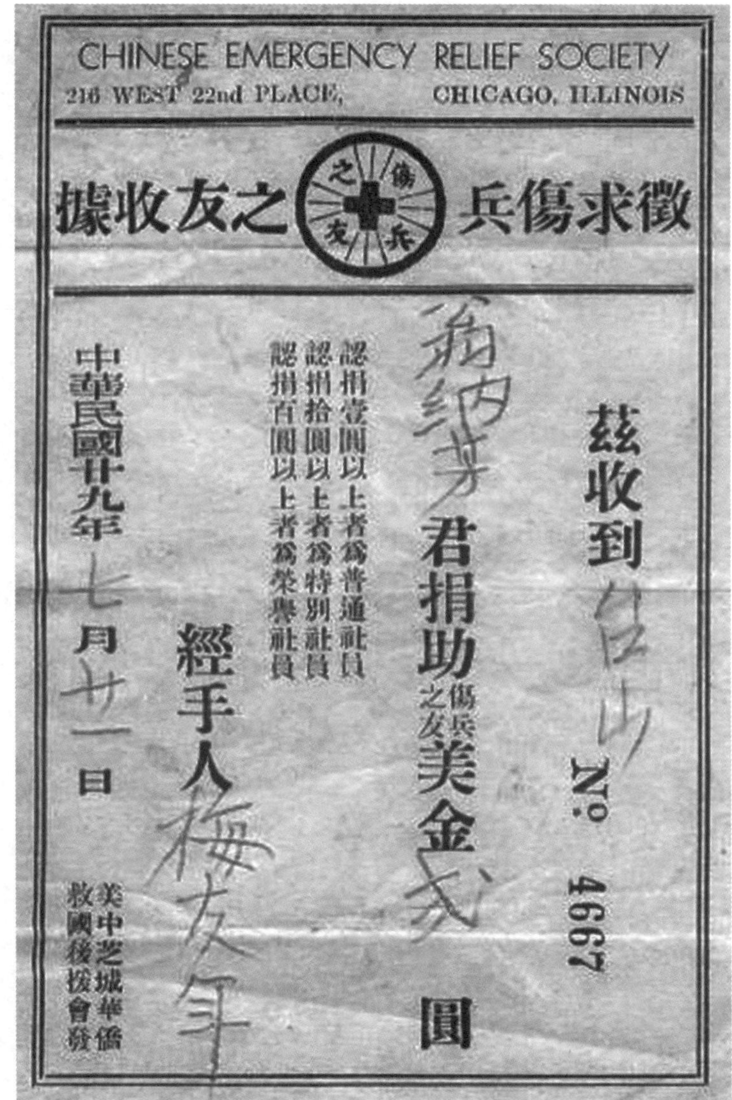

CHINESE EMERGENCY RELIEF SOCIETY
216 WEST 22nd PLACE, CHICAGO, ILLINOIS

徵求傷兵之友收據

茲收到　　　№ 4667

君捐助傷兵之友美金　　圓

認捐壹圓以上者爲普通社員
認捐拾圓以上者爲特別社員
認捐百圓以上者爲榮譽社員

經手人

中華民國廿九年七月廿一日

美中芝城華僑救國後援會發

1940 年美中芝城华侨救国后援会征求伤兵之友收据

（来源：暨南大学图书馆馆藏）

上图的收据中写明了会员的类别：“认捐壹圆以上者为普通社员；认捐拾圆以上者为特别社员；认捐百圆以上者为荣誉社员。”

① 苟兴朝：《抗战时期海外的“伤兵之友”运动》，《西南交通大学学报》（社会科学版）2006 年第 2 期。

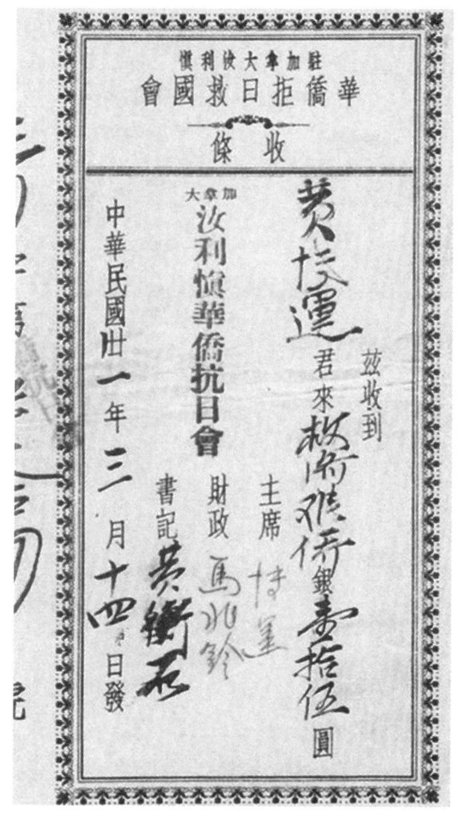

駐加拿大汝利慎
華僑拒日救國會
收條
茲收到
君來
救濟難僑
銀壹拾伍圓
主席
財政
書記
加拿大
汝利慎華僑抗日會
中華民國卅一年三月十四日發

1942 年驻加拿大汝利慎华侨拒日救国会救济难侨捐款收条
（来源：徐云）

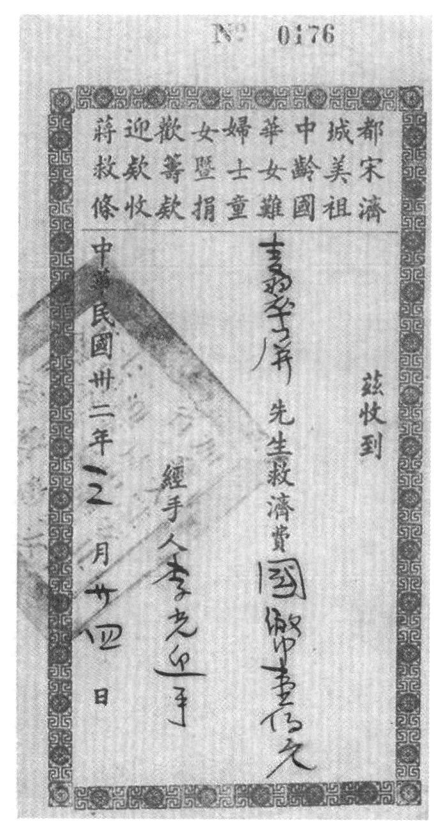

№ 0176
都城中華婦女歡迎蔣宋美齡女士暨籌款救濟祖國難童捐款收條
茲收到
先生救濟費
國幣
經手人
中華民國卅二年二月廿四日

1943 年加拿大都城中华妇女欢迎蒋宋美龄女士暨筹款救济祖国难童捐款收条
（来源：何锡钿）

1942 年，中国的抗日战争进入战略相持与转折阶段。为取得美英等国的支援，宋美龄作为蒋介石的私人代表访问美国。宋美龄此次访美，不仅得到了美国政府对中国的军事援助，同时也得到了广大华侨的捐款。据不完全统计，在宋美龄访美的七个多月时间里，包括爱国华侨在内的各类人士捐款约一万美元。[①] 访美期间，宋美龄曾于 6 月 14—17 日应加拿大总理麦肯尊 · 金之邀，访问加拿大，并登上了加拿大议会的讲坛，呼吁为了联合国家的共同利益，不应纵容日本安然占有中国与其他地区。她是在加拿大国会发表演说的第一位外国女性，加拿大议长、首相、参议员和众议员均到会聆听。宋美龄的加拿大之行，不仅增进了加拿大政府与民众对中国抗日战争的了解并取得了支持，同时也推进了加拿大华侨华人抗战捐输的新一轮热潮。

① 梁怡：《1942—1943 年宋美龄访美述论》，《历史档案》2000 年第 2 期。

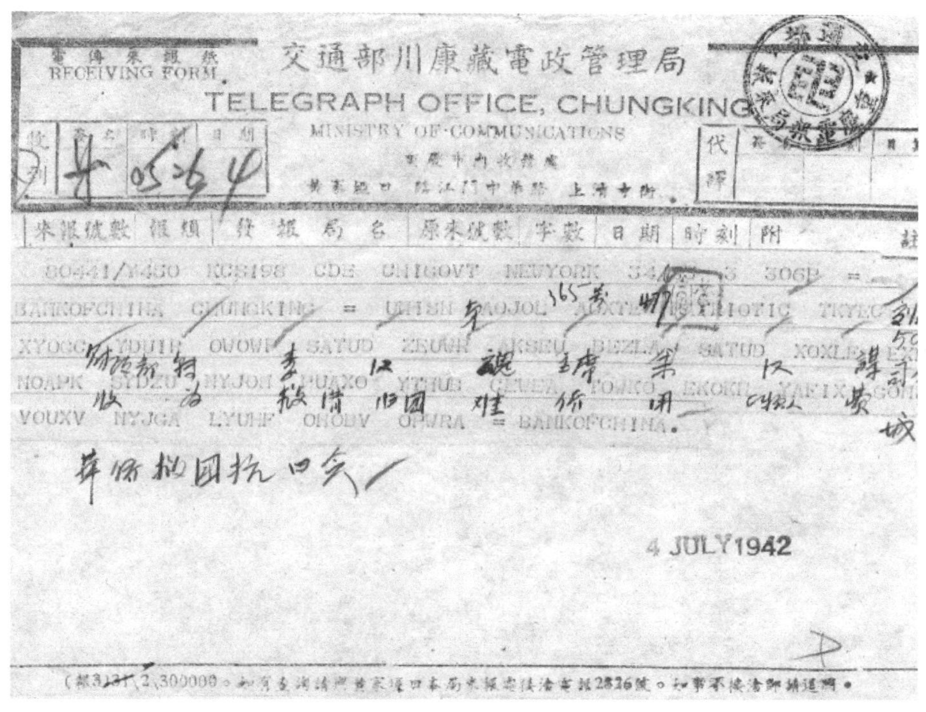

電傳來報紙
RECEIVING FORM

交通部川康藏電政管理局

TELEGRAPH OFFICE, CHUNGKING

MINISTRY OF COMMUNICATIONS

來報號數 報類 發報局名 原來號數 字數 日期 時刻 附

BANKOFCHINA CHUNGKING =

华侨救国抗日会

4 JULY1942

1942 年美国费城华侨救国抗日会为救济归国难侨捐款发给李汉魂、余汉谋的电报

（来源：徐云）

上图是 1942 年美国费城华侨为抗日捐款发给李汉魂、余汉谋的电报，电文为：“交国财政部转李汉魂主席、余汉谋司令收，为救济归国难侨用。汇款人费城华侨救国抗日会。”

李汉魂（1894—1987 年），广东吴川人，中国国民党高级将领，抗战名将。1919 年保定陆军军官学校第六期毕业。1926 年参加北伐战争。抗日战争时期历任军长、军团长、集团军总司令、广东省政府主席。1940 年 1 月，李汉魂辞去三十五集团军总司令职，全力从事广东政务，在广东任省政府主席 6 年零 8 个月。抗战胜利后，李汉魂调任第三战区副司令长官，后到欧美考察。1949 年元旦，李宗仁代总统职，他应召回国任上将参军长。3 月，何应钦继孙科组阁，李汉魂任内政部长，不久辞去职务，转道香港赴美定居，1982 年应廖承志同志的邀请回国访问。1987 年 6 月 30 日病逝于美国纽约，其骨灰由女儿李湞带回祖国安放在广东韶关古刹南华寺。

李汉魂

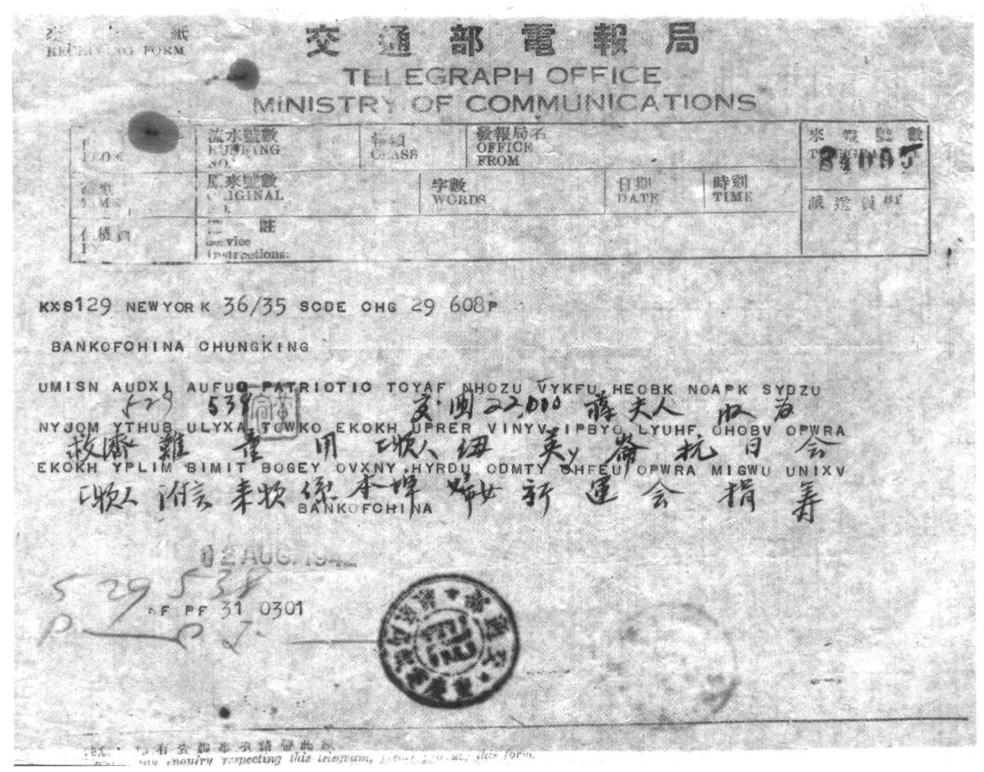

交通部電報局
TELEGRAPH OFFICE
MINISTRY OF COMMUNICATIONS

流水號數 RUNNING NO.	等級 CLASS	發報局名 OFFICE FROM			來報號數
原來號數 ORIGINAL NO.	字數 WORDS		日期 DATE	時刻 TIME	派送員
附註 Service instructions:					

KXS129 NEWYORK 36/35 SCDE CHG 29 608P

BANKOFCHINA CHUNGKING

UMISN AUDXL AUFUG PATRIOTIC TCYAF NHOZU VYKFU HEOBK NOAPK SYDZU
529 538 交国22,000 蒋夫人 收 为

NYJOM YTHUB ULYXA TCWKO EKOKH UPRER VINYV IPBYO LYUHF OHOBV OPWRA
救济 难 童 用 汇款人 纽 英仑 抗 日 会

EKOKH YPLIM BIMIT BOGEY OVXNY HYRDU ODMTY OHFEU OPWRA MIGWU UNIXV
汇款人 附言 来款系本埠 妇女 新 运 会 捐 筹

BANKOFCHINA

02 AUG 1942

529 538

SF PF 31 0301

1942 年美国纽英仑抗日会为救济祖国难童捐款给宋美龄的电报

（来源：徐云）

上图是 1942 年美国纽英仑抗日会为救济祖国难童捐款给宋美龄的电报，电文为：“交国 22 000 蒋夫人收，为救济难童用。汇款人：纽英仑抗日会。汇款人附言：来款系本埠妇女新运会捐筹。”

电文中的“新运会”，是指新生活运动（简称“新运”）委员会。“新生活运动”是 1934 年至 1949 年民国政府推出的国民教育运动，横跨 8 年全面抗战时期。“礼义廉耻”（四维）是新生活运动的中心思想，“三化”是实践理论的行动指引。所谓“三化”，就是“生活艺术化、生活生产化、生活军事化”。该运动最后因民国政府于 1949 年内战失利而停止。

（五）医药物资捐

海外侨胞送给八路军的救护车

抗战开始后，国内经济匮乏、物资紧张，医药物资更是严重不足，缺医少药成为抗日军民面临的主要困难。侨居海外的广大中华儿女为了帮助祖国人民抗击日本的侵略，对国内给予了广泛持久、形式多样的支援。医药物资支援是其中的一个重要方面，包括药品、救护绷带、防毒面具、外科器械、救护工具。此外，华侨还提供了一千余辆用于战地救护的车辆。这些医药物资支援，不仅为祖国人民夺取抗战胜利提供了重要的物质保障，而且也成为鼓舞国内军民坚持抗战的重要精神力量。

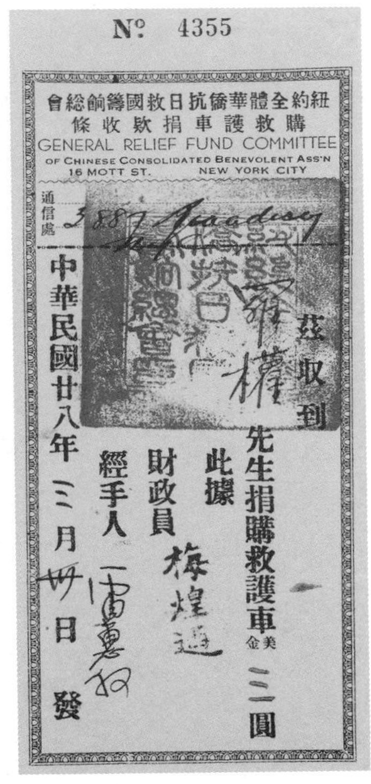

No. 4355

紐約全體華僑抗日救國籌餉總會
購救護車捐欵收條
GENERAL RELIEF FUND COMMITTEE
OF CHINESE CONSOLIDATED BENEVOLENT ASS'N
16 MOTT ST. NEW YORK CITY

通信處 3887 Broadway

茲收到 先生捐購救護車美金 三 圓
此據
財政員
經手人
中華民國廿八年 三 月 卅 日 發

1939 年纽约全体华侨抗日救国筹饷总会的购救护车捐款收条

（来源：何锡钿）

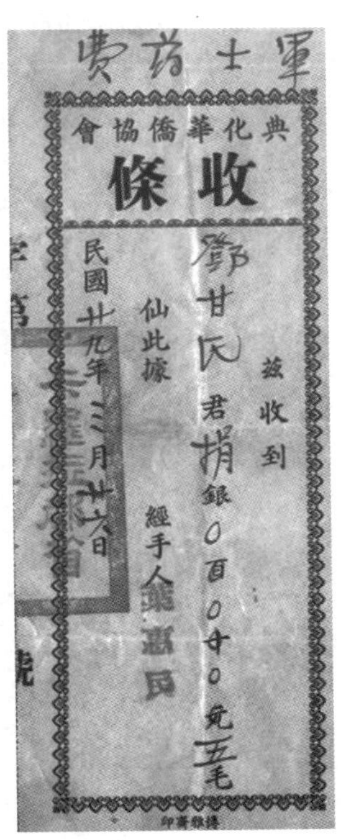

軍士药費

典化華僑協會
收條

茲收到 鄧廿民 君捐銀 0百0十0元五毛
此據
經手人
民國廿九年 三 月 廿六 日

1940 年美国典化华侨协会的军士药费捐款收条

（来源：伍朝星）

（六）义演义卖捐

抗日战争时期的义卖义演，在海外各地的侨胞中间开展得很活跃，它是当时十分普遍的募捐形式。海外华侨的义卖义演活动，从个人到团体，从学生到各种职业人员，均热心参与。通过义演义卖筹募经费，也是战时华侨支援祖国抗战的一种形式。

抗战中的缅甸华侨救亡歌咏团

缅甸华侨救灾会成立于1937年8月5日，担任筹款支援抗战的角色，主持者都是社会上有经济地位的上层人物。由仰光各侨团和学校等100多个单位各派一名代表当理事，并互选7人为常务理事。救灾会聘请侨界名人和热心人士担任顾问。全缅各地都有救灾分会，发动各地侨胞积极开展救国工作，劝募捐款统收统汇，计自1937年8月至1939年9月止，募集义款180多万盾汇回国内。组织演讲队、战时歌咏队和游艺团体进行抗战救国宣传工作，对激发侨胞民族意识、支持祖国抗战起了积极作用。①

① 林锡星：《抗日战争与缅甸华侨》，《八桂侨史》1995年第3期。

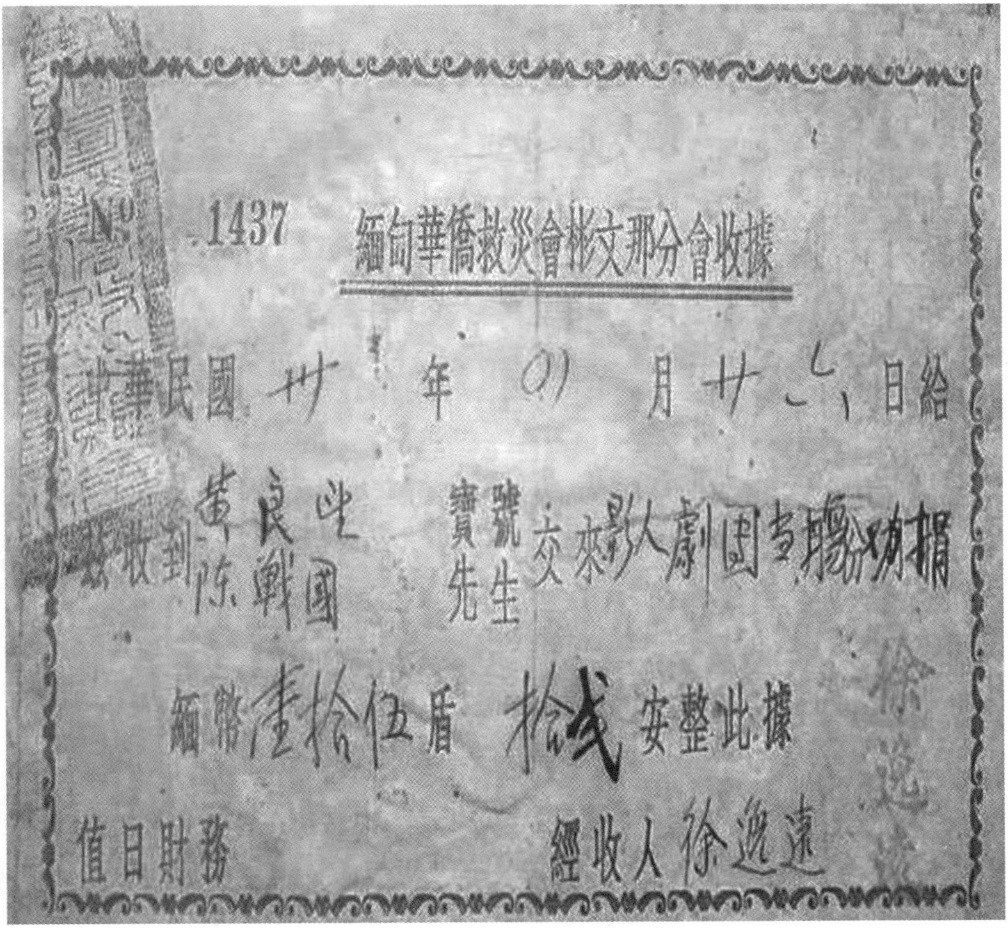

No. 1437 緬甸華僑救災會彬文那分會收據

中華民國 卅 年 ○一 月 廿六 日給

茲收到 黄良坐 陈戰国 寶號 先生 交來影人劇团当場募捐

緬幣壹拾伍盾 拾戈 安整此據

值日財務　　經收人 徐逸遠

徐逸遠

1941 年缅甸华侨救灾会彬文那分会“影人剧团”通过义演当场募捐的收据

（来源：张智）

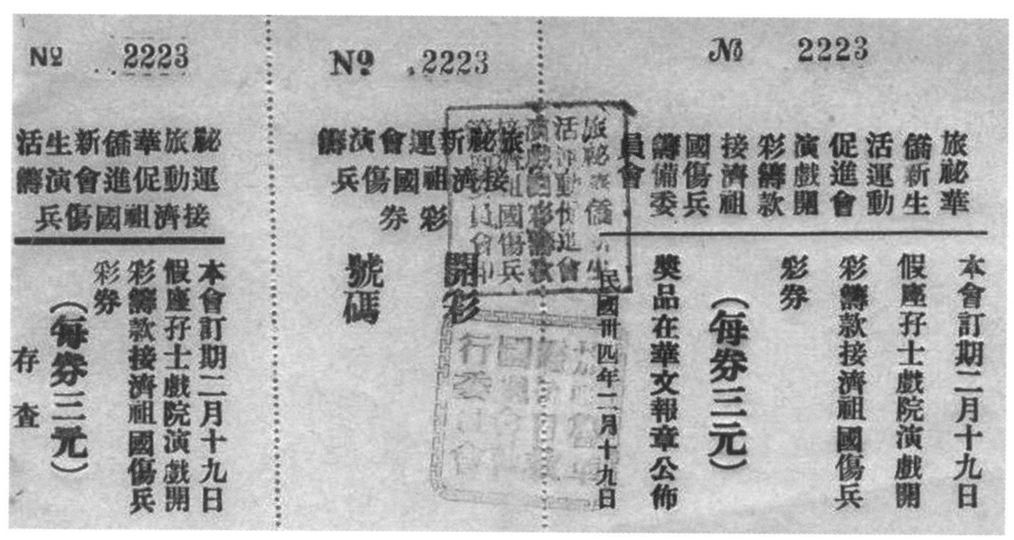

1945 年旅秘华侨新生活运动促进会演戏开彩筹款接济祖国伤兵彩券
（来源：徐云）

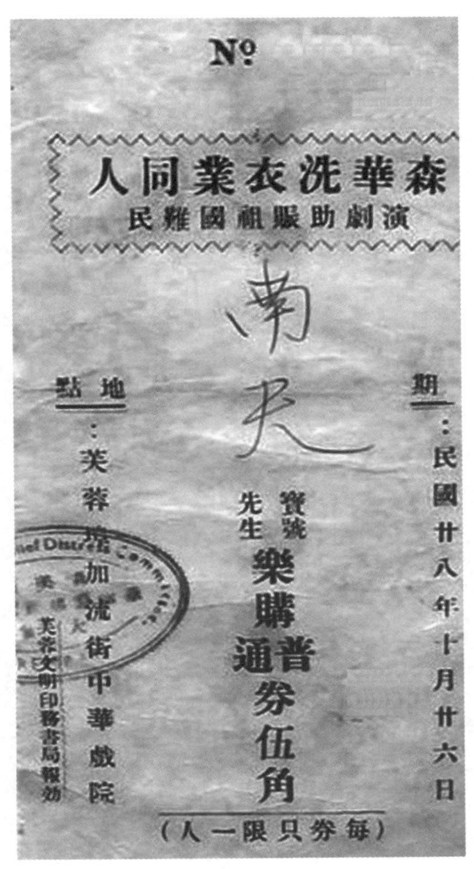

1939 年马来亚森华洗衣业同人
演剧助赈祖国难民门票
（来源：谢云轩）

1943 年约堡华侨妇女救济难童协会义卖券
（来源：伍朝星）

右上图中的“约堡”，即南非共和国最大的城市约翰内斯堡（Johannesburg）。“七七事变”以后，非洲华侨纷纷成立抗日救国组织，以各种方式支援抗日战争。约翰内斯堡、伊丽莎白港、埃滕哈赫和弗雷尼京等地成立了抗日后援会，约翰内斯堡、纳塔尔、东伦敦等地成立了妇女协会，非洲华侨妇女为国募捐功不可没。①

① 李安山：《试论抗日战争中非洲华侨的贡献》，《世界历史》2000 年第 3 期。

旅秘魯介休埠僑立興華小學校
學生抗日救國團演戲開彩籌款
救濟祖國難童
先生輸財濟難存記

當仁不讓
見義勇爲

中華民國特命全權大使 陳介
中華民國駐秘公使 李駿
旅秘魯華僑抗日救國總會常務委員 潘勝元
興華小學校校長 余劍鳴
學生抗日救國團團長 崔芝雄 麥孟强 崔知英

中華民國 年十一月 十六日

1942 年旅秘鲁介休埠侨立兴华小学校学生抗日救国团演戏开彩筹款救济祖国难童捐款证书

（来源：何锡钿）

秘鲁华侨华人为支援祖国抗战，除常规的靠宣传鼓励捐款外，还通过义演的方式进行募捐，这是其一大特色。筹款的办法以演戏为大宗，每月举行两三次，并由各热心侨胞捐赠物品，售券开彩。[①] 据秘鲁华人何莲香女士回忆：当年抗战爆发时她还是利马一个中学生，“祖国已到生死存亡的关头，秘鲁华侨华人个个心急如焚，我和学校话剧团的同学在老师带领下，走上利马街头，长途跋涉到秘鲁南北各地凡是有侨胞的地方去演出，激励侨胞们积极参加义捐。经过几次高潮，各侨团共筹得上百万美元，受到国内的高度赞扬”[②]。

① 魏宏运：《抗战时期的华侨捐输与救亡运动》，《近代史研究》1999 年第 6 期。

② 陈镇坤：《筹款百万美元，鲜为人知的秘鲁侨胞抗日义举》，《中华民族报》，2005 年 10 月 4 日。

（七）自由捐

紐約全體華僑抗日救國籌餉總會
（救濟箱科收條）
茲收到　第　號箱第　次共銀　百　拾　元　毫　仙
（經手收銀人簽押）　（經手來箱人簽押）
正　交領箱人存
收條號碼 №　1960
GENERAL RELIEF FUND COMMITTEE REFUGEES RELIEF DIVISION
中華民國　年　月　日發

1938 年纽约全体华侨抗日救国筹饷总会的救济箱捐款收条
（来源：何锡钿）

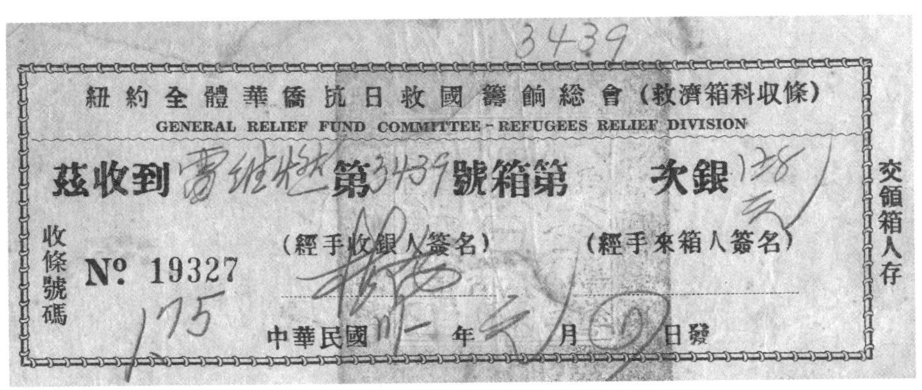
紐約全體華僑抗日救國籌餉總會（救濟箱科收條）
GENERAL RELIEF FUND COMMITTEE - REFUGEES RELIEF DIVISION
茲收到　第　號箱第　次銀
（經手收銀人簽名）　（經手來箱人簽名）
交領箱人存
收條號碼 № 19327
中華民國　年　月　日發

1942 年纽约全体华侨抗日救国筹饷总会的救济箱捐款收条
（来源：何锡钿）

从 1938 年和 1942 年的两张救济箱捐款收条可以看出，纽约全体华侨抗日救国筹饷总会专门设有“救济箱科”，负责向侨胞发放救济箱以及登记和统计救济箱内捐款数量的工作。

这两张收据持有人是旅美侨胞雷维燃，从两张捐款收条的救济箱号都是“3439”可以推断，他从 1938 年到 1942 年无间断地领用救济箱进行民间筹捐。

抗战时期美国华埠商店柜台上的救济箱

海外侨胞们募集财物支援抗日的方法中，还有一种更为特别的自由捐。在旧金山唐人街区中，每一家华侨所设的商店门首或柜上，都设置一个木箱，以接受自由捐款。[①] 这种接受自由捐款的救济箱，其发放与管理都由当地的华侨团体负责。

① 黄警顽：《华侨对祖国的贡献》，上海：棠棣社，1940 年，第 168 页。

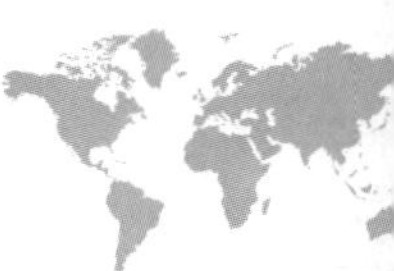

（八）献　金

献金，与“劳军捐”“航空捐”“救济捐”等特别捐一样，也是一种临时性捐款。不同的是献金多在纪念日举行，主要名目有“元旦献金”“七七献金”“九一八献金”“庆功献金”，还有“结婚献金”“做寿献金”“节约献金”等。捐献的形式也多种多样，有的侨团在献金时先举行仪式，宣读“绝对出钱出力，决不自私自利”等誓词后，当场捐献；有的侨团不拘形式，自由捐输；有些华侨会馆和店铺里，设置有献金箱。

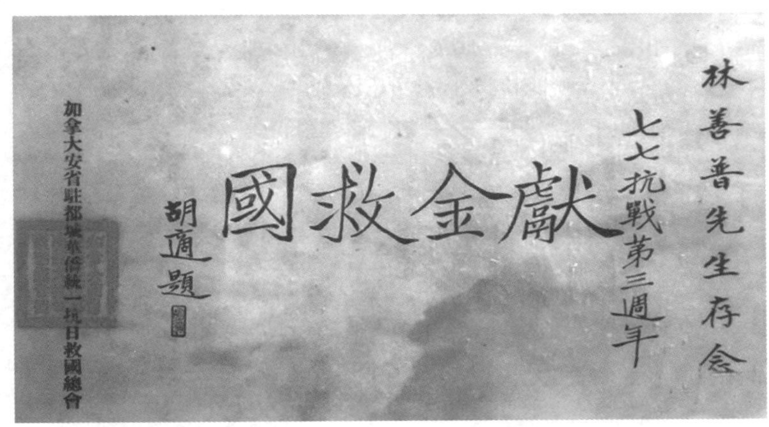

1940 年胡适为侨胞题词“献金救国”

设在华侨会馆内的抗日献金箱

No. 426

森美蘭華僑籌賑祖國難民大會

芙蓉埠

劉石桂先生對於雙十紀念獻金救國殊堪嘉尚除給戒指一枚藉留紀念外特給此狀以資獎勵

獻金獎狀

森美蘭華僑籌賑祖國難民委員會

正主席 黃益堂
副主席 鄭士郎
副主席 邱廉耕
財政 朱戰門
總務 蔡天恭

中華民國廿七年十月廿二日

1938 年马来亚森美兰华侨筹赈祖国难民委员会的双十纪念献金救国奖状

（来源：何锡钿）

南洋华侨筹赈祖国难民总会“七七献金”纪念章

1937 年 8 月 14 日，陈嘉庚发起建立马来亚、新加坡华侨筹赈祖国伤兵难民大会委员会，随后东南亚各地爱国华侨的救亡团体纷纷建立。1938 年 10 月 10 日，缅甸、英属马来亚、北婆罗洲、西婆罗洲、苏门答腊、荷属爪哇、美属菲律宾、巴达维亚、法属安南及暹罗等地的 45 个爱国华侨社团在新加坡联合成立南洋华侨筹赈祖国难民总会，陈嘉庚任主席，庄西言、李清泉任副主席，并发表宣言，号召广大华侨“各尽所能，各竭所有”，“输财助战”，捐款捐物，支援祖国抗战。此外，还招募 3 000 多名技术人员，组织各种战地服务团，回国参加抗战。

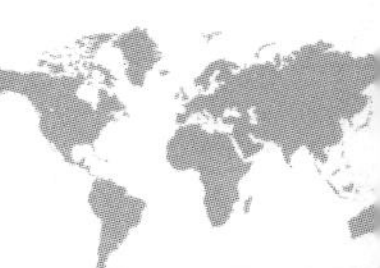

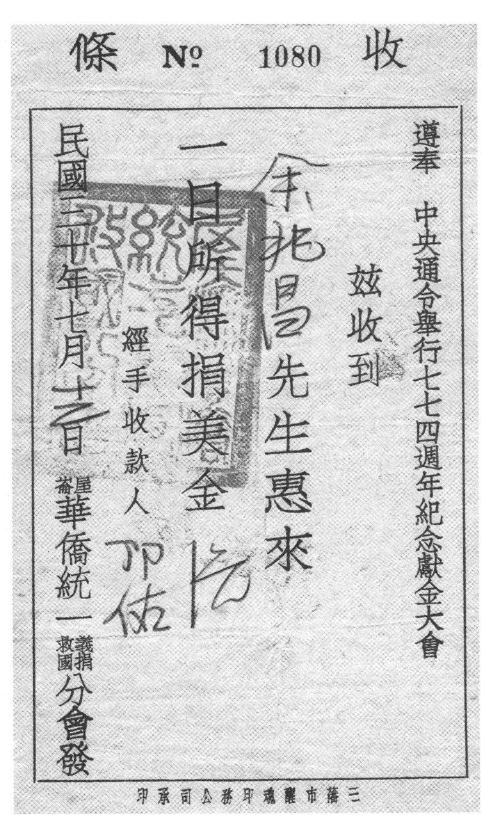

收條 No 1080

遵奉 中央通令舉行七七四週年紀念獻金大會

茲收到

余兆昌先生惠來

一日所得捐美金

經手收款人

民國三十年七月 日

屋崙華僑統一義捐救國分會發

三藩市醒魂印務公司承印

1941 年美国屋仑华侨统一义捐救国分会“七七”四周年纪念献金大会侨胞“一日所得”捐款收条

（来源：何锡钿）

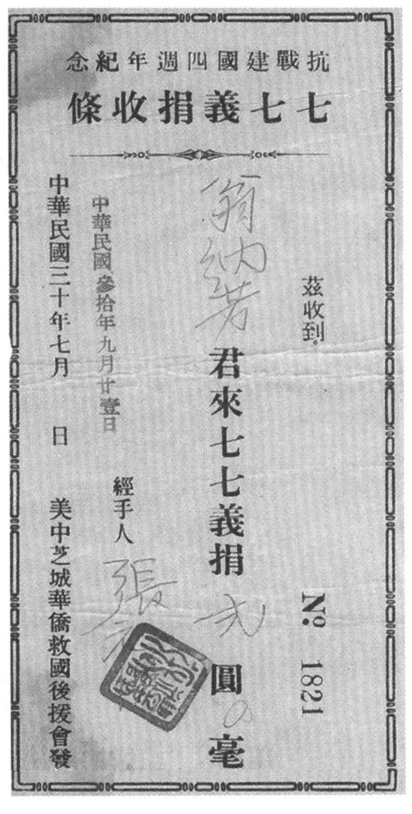

抗戰建國四週年紀念

七七義捐收條

茲收到

翁灼若君來七七義捐 貳 圓 〇 毫

No 1821

經手人

中華民國參拾年九月廿壹日

中華民國三十年七月 日

美中芝城華僑救國後援會發

1941 年美中芝城华侨救国后援会“七七”义捐收条

（来源：伍朝星）

抗战期间美国纽约华侨反日大游行

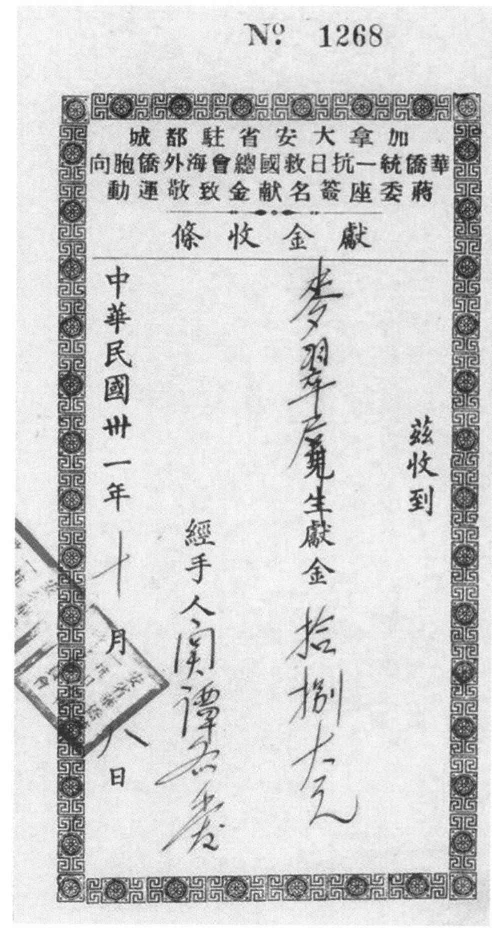

No 1268

加拿大安省駐都城
華僑統一抗日救國總會海外僑胞向
蔣委座簽名獻金致敬運動

獻金收條

茲收到
麥翠芳先生獻金 拾捌大元
經手人 関譚志秀
中華民國卅一年十月八日

1942 年加拿大安省驻都城华侨统一抗日救国总会献金收条
（来源：何锡钿）

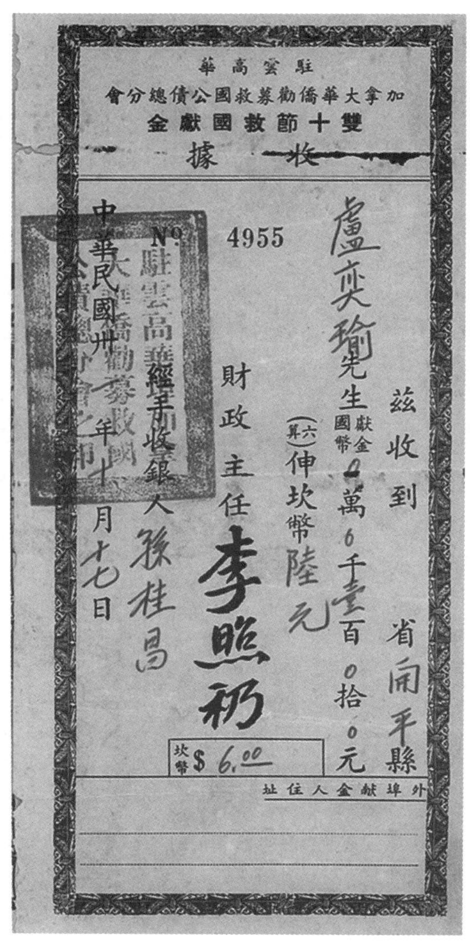

駐雲高華
加拿大華僑勸募救國公債總分會
雙十節救國獻金

收據

No 4955

茲收到 省南平縣
盧奕瑜先生獻金國幣 〇萬6千壹百〇拾〇元
（第六）伸坎幣陸元
財政主任 李照初
經手收銀人 孫桂昌
中華民國卅一年十月十七日

坎幣 $ 6.00

外埠獻金人住址

1942 年驻云高华（温哥华）加拿大华侨劝募救国公债总分会双十节救国献金收据
（来源：关汉函）

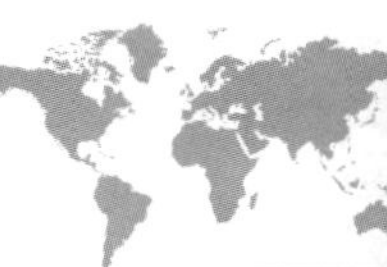

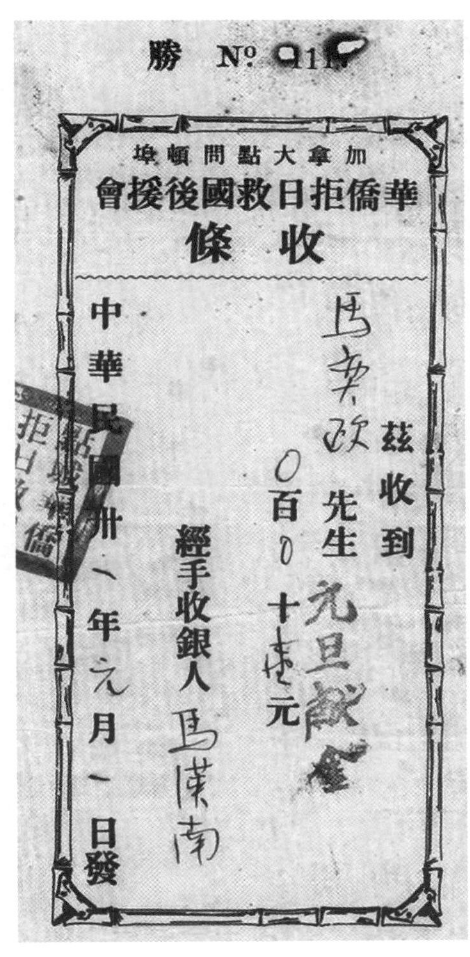

勝 No. 11

加拿大點問頓埠

華僑拒日救國後援會

收條

茲收到 馬英政 先生

元旦獻金

0百0十壹元

經手收銀人 馬漢南

中華民國卅一年元月一日發

1942 年加拿大点问顿埠华侨拒日救国后援会元旦献金收条

（来源：何锡钿）

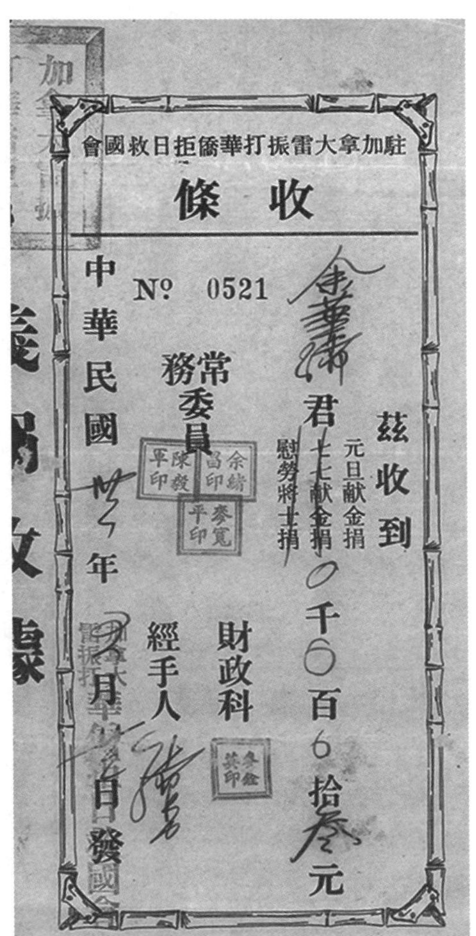

駐加拿大雷振打華僑拒日救國會

收條

No. 0521

茲收到 君

元旦獻金捐

慰勞將士捐

0千6百6拾叁元

常務委員

財政科

經手人

中華民國卅二年 月 日發

1943 年驻加拿大雷振打华侨拒日救国会元旦献金捐款收条

（来源：张智）

与“点问顿”一样，“雷振打”也是广东台山话的音译，因北美地区广东台山华侨比较多，故有些地名即按台山话音译。

（九）汇 款

海外华侨的各种救国捐款，分期分批源源不断地寄回国内，成为抗战期间侨汇的重要组成部分。整个抗战期间的侨汇数量很大，有国币 95 亿元以上。[①] 从 1937 年到 1941 年，侨汇数量逐渐增多，1941 年侨汇多达 18 亿元，这一阶段是“侨汇的发达时期”[②]。太平洋战争爆发后，因香港、广州、厦门、汕头、福州等转汇枢纽陷入敌手，加之欧洲和南洋地区陷落，侨汇发生阻滞，数量骤减，但美洲华侨仍不断汇款，美洲华侨在抗战期间总收入为 25 亿多美元，侨汇总数为 5.9 亿多美元，约占其总收入的 1/4。[③]

收款人 蔡廷揩

No. C 2725

正收條

今收到

上海和豐銀行由新加坡

電匯來洋叁仟弍佰叁拾元五角弍分整

此款介交後如有錯誤收款人承認退還并付利息

民國廿一年の月廿日收款人

具

蓋章

收款人務須在此處簽名蓋章

注意 印花稅法規定收據凡未滿十元者應貼印花一分已滿十元者應貼印花二分均由收款人出資照貼並須由收款人加蓋圖章或畫押於印花票與紙面騎縫之間又收款人簽名及所蓋之圖章務須與匯款人所書之姓名相符否則無效特告

1932 年新加坡华侨支援 19 路军抗战捐款的银行汇单

（来源：徐云）

① 根据林金枝：《近代华侨投资国内企业史研究》，福州：福建人民出版社，1983 年，第 31 页。

② 柯木林、吴振强：《新加坡华族史论集》，新加坡：南洋大学毕业生协会，1972 年，第 167 页。

③ 《华侨革命史》编纂委员会编纂：《华侨革命史》（下），台北：正中书局，1981 年，第 659 页。

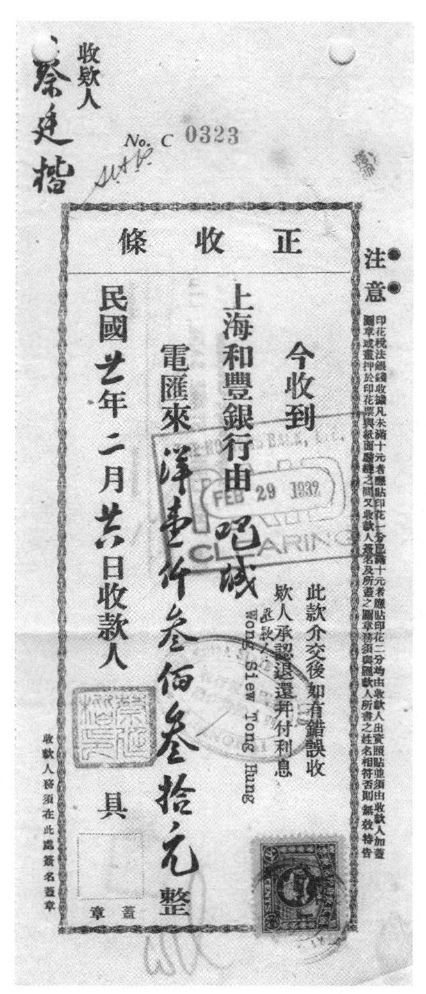

收款人 蔡廷楷

No. C 0323

正收條

今收到

上海和豐銀行由吧城

電匯來洋壹仟叁佰叁拾元整

此款交後如有錯誤收款人承認退還并付利息

民國廿一年二月廿六日收款人 具

蓋章

收款人務須在此處簽名蓋章

注意 印花稅法規定收據凡未滿十元者應貼印花一分已滿十元者應貼印花二分均由收款人出資照貼並須由收款人加蓋圖章或畫押於印花票與紙面騎縫之間又收款人簽名及所蓋之圖章務須與匯款人所書之姓名相符否則無效特告

1932 年印尼华侨支援 19 路军抗战捐款的银行汇单

（来源：徐云）

当“九一八事变”和“一·二八事变”的消息传到海外，东南亚地区的华侨纷纷成立各种救国组织，开展各种救国活动。上图海外华侨捐款的银行汇单是上海和丰银行由印尼的吧城（即巴达维亚，如今的雅加达）汇出，收款人均为 19 路军军长蔡廷锴。据不完全统计，自 1937 年 7 月至 1940 年 3 月，海外华侨捐献给祖国支援抗战及救灾的款项达 6 亿元，其中新加坡和荷属东印度的华侨捐款最多。①

① 黄警顽：《华侨对祖国的贡献》，上海：棠棣社，1940 年，第 14 页。

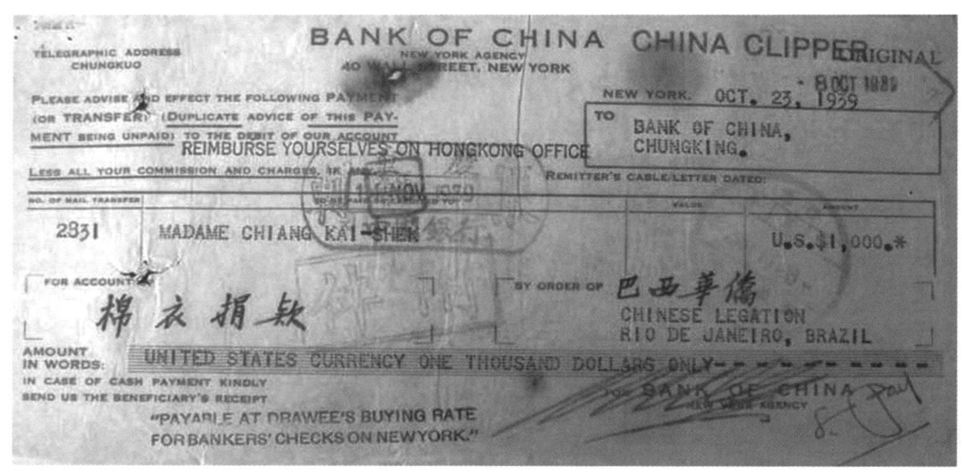
BANK OF CHINA CHINA CLIPPER ORIGINAL
NEW YORK AGENCY
40 WALL STREET, NEW YORK
TELEGRAPHIC ADDRESS
CHUNGKUO
PLEASE ADVISE AND EFFECT THE FOLLOWING PAYMENT (OR TRANSFER) (DUPLICATE ADVICE OF THIS PAYMENT BEING UNPAID) TO THE DEBIT OF OUR ACCOUNT
REIMBURSE YOURSELVES ON HONGKONG OFFICE
LESS ALL YOUR COMMISSION AND CHARGES, IF ANY.
NEW YORK, OCT. 23, 1939
TO BANK OF CHINA,
CHUNGKING.
REMITTER'S CABLE/LETTER DATED:

NO. OF MAIL TRANSFER	TO BE PAID TO	VALUE	AMOUNT
2831	MADAME CHIANG KAI-SHEK		U.S.$1,000.*

FOR ACCOUNT 棉衣捐款
BY ORDER OF 巴西華僑
CHINESE LEGATION
RIO DE JANEIRO, BRAZIL
AMOUNT IN WORDS: UNITED STATES CURRENCY ONE THOUSAND DOLLARS ONLY
IN CASE OF CASH PAYMENT KINDLY SEND US THE BENEFICIARY'S RECEIPT
"PAYABLE AT DRAWEE'S BUYING RATE FOR BANKERS' CHECKS ON NEWYORK."
FOR BANK OF CHINA
NEW YORK AGENCY

1939 年巴西华侨棉衣捐款的银行汇单

（来源：牛忠民）

上图是巴西华侨抗战期间棉衣捐款的银行汇单。巴西是拉美地区华侨华人移民历史较长、人数较多的国家。抗日战争期间，巴西华侨与拉美其他国家和地区的华侨一样，积极投身于支援祖国抗战的滚滚洪流中。当时在巴西的华侨有 592 人，大部分人的老家都在浙南地区，虽然他们收入微薄，但八年全面抗战过程中总共募集了 56 832 美元。①

① 李春辉、杨生茂：《美洲华侨华人史》，北京：东方出版社，1990 年，第 717 页。

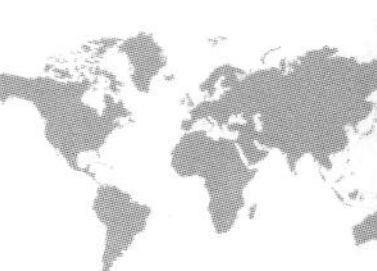

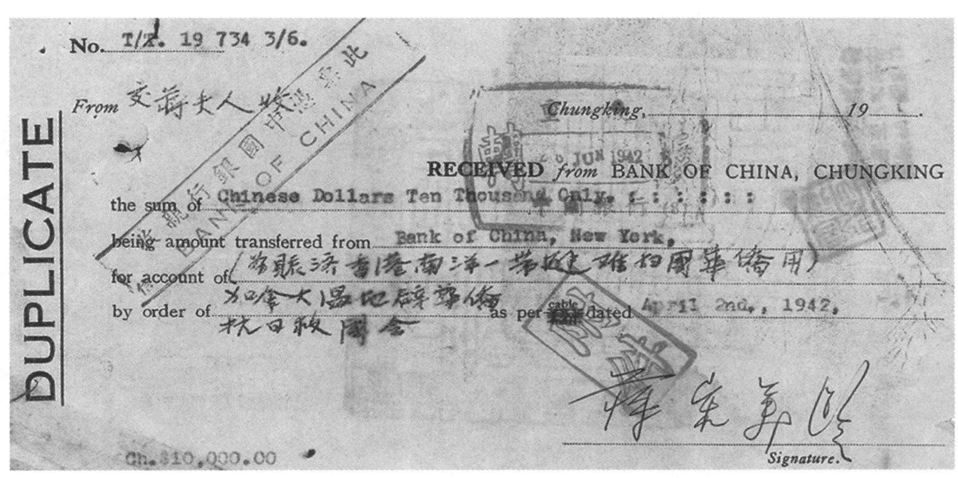

DUPLICATE

No. T/Z. 19 734 3/6.

From 交蒋夫人收

Chungking, 19 .

RECEIVED from BANK OF CHINA, CHUNGKING

the sum of Chinese Dollars Ten Thousand Only.

being amount transferred from Bank of China, New York,

for account of (为赈济香港南洋一带避难归国华侨用)

by order of 加拿大温地辟华侨抗日救国会 as per cable dated April 2nd., 1942.

BANK OF CHINA

26 JUN 1942

蒋宋美龄

Signature.

Ch.$10,000.00

1942 年加拿大温地辟华侨抗日救国会的银行汇单

（来源：易明仁）

上图是 1942 年加拿大温地辟（指的是加拿大安大略省北部城市 Sudbury，即萨德伯里）华侨抗日救国会（中国银行）汇款单 1 张，面额10 000元，交“蒋夫人收”，用途“为赈济香港南洋一带避难归国华侨用”，正面右下方有“蒋宋美龄”的签字。

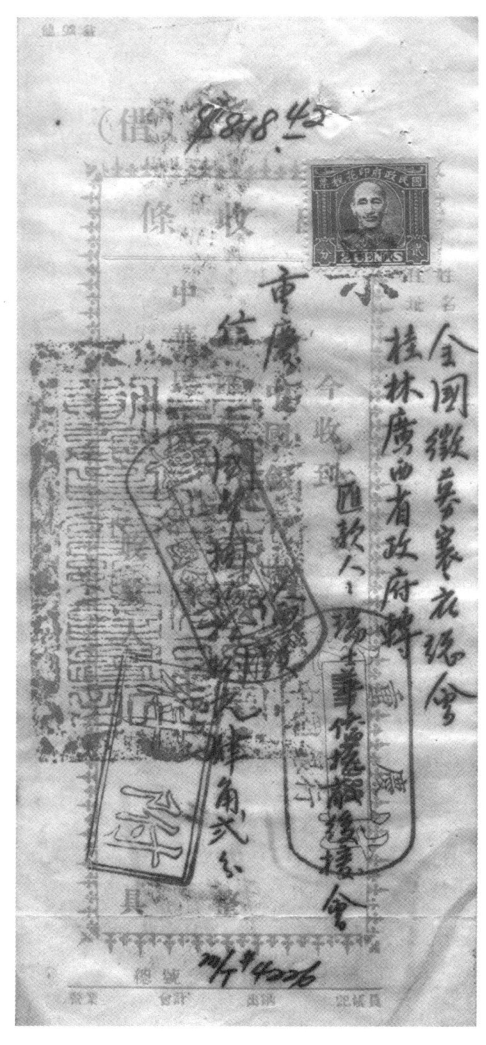
收條
全国徵募寒衣總會
桂林廣西省政府轉
匯款人：瑞士華僑抗敵後援會

1939 年瑞士华侨抗敌后援会汇给全国征募寒衣总会的汇款收条

（来源：暨南大学图书馆馆藏）

欧洲华侨在人数上远不及东南亚、北美华侨群体，但在抗日战争中也发挥了重要作用，特别是 1936 年 9 月，“全欧华侨抗日救国联合会”的成立，使欧洲华侨在以“洲”为基础实现团结抗日这方面，走到了全球华人的前列。

上图收条的汇款人是“瑞士华侨抗敌后援会”。瑞士是全欧华侨抗日救国联合会中的重要成员国，在抗战期间积极履行“团结旅欧侨胞，保障自身利益，抗日救国运动，尤其促进全国上下大团结，一致为祖国生存而战，为恢复失地而战”的宗旨，为支持祖国抗战做了很多有益的事情。

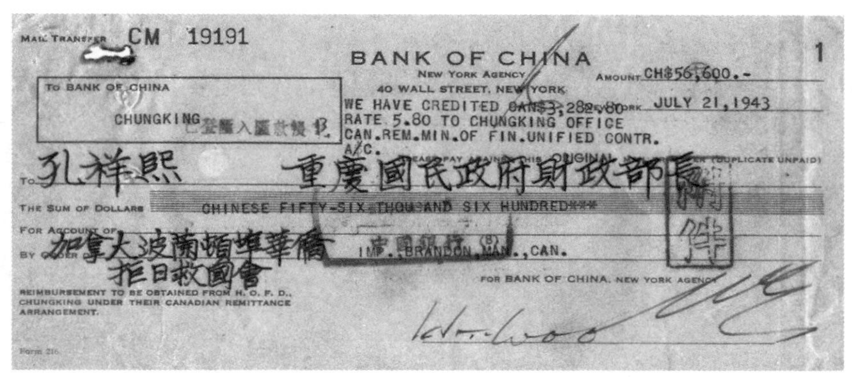

MAIL TRANSFER CM 19191

BANK OF CHINA 1

NEW YORK AGENCY

40 WALL STREET, NEW YORK

AMOUNT CH$56,600.-

TO BANK OF CHINA

CHUNGKING

WE HAVE CREDITED CAN$3,282.80 NEW YORK JULY 21,1943

RATE 5.80 TO CHUNGKING OFFICE

CAN.REM.MIN.OF FIN.UNIFIED CONTR.

A/C.

PLEASE PAY AGAINST THIS ORIGINAL (DUPLICATE UNPAID)

TO 孔祥熙 重慶國民政府財政部長

THE SUM OF DOLLARS CHINESE FIFTY-SIX THOUSAND SIX HUNDRED***

FOR ACCOUNT OF

BY ORDER OF 加拿大波蘭頓埠華僑拒日救國會 IMP. BRANDON, MAN., CAN.

FOR BANK OF CHINA, NEW YORK AGENCY

REIMBURSEMENT TO BE OBTAINED FROM H. O. F. D., CHUNGKING UNDER THEIR CANADIAN REMITTANCE ARRANGEMENT.

Form 216

1943 年加拿大波兰顿埠华侨拒日救国会抗日捐款的银行汇单

（来源：徐云）

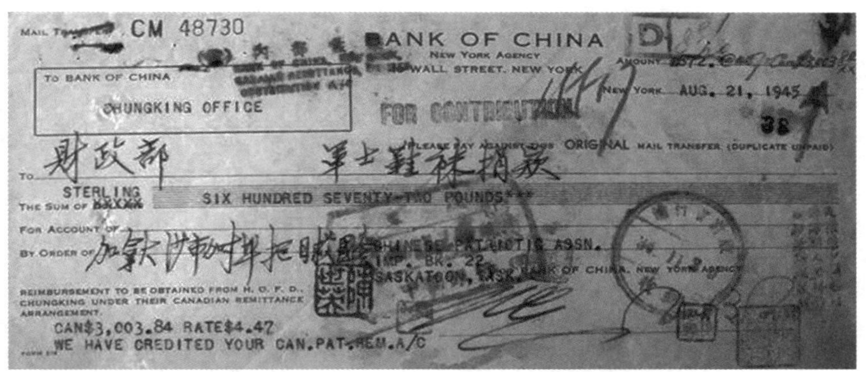

MAIL TRANSFER CM 48730

BANK OF CHINA

NEW YORK AGENCY

40 WALL STREET, NEW YORK

AMOUNT

TO BANK OF CHINA

CHUNGKING OFFICE

FOR CONTRIBUTION

NEW YORK AUG. 21, 1945

38

PLEASE PAY AGAINST THIS ORIGINAL MAIL TRANSFER (DUPLICATE UNPAID)

TO 財政部 軍士鞋袜捐款

STERLING

THE SUM OF XXXXX SIX HUNDRED SEVENTY-TWO POUNDS***

FOR ACCOUNT OF

BY ORDER OF 加拿大沙市埠拒日救國會 CHINESE PATRIOTIC ASSN. IMP. BK. 22 SASKATOON, SASK.

FOR BANK OF CHINA, NEW YORK AGENCY

REIMBURSEMENT TO BE OBTAINED FROM H. O. F. D., CHUNGKING UNDER THEIR CANADIAN REMITTANCE ARRANGEMENT.

CAN$3,003.84 RATE$4.47

WE HAVE CREDITED YOUR CAN.PAT.REM.A/C

1945 年加拿大沙市拒日救国会军士鞋袜捐款的银行汇单

（来源：牛忠民）

抗战期间，为更好地吸收侨汇，国民政府财政部于 1939 年 2 月 11 日和 3 月 28 日分别发布《银行在国外设立分行吸收侨汇统一办法》和《侨胞汇款集中办法》。前者规定中国银行是特许的国际汇兑银行，在海外又设有分支行，因此，财政部责成中国银行统筹收集侨汇；后者进一步明确各银行在国外设立分支行，须遵照定章呈请核准；各办理侨汇机关应与中国银行取得联络，所有汇兑行市应遵照中国银行规定办理。[①]

上面两图的银行汇单，都是加拿大华侨通过中国银行海外支行汇回国内的。

① 伍操：《战时国民政府金融法律制度研究（1937—1945）》，西南政法大学博士学位论文，2011 年，第 170 页。

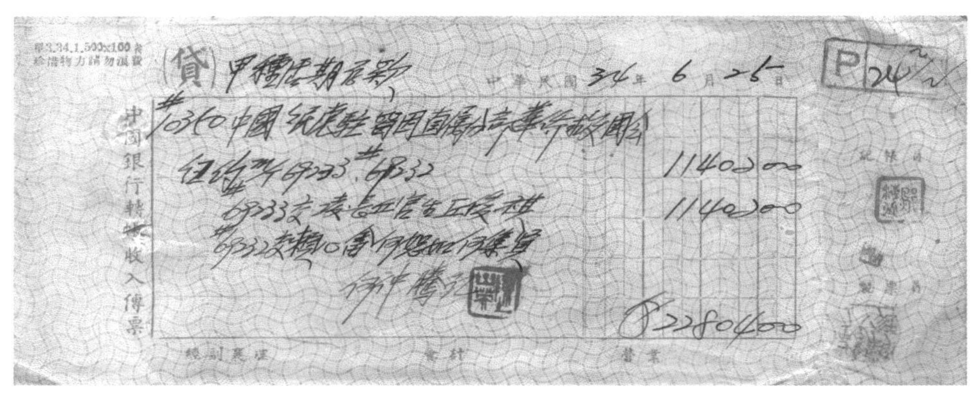

貸
中華民國 34 年 6 月 26 日
中國銀行轉帳收入傳票
1140200
1140200
2280400

1945 年中国国民党驻纽约直属分部华侨救国会抗战捐款银行转账收入传票

（来源：暨南大学图书馆馆藏）

中國銀行

代收財政部統一捐款獻金臨時收據
（將來由財政部補發正式收據）

RECEIPT
No. MC 45225

NEW YORK, September 25, 1945

RECEIVED FROM 余賜和 c/o Chinese Nat'l Salvation Ass'n
ADDRESS 17 N. Broadway St., Oklahoma City, Oklahoma
FOR THE SUM OF Five Only U. S. DOLLARS
@ EQUIVALENT TO CH. $
FOR CREDIT TO Ministry of Finance of the Republic of China, Unified Contribution Account THROUGH BANK OF CHINA.

FOR ACCOUNT OF: 中央賑濟会 七七紀念捐款 救濟傷兵難民
U. S. $ 5.00

1

BANK OF CHINA,
NEW YORK AGENCY
AUTHORIZED SIGNATURE

Form 173

1945 年华侨捐款救济伤兵难民“七七”纪念捐款临时收据

（来源：张智）

中国国民党创建于海外，向来有较稳固的海外基础。其附属机关海外部是驻世界各地华侨聚居地方的重要机构，计有总支部、直属支部、直属分部等。中国国民党海外部及其海外组织不仅对推翻帝制、建立中华民国政权作出了重大的贡献，对抗日战争的支持更是厥功尤伟。①

上面两张银行汇单的汇出日期是 1945 年。可以看出，在整个抗日战争期间，海外华侨对祖国抗战的支援自始至终，不遗余力。抗战期间，只要有华侨的地方，就有抗战的呼声和影响。

① 张应进：《论抗战时期国民党海外部的侨务工作》，暨南大学硕士学位论文，2012 年。

（十）公　债

“八一三事变”后，国民政府为应对抗战，陆续向国内外发行了六期公债，总额达 30 余亿元。[①] 第一期救国公债为 5 亿元，此后又陆续推出国防公债、金公债等多种债券和节约储蓄券。国民政府侨务委员会及国民党海外部颁布《救国公债条例》《救国公债募集办法》《修正救国公债募集办法》《购募救国公债奖励条例》等文件大力推行公债。广大华侨认识到祖国政府发行战时公债是为解决庞大的战争开支、缓解财政经费和军费支出而采取的重要举措，因此积极响应祖国政府的号召，踊跃购买公债。1937 年至 1939 年，海外侨胞认购救国公债 51 150 346 元，国防公债 6 265 138 元，金公债 2 915 880 元。[②] 至 1942 年华侨认购公债的总额达 11 亿元之巨，占国民政府发行总额的 1/3。[③]

H №　4236

馬來亞

華僑救濟祖國殘廢傷兵義金委員會

Disabled Chinese Soldiers Relief Fund, Malaya.

43, Bukit Pasoh Road, Singapore.

茲收到

先生惠贈

總收

字第　　號救國公債收據

紙 計國幣1570元此據

主任

經手

中華民國　年　月　日

1938 年马来亚华侨救济祖国残废伤兵义金委员会的救国公债收据

（来源：徐云）

① 陈嘉庚：《南侨回忆录》，新加坡：怡和轩，1946 年刊本，第 344 页。

② 陈树人：《四年来的华侨爱国运动》，《现代华侨》1940 年第 1 卷第 8 期。

③ 《华侨抗战的真实写照——中国人民革命军事博物馆抗日战争馆侧记》，《华声报》，1985 年 8 月 20 日。

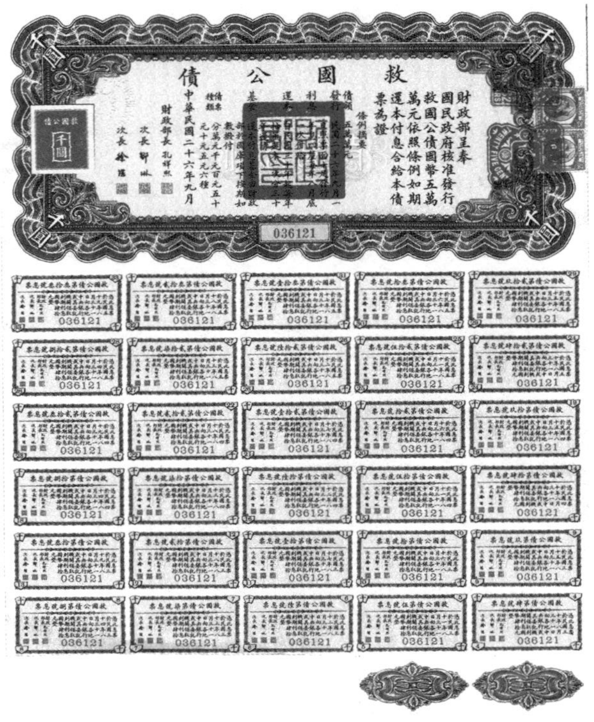

1937 年南洋华侨购买的救国公债

（来源：何锡钿）

1937 年 8 月，国民政府发行第一期救国公债 5 亿元，东南亚各地华侨购债积极，一时蔚然成风。新加坡华侨得知消息后，由侨领陈嘉庚专门召集劝募公债侨民大会，宣传购买公债的重大意义，动员和号召广大华侨积极认购。他本人带头购债 10 万元，与会的侨胞随之认购二三十万元。新加坡华侨起到了购债的首倡和表率作用，马来亚华侨继之而起。一人购债，其亲人好友连带购买，效果明显。据统计，至 1938 年底，新加坡、马来亚华侨共2 105 895 人，购买公债 12 864 105元，捐款 19 901 721 元，人均购债款 15 元。①

上图救国公债的右上角贴有英属马来亚印花税票，应该是新加坡或者马来亚一带的华侨购买的。在两次世界大战中，马来亚和新加坡两国都处于英国统治之下，被统称为“英属马来亚”。1957 年，马来亚获得独立，并于 1963 年与新加坡、沙捞越和沙巴组成马来西亚联邦。新加坡于 1965 年脱离联邦，成为一个独立的主权国家。

① 蔡仁龙、郭梁主编：《华侨抗日救国史料选辑》，福州：中共福建省委党史工作委员会，1987 年，第 448 页。

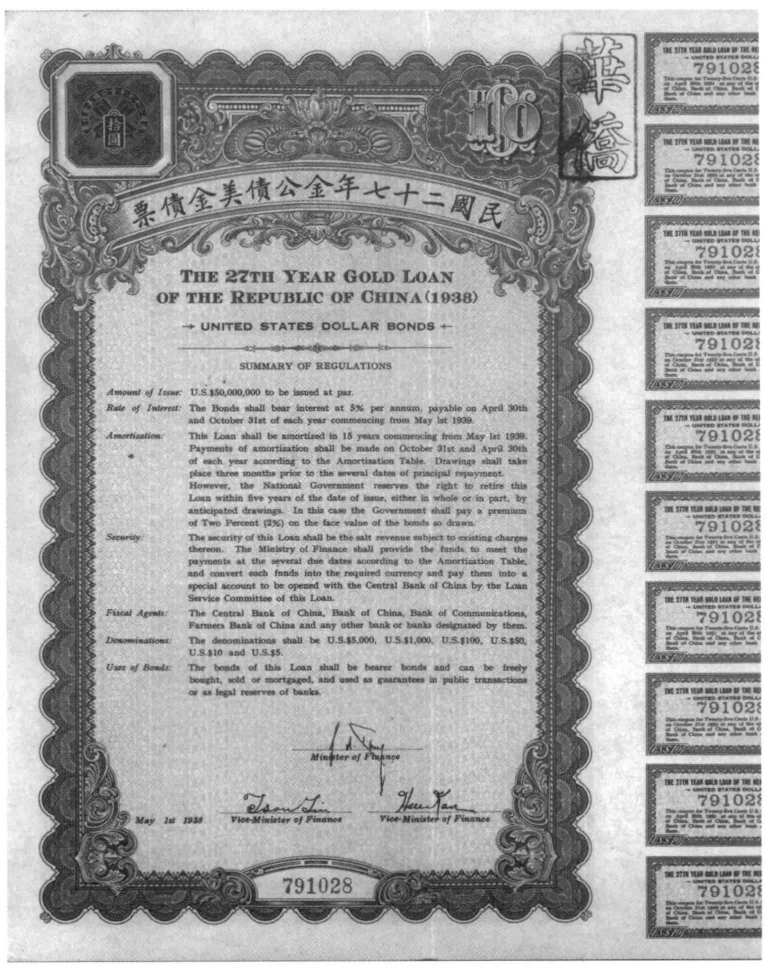

民國二十七年金公債美金債票

華僑

THE 27TH YEAR GOLD LOAN OF THE REPUBLIC OF CHINA (1938)

→ UNITED STATES DOLLAR BONDS ←

SUMMARY OF REGULATIONS

Amount of Issue: U.S.$50,000,000 to be issued at par.

Rate of Interest: The Bonds shall bear interest at 5% per annum, payable on April 30th and October 31st of each year commencing from May 1st 1939.

Amortization: This Loan shall be amortized in 15 years commencing from May 1st 1939. Payments of amortization shall be made on October 31st and April 30th of each year according to the Amortization Table. Drawings shall take place three months prior to the several dates of principal repayment. However, the National Government reserves the right to retire this Loan within five years of the date of issue, either in whole or in part, by anticipated drawings. In this case the Government shall pay a premium of Two Percent (2%) on the face value of the bonds so drawn.

Security: The security of this Loan shall be the salt revenue subject to existing charges thereon. The Ministry of Finance shall provide the funds to meet the payments at the several due dates according to the Amortization Table, and convert such funds into the required currency and pay them into a special account to be opened with the Central Bank of China by the Loan Service Committee of this Loan.

Fiscal Agents: The Central Bank of China, Bank of China, Bank of Communications, Farmers Bank of China and any other bank or banks designated by them.

Denominations: The denominations shall be U.S.$5,000, U.S.$1,000, U.S.$100, U.S.$50, U.S.$10 and U.S.$5.

Uses of Bonds: The bonds of this Loan shall be bearer bonds and can be freely bought, sold or mortgaged, and used as guarantees in public transactions or as legal reserves of banks.

Minister of Finance

May 1st 1938　Vice-Minister of Finance　Vice-Minister of Finance

791028

1938 年海外华侨购买的拾圆金公债美金债票

（来源：徐云）

据 1938 年 4 月国民政府公布的金公债条例，债票分为三类：甲，关金①债票一万万关金；乙，英金债票一千万磅；丙，美金债票五千万元；定于 1938 年 5 月 1 日照票面发行。美金债票票面金额分为五千、一千、一百、五十、十、五共 6 种。②

上图是拾圆的美金公债票，上面加盖了“华侨”印章。

① 关金即海关金单位兑换券的简称，是中华民国时期国民党政府的海关用以计算税收的金本位单位。后来中央银行发行关金券，用以收纳关税，渐渐成为通货的一种。

② 参见《国府明令公布金公债条例》，《申报》，1938 年 4 月 23 日第 2 版。

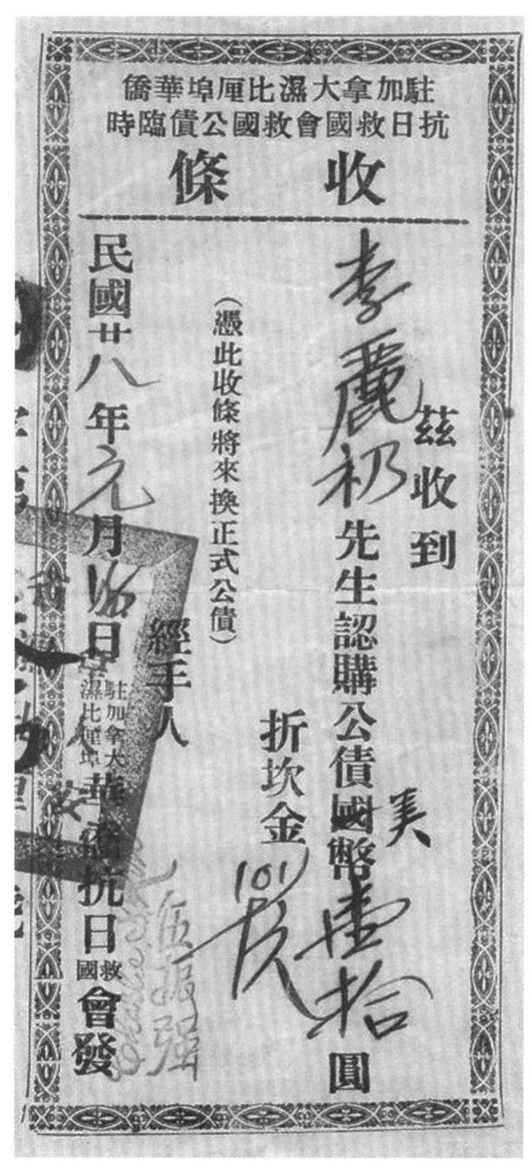

駐加拿大濕比厘埠華僑
抗日救國會救國公債臨時
收條

兹收到
李麗初先生認購公債國幣美壹拾圓
折欵金

（憑此收條將來換正式公債）

經手人

民國廿八年元月　日
駐加拿大濕比厘埠華僑抗日救國會發

1939 年驻加拿大湿比厘埠华侨
抗日救国会救国公债临时收条
（来源：徐云）

上图中的“湿比厘”，亦指加拿大安大略省北部的小城萨德伯里。

华侨购买公债较之国内通报购债起着特殊的作用。国内通报购买公债是政府把民间的资金集中到国家手中，实际货币总量并未增加；而华侨购债均用侨居国政府货币购买，这样可使我国政府增加大笔宝贵而难得的外汇收入或外汇储备，可用于从国外购买抗战急需或国内短缺的军用物资。因此，华侨购买大量救国公债具有独特的重大战略意义。

美洲华侨购债很积极且持续时间长。自 1937 年 8 月发行公债至同年底，加拿大华侨捐款购债合计 200 万美元。至 1938 年底，旧金山华侨认购公债大约 150 万美元。战时檀香山华侨总数为 27 657 人，按公债条例规定，除去老弱妇孺外，符合购债条件者为 6 000 人，而实际购债的华侨却有 6 456 人。据统计，抗战期间美洲华侨购债总额约为 3 000 万美元。①

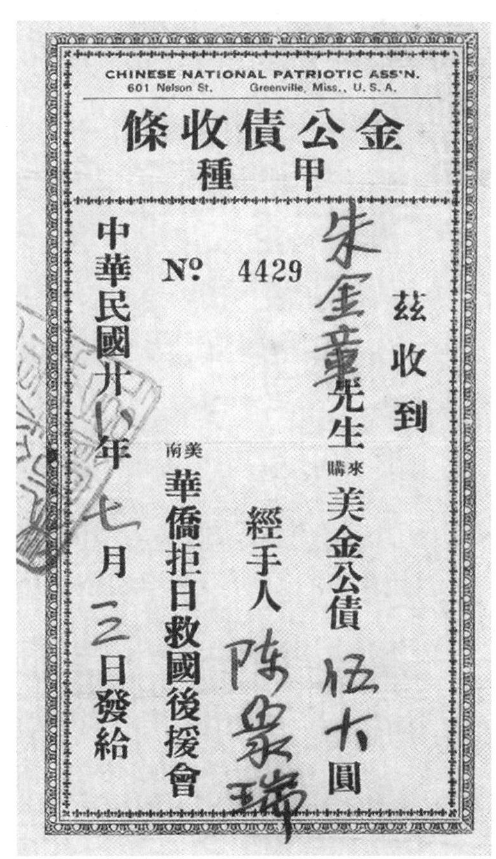

CHINESE NATIONAL PATRIOTIC ASS'N.
601 Nelson St. Greenville, Miss., U.S.A.

金公債收條

甲種

№ 4429

茲收到 朱金章先生 購來 美金公債 伍大圓

經手人 陳泉瑞

美南華僑拒日救國後援會

中華民國廿八年七月二日發給

1939 年美南华侨拒日救国后援会金公债收条

（来源：关汉函）

① 任贵祥：《华侨与中国民族民主革命》，北京：中央编译出版社，2006 年，第 353 页。

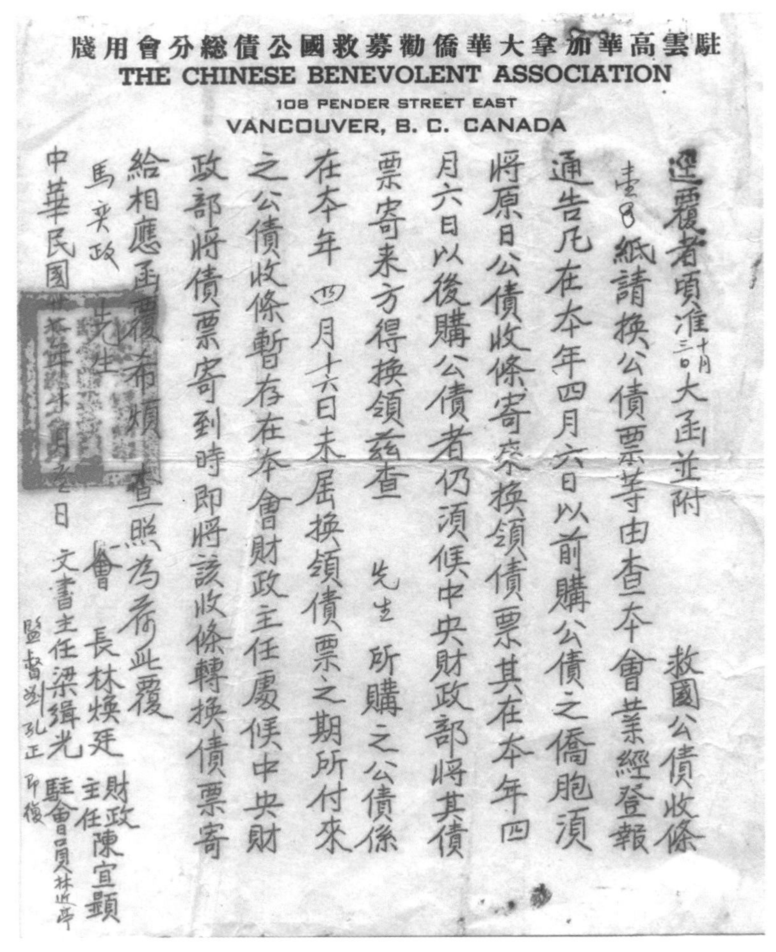

駐雲高華加拿大華僑勸募救國公債總分會用箋
THE CHINESE BENEVOLENT ASSOCIATION
108 PENDER STREET EAST
VANCOUVER, B. C. CANADA

逕覆者頃准十月三十日大函並附救國公債收條壹8紙請換公債票等由查本會業經登報通告凡在本年四月六日以前購公債之僑胞須將原日公債收條寄來換領債票其在本年四月六日以後購公債者仍須候中央財政部將其債票寄來方得換領茲查　先生所購之公債係在本年四月十六日未屆換領債票之期所付來之公債收條暫存在本會財政主任處候中央財政部將債票寄到時即將該收條轉換債票寄給相應函覆希煩查照為荷此覆

馬奕政先生

會長林煥廷
財政主任陳宜顯
文書主任梁緝光
監督劉弘正
駐會會員林近亭
印復

中華民國[illegible]年[illegible]月[illegible]日

1938 年驻云高华（温哥华）加拿大华侨劝募救国公债总分会
关于公债收条换领公债票回复信函
（来源：暨南大学图书馆馆藏）

上图的信函是驻温哥华加拿大华侨劝募救国公债总分会给华侨马奕政关于公债收条换领公债票的回复。信函告知马奕政，当期的公债收条换领公债票以本年四月六日为界，四月六日以后购买的公债须候中央财政部将债票寄来方得换领。马奕政购买公债的日期是四月十六日，还未到换领之期。该信函中除了有会长、财政主任、文书主任的签名外，还有驻会员和监督（员）的签字，说明海外华人社团在组织华侨购买救国公债时组织严密、程序严谨。

紐約全体華僑抗日救國籌餉總會

僑胞購買公債義捐登記證

GENERAL RELIEF FUND COMMITTEE
OF THE CHINESE CONSOLIDATED BENEVOLENT ASS'N.
16 MOTT ST. NEW YORK CITY

No. 2920

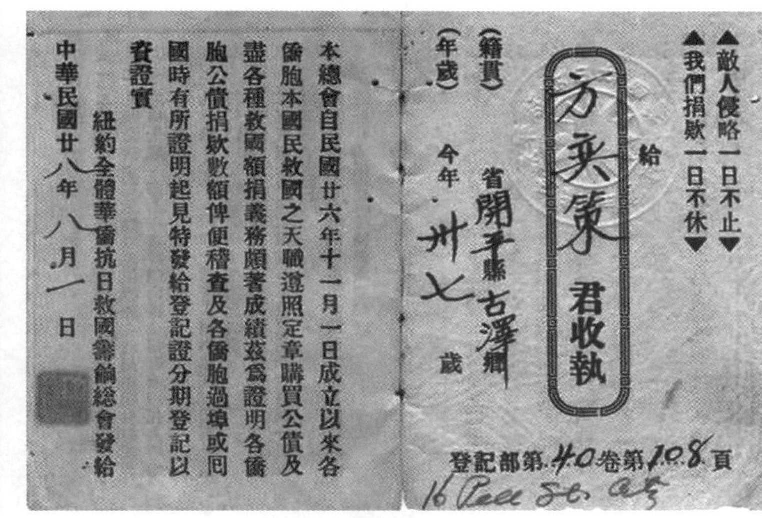

▲敵人侵略一日不止▼

▲我們捐款一日不休▼

給 方奕策 君收執

（籍貫） 省開平縣古澤鄉

（年歲） 今年卅七歲

登記部第40卷第108頁

本總會自民國廿六年十一月一日成立以來各僑胞本國民救國之天職遵照定章購買公債及盡各種救國額捐義務頗著成績茲爲證明各僑胞公債捐款數額俾便稽查及各僑胞過埠或回國時有所證明起見特發給登記證分期登記以資證實

紐約全體華僑抗日救國籌餉總會發給

中華民國廿八年八月一日

1939 年纽约全体华侨抗日救国筹饷总会侨胞购买公债救国义捐登记证

（来源：伍朝星）

“七七事变”爆发的消息刚传到美国，纽约华侨当即成立救济总委员会的救国团体。该会共有 19 名执委，司徒美堂是其中年龄最大的一位。该组织的任务是对整个华侨社会进行总动员，监督和协调一切爱国活动，特别是筹款与宣传活动。在该组织的发动和领导下，纽约市区每月参加各种救国活动的华侨达 3 万多人次，其抗日救国活动的热情进一步高涨，进而影响和带动了全美国乃至整个美洲华侨社会。为了使广大侨胞持续不断地从财力上支援祖国抗战，司徒美堂亲自发动美国纽约和美东地区华侨成立纽约华侨抗日救国筹饷总会。① 1937 年 10 月，纽约全体华侨抗日救国筹饷总会成立，其成立宣言指出：“夫惨祸莫大于亡国，痛苦莫大于为亡国奴”，“我纽约同胞，均为中华民族之子孙，如不愿子孙为异族之奴隶，则应挺身而起，毁家纾难，在全侨抗日筹饷总会旗帜下，一致团结，出财出力来援助祖国抗战”。②

上图的登记证中，有“敌人侵略一日不止，我们捐款一日不休”的口号，同时将发放登记证的目的写得很清楚，即“为证明各侨胞公债捐款数额俾便稽查及各侨胞过埠或回国时有所证明起见，特发给登记证分期登记以资证实”。

---

① 任贵祥：《司徒美堂与抗日战争》，《史学月刊》2004 年第 11 期。

② 《敌后救亡：全球抗日华侨社团近四千个》，金羊网，http：//www. ycwb. com/gb/content/2005 - 08/22/content_967616. htm，2005 年 8 月 22 日。

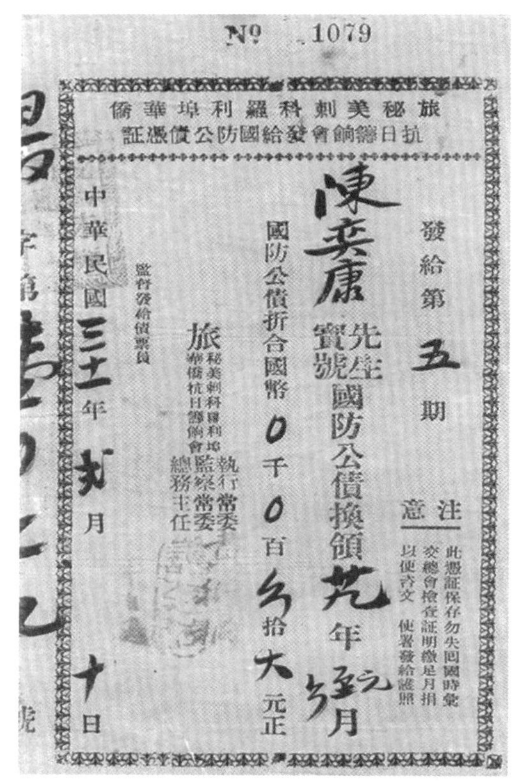

№ 1079

旅秘美剌科羅利埠華僑抗日籌餉會發給國防公債憑證

發給第五期

陳[illegible]康先生/寶號國防公債換領[illegible]年[illegible]月

國防公債折合國幣0千0百[illegible]拾大元正

注意

此憑證保存勿失回國時彙交總會檢查證明繳足月捐以便咨文使署發給護照

旅秘美剌科羅利埠華僑抗日籌餉會 執行常委 監察常委 總務主任

監督發給債票員

中華民國三十一年[illegible]月十日

1942 年旅秘美剌科罗利埠华侨抗日筹饷会发给国防公债凭证

（来源：徐云）

上图凭证的注意事项中写明“此凭证保存勿失，回国时汇交总会检查，证明缴足月捐，以便咨文，使署发给护照”。由此可以看出，公债的购买也具有半强制性，至少对于需要回国的侨胞是这样。

公债收条和凭证是换取救国公债票的证明，待政府发放正式救国公债票时，凭收条和凭证换取正式公债。特别需要说明的是，国民政府向海外发行各种公债时，其有关条例曾明确承诺：“本公债自战事结束后第三年起，由国库指拨基金，分二十年还清。”但众所周知，抗战胜利后不到一年，国民党即发动全面内战，根本无法兑现还债诺言。实际上，抗战时期华侨购买的巨额公债，大多等于无偿捐款。①

“美剌科罗利”，即秘鲁利马的米拉弗洛雷斯（Miraflores）。

① 任贵祥：《华侨与中国民族民主革命》，北京：中央编译出版社，2006 年，第 355 页。

（十一）证书函件

全面抗战爆发后，回国效力的华侨数量很多，仅粤籍侨胞就有 4 万多人，其中从南洋各地回国的约 4 万人，从美洲和大洋洲等地回国的约 1 000 人。他们或组团编队回国服务，或三五成群投效军旅。其中一些华侨青年想方设法挣脱家庭的束缚和亲友的阻拦，甚至隐瞒身份回国。很多人在前线奋勇杀敌，甚至负伤牺牲，舍身成仁，涌现出无数报国情殷的爱国志士。太平洋战争爆发后，南洋一带华侨很多回国避难，对这些归侨的安置和战后华侨的遣返也成为中国政府抗战期间的重要工作。

G. 37

A № 53330

STATE OF SARAWAK.

Certificate of Identity.

(Valid for two years from date of issue)

Name NGU KEE CHIONG (in Chinese) 吴其璋

Address Chop Hock Chuan, Channel Rd

Nationality Foochow Age 29

Other particulars

Signature or right thumb print of holder of Certificate of Identity

Immigration Officer

Issued at Sibu Sarawak.

Date 14th July 19 38

原总督府证明书

1938 年马来亚总督府给吴其璋回国参加抗战的证书

（来源：甘勇）

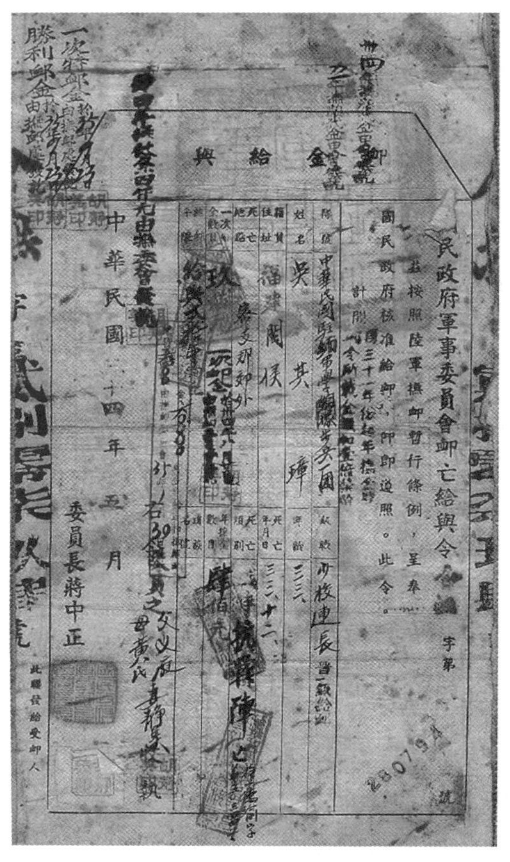

國民政府軍事委員會卹亡給與令

字第　　號

右按照陸軍撫卹暫行條例，呈奉
國民政府核准給卹，仰即遵照。此令。

金　給　與

姓名　吳其璋

籍貫　福建閩侯

官職　少校連長

中華民國三十四年五月

委員長蔣中正

此聯發給受卹人

1945 年国民政府军事委员会关于吴其璋烈士的恤亡给舆令
（来源：甘勇）

吴其璋，马来亚华侨，1937 年 7 月回国参战，先进入黄埔军校 17 期四川交通辎重学院专攻化学武器。毕业后，进入军政部化学兵部队，因作战勇敢，很快升任少校营长。1942 年 2 月，中国组织远征军开赴印缅战场抗日。吴其璋调入远征军 66 军孙立人将军的新编 38 师，任 112 团中校军官。第二次缅甸战役打响后，孙立人指挥新 38 师，如下山猛虎般扑向胡康河谷。1942 年 10 月 29 日，新 38 师占领新平洋，12 月 29 日攻占于邦。而就在此次战斗中，吴其璋头部中弹，为祖国流尽了最后一滴血，年仅 34 岁。

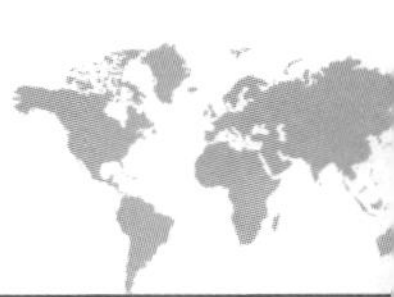

中華民國駐斐利濱總領事館用箋

字第　　號第　　頁

茲證明華僑黃禮產年
廿八歲廣東台山縣人到館面稱現
擬回國投軍以禦外侮而報家國
請給予證明以便回國內各關盤詰沿途
軍警機關查明保護等語相應
給予證明以資憑証右給
華僑黃禮產
駐斐利濱總領事館

中華民國廿七年十二月廿七日

（中華印書館印）

1938 年中华民国驻斐利滨（菲律宾）总领事馆为华侨出具的回国投军证明书
（来源：何锡钿）

在东南亚各侨社中，如按人平均，菲律宾华侨在抗日救国运动中的贡献最大。除了捐财献物外，菲律宾华侨还从人力方面给祖国以支持。国难当头，热血沸腾的华侨青年纷纷要求回国效命，杀敌立功。他们之中有回国参军抗敌者，有回国受训者，有回国服务者以及回国慰劳者等。① 新四军的一大特点就是有很多从海外回来的华侨青年，在这些华侨青年中，有 50 多位是菲律宾华侨青年。②

上图证明书由斐利滨（菲律宾）总领事馆出具，持证人黄礼产，28 岁，广东台山人。在日军铁蹄践踏祖国大好河山的危难时刻，他毅然回国投军，御外侮而报家国，彰显了海外华侨对祖国的赤子之心。

① 侯伟生：《菲律宾华侨的抗日救国运动》，《东南亚研究》1987 年第 3 期。

② 侨友：《菲律宾有一支中国新四军的抗日队伍》，《福建党史月刊》2012 年第 5 期。

中華民國駐新嘉坡總領事館證明書

茲據僑民鄭潮炯君呈稱：「窃民曾奔走各埠義賣瓜子，得款救濟祖國災民，不無微效。現擬再往馬來各埠繼續勸捐，請予發給證明書一紙，以利進行」等情。経查所称尚無不合，特此證明。

右給僑民鄭潮炯收執

中華民國三十五年十二月二十四日

CONSULATE-GENERAL OF THE REPUBLIC OF CHINA
SINGAPORE, S.S.

1946 年中华民国驻新嘉（加）坡总领事馆为郑潮炯义卖瓜子出具的证明书

（来源：广东江门五邑华侨华人博物馆馆藏）

郑潮炯

郑潮炯（1904—1984 年），广东新会大泽区许坑村人。少年时即往香港谋生，后赴马来亚北婆罗洲山打根，以摆卖小食度日。1937 年抗日战争爆发后，南洋地区华侨在陈嘉庚的领导下，发动华侨筹赈救国。郑潮炯虽然只是个略识文字的小贩，既无超前思想，又无万贯家财，却有共赴国难的雄心，他尽自己的力量为国为民作出贡献。特别是家乡传来父亲被日寇枪杀的噩耗后，国恨家仇更坚定了郑潮炯为国家民族出力的决心。在山打根华侨团体的帮助和配合下，他先后到过沙捞越的古晋、北加里曼丹、新加坡、马来半岛以及南洋各埠进行筹款活动。到 1941 年止，他义卖瓜子共筹集 18 万余元，捐给以陈嘉庚为主席的南洋华侨筹赈祖国难民总会汇回祖国。他的爱国行为受到华侨的交口称赞。更令人感动的是，他征得妻子同意，将刚出生 40 天的男婴，以 80 元的价格卖给山打根的一位华侨商人，而将这卖子钱款捐给祖国抗日。这罕见的“鬻子救国”义举，轰动了南洋的华人社会，留下了一段华侨鼎力抗日救国的佳话。

抗日战争胜利后，郑潮炯继续从事社会福利事业，于 1947 年至次年 7 月，先后前往新加坡、马来亚等地义卖瓜子，筹款近 4 万元（包括叻币、加币），除捐给华南用于救济水灾难民及孤儿伤兵的马来亚叻币 1 万元、新加坡币 3 430 元外，其余款项分别捐给马来亚的慈善机构，受到当地华侨团体的表彰。

墨國桒苑埠華僑團體會用箋

UNION FRATERNAL CHINA

APARTADO No. 88

TORREON, COAH., MEXICO

為証明事查本会会員李買有是廣東省開平縣人
在抗戰期间克尽購債捐賑義務 茲因回国特給
此証明书証明
右証明书給
李買有先生收执
中華民国卅六年 月 日
墨国桒苑埠華僑團體会 發

1947 年墨西哥菜苑埠华侨团体会关于本会会员抗战期间履行捐赈义务的回国证明书

（来源：暨南大学图书馆馆藏）

抗战期间，是否为祖国抗战尽捐赈义务，已被海外侨胞上升到是否爱国的高度。海外侨胞以恪尽捐赈义务为荣，祖国人民也为侨胞恪尽捐赈义务为尊。因此，侨胞拟返国时，会要求所属社团出具恪尽捐赈义务的证明，方便回国后相关事宜的办理。

上图是 1947 年墨西哥菜苑埠华侨团体会关于本会会员广东开平人李买有抗战期间履行捐赈义务的回国证明书。

駕駛人違章記錄

日期	事由	處分	執行機關

國滇字18923號

姓名：李子文

年齡：卅

籍貫：福建

發照日期：30年4月15日

補照日期：年 月 日

1941 年南侨机工的驾驶证

（来源：泉州华侨历史博物馆馆藏）

南侨机工，是由著名华侨领袖陈嘉庚先生领导的南洋华侨筹赈祖国难民总会发动、招募和组织起来回国参军参战的一个特殊英雄群体。他们由南洋华侨组成，共 3 000 多人，分九批回国。南侨机工中的大部分人进入“西南运输处”工作，服务于滇缅公路的军事运输工作。大西南的路崎岖难走，穿行于崇山峻岭之间，稍有不慎，将车毁人亡。在艰苦的环境和条件下，南侨机工义无反顾、英勇奋战，为抗日战争作出了特殊的贡献。

上图是南侨机工的驾驶证，持证人李子文，30 岁，籍贯福建，发证日期是 1941 年 4 月 15 日。

南侨机工车队在运输途中

南侨机工在滇缅边境

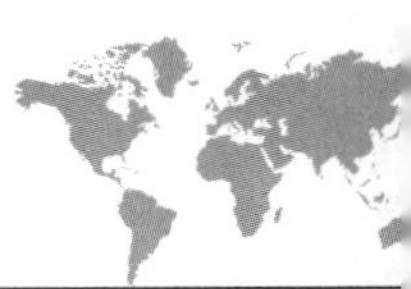

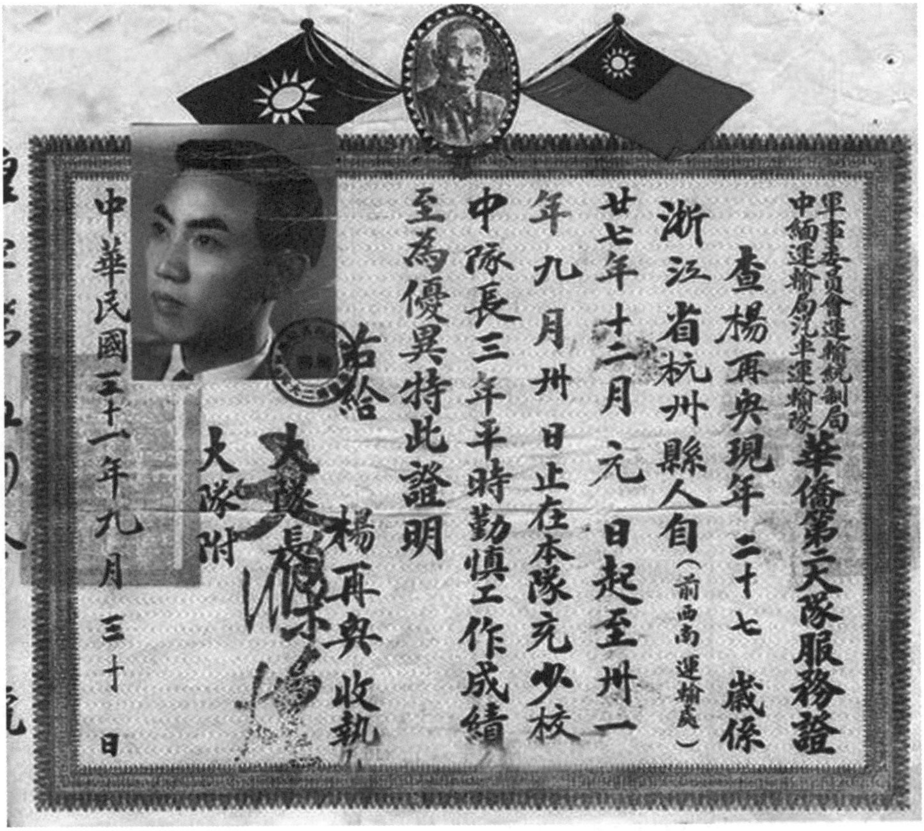
軍事委員會運輸統制局
中緬運輸局汽車運輸隊 華僑第二大隊服務證
查楊再奂現年二十七歲係
浙江省杭州縣人自(前西南運輸處)
廿七年十二月元日起至卅一
年九月卅日止在本隊充少校
中隊長三年平時勤慎工作成績
至為優異特此證明
右給 楊再奂收執
大隊長
大隊附
中華民國三十一年九月三十日

1942 年南侨机工在中缅运输局汽车运输队华侨第二大队的服务证

（来源：云南档案馆馆藏）

1939 年 2 月 18 日，第一批南侨机工自新加坡启程，经越南海防抵达昆明。此后，八批南侨机工分别抵达昆明，开始了他们报效祖国的壮举。经过两个多月的军事训练后，南侨机工们由西南运输处分配与编队。大部分被分配到滇缅公路的四个大队和基于海外华侨捐献的 300 辆汽车组建的华侨先锋运输队第一、第二两个大队。在 1939 年至 1942 年缅甸沦陷期间，滇缅公路中断，曾在这条公路上从事运输的车辆，计约 3 000 辆，南侨机工开的车辆就占三分之一以上，是运送抗日物资的骨干力量。

上图是南侨机工在中缅运输局汽车运输队华侨第二大队的服务证，持证人杨再奂，27 岁，浙江杭州人，1938 年至 1942 年在中缅运输局汽车运输队华侨第二大队任少校中队长，工作勤奋，成绩优异。

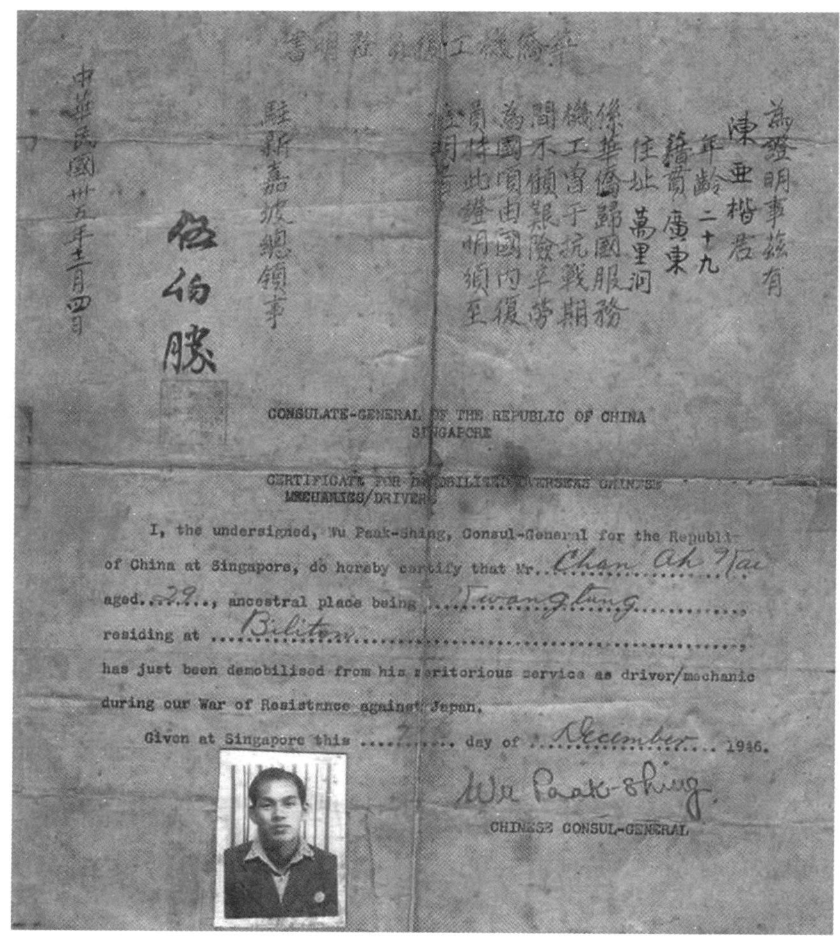

華僑機工復員證明書

為證明事茲有
陳亞楷君
年齡二十九
籍貫廣東
住址萬里洞
係華僑歸國服務
機工曾于抗戰期
間不顧艱險辛勞
為國[illegible]由國內復
員特此證明須至
證明者

駐新嘉坡總領事
伍伯勝

中華民國卅五年十二月四日

CONSULATE-GENERAL OF THE REPUBLIC OF CHINA
SINGAPORE

CERTIFICATE FOR DEMOBILISED OVERSEAS CHINESE
MECHANICS/DRIVERS

I, the undersigned, Wu Paak-Shing, Consul-General for the Republic of China at Singapore, do hereby certify that Mr. Chan Ah Kai aged 29, ancestral place being Kwangtung, residing at Biliton, has just been demobilised from his meritorious service as driver/mechanic during our War of Resistance against Japan.

Given at Singapore this 4 day of December 1946.

Wu Paak-shing
CHINESE CONSUL-GENERAL

1946 年驻新嘉（加）坡总领事为华侨机工签发的华侨机工复员证明书
（来源：暨南大学图书馆馆藏）

抗战胜利后，如何南返居留地成为南侨机工面临的主要问题。面对南侨机工及南洋华社的南返要求，国民政府会同各方制订南侨机工复员方案。1946 年 10 月，在国民政府、华侨互助会和南洋华社的共同努力下，第一批机工踏上南返之路。受制于战后复杂的国内外因素，南侨机工南返较为曲折和艰难，但在国民政府的组织与协调下，基本上将登记的机工都送回了南洋居留地。①

上图是 1946 年驻新嘉（加）坡总领事伍伯胜为华侨机工签发的华侨机工复员证明书。持证人陈亚楷，29 岁，籍贯广东。他曾于抗战期间不畏艰险、辛劳为国，特此证明。

① 夏玉清：《道阻且长：二战后“南侨机工”的复员与南返》，《暨南学报》2015 年第 2 期。

（十二）函　件

古達描島

華僑反日救國會用箋

HUA CHIA CHIU KUO HUI

P. O. BOX No. 92

COTABATO, MINDANAO, P. I.

第　頁

鴻生火柴公司執事先生台鑒

逕啓者查菲島華僑布店及雜貨商平日貿易之物品多係來自日本其原因雖非一端要亦僑衆遠離祖國對於國內產物向少觀摩之機會而聞有一二運銷國貨之商家又復貪圖厚利居爲奇貨有以致之邇者反日空氣瀰漫全菲抵制運動接踵而起治本方法非積極從事於國貨之推銷實無以救民生之憔悴而達救國之目的

敝會有鑒及此是用有國貨展覽之組織素仰

貴廠出品優良名孚中外謹檢送敝會簡章一份倘荷

惠賜辦樣以壯觀瞻則不特同人之幸抑亦國家之光也專肅奉瀆

佇候

教益并頌

籌綏

菲律濱古達晉島華僑反日救國會國貨展覽會啓

贈品祈於包皮外註明英文Sample Without Value等字（卽貨辦）以免關稅是幸

中華民國二十年十二月廿八日

（岷埠隆信印書館承印）

1931 年菲律宾华侨反日救国会关于举办支持国货、抵制日货展览的函件

（来源：徐云）

在抗日战争中，海外华侨除了在财力、物力、人力上为祖国提供支援外，还开展了轰轰烈烈的抵制日货运动，菲律宾华侨就掀起了两次抵制日货运动。1931 年成立的菲律宾华侨反日救国会，设有起草抵制日货和惩办奸商办法的委员会，专门负责抵制日货方面的工作。“九一八事变”以后的抵制日货运动，使日货输菲明显减少。

上图是 1931 年菲律宾华侨反日救国会关于举办支持国货、抵制日货展览给鸿生火柴公司的函件，其中道“迩者反日空气弥漫，全菲抵制运动接踵而起，治本方法非积极从事于国货之推销，实无以救民生之憔悴而达救国之目的”，充分表达了菲律宾华侨支持国货、抵制日货的决心。

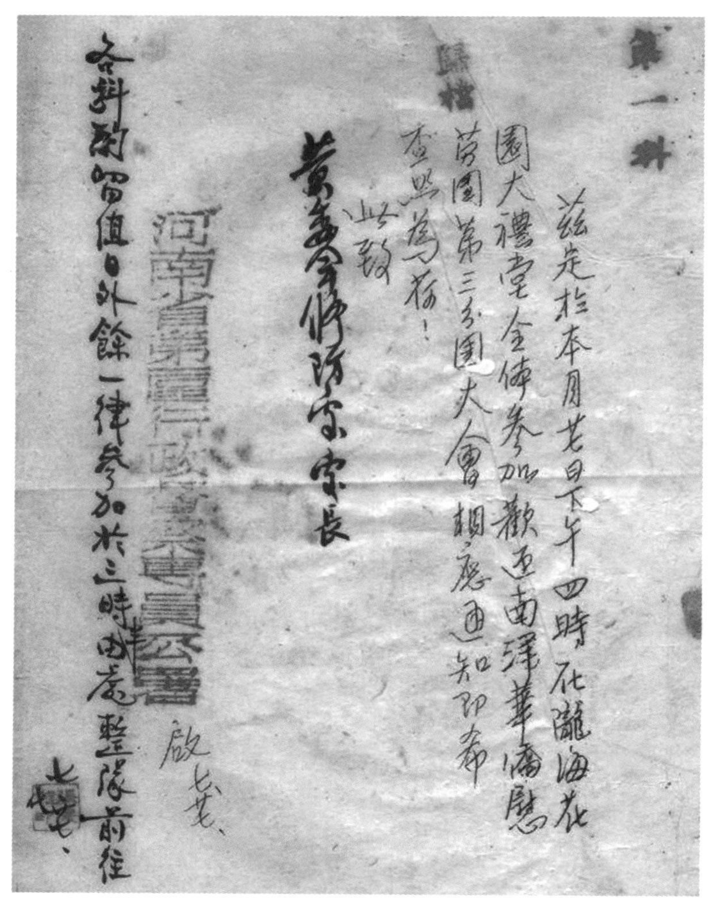

第一科

歸檔

茲定於本月廿日下午四時在隴海花
園大禮堂全体參加歡迎南洋華僑慰
勞團第三分團大會相應通知即希
查照為荷！
此致
黄委員修防處處長
河南省第一區行政督察專員公署
啟 七廿

各科酌留值日外餘一律參加於三時由處整隊前往
七廿七

1940 年河南第一行政督察专员公署欢迎南洋华侨慰劳团第三分团大会的通知

（来源：徐云）

为了解抗战状况、慰劳抗日将士及后方同胞，使南洋华侨更加努力地支援抗战工作，1940 年 3 月，陈嘉庚率南洋华侨慰劳团飞抵重庆，受到国共两党领导人和 200 多个团体的代表共 500 余人的热烈欢迎。慰劳团成员 45 人，分成 3 个分团，于 5 月 1 日自重庆分途去各省慰问抗日军民。

南洋华侨慰劳团抵达重庆

上图是河南第一行政督察专员公署欢迎南洋华侨慰劳团第三分团大会的通知，要求“各科酌留值日外，余一律参加”。

右图为 1940 年 3 月，著名南洋华侨领袖陈嘉庚（前排左四）率领的南洋华侨慰劳团在重庆与欢迎者合影。

情系乡梓

“爱国爱乡”是中国人的传统，许多华侨华人在事业有所成就之后即造福乡梓，以种种不同的方式为祖（籍）国的发展和建设贡献力量。教育事业一向是华侨华人关注的主要领域，他们捐资兴学的历史十分悠久。自清末提倡废科举、兴学堂，海外华侨就开始纷纷响应、积极支持。

在文化、医疗、卫生事业方面，他们捐建影剧院、图书馆、博物馆，为医院购置先进的医疗设备和器械。除了捐助家乡的公益事业外，他们还投资兴办实业，发展民族工业。越南归侨陈启沅 1872 年创办的继昌隆缫丝厂是中国最早使用机器的民族资本工厂，开创了民族工业的先河。1909 年，由爱国华侨陈宜禧主持建造的新宁铁路通车，此路是继潮汕铁路之后，中国第二条商办铁路，它亦是全部不用外国资本和技术人员建造的铁路。随后，旅澳华侨马应彪等人回国创办先施百货公司，李煜堂等人创办四邑轮船有限公司，简照南兄弟回国创办南洋兄弟烟草公司等。这些华侨实业公司，带动了我国实业公司的兴起，我国民族实业与资本得到发展和壮大。

华侨华人还是祖（籍）国赈灾的一支重要力量，每当国内发生特大自然灾害，他们总是不分籍贯、年龄、身份、贫富，踊跃捐赠，与国内人民一起共渡难关。

另外，在中国社会经济发展中，华侨通过汇款作出了重要贡献。侨汇不但是国内侨眷的主要生活来源，也是国外华侨和祖（籍）国家乡密切联系的纽带和国家非贸易外汇的重要收入，对国家的社会经济发展以及侨乡的建设起着积极的作用。华侨华人与祖（籍）国的命运息息相关，这血浓于水的情感，光昭日月。

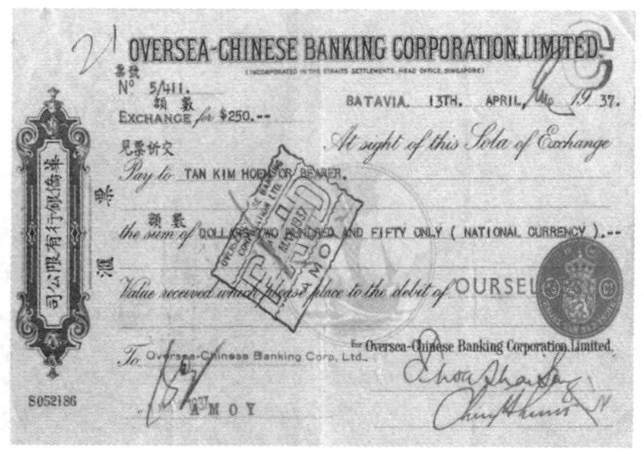

华侨银行有限公司

汇票

OVERSEA-CHINESE BANKING CORPORATION, LIMITED.

(INCORPORATED IN THE STRAITS SETTLEMENTS. HEAD OFFICE, SINGAPORE)

毫数 No 5/411.

BATAVIA. 13TH. APRIL, 1937.

银数 EXCHANGE for $250.--

见票祈交 At sight of this Sola of Exchange

Pay to TAN KIM HOEN OR BEARER.

银数 the sum of DOLLARS TWO HUNDRED AND FIFTY ONLY (NATIONAL CURRENCY).--

Value received which please place to the debit of OURSELVES

To Oversea-Chinese Banking Corp, Ltd.,

AMOY

for Oversea-Chinese Banking Corporation, Limited.

S052186

一、回国返乡

1655年以后，清政府曾多次颁布禁海令，不许片帆入海，违者立置重典。严厉的海禁政策给沿海人民的生产生活带来莫大的痛苦和灾难，严重阻碍海外贸易的发展，并影响清政府的财政收入。1893年，长期以来禁止移民的政策正式废除，这标志着中国政府与其海外移民的关系掀开了新的一页。中国人移居境外的权利在历史上第一次得到承认，海外华侨访问及回归故乡受到欢迎。① 为了保证海外华侨回国后得到妥善安置和保护，中国政府要求华侨回国前去往当地使领馆、社团组织、商会等机构开具回国证明。

甲午战争后，清政府为吸引华侨在国内投资，对华侨经济政策进行了重大调整，废除了沿袭200多年的海禁政策，并采取措施制止对华侨的勒索，维护华侨经济利益。清政府于1899年在沿海各省设立了保商局，1902年成立了商部，制定了《华商兴办实业条例》《奖励华商公司章程》《华商垦荒条例》等，吸引了大批华侨回国投资兴办实业。保商局有两个职能：一是对归国华侨进行登记，二是维护他们在国内的利益。登记程序是：保商局把印好的表格发给海外华侨在当地的社团组织（会馆），会馆领导人协助填写表格上的个人细节。归国华侨回国时必须携带填写好的表格在所到港口的保商局登记，并换领护照。帮助归国华侨回到各自家乡等事项也在保商局的职事范围之内，归侨回籍后地方官须妥为保护。

僑民歸國證明書

國民政府行政院僑務委員會廈門僑務局為
發給證明書事茲有向居留[illegible]屬呂
宋地僑民莊垂月此次携帶
親眷 人搭[illegible]船歸國為 省
親事前往晉江青陽地業已遵章
到局登記并申請予以証明藉便行旅
經本局查驗屬寔除准予登記外合行
發給僑民歸國証明書一紙付執希沿途
軍警關卡查明妥予保護須至證明者
[illegible]登記 右給歸國僑民莊垂月收執

該僑係於[illegible]年陸月壹日抵國

中華民國[illegible]年六月廿日給

局長 [illegible]

局址：泉州中山中路

---

① 颜清湟：《1893年以后清朝对归国华侨的保护——对东南亚华人的专题研究》，《南洋资料译丛》1987年第1期。

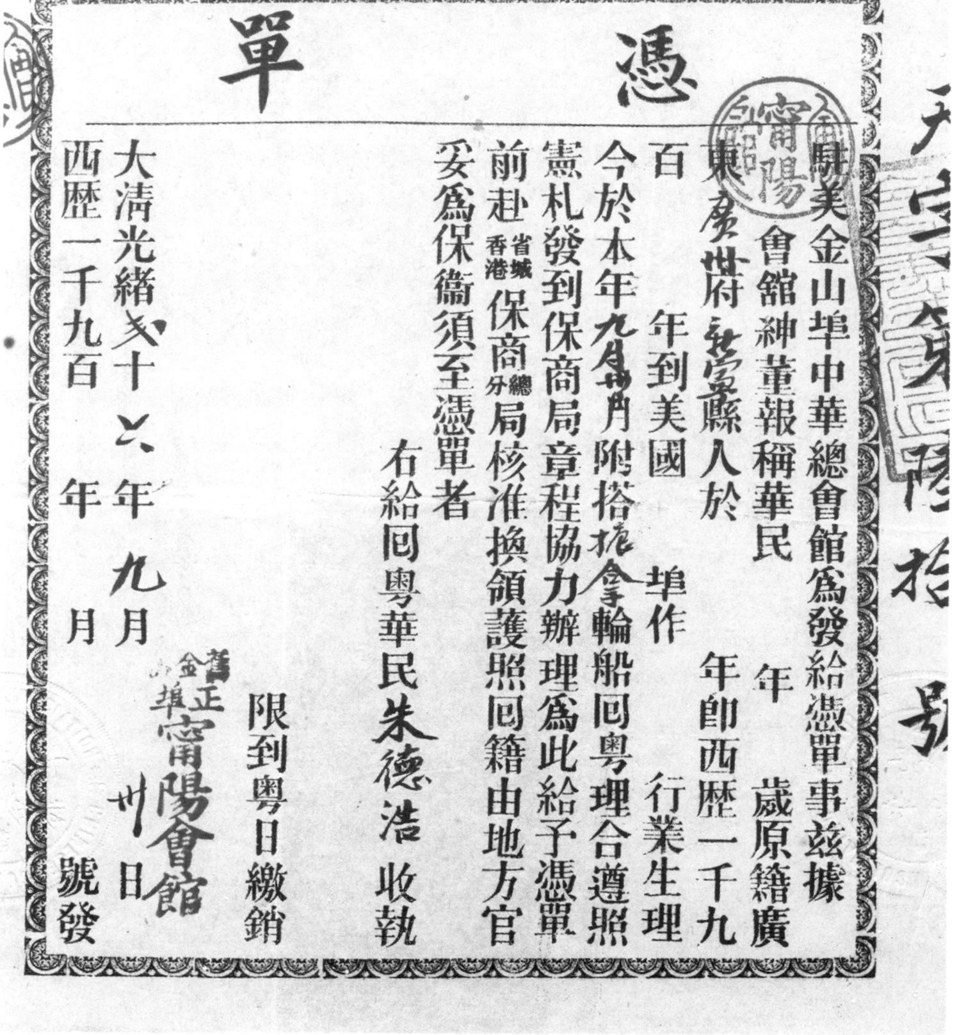

憑單

駐美金山埠中華總會館爲發給憑單事茲據
會館紳董報稱華民　年　歲原籍廣
東廣州府新寧縣人於　年即西歷一千九
百　年到美國　埠作　行業生理
今於本年九月　附搭　輪船回粵理合遵照
憲札發到保商局章程協力辦理爲此給予憑單
前赴省城香港保商總分局核准換領護照回籍由地方官
妥爲保衞須至憑單者
右給回粵華民朱德浩　收執
限到粵日繳銷
舊金山正埠寧陽會館
大清光緒廿六年九月廿日
西歷一千九百　年　月　號發

1900 年驻美金山埠中华总会馆所属宁阳会馆为侨商出具的回国凭单（证明）

（来源：何锡钿）

上图是驻美金山埠中华总会馆所属宁阳会馆为回粤侨商朱德浩出具的回国凭单（证明），凭此单可在广东或香港保商局换领回国护照。

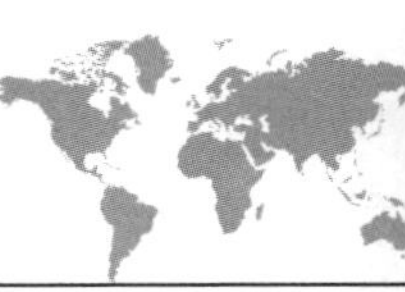

晚清华侨回国投资的代表人物

张振勋

张振勋（1841—1916 年），又名张弼士，印度尼西亚华人实业家。1841 年出生于中国广东大埔县，15 岁到印度尼西亚巴达维亚（雅加达）谋生。从 1866 年起，先后开办裕和、亚齐、笠旺、万裕兴垦殖公司，东兴矿务公司，广福、裕昌轮船公司，涉足酒业、种植业、药材业、采锡业、船运业，生意做到新加坡、马来亚、泰国、越南、菲律宾，成为当时东南亚的首富。1892 年后历任清政府驻槟榔屿首任领事、新加坡总领事、中国通商银行总董、粤汉铁路总办、广东佛山铁路总办。1894 年后在国内投资兴办烟台张裕葡萄酿酒公司、广厦铁路公司、广西三岔银矿、惠州福兴玻璃厂、雷州垦牧公司等。1903 年获赏侍郎衔，三品京堂候补。主张抵制洋货，以商战收回利权。1905 年获赏头品顶戴，补授太仆寺正卿，继任商部考察外埠商务大臣、督办铁路大臣。1910 年任全国商会联合会会长。1912 年后，历任袁世凯总统府顾问、工商部高等顾问、南洋宣慰使、华人联合会名誉会长等。1915 年组织赴美实业考察团，筹办中美银行。此外，他还热心捐资办学。

张榕轩

张榕轩（1850—1911 年），印度尼西亚华人实业家。1850 年出生于中国广东梅县松南乡圳头村。年少时只身往南洋印度尼西亚苏门答腊谋生，与其弟张耀轩在苏门答腊棉兰经营商业、垦殖业及开办银行。1903 年，被清廷委任为粤汉铁路和广东佛山铁路总办的华人巨商张振勋，特邀张榕轩一同回国洽谈兴办铁路事宜。张榕轩向清廷提出修建潮汕铁路的计划和成立公司的章程，很快获得批准。潮汕铁路由中国著名工程师詹天佑负责勘测设计，于 1904 年 9 月初动工兴建，1906 年 10 月干线全部竣工，当年 11 月 25 日正式通车。后加筑意溪支线，总长扩增至 42.1 公里，造福潮汕地区，开创了中国近代史上商办铁路之先河。潮汕铁路总建筑费实际耗资达 302 万银圆，其中三分之二的份额由张榕轩兄弟投资。

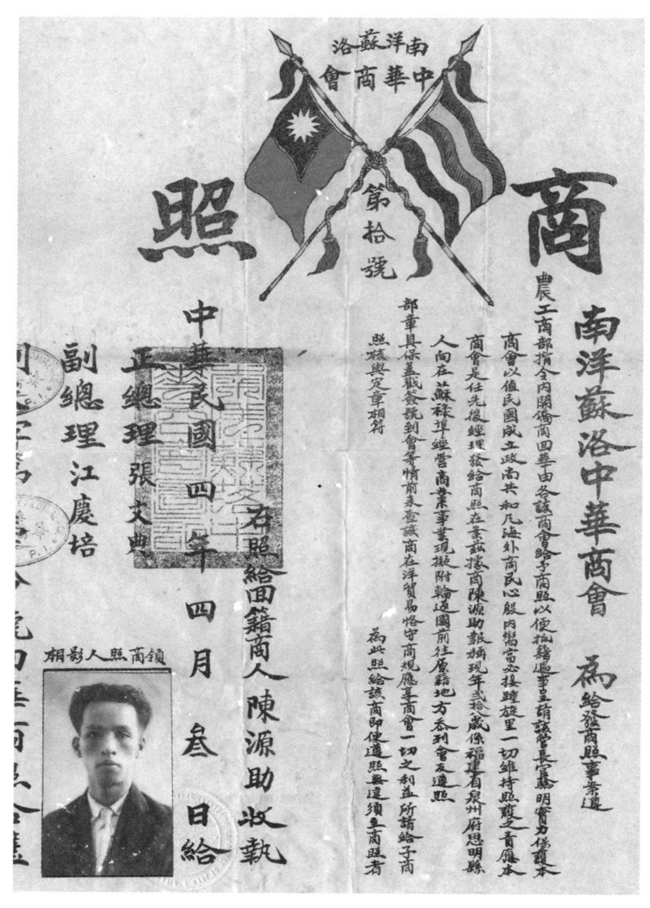
南洋蘇洛中華商會

商照

第拾號

南洋蘇洛中華商會 為給發商照事案遵

農工商部指令內開僑商回華由各該商會給予商照以便抵籍遇事呈請該管長官驗明實力保護本商會以值民國成立政尚共和凡海外商民心般內嚮富必接踵旋里一切維持照顧之責應本商會是任先後經理發給商照在案茲據商陳源助報稱現年弍拾八歲係福建省泉州府思明縣人向在蘇祿埠經營商業事業現擬附輪返國前往原籍地方參列會友遵照部章具保蓋戳簽號到會等情前來查該商在洋貿易恪守商規應享商會一切之利益所請給予商照核與定章相符 為此照給該商即便遵照無違須至商照者

右照給回籍商人陳源助收執

中華民國四年四月叁日給

正總理張文典

副總理江慶培

領商照人影相

1915 年南洋苏洛中华商会为侨商出具的回国商照

（来源：何锡钿）

1904 年，菲律宾马尼拉中华商会成立，成为华侨商业和华侨社会组织的中心。随后，一些地方的中华商会陆续成立。民国初年，政尚共和，凡海外商民心般内乡，富必接踵旋里。为顺应时势，农工商部指令，中国侨商回华由各地商会给予商照，以便抵籍遇事呈请该地长官验明，提供保护。

上图是菲律宾南洋苏洛中华商会为侨商陈源助出具的回国商照。商照持有人陈源助，28 岁，原籍福建泉州，在菲律宾苏洛埠经营商业，现拟赴轮前往原籍地省亲，查该商在苏洛埠贸易中恪守商规，应享商会一切之利益，故特发商照，以便成行。

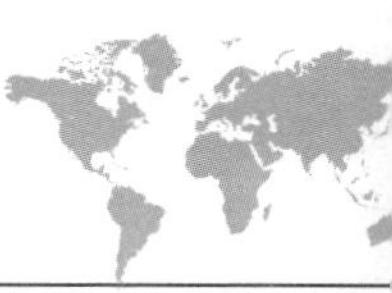

華僑回國證明書

證 字第 二十二 號

茲據華僑 朱錦羨 遵照

廣東僑務委員會改善關卡檢查歸僑行李

提案請求發給回國證明書合行發給敬

希沿途關卡予以便利此證

附註：（一）此證書經回國一過後取銷 （二）此證書限廿五年十月九日爲有效時間過期無效

計開

（一）姓名 朱錦羨

（二）性別 男

（三）年齡 二十八歲

（四）籍貫 廣東台山

（五）住址 [illegible]

（六）職業 [illegible]

金山中華總商會總幹事 陳其[illegible]

中華民國廿五年九月十日

1936 年美国金山中华总商会为华侨签发的回国证明书

（来源：何锡钿）

19 世纪 30 年代中期，针对当时广东省某些海口关卡滋扰归国华侨的现象，广东省侨务委员会于 1935 年 9 月 18 日呈请了《改善关卡检查归侨行李提案》，其中第八条内容特别强调："海外华侨，凡回国者，须向各驻在地中国领事馆，或中华会馆、中华商会及党部等机关领取回国证书，加贴本人相片，以资识别，而便保护。"该提案于当年 10 月 24 日获得广东省政府批准。[①]

上图为 1936 年美国金山中华总商会为华侨朱锦羡签发的回国证明书。有了这张证明书，华侨归国在关卡检查与回国办事等方面将得到保护和尊重。此证书一次一用，有效期为三个月。

① 参见《抄发广东侨务委员会改善关卡检查归侨行李办法》，《广东省政府公报》1935 年第 311 期，第 11 页。

證明書

茲據華僑譚宙稱擬日內出境特此前來報名備案
並請給據證明等情除准予備案外發此爲證

右給譚宙收執

中華民國廿六年五月七日

駐金山總領事館

出字 №　0264

Consulate-General of the Republic of China
San Francisco, California,
U. S. A.

TO ALL TO WHOM THESE PRESENT SHALL COME,

GREETING;

WHEREAS, Hom Jew,

a citizen of the Republic of China, is now about to depart from the United States through the Port of San Francisco,

THESE ARE, THEREFORE, to inform all whom it may concern that the said Hom Jew, whose photograph is affixed hereto, has appeared before this Consulate-General, and has declared his intention to depart from the United States through Port of San Francisco.

Given under my hand and seal of this Consulate-General this Seventh day of May, 1937

Chao Yung Kwong

For the Consulate-General of the Republic of China
at the Port of San Francisco, Cal., U. S. A.

1937 年中华民国驻金山总领事馆签发的华侨回国证明书

（来源：何锡钿）

上图的回国证明书由中华民国驻金山总领事馆签发。证明持证人谭宙，中国公民，拟近日从旧金山港口出境，已在领事馆备案。

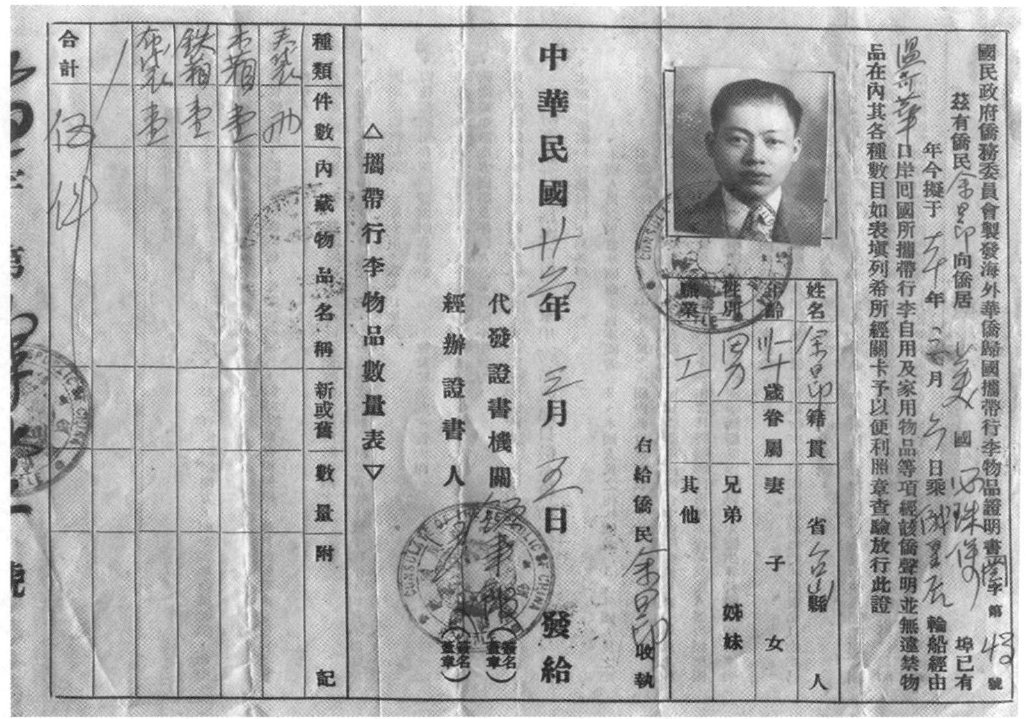

國民政府僑務委員會製發海外華僑歸國攜帶行李物品證明書 第 43 號

茲有僑民余昂向僑居美國 埠已有 年今擬于廿六年三月六日乘皇后輪船經由溫哥華口岸回國所攜帶行李自用及家用物品等項經該僑聲明並無違禁物品在內其各種數目如表填列希所經關卡予以便利照章查驗放行此證

姓名	余昂	籍貫	省 台山縣 人
年齡	卅一歲	眷屬	妻 子 女
性別	男		兄弟 姊妹
職業	工		其他

右給僑民余昂收執

中華民國廿六年三月五日發給

代發證書機關（簽名蓋章）

經辦證書人（簽名蓋章）

△攜帶行李物品數量表▽

種類件數	內藏物品名稱	新或舊	數量	附記
合計				

1937 年中华民国驻美国领事馆签发的回国证明书

（来源：暨南大学图书馆馆藏）

上图证明书的持有人余昂，广东台山人，31 岁，职业为工人，向居美国，拟于 1937 年三月六日乘“皇后”号轮船经由温哥华口岸回国。“所携带行李、自用及家用物品等项，经该侨声明，并无违禁物品在内，其各种数目如表填列，希所经关卡予以便利，照章查验放行。”

執照

加拿大雲高華中華會館爲
發給執照事
茲有華僑関双穩　華字第壹九十一號
君廣東省開平縣人
於民國廿八年十二月十八日
在加拿大雲高華埠
搭詩丕亜公司船回
國特給發執照　右給
関双穩君收執
中華民國廿八年十一月十五日
主席鄭振秀印
代外交主任鄭[illegible]培發

中華會館印

原人相片

1939 年加拿大云高华（温哥华）中华会馆签发的侨商回国执照

（来源：何锡钿）

加拿大云高华（温哥华）中华会馆成立于 1895 年，于 1906 年正式注册为慈善团体。其宗旨及目的在于对内联络感情、排难解纷、办理侨众公益慈善，以加强华人之团结，从而对外敦睦邦交沟通与各族裔之交流，争取正当权益及公平待遇。会馆成立以来，为祖国及海外华侨华人做了不少的好事。如早期创办华侨公立学校，向华裔灌输祖国文化，创办安老院，照顾年老体弱者，为加拿大华侨华人争取其应得的正当权益，发动筹款赈济遭受水灾、地震及其他自然灾害的华东、云南、台湾、加拿大东部等地区，受到海内外乡亲的好评。

上图持证人关双稳，广东开平人，拟在加拿大温哥华搭乘诗丕亚公司轮船回国。

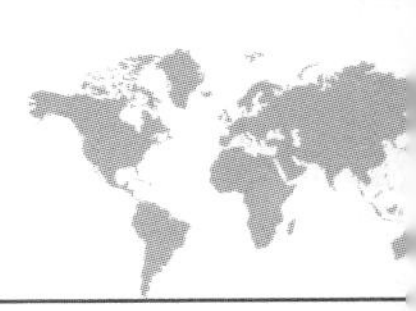

中華民國駐馬尼剌總領事館

華僑回國證明書

證字第 13263 號

為證明事茲有華僑陳昌輝年三十三歲

福建省晉江縣　鄉人到館面稱現擬回

國請給以證明以便國内海關暨沿途軍警機關

查明保護等語合于證明以資憑證

駐馬尼剌總領事楊光泩

中華民國二十八年八月二日

（此證以六個月為限）

1939 年中华民国驻马尼剌（拉）总领事馆签发的华侨回国证明书

（来源：暨南大学图书馆馆藏）

1935 年，为准确掌握出入国侨民人数及便于解答、指导侨民之咨询起见，厦门侨务局公布了《华侨出入国登记条例》，并设立华侨出入国登记处，凡出入国侨民，务须来局登记。[①]

上图的华侨回国证明书左上角有“厦门侨务局登记处”印章，右上角有“泉州护侨委员会验讫”印章，说明持证人陈昌辉回国后，已经遵章到相关侨务机构办理了登记手续。

① 《厦门侨务局通令登记出入国华侨》，《华侨半月刊》1935 年第 63 期，第 51 页。

M.No.# 1643.

中華民國國民政府外交部

駐廣東廣西特派員公署

旅行臨時証

粵臨字第 474 號

為証明事持証人係中華民國國民籍貫

（此証係專為華僑戰後返回原僑居地而發概不收費）

現被

遣回 緬甸 地方該持証人到達目的地後應即向駐當地

中華民國領事館報到繳銷本証須至証明者

駐仰光總領事館 卅五年十一月廿一日 註銷

右給 陳錫平 收執

持照人簽名

特派員

簽發員

証明機關 行政院善後救濟總署廣東分署 僑務委員會廣東僑務處

中華民國三十五年九月廿日

REPUBLIC OF CHINA

OFFICE OF THE COMMISSIONER FOR

KWANGTUNG AND KWANGSI

MINISTRY OF FOREIGN AFFAIRS.

TRAVEL DOCUMENT:

(This Document is Issued Free of Charge)

1946 年中华民国国民政府外交部关于回国避难的缅甸华侨返回原侨居地的证明

（来源：暨南大学图书馆馆藏）

华侨“复员”以缅甸为最多，有近 3 万人。[①] 但在归国难侨“复员”缅甸问题上，国民政府与英缅政府、缅甸新政府就中国侨民返缅条件、时机、资格甄审等问题进行了大量交涉，难侨“复员”缅甸结果不尽如人意。然而，华侨“复员”是联合国框架下的战后遣返，有相应的联合国机构的参与。因此，新独立的缅甸不可能公开表示反对，只能利用甄别侨民资格、分期分批返回等程序性的手法加以拖延，尽量减少华侨重返当地的人数。[②]

上图的证明上加盖了“注销”印章，说明持证人已返回侨居地，并已到当地中华民国领事馆报到，因而驻地领事馆将该证明盖上“注销”印章。

① 杨世红：《国民党政府 1945—1949 年侨务工作述评》，《民国档案》2000 年第 4 期。

② 凌彦：《二战后归国难侨“复员”缅甸析论》，《东南亚研究》2014 年第 6 期。

中華民國駐馬尼剌總領事館
THE CONSULATE GENERAL OF THE REPUBLIC OF CHINA
MANILA, PHILIPPINES

華僑回國證明書　字第4475號

為證明事茲有華僑黃華沾現年卅八歲廣东省台山縣人到館面稱現擬回國請予證明以便國內海關暨沿途軍警機關保護等語合予證明以資憑證

駐馬尼剌總領事段茂瀾

中華民國卅五年元月　日

1946 年中华民国驻马尼剌（拉）总领事馆签发的华侨回国证明书

（来源：暨南大学图书馆馆藏）

上图的华侨回国证明书的持证人是黄华沾，38 岁，广东台山人，拟回国。

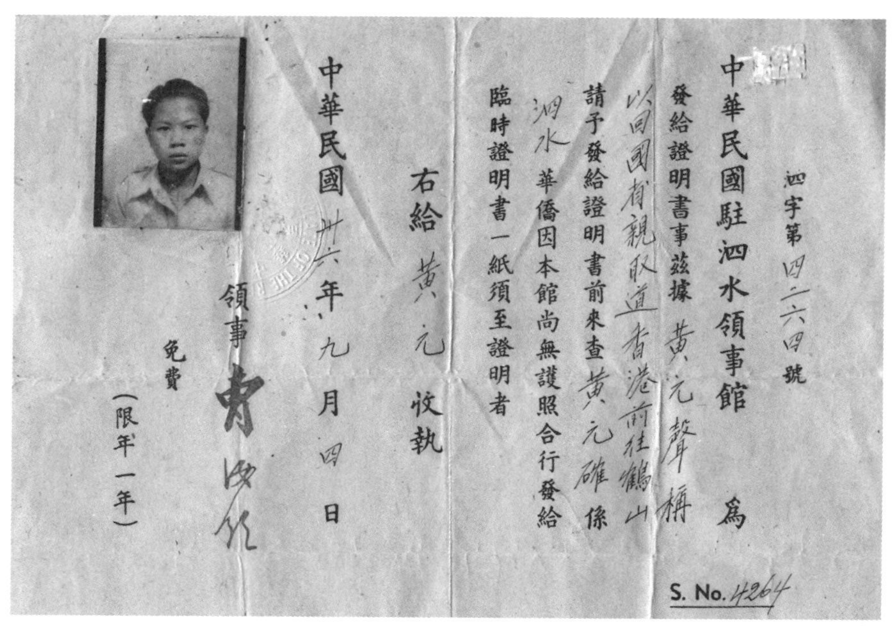

泗字第四二六四號

中華民國駐泗水領事館　為

發給證明書事茲據 黃元 聲稱

以回國有親取道香港前往鶴山

請予發給證明書前來查 黃元 確係

泗水 華僑因本館尚無護照合行發給

臨時證明書一紙須至證明者

右給 黃元 收執

中華民國 卅六 年 九 月 四 日

領事

免費

（限年一年）

S. No. 4264

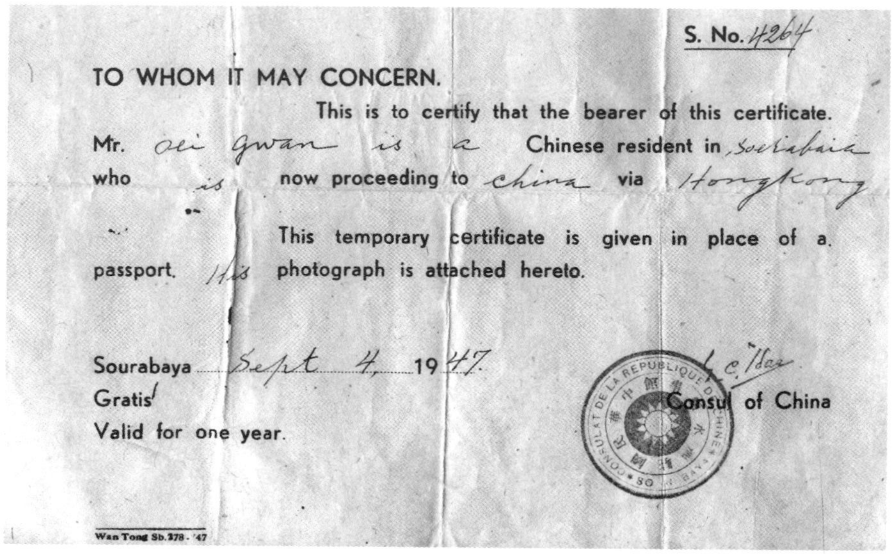

S. No. 4264

TO WHOM IT MAY CONCERN.

This is to certify that the bearer of this certificate. Mr. oei Gwan is a Chinese resident in Soerabaia who is now proceeding to china via Hongkong

This temporary certificate is given in place of a passport. His photograph is attached hereto.

Sourabaya Sept 4, 1947.

Gratis

Valid for one year.

Consul of China

Wan Tong Sb.378-'47

1947 年中华民国驻泗水领事馆签发的回国证明书

（来源：暨南大学图书馆馆藏）

上图的回国证明书持证人为黄元，广东鹤山人，拟取道香港回鹤山省亲。因泗水领事馆尚无护照，故发给临时证明书，有效期为一年。

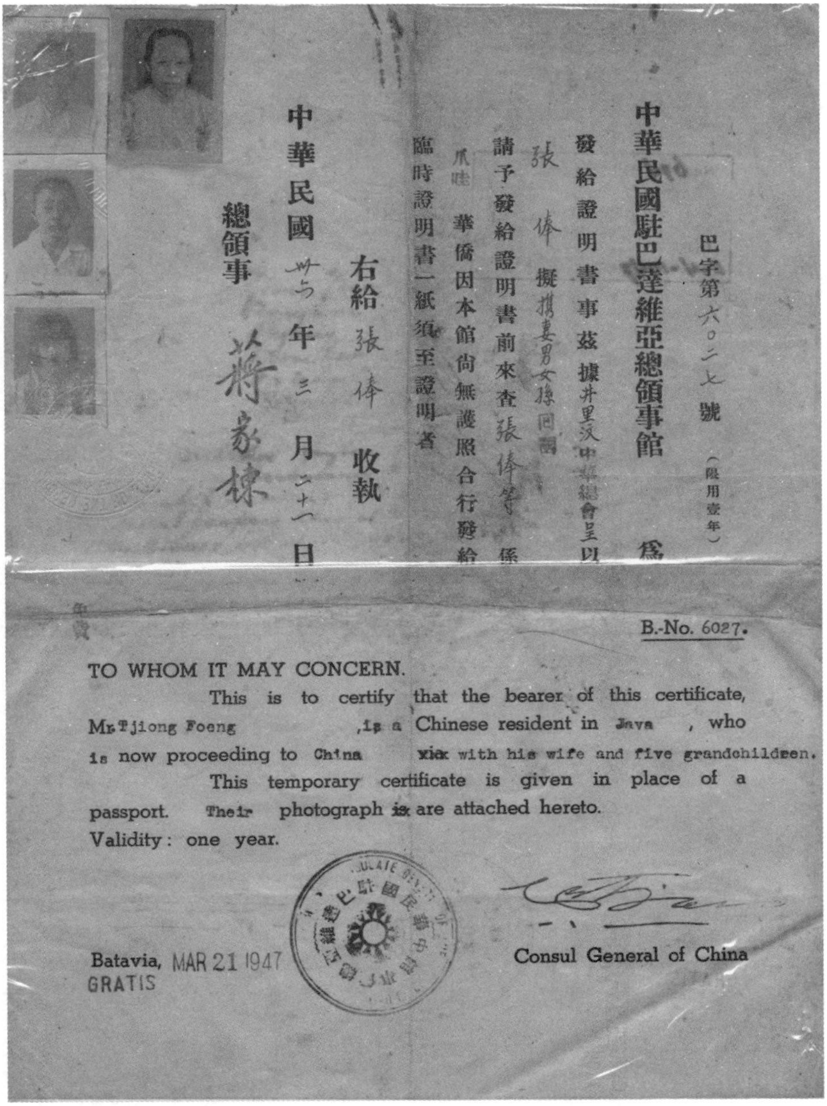

中華民國駐巴達維亞總領事館

巴字第六〇二七號（限用壹年）

為發給證明書事茲據井里汶中華總會呈以張俸擬攜妻男女孫回國請予發給證明書前來查張俸等係爪哇華僑因本館尚無護照合行發給臨時證明書一紙須至證明者

右給張俸收執

中華民國卅六年三月二十一日

總領事 蔣家棟

B.-No. 6027.

TO WHOM IT MAY CONCERN.

This is to certify that the bearer of this certificate, Mr. Tjiong Foeng, is a Chinese resident in Java, who is now proceeding to China with his wife and five grandchildren.

This temporary certificate is given in place of a passport. Their photograph are attached hereto.

Validity: one year.

Batavia, MAR 21 1947
GRATIS

Consul General of China

1947 年中华民国驻巴达维亚总领事馆签发的回国证明书

（来源：何锡钿）

上图的回国证书持证人为张俸，爪哇华侨，拟偕妻子以及孙子孙女回国，因巴达维亚总领事馆尚无护照，故发给临时证明书，有效期为一年。

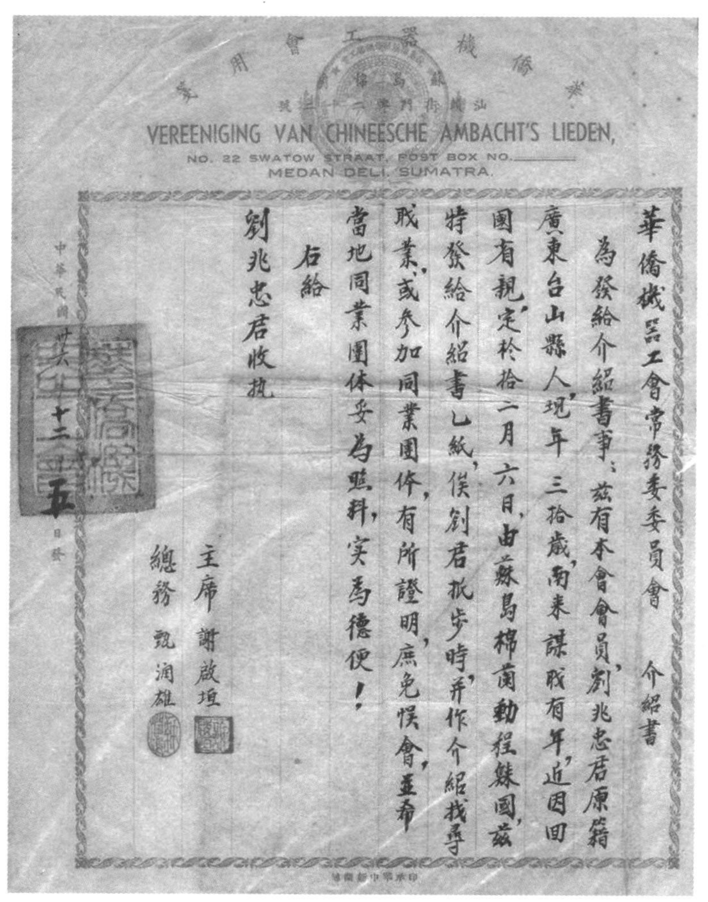

華僑機器工會用箋
汕頭街門牌二十二號
VEREENIGING VAN CHINEESCHE AMBACHT'S LIEDEN,
NO. 22 SWATOW STRAAT, POST BOX NO.______
MEDAN DELI, SUMATRA.

華僑機器工會常務委員會　介紹書

為發給介紹書事：茲有本會會員劉兆忠君原籍廣東台山縣人，現年三拾歲，南來謀職有年，近因回國省親，定於拾二月六日，由蘇島棉蘭動程歸國，茲特發給介紹書乙紙，俾劉君抵步時，并作介紹找尋職業，或參加同業團体，有所證明，庶免悮會，並希當地同業團体妥為照料，实為德便！

右給

劉兆忠君收執

主席　謝啟垣

總務　魏潤雄

中華民國卅六年十二月五日發

1947 年印尼苏门答腊华侨机器工会的回国介绍书

（来源：暨南大学图书馆馆藏）

上图的回国介绍书持证人为刘兆忠，30岁，广东台山人，在印尼棉兰谋职，现拟回国省亲，希望回国后当地同业团体妥为照料。

印尼苏门答腊华侨机器工会会员证

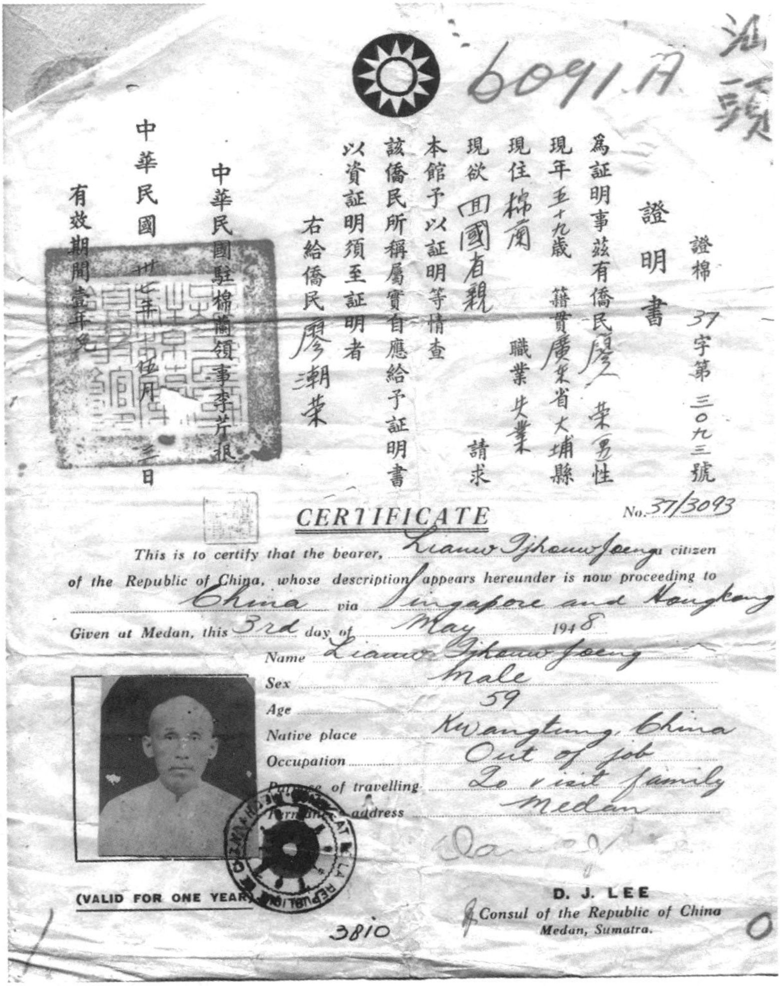

證棉 37 字第 三〇九三 號

證明書

為証明事茲有僑民廖□榮 男性
現年五十九歲 籍貫廣東省大埔縣
現住棉蘭 職業失業
現欲回國省親 請求
本館予以証明等情查
該僑民所稱屬實自應給予証明書
以資証明須至証明者
右給僑民廖潮榮
中華民國駐棉蘭領事李芹根
中華民國卅七年伍月三日
有效期間壹年

CERTIFICATE No. 37/3093

This is to certify that the bearer, Liauw Tjhauw Joeng a citizen of the Republic of China, whose description appears hereunder is now proceeding to China via Singapore and Hongkong

Given at Medan, this 3rd day of May 1948

Name Liauw Tjhauw Joeng
Sex Male
Age 59
Native place Kwangtung, China
Occupation Out of job
Purpose of travelling To visit family
Permanent address Medan

(VALID FOR ONE YEAR)

D. J. LEE
Consul of the Republic of China
Medan, Sumatra.

1948 年中华民国驻印尼棉兰领事签发的回国探亲证明书

（来源：暨南大学图书馆馆藏）

上图的回国探亲证明书持证人为廖潮荣，59 岁，广东大埔人，失业，拟回国省亲。

二、捐赠投资

鲁迅曾说过，“中国人几乎都是爱护故乡”的，对于远离故土的华侨来说，更是如此。身在海外的华侨，不论是老侨还是新客，都是人在海外，心系乡梓。在他们的思想意识中，总是留恋自己的故乡、亲人，时刻保留着乡土观念，“多不脱故乡庐墓思想”。虽然他们在外打拼不易，但稍有积蓄，或不忘汇款在家乡购买土地，修建房舍、祠堂、学校、图书馆，兴办教育、卫生、医疗、体育和改善交通、环境等公益事业，或资助祖国家乡抗灾赈灾，兴办实业，发展民族工商业，以实现其眷恋故土、造福桑梓、报效祖国的热切愿望。

华侨为岭南大学的发展作出了重要贡献。岭南大学的经费，除了一部分来自学生学费外，主要来自社会的捐助，而华侨捐资占了其中很大的比例。早于1909年，首任校长钟荣光就开始出洋向海外华侨募捐。1915年，钟荣光在北美各城市发起成立岭南学校共进会，由入会华侨每年认捐，总会设于美国纽约，分会遍布美国和加拿大的36个城市，1916年至1918年共收到华侨捐款12 100美元。岭南大学的校舍多由华侨捐建，如张弼士堂、爪哇堂、陆佑堂、陈嘉庚堂、翘迁堂、文虎堂、马应彪护养院等。

右图即1919年美洲岭南学校共进联会为岭南大学特别捐收条，收条左边一行字“本会以协助岭南学校成一完备大学为宗旨”，是美洲华侨支持岭南大学建设的最好写照。

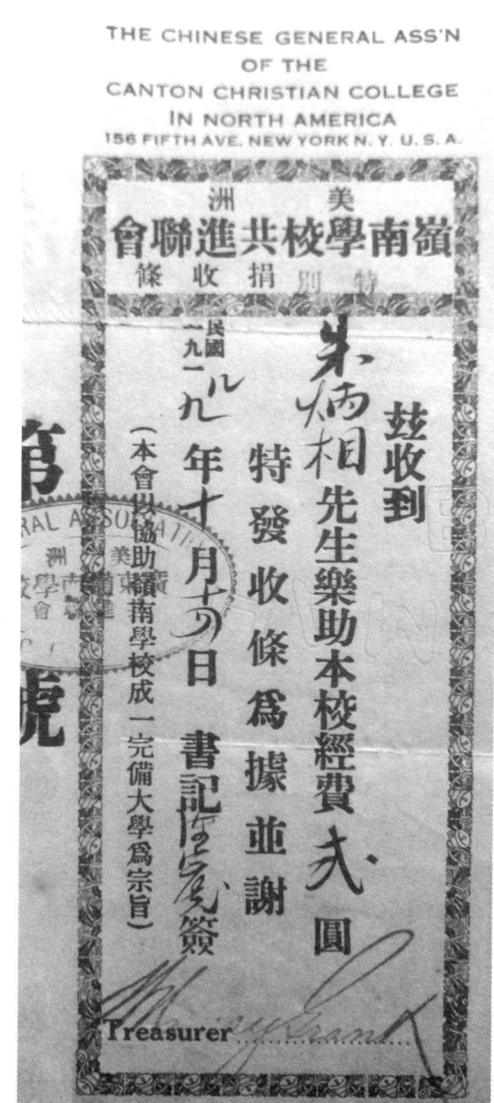

THE CHINESE GENERAL ASS'N
OF THE
CANTON CHRISTIAN COLLEGE
IN NORTH AMERICA
156 FIFTH AVE. NEW YORK N. Y. U. S. A.

美洲
嶺南學校共進聯會
特別捐收條

茲收到
朱炳相先生樂助本校經費弍圓
特發收條爲據並謝

民國一九一九年十月十四日 書記　　簽

（本會以協助嶺南學校成一完備大學爲宗旨）

Treasurer

1919年美洲岭南学校共进联会
为岭南大学特别捐收条
（来源：郑锦龙）

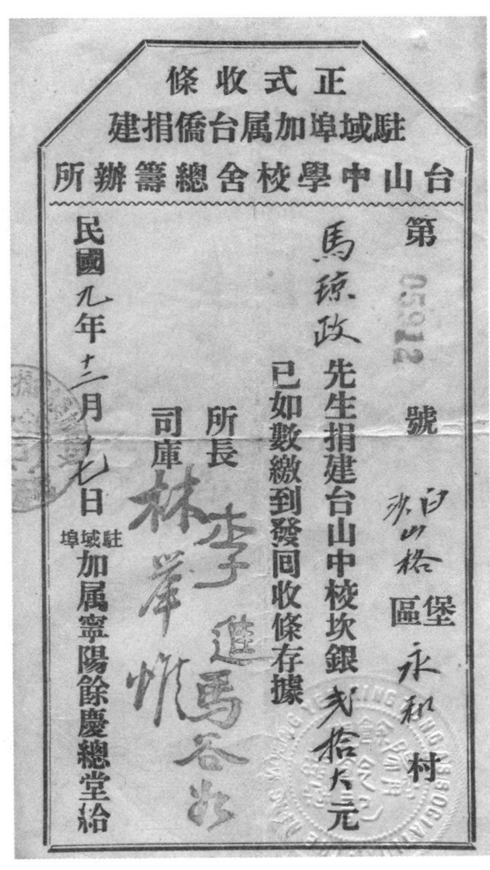

正式收條
駐域埠加屬台僑捐建
台山中學校舍總籌辦所

第 05912 號
堡 區 村
先生捐建台山中校坎銀 元
已如數繳到發回收條存據
所長
司庫
民國九年十二月十七日
駐域埠加屬寧陽餘慶總堂給

1920 年加拿大台侨捐建台山中学捐款收条
（来源：暨南大学图书馆馆藏）

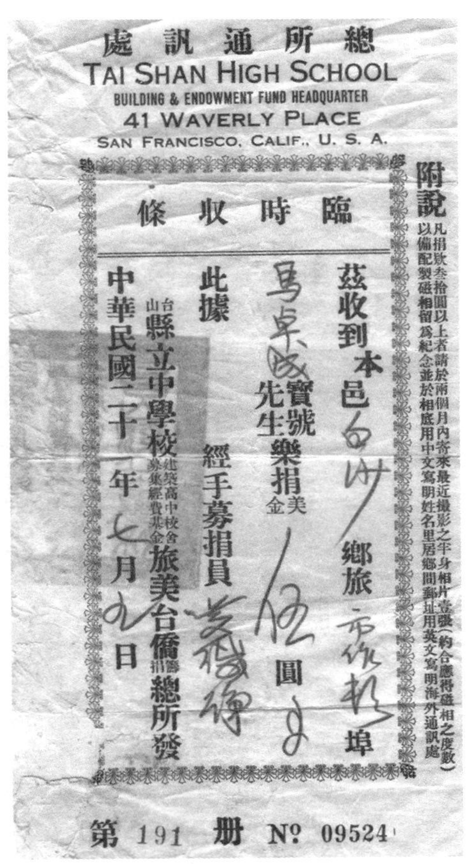

總所通訊處
TAI SHAN HIGH SCHOOL
BUILDING & ENDOWMENT FUND HEADQUARTER
41 WAVERLY PLACE
SAN FRANCISCO, CALIF., U. S. A.

臨時收條

茲收到本邑 鄉旅 埠
寶號先生樂捐美金 圓
此據 經手募捐員
台山縣立中學校建築高中校舍募集經費基金旅美台僑籌捐總所發
中華民國二十一年七月九日

附說 凡捐款叁拾圓以上者請於兩個月內寄來最近攝影之半身相片壹張（約合應將鑲相之度數）以備配製磁相留爲紀念並於相底用中文寫明姓名里居鄉間郵址用英文寫明海外通訊處

第 191 册 № 09524

1932 年旅美台侨捐建台山中学高中部的捐款收条
（来源：暨南大学图书馆馆藏）

上图收条中的台山中学即台山市第一中学，创建于 1909 年，是一所由华侨、港澳同胞捐建的学校。1919 年冬，黄明超校长函请旅加拿大邑侨筹捐建校经费，得到加拿大华侨的大力支持，仅几个月，便有9 323名华侨捐加币 249 596 元，这是第一次建校高潮。1930 年秋至 1936 年 10 月，因筹办高中，黄铁铮校长亲赴美国长达两年多，发动邑侨募捐建校经费达美金 24 万余元。

台山市第一中学

教育事业一直是华侨支持家乡公益事业的重要内容。侨乡各学校的大部分筹备和校舍建设款项，都来自华侨的捐输。1919 年，开平县长李介压、绅士吴鼎新等人倡议设立中学，得到开平籍海外侨胞的热烈响应，他们慷慨解囊，协同发起募捐，创办了县内第一所中学——开平中学。华侨在《坎属筹捐开平中学款征信录》中道出了心声：“教育为立国之本，欲兴其国必先育其才，欧美之所以强大亦如此，则吾国之振兴教育夫岂容缓？”当时的华侨大多为打工者，积蓄不多，但对开平中学筹建校舍一事，皆鼎力支持。①

1925 年旅美开平华侨筹办开平中学捐务总公所职员留影

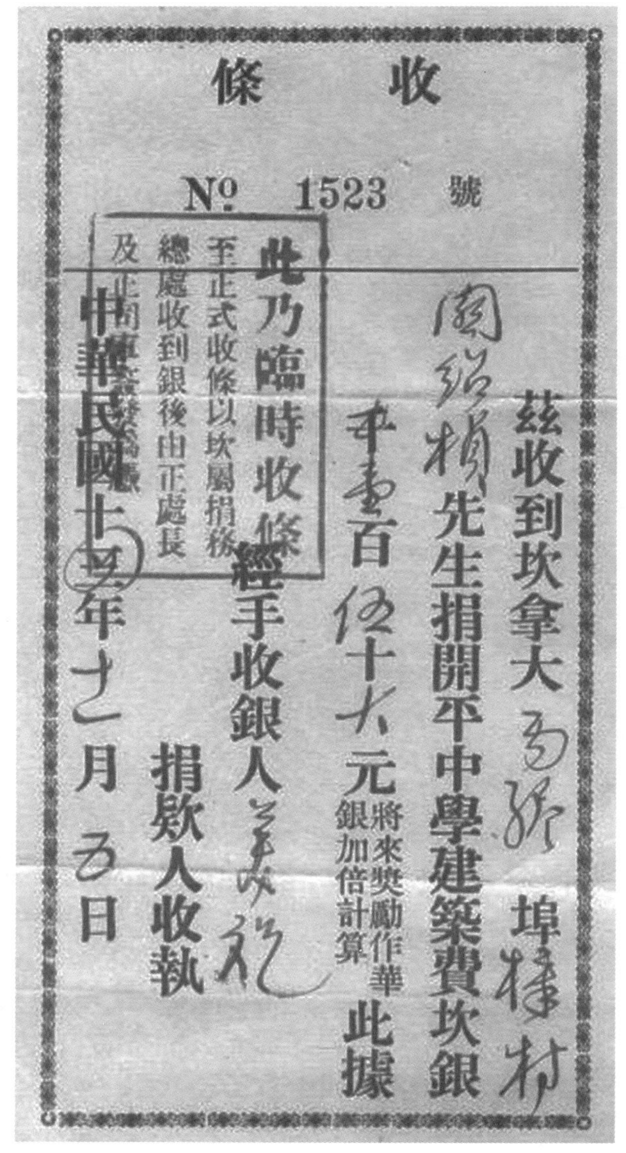

收條

№ 1523 號

茲收到坎拿大　　埠　　先生捐開平中學建築費坎銀　　元將來獎勵作華銀加倍計算此據

經手收銀人

捐欵人收執

中華民國十　年　月　日

此乃臨時收條至正式收條以坎屬捐務總處收到銀後由正處長及正

1925 年加拿大华侨捐建开平中学建筑费收条

（来源：徐云）

① 谭金花：《民国时期侨乡开平的教育发展》，《五邑大学学报》（社会科学版）2014 年第 3 期。

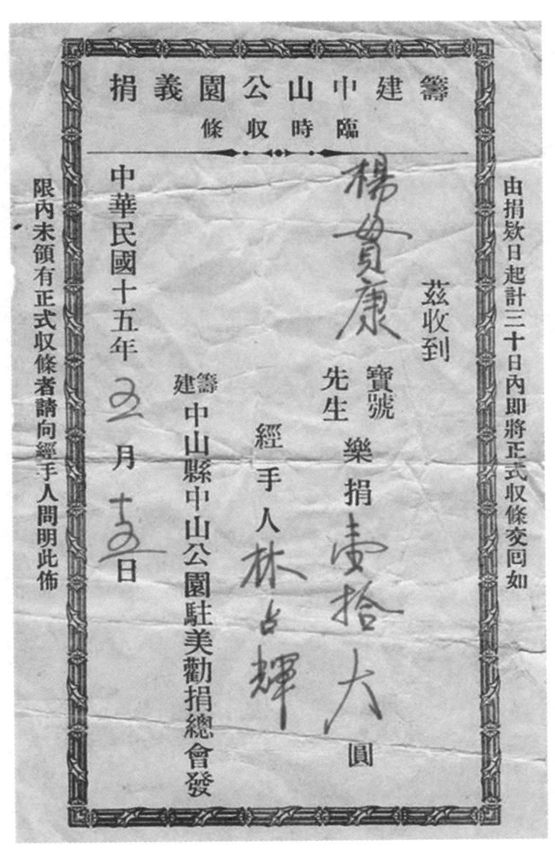

籌建中山公園義捐

臨時收條

茲收到

楊貴康 先生寶號 樂捐 壹拾大 圓

經手人 林占輝

籌建中山縣中山公園駐美勸捐總會發

中華民國十五年 五 月 十五 日

由捐欵日起計三十日內即將正式收條交回如

限內未領有正式收條者請向經手人問明此佈

1926 年美国华侨为筹建

广东中山县中山公园义捐临时收条

（来源：广东中山博物馆馆藏）

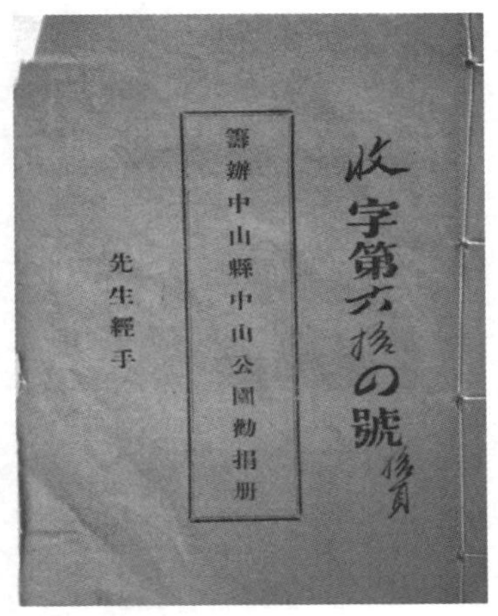

籌辦中山縣中山公園勸捐冊

先生經手

收字第六拾の號

1925 年筹办中山县中山公园劝捐册。内含《筹建公园事务说明》《倡建中山公园平面图》《捐款褒扬条例》《中山县中山公园筹备委员会委员名单》等

中山县中山公园

广东中山县中山公园是国内筹建最早的中山公园。早在辛亥革命胜利后不久，当时的香（中）山县便有了筹建中山公园的计划，且公园的选址和资金的来源都有了眉目，只是后来因为人事变动等缘故，最终没能实行。虽然筹建事宜一再受阻，但是一些热心的华侨却已提前为建公园筹集资金。如当时的美洲会就筹集到捐款约六千元美金。华侨们表示，县当局或地方人士筹建公园时，这些款项随时可以汇返县内支持建设。到了 1946 年，该款项本息合计已有一万元。在海外华侨的支持下，1947 年，县长孙乾与孙海筹等人前往烟墩山踏勘，“均认为地势天然，环境优美，既可俯瞰全城，更足远眺四野”，随后孙乾召集各界开会商讨建筑中山公园的事项，组织中山公园建筑委员会，开始兴建中山公园。①

① 《中山县中山公园筹建始末》，《中山日报》，2009 年 12 月 19 日。

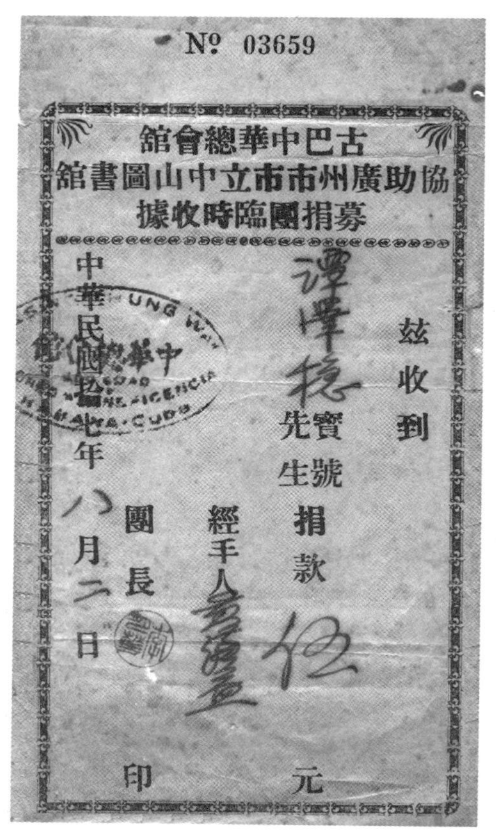

№ 03659

古巴中華總會館
協助廣州市市立中山圖書館
募捐團臨時收據

茲收到 [illegible] 先生寶號捐款 伍 元

經手人 [illegible]

團長 印

中華民國拾柒年八月二日

1928 年古巴华侨为筹建广州市市立中山图书馆捐款的收据
（来源：暨南大学图书馆馆藏）

广州市市立中山图书馆（现孙中山文献馆），建成于 1933 年 10 月，红墙绿瓦，是典型的中国宫殿式建筑。该馆由旅居美国、加拿大、墨西哥、古巴等地的粤籍华侨为纪念孙中山先生而集资兴建。建成数月后，广东省立图书馆即被撤销，其主要藏书并入广州市市立中山图书馆，市立中山图书馆因而成为 20 世纪 30 年代中后期广东最大的公立图书馆。

广州市市立中山图书馆

粤汉铁路首航的火车为英国兰克省物耳坎厂所生产的新式巨型机车

粤汉铁路是京广铁路南段广州到武昌之间的一条铁路的旧称。自广东番禺县起，经湖南至湖北武昌，全长 1 059.6 公里，从 1900 年动工到 1936 年建成。1896 年，张之洞、盛宣怀等提议修筑粤汉铁路。1898 年开始招募商股，屡次不敷，美国华美合兴公司遂乘虚而入为铁路资金之供给，建筑权遂归美国。而合兴公司取得了粤汉铁路的筑路权之后，路轨只铺了 15 公里，即将股权擅自转让给比利时公司，从中牟取私利。对于这一明目张胆的欺骗行为，朝野舆论哗然。为了向美国华美合兴公司赎回全部路权，清政府委派考察商务大臣张振勋发动南洋华侨募捐，他本人与张榕轩、张耀轩兄弟首先出巨资，以此带动华侨认股。在海外华侨的热心支持下，张氏顺利地完成了这一任务，从而得以向美国华美合兴公司赎回了全部路权，使粤汉铁路能继续修建。与此同时，张振勋还招徕侨商并自投巨资扩建粤汉铁路支线广三铁路，自任总办，使粤汉铁路进而向南延伸，大大促进了南北物资交流和商品出口。

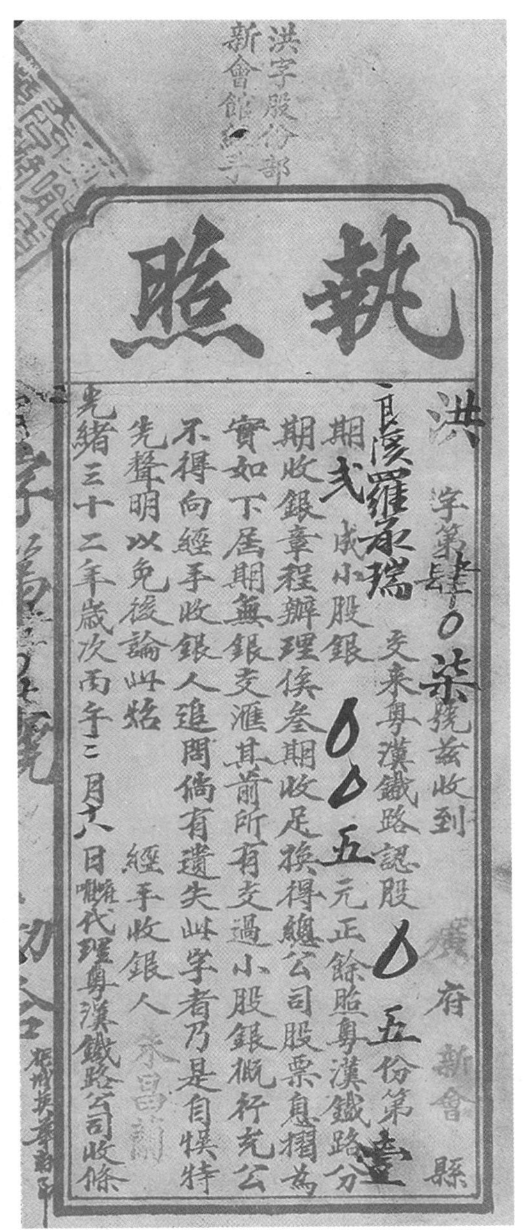

洪字股份部

執照

洪字第肆0柒號茲收到廣府新會縣
良溪羅承瑞交来粤漢鐵路認股0五份第壹
期弍成小股銀00五元正餘照粤漢鐵路分
期收銀章程辦理俟叁期收足換得總公司股票息摺為
實如下居期無銀交滙其前所有交過小股銀概行充公
不得向經手收銀人追問倘有遺失此字者乃是自悞特
先聲明以免後論此照
經手收銀人
光緒三十二年歲次丙午二月六日代理粤漢鐵路公司收條

1906 年粤汉铁路公司认股执照

（来源：郑锦龙）

右图是 1906 年粤汉铁路公司认股执照，面额为五份，第一期二成小股银五元整，由在马来亚槟城地区的华侨罗承瑞购买。

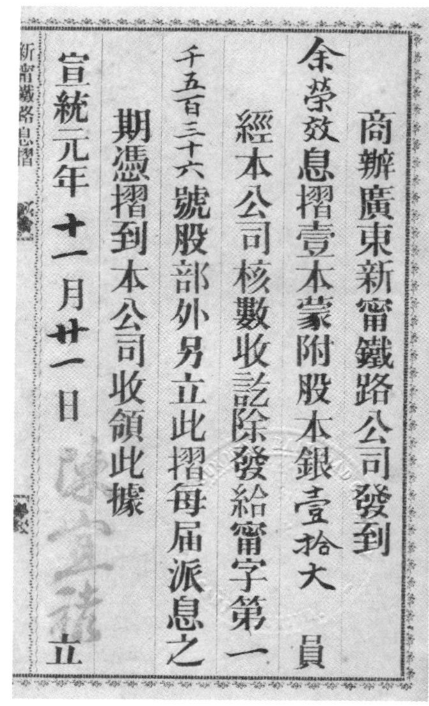
商辦廣東新甯鐵路公司發到
余榮效息摺壹本蒙附股本銀壹拾大員
經本公司核數收訖除發給甯字第一
千五百三十六號股部外另立此摺每屆派息之
期憑摺到本公司收領此據
宣統元年十二月廿一日　陳宜禧　立
新甯鐵路息摺

商辦
廣東新甯鐵路公司息摺

1909 年商办广东新宁铁路公司息折

（来源：暨南大学图书馆馆藏）

新宁铁路是我国第一条侨办铁路。广东新宁旅美华侨陈宜禧 1904 年回乡，倡建新宁铁路，得到乡人及旅外侨胞的支持，纷纷投资，先后共筹得股金 365. 86 万银圆。1906 年新宁铁路公司成立，陈宜禧任总理兼工程师。新宁铁路历经 14 年施工，于 1920 年正式通车。

陈宜禧

陈宜禧（1844—1929 年），广东台山斗山镇朗美村人。少年家贫，以卖髻绳、针、钮为生。1864 年赴美，在西雅图火车站当清洁工、筑路工。1889 年组建广德公司，自任总理，包工承建北太平洋铁路工程。他先后在美国从事铁路建设达 40 年之久，筑路经验丰富。光绪三十年（1904 年）回乡，以“不收洋股，不借洋款，不雇洋工”为号召，倡建新宁铁路，得到乡人及旅外侨胞的支持，先后共筹得股金 365. 86 万银圆，并于 1906 年成立新宁铁路公司，陈宜禧任总理兼工程师。历经 14 年的施工，于民国九年（1920 年），建成斗山至北街干线和台城至白沙支线的新宁铁路，写下了我国自主建筑铁路的光辉历史。

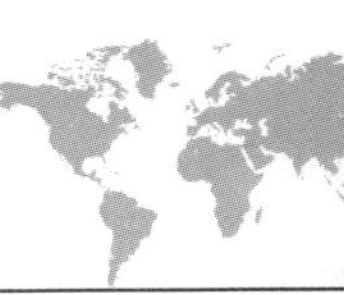

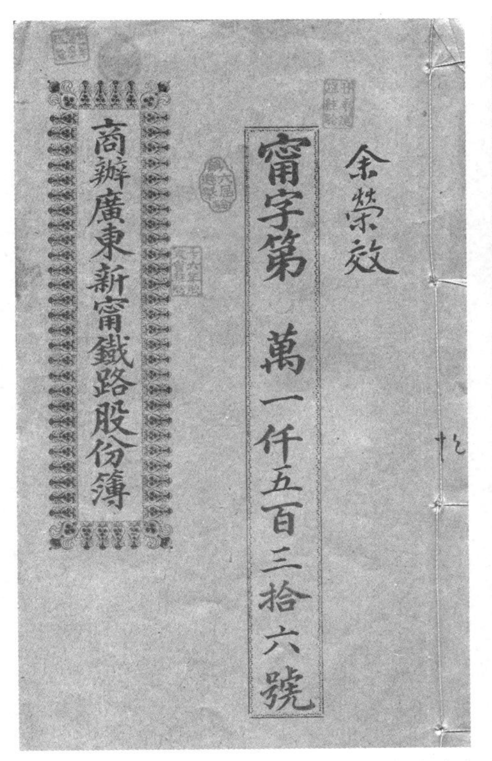

計華里一百三十餘里名曰新甯鐵路有限公司俟路工告成之日再行核計餘欵續招新股另議
接展以廣公益
第二條　公司擬集股本洋銀二百五十萬員每股洋銀五大員收取股銀時先塡給三聯股票收齊後
再換給股份簿執據所有股本以週息一分計
第三條　鐵路股份每股收洋銀五大員任從沿途鄉村士著報多寡聽其自便俾各鄉人等視爲自己
產業互相保護至開辦時每段工程估價值先招附近士人承辦若士人不願做工或索價過昂由
公司另招外處工人該士人不得抗阻
第四條　公司將來辦有成效核算餘利每一萬員報效公家五百員卽將此欵呈繳臣部其餘按股均
派悉遵臣部奏定公司律辦理此係與股諸人權利未占股份者不得別立名目希圖分利以昭覈
實
第五條　公司股份由旅寓美國金山各埠以及香港新加波新甯附近及州縣等處華商湊集並無洋
股在內亦不准將股票股份簿轉售抵押於洋人遇有爭執不得請洋人干預以杜轇轕
第六條　鐵路須勘明路綫遠近方向河道川溝山嶺平陽測量高低屈曲旋轉繪圖張貼公司以便施
工今勘定新甯鐵路幹綫由新昌至三夾海止支綫由水步墟公益埠止計長華里一百三十餘里
第七條　公司所定路綫係由向來舊路塡築者居多既無大河水壩建築長橋鉅費又無高山峻嶺平
高補低需沿途酌買地畝路旁取泥培高路基卽有大小橋梁俱是淺水沙地較之別處路工經費
畧省現在股銀已集至洋銀二百五十萬員將來所餘股銀擬再續請接展路綫總在所集股銀內
支用不得抵借洋債不得請動公欵

1909 年商办广东新宁铁路公司股份簿
（来源：暨南大学图书馆馆藏）

上图的商办广东新宁铁路股份簿中新宁铁路章程第五条这样说：“公司股份由旅寓美国金山各埠以及香港、新加波（坡）、新宁附近及州县等处华商凑集，并无洋股在内，亦不准将股票股份簿转售抵押于洋人，遇有争执不得请洋人干预，以杜轇轕。”

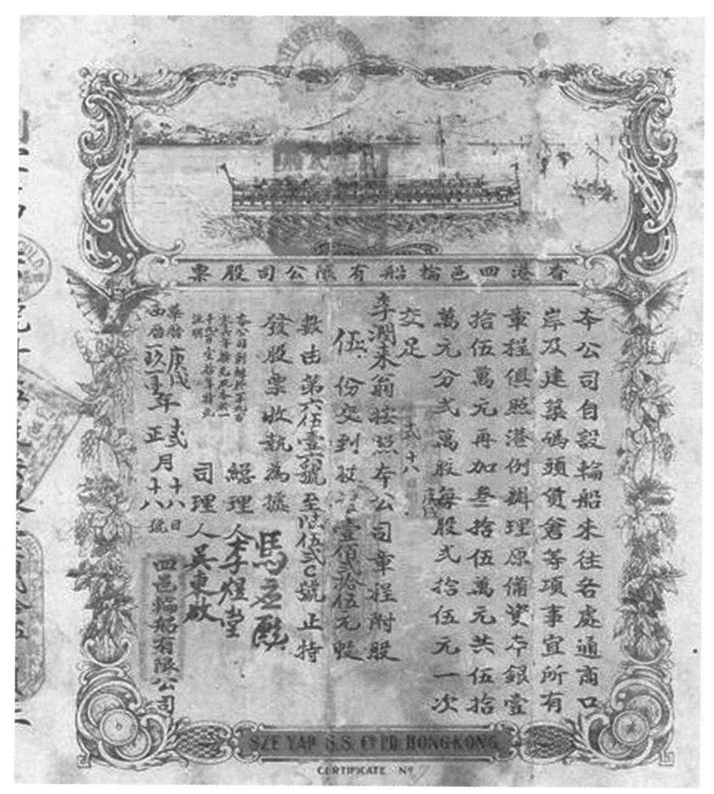

香港四邑輪船有限公司股票

本公司自設輪船來往各處通商口岸及建築碼頭貨倉等項事宜所有章程俱照港例辦理原備資本銀壹拾伍萬元再加叁拾伍萬元共伍拾萬元分式萬股每股式拾伍元一次交足

李潤來翁按照本公司章程附股伍份交到股本壹佰式拾伍元整數由第六仟壹百[illegible]號至[illegible]號止特發股票收執為據

經理人 馬[illegible] 李煜堂

司理人 吳東啟

四邑輪船有限公司

華曆庚戌年十二月十八日

SZE YAP S.S. CO LTD HONGKONG

CERTIFICATE Nº

1911 年香港四邑轮船有限公司股票

（来源：易明仁）

华侨投资的航运业，在 19 世纪中叶就已出现。民国初年，华侨在珠江流域和韩江流域先后创办或参与创办多家轮船公司。在珠江流域，1911 年由四邑旅美华侨联合四邑港商在香港成立四邑轮船公司，开辟航行于江门与香港之间的航线，并在竞争中击败对手——英商太古和省港澳公司。1918 年添置船只，改航广州与香港之间。1915 年旅美华侨创办中国邮船公司，航行于旧金山与香港、上海、新加坡各地。

上图是 1911 年香港四邑轮船有限公司股票，是华侨投资中国航运业的见证。

南洋兄弟煙草股份有限公司
三十六年增資股款收據
No.第 00533　計10000股

公司名稱　南洋兄弟煙草股份有限公司
資本原額　國幣伍仟陸佰貳拾伍萬圓
增加資本額　國幣捌拾玖億肆仟叁佰柒拾伍萬圓
資本總額　國幣玖拾億圓
每股金額　國幣拾圓一次收足
增加資本決議之年月日　民國三十六年八月二十日
今收到左開股東繳到左開股款合給此據為憑
俟本公司換發正式股票時憑此收據換取股票

股東	股份	股款
虞兆隆	壹萬股	國幣拾萬圓整

董事
董事
董事
總經理
中華民國三十六年十二月六日

1947 年南洋兄弟烟草股份有限公司股票

（来源：李时备）

南洋兄弟烟草股份有限公司是中国近代由华侨资本经营的最大的一家卷烟企业，1905 年由南洋华侨简照南、简玉阶兄弟创办于香港，倡用国货。1916 年在上海设立卷烟厂，接着又在全国主要城市及南洋群岛一带设立分支机构。1918 年改组为南洋兄弟烟草股份有限公司，向北洋政府注册，额定资本为 500 万元，实收 270 万元，并将企业中心由香港移至上海。1918—1920 年，公司先后在武汉、上海、香港等地添设分厂，并在山东坊子、河南许昌开设收烟场和复烤厂，在安徽刘府开设收烟场；销售机构则遍布全国各大城市及东南亚各地。全盛时有职工 1.4 万余人。1927 年 10 月企业实有资本近 2 000 万元。1923 年，总经理简照南去世，其职由简玉阶接任。

1937 年 4 月，宋子文因入股南洋兄弟烟草公司，成为该公司的第一大股东。宋子良、杜月笙也陆续成为该公司的董事。抗日战争全面爆发后，上海总厂毁于炮火。随着战局变化，公司业务中心逐渐移至香港、重庆，并建立了重庆烟厂和广州烟厂。1945 年抗日战争胜利后，上海厂恢复生产。1949 年 6 月人民政府对公司实行监督，1951 年 2 月实行公私合营，简玉阶出任合营后的副董事长，简照南之子简日林出任总经理。①

南洋兄弟烟草股份有限公司旧址

① 参见张国超：《南洋简氏兄弟企业家精神研究》，华中师范大学硕士学位论文，2005 年。

先施有限公司 A 17804

THE SINCERE COMPANY LTD. HONGKONG

CAPITAL $10,000,000

實備資本銀壹仟萬員
分作壹佰萬股每股科足港紙銀壹拾員

先施股票

今 馬景愉 先生按照本公司章程附入股
份壹百五拾六股每股香港紙銀壹拾員
正共該本銀壹仟五百六拾員正
由第[illegible]號至[illegible]號
股票該銀如數照收業經註入股冊特發此
股票另附息摺壹本存據

董事

董事

中華民國卅七年九月叁日

先施有限公司總行發

1948 年先施有限公司股票

（来源：李时备）

20 世纪 30 年代上海先施公司店堂一角

1900 年 12 月，由澳大利亚华侨马应彪创立的先施有限公司在香港成立，并先后在广州、上海设分公司，主要业务是经营百货、旅馆、游乐场等业务。1914 年，马应彪在广州长堤建立先施粤行，取得巨大成功。广州先施分公司首创不二价，是当时广东最大的民族资本企业。不少老广州人习惯将去商场称为“逛公司”，这就包括 20 世纪初广州著名的先施有限公司，在那个年代去“逛公司”，相当于去一趟嘉年华。1917 年，上海先施分公司成立。其地处南京东路、浙江路口，设有商场、东亚酒店、先施乐园，是旧上海南京路上著名的“四大公司”（先施、永安、新新、大新）中创立最早的一家。先施有限公司声誉卓著，营业兴盛，成为亚洲第一流的百货公司。

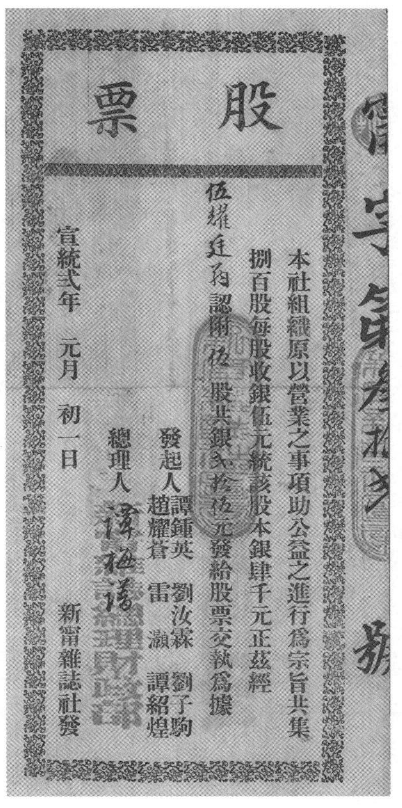

股票

本社組織原以營業之事項助公益之進行爲宗旨共集捌百股每股收銀伍元統該股本銀肆千元正茲經伍耀廷翁認附伍股共銀弍拾伍元發給股票交執爲據

發起人 譚鍾英 劉汝霖 劉子駒 趙耀蒼 雷瀨 譚紹煌

總理人 譚梅諸

宣統弍年 元月 初一日

新甯雜誌社發

1910 年新宁杂志股票收据

（来源：张智）

《新宁杂志》为中国第一份侨刊，于 1909 年创刊。它的问世开创了中国侨刊的先河。这是因为《新宁杂志》诞生在有“中国第一侨乡”之美誉的台山市，是中国侨乡第一份由民间编辑出版的杂志，向海外侨胞报道和宣传来自祖国及家乡的消息是它的重要任务之一。台山华侨凭借《新宁杂志》以知悉国内情况和家乡消息，而《新宁杂志》凭借台山华侨的资助，得以延长其寿命。因此，数十年来，台山华侨与《新宁杂志》结下了不解之缘。

民国时期的《新宁杂志》

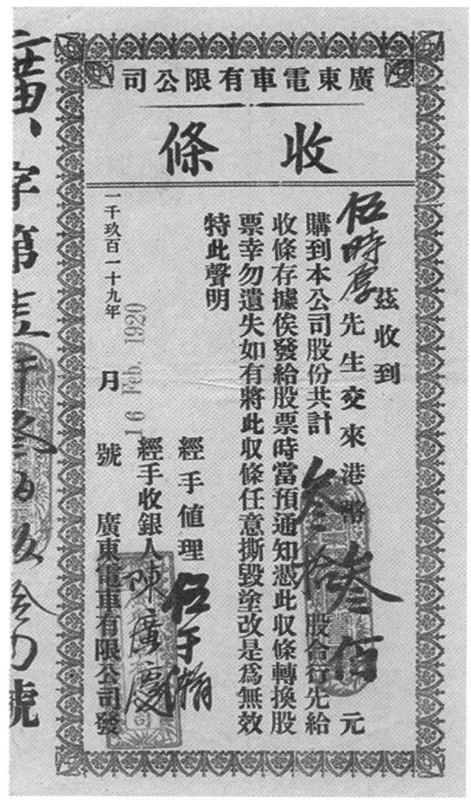

廣東電車有限公司

收條

茲收到　　先生交來港紙　　元
購到本公司股份共計　　股合行先給
收條存據俟發給股票時當預通知憑此收條轉換股
票幸勿遺失如有將此收條任意撕毀塗改是爲無效
特此聲明

經手值理
經手收銀人

一千玖百一十九年　月　號　廣東電車有限公司發

16 Feb. 1920

1920 年广东电车有限公司股份银收条

（来源：何锡钿）

1919 年，广州电车公司由美洲的归国侨胞伍学熀、伍藉磐成立，后改为广东电车公司。公司成立后在海外华侨中和港澳等地集股，并组成董事会，推选伍学熀为总经理，伍藉磐为董事经理。办事处设在广九车站附近，由董事经理伍藉磐主持公司一切业务。①

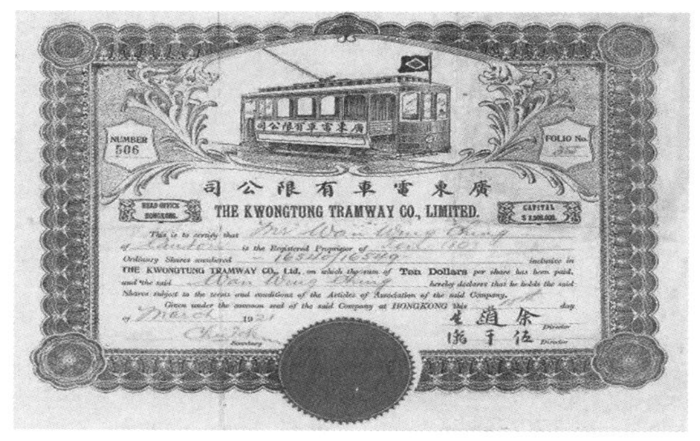

廣東電車有限公司

THE KWONGTUNG TRAMWAY CO., LIMITED.

NUMBER 506

1921 年广东电车有限公司股票

（来源：郑锦龙）

① 李韬：《民国初年广州电车事业的开创与市政体制》，《中山大学研究生学刊》（社会科学版）2012 年第 2 期。

三、扶危济困

海外华侨心系祖国，急公好义。每当家乡遭遇天灾人祸之际，海外华侨奔走呼号，筹募捐款，帮助家乡渡过难关。一锱一铢，聚沙成塔，集腋成裘，无不映照着华侨情系桑梓的拳拳之心。

民国初年，中国政局动荡不安，战乱未已。广东地区混战不断，地方政权更迭频繁，经济形势日益恶化，民生疾苦，结果造成四邑侨乡盗贼蜂起、劫案频仍，绑架勒索，司空见惯。急救之法，自以兴办团保、整顿警察为要务。[①] 华侨积极响应侨乡社会的募款活动，对家乡的治安维持，捐输踊跃，不遗余力。

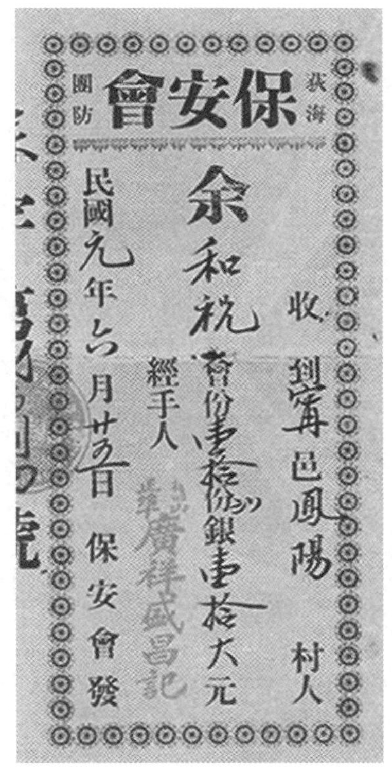
获海團防保安會
收到寧邑鳳陽村人
余和杭
銀壹拾大元
經手人
廣祥盛昌記
民國元年六月廿五日
保安會發

1912 年美国金山正埠获海团防
保安会捐款收条
（来源：徐云）

① 潮龙起：《民国广东四邑侨乡匪患与华侨护乡》，《华侨华人历史研究》2013 年第 1 期。

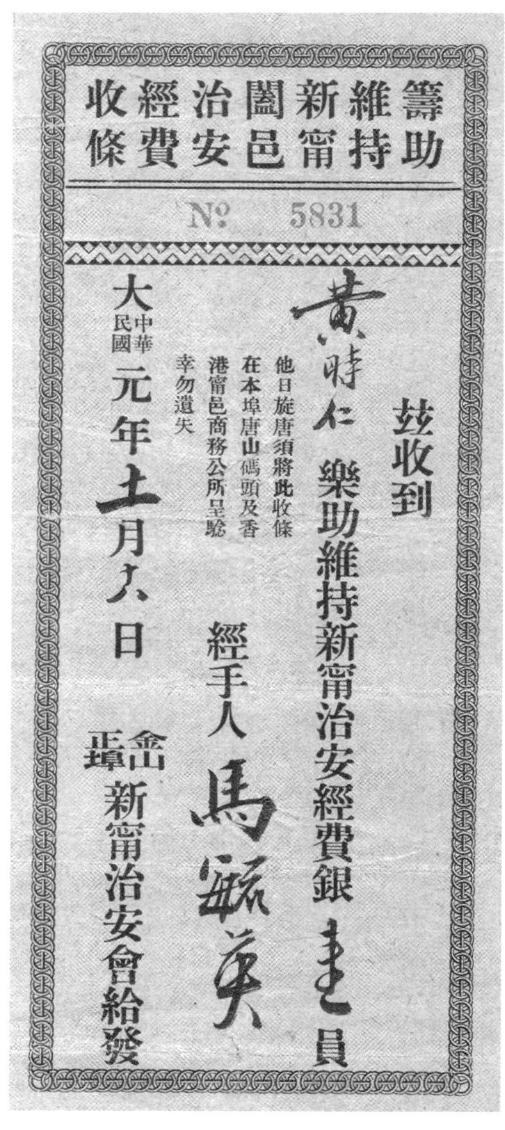

籌助維持新甯闔邑治安經費收條

№ 5831

茲收到

黄時仁 樂助維持新甯治安經費銀壹員

他日旋唐須將此收條在本埠唐山碼頭及香港甯邑商務公所呈驗幸勿遺失

經手人 馬[illegible]英

大中華民國元年十一月六日

金山正埠 新甯治安會給發

1912 年美国金山正埠新宁治安会维持新宁治安经费收条

（来源：何锡钿）

此页与前页两图均为美国旧金山新宁籍华侨支援家乡维持治安的捐款收条。其中上图的收条中有“他日旋唐，须将此收条在本埠唐山码头及香港宁邑商务公所呈验，幸勿遗失”的字样。

20 世纪初，开平华侨陆续回乡探亲。在落叶归根、光宗耀祖等传统思想影响下的开平华侨，把他们在异国他乡辛勤劳作、省吃俭用积攒的血汗钱带回家，侨汇数量也逐步增多。他们在家乡买田地、盖新房，极大地改善了家庭生活条件。衣锦还乡的华侨不仅带来了新房、新衣、新生活，也使本就不安宁的开平，再次成为土匪汇聚之地。据民国《开平县志》记载，仅 1912 年至 1930 年，开平就发生了 71 宗较大的匪掳案，匪徒杀人上百。[①] 面对此情此景，“旅外侨胞，热爱祖国，怀念家乡，岂能熟视无睹，隔岸观火者乎！”[②] 侨胞纷纷响应来自家乡的各种劝捐活动，慷慨解囊，同心勠力，捐资保障家乡团防的给养，购置各种枪支弹药等。

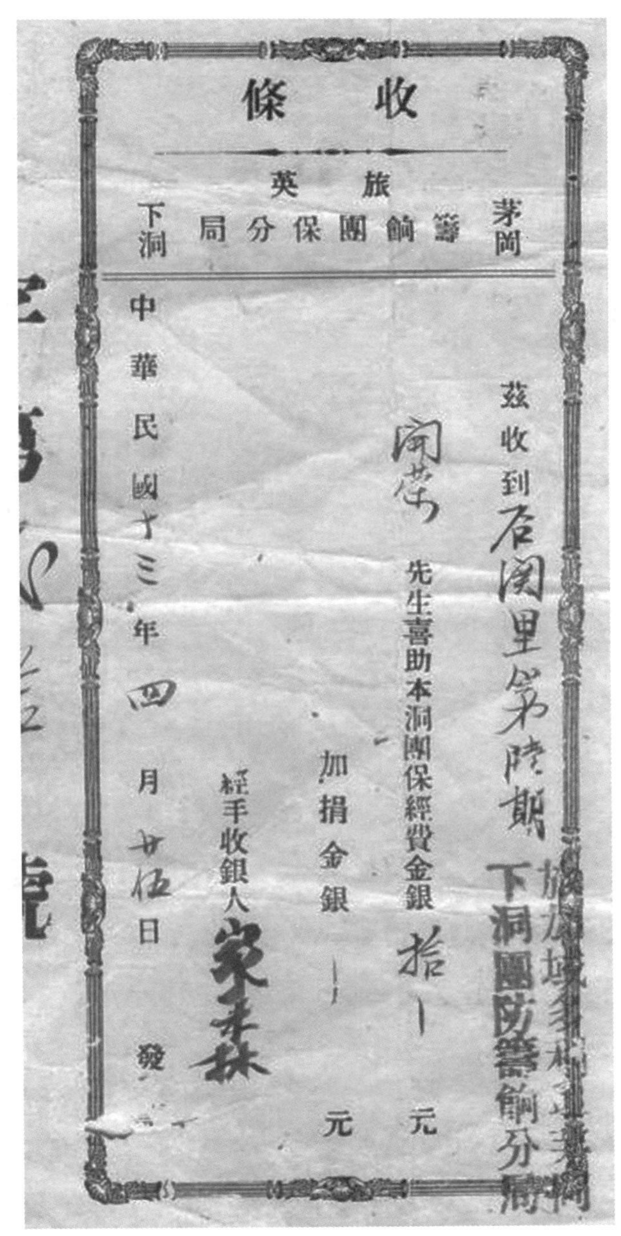

收條

茅岡 旅英籌餉團保分局 下洞

茲收到石閣里第陸期

閣榮先生喜助本洞團保經費金銀 拾 元

加捐金銀 一 元

經手收銀人 家森

中華民國十三年四月廿伍日發

1924 年加拿大域多利华侨捐助广东开平百合镇茅冈（岗）下洞团保经费收条

（来源：暨南大学图书馆馆藏）

① 杨秉德：《广东开平城乡建设的现代化进程》，浙江大学博士学位论文，2013 年。

② 《赶快救国救乡》，《四邑侨报》1947 年第 1 卷第 2 期，第 2－3 页。

No. 9933

紐約台山寧陽會館
救濟台山縣難民捐款收條
HOY SUN NING YUNG BEN. ASS'N
5 MOTT ST. NEW YORK CITY
Relief Funds For Chinese Refugees

通信處 救濟台山縣米荒捐款收條

茲收到 劉璇維 先生捐美金 壹 圓

特給收條爲據

經手人

財政員 梁奕雲

中華民國廿九年 月 日發

1940 年美国纽约台山宁阳会馆救济台山米荒难民的捐款收条
（来源：暨南大学图书馆馆藏）

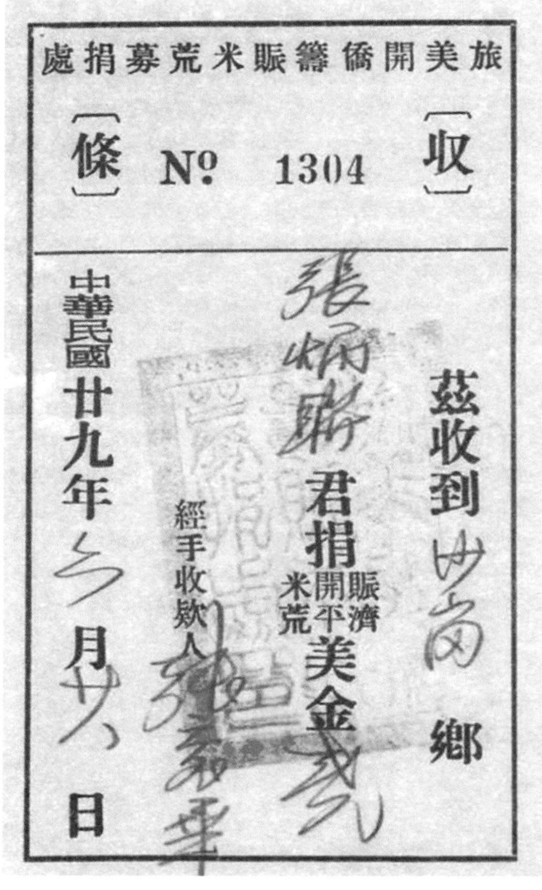

旅美開僑籌賑米荒募捐處

收 No 1304 條

茲收到 鄉

君捐 賑濟開平米荒 美金

經手收欵人

中華民國廿九年 月 日

1940 年旅美开侨筹赈米荒募捐处赈济开平米荒的捐款收条
（来源：广东江门五邑华侨华人博物馆馆藏）

抗日战争使我国东南沿海经济走到了崩溃的边缘。由于闽粤侨乡粮食一向仰赖外埠供给，日军对我国沿岸的封锁便直接使侨眷的生活陷入饥荒的境地。台山、汕头在抗战时期米荒极为严重，灾民无数。广东台山从抗战一开始，米荒一天比一天严重，又遇大旱天，粮食歉收，便出现了“上等人家吃金器，中等人家吃故衣，下等人家吃树皮，吃尽树皮白饿死”[①] 的惨状。

上面两图均为 1940 年美国华侨救济广东米荒难民的捐款收条。

---

① 熊蔚霞、郑甫弘：《抗日战争时期闽粤侨乡的侨眷生活》，《南洋问题研究》1992 年第 4 期。

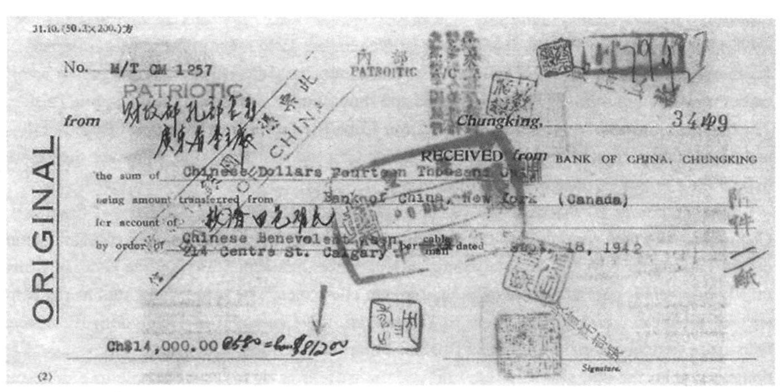

31.10.(50.3×200.)方

ORIGINAL

No. M/T CM 1257

PATRIOTIC

from 财政部孔部长 广东省李主席

Chungking, 34.4.9

RECEIVED from BANK OF CHINA, CHUNGKING

the sum of Chinese Dollars Fourteen Thousand Only

being amount transferred from Bank of China, New York (Canada)

for account of 救济四邑难民

by order of Chinese Benevolent Assn. 214 Centre St. Calgary, per cable/mail dated Sept. 18, 1942

Ch$14,000.00

Signature.

(2)

1942 年美洲华侨捐资救济四邑难民的银行汇单

（来源：广东江门五邑华侨华人博物馆馆藏）

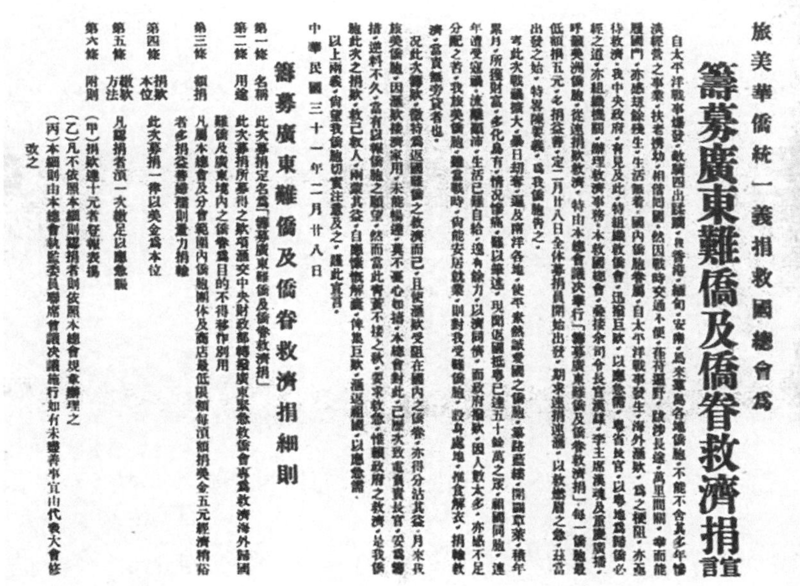

旅美華僑統一義捐救國總會為

籌募廣東難僑及僑眷救濟捐宣言

自太平洋戰事爆發，敵騎四出蹂躪，如香港·緬甸·安南·馬來羣島各地僑胞，不能不舍其多年慘淡經營之事業，扶老携幼，相偕回國，然因戰時交通不便，佈衍遍野，跋涉長途，萬里間關，幸而能履國門，亦感頭餘殘生，生活無着。國內僑胞眷屬，自太平洋戰事發生，海外滙款，爲之梗阻，亦亟待救濟。我中央政府，有見及此，特組織救僑會，迅撥巨款，以應急需，粵省長官，以粵地爲歸僑必經之道，亦組織機關，辦理救濟事務。本救國總會，叠接余司令長官漢謀，李主席漢魂及黨團機關，呼籲美洲僑胞，從速捐款救濟。特由本總會議決舉行「籌募廣東難僑及僑眷救濟捐」，每一僑胞最低額捐五元，必捐登齊，定二月廿八日全体募捐員開始出發，期來速捐巨款，以救燃眉之急，茲當出發之始，特畧陳要義，爲我僑胞告之。

考此次戰禍擴大，今日胡寇，遍及南洋各地，使平素熱誠愛國之僑胞，篳路藍縷，開闢草萊，積年累月，所獲財富，多化烏有，情況慘痛，難以筆述，現聞返國抵粵已達五十餘萬之衆，祖國同胞，連年遭受寇禍，流離顛沛，生活已難自給，遑有餘力，以濟同僑，而政府撥款，因人數太多，亦感不足分配之苦，我旅美僑胞，雖當戰時，尚能安居就業，則對我受難僑胞，設身處地，推食解衣，捐輸救濟，責無旁貸者也。

況此次籌款，徵特爲返國難僑之救濟而已，且使滙款受阻在國內之僑眷，亦得分沾其益，月來我旅美僑胞，因滙款接濟家用，未能暢達，莫不憂心如搗，本總會對此，已屢次致電負責長官，妥爲籌措，逆料不久，當有以慰僑胞之願望，然而當此青黃不接之秋，要求救急，惟賴政府之救濟，是我僑胞此次之捐款，救己救人，兩蒙其益，自應慷慨解囊，俾集巨款，滙返祖國，以應急需。

以上兩義，尚望我僑胞切實注意及之，謹此宣言。

中華民國三十一年二月廿八日

籌募廣東難僑及僑眷救濟捐細則

第一條 名稱 此次募捐定名爲「籌募廣東難僑及僑眷救濟捐」

第二條 用途 此次募捐所募得之款項滙交中央財政部轉撥廣東緊急救僑會專爲救濟海外歸國難僑及廣東境內之僑眷爲目的不得移作別用

第三條 額捐 凡屬本總會及分會範圍內僑胞團体及商店最低限額每須額捐美金五元經濟稍裕者多捐益善總期盡力捐輸

第四條 捐款本位 此次募捐一律以美金爲本位

第五條 繳款方法 凡認捐者須一次繳足以應急賑

第六條 附則 (甲)捐款達十元者登報表揚
(乙)凡不依照本細則認捐者則依照本總會規章辦理之
(丙)本細則由本總會執監委員聯席會議決議施行如有未盡善事宜由代表大會修改之

1942 年旅美华侨统一义捐救国总会为筹募广东难侨及侨眷救济捐宣言及细则

（来源：何锡钿）

宣言规定，侨胞团体及商店最低捐款限额为美金 5 元，捐款美金 10 元者，登报表扬。不按本细则认捐者依照本总会规章办理。

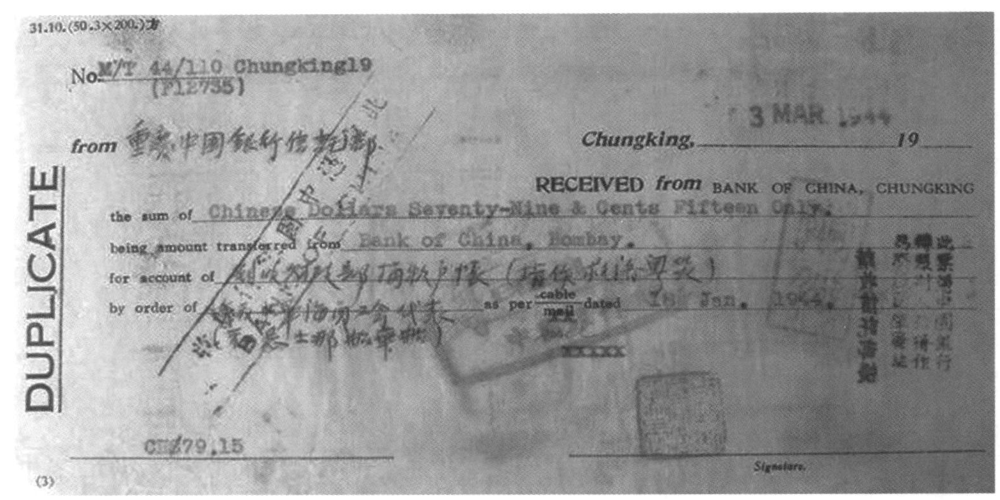

31.10.(50.3×200.)方

DUPLICATE

No. M/T 44/110 Chungking19
(F12735)

from

3 MAR 1944

Chungking, 19

RECEIVED from BANK OF CHINA, CHUNGKING

the sum of Chinese Dollars Seventy-Nine & Cents Fifteen Only.

being amount transferred from Bank of China, Bombay.

for account of

by order of as per cable/mail dated 18 Jan. 1944.

XXXXX

CN$79.15

Signature.

(3)

1944 年埃及中华海员公会救济粤灾的捐款汇单

（来源：牛忠民）

大饥荒时期，广东灾民群聚善堂门口等待施粥

1943 年广东大饥荒，300 万人冻饿而亡。饥荒的导火线是从 1942 年开始的持续干旱，无水则无法耕作，作物枯死，粮食骤缺。自 1942 年冬至当年春耕前后 5 个多月，降水甚少。如，潮安 1942 年 10 月至 1943 年 4 月，7 个月的总降水量只有 391.6 毫米，广州同期降水 159.2 毫米，而汕头市 1942 年 10 月至 1943 年 3 月总降水量为 283.8 毫米。1943 年亢旱使全省八成耕地受灾。在这两年，一些地区还发生了虫灾和风灾。如，陆丰地区“虫吃田，昼伏夜出，每棵田禾竟有数十余虫，吃至苗枯叶槁，存留少数，迨至出穗扬花之际，又遭七天飓风，至收割时多属白穗谷”。天灾直接造成粮食短缺、供应紧张，各地粮价腾贵，至 1943 年春终成扶摇直上之势。当时“人心焦急……粮价急剧上腾，四月初最贵之沿海各县，每市石尚在千元内外，最高也未超过一千六百元，不料旬日间竟有突然涨至四五千元者”。

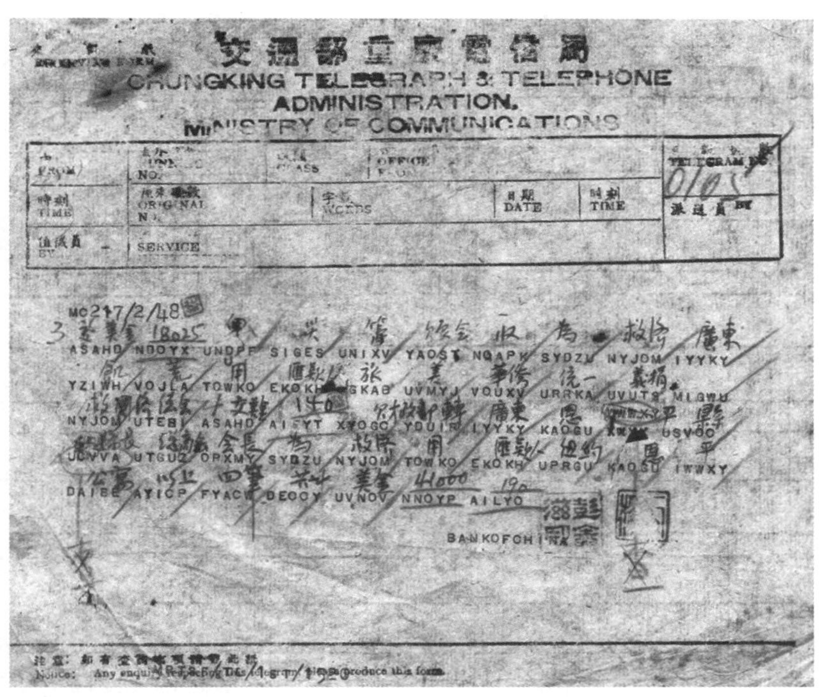

CHUNGKING TELEGRAPH & TELEPHONE
ADMINISTRATION.
MINISTRY OF COMMUNICATIONS

MC217/2/48

ASAHD NDOYX UNDPF SIGES UNIXV YAOST NQAPK SYDZU NYJOM IYYKY
YZIWH VOJLA TOWKO EKOKH GKAB UVMYJ VQUXV URRKA UVUTS MIGWU
NYJOM UTEBI ASAHD AIFYT XYOGC YDUIR LYYKY KAOGU USVOO
UCVVA UTGUZ OPXMY SYDZU NYJOM TOWKO EKOKH UPRGU KAOSU IWWXY
DAIBE AYICP FYACW DEOOY UVNOV NNOYP AILYO

BANKOFCHI

1948 年旅美华侨统一义捐救国总会等团体为救广东饥荒捐款的电报原稿

（来源：暨南大学图书馆馆藏）

抗日战争后，广东仍然灾荒严重，连年出现严重的粮荒和饥荒。每逢青黄不接之时或寒冬腊月，全省各地粮价飞涨、饿殍载途。1947 年至 1948 年，广东的粮荒和饥荒愈演愈烈。从 1947 年春开始，广州米价汹涌飞涨，遥遥领先，超越京沪。1948 年 1 月至 4 月，广州米价每担由 74 万元涨至 520 万元。在粮荒之下，又是一幕幕惨绝人寰的饿死、冻死和自杀的悲剧。① 而每当家乡有灾难发生，海外侨胞总是第一个伸出援手。

上图是旅美华侨统一义捐救国总会等团体为救广东饥荒捐款的电报原稿，共筹集美金41 000 元。

① 林天乙：《浅析战后广东的粮荒》，《中国社会经济史研究》2002 年第 1 期。

四、侨批侨汇

侨汇是华侨汇回国内的款项，其中包括赡家款、投资或捐赠等。身在海外的华侨，除了在各自的侨居地艰苦奋斗外，还将省吃俭用存下来的收入作为赡家费用，寄回国内，以应家人之需。目前所见最早的侨汇记载在16世纪左右，真正形成一个行业大概要追溯至19世纪上半叶，20世纪逐步进入鼎盛时期，曾遍布中国闽、粤、桂等省以及东南亚等国家和地区，平均每年有数千万美元经侨批业者汇入中国，不仅维系和改善了数以百万计的侨眷的生活，对中国的民主革命和经济建设也作出了巨大贡献。[①]

侨批是侨汇的重要组成成分，是华侨移民史、创业史及广大侨胞对祖（籍）国经济社会发展所作贡献的历史见证。侨批本体是由银和信两部分组成，合封寄回。很多华侨将银的数额直接写在信封正面，里面的信也会记录下数额、分配和用途。

在福建省和广东省潮汕地区，俗称“信”为“批”，侨汇与书信的结合体更多地被称为“侨批”，但晚清民国时期，五邑所在的广府地区，民间更多地称之为“银信”。中华人民共和国成立后，为统一管理外汇收入的需要，统称之为“侨批”。

随着大量侨批实物被发现，侨乡这一特有的文化现象引起学界的兴趣，并成为侨史研究领域的一个热点。2010年，侨批档案被列入“中国档案文献遗产名录”；2013年，侨批档案入选“世界记忆名录”。

---

① 焦建华：《近百年来中国侨批业研究综述》，《华侨华人历史研究》2006年第2期。

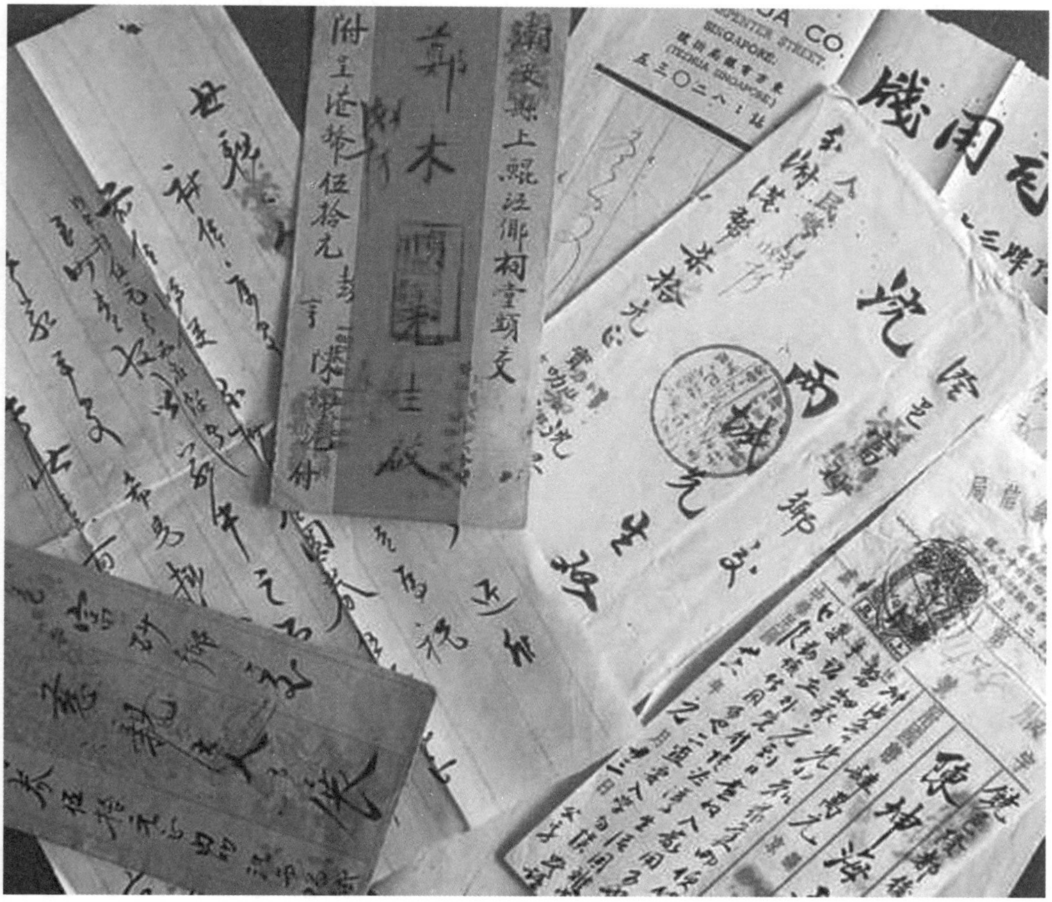

侨　批

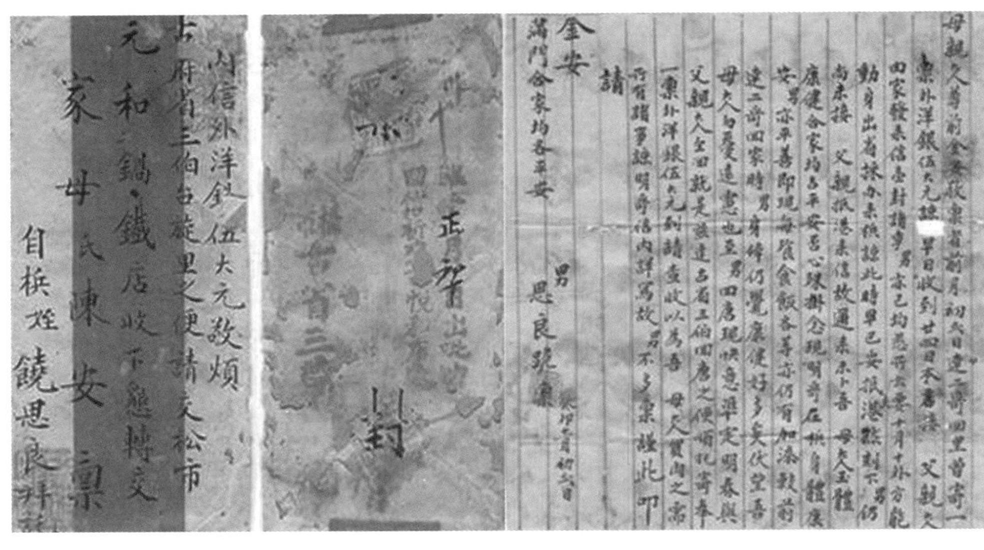

1903 年华侨托水客带回广东梅县的侨批

（来源：广东潮汕历史文化研究中心侨批文物馆馆藏）

晚清时期，海外华侨刚刚走出国门，侨居国与国内没有通邮，更没有银行等金融机构与之联系，华侨想寄血汗之资和家书回家，只能自己几年或十几年回家一次时亲自携带，而更多的是委托回国的亲友和同乡捎带。随着华侨寄送银信的需求越来越大，出现了专门为海外华侨送银信以谋生营利的职业，称为“水客”。水客是专门在海外华侨与国内侨眷之间以传递或寄送银信、包裹等物为职业的人，因当年中国到南洋、美洲、大洋洲等地走水路，故称为“水客”。

现在能看到的最早的水客封是清代的，已经相当规范，和批局发送的侨批没什么两样，只是没有批局的印章。[①] 上图是马来亚槟城华侨饶思良托水客古省三带回广东梅县松口交家母陈氏的侨批。该侨批正面有“外洋银伍大元”字样，背面有水客古省三的印章。此批形成于 1903 年，品相完好，是潮汕历史文化研究中心侨批文物馆馆藏侨批原件中年代最早的一封。

① 沈建华、徐名文：《侨批例话》，汕头：中国邮史出版社，2010 年，第 5 页。

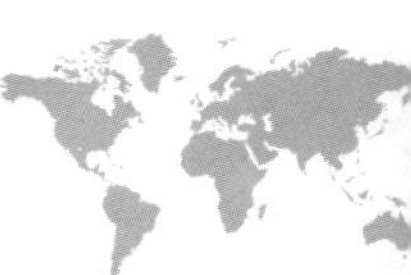

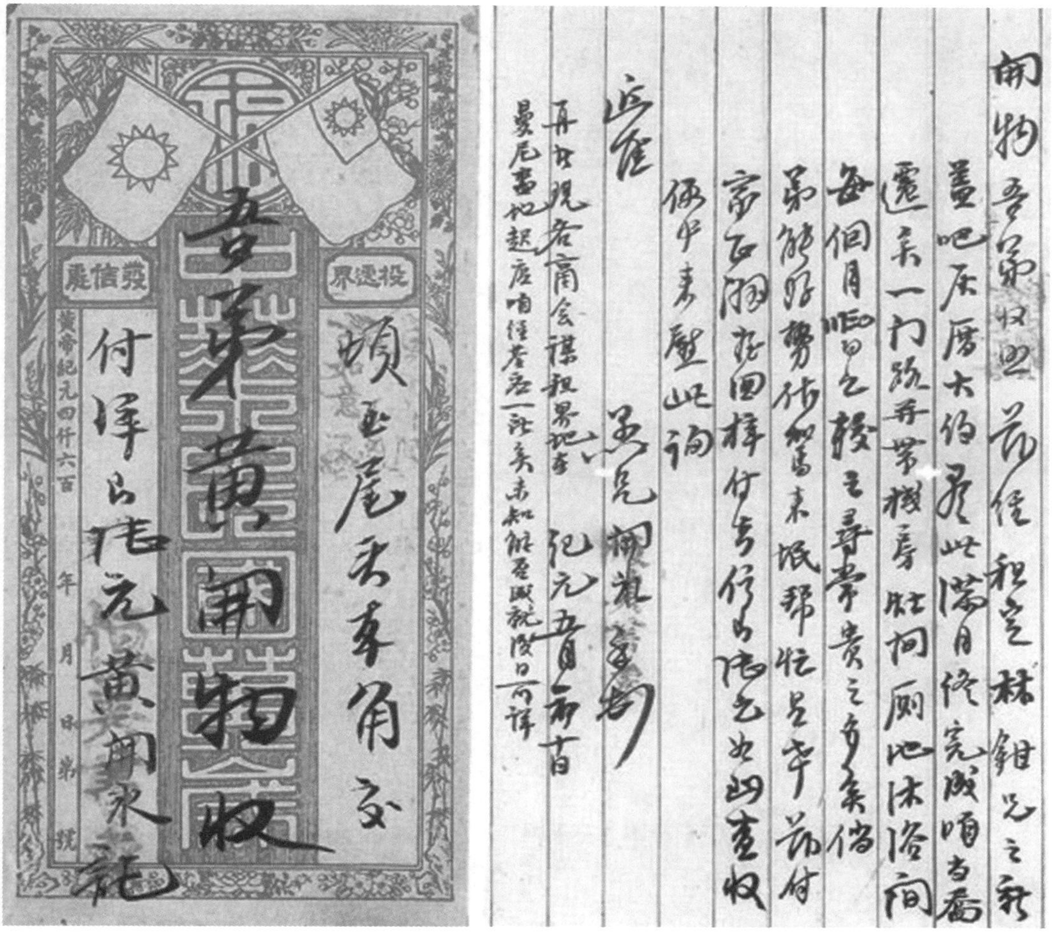

1912 年从菲律宾寄往福建的侨批

（来源：黄清海）

上图是 1912 年 6 月从菲律宾寄往福建的一枚“万岁封”。所谓“万岁封”，是指 1911 年辛亥革命成功，孙中山就任临时大总统后，闽南华侨与家乡书信往来的侨批封面上印有“中华民国万岁”的字样。在侨批史上，“万岁封”出现的时间并不长。1913 年，袁世凯窃取辛亥革命的胜利成果后，“万岁封”就此淡出人们视野，这一特殊历史时期的侨批封也从此成为较为罕见的邮品。①

① 《黄清海的“万岁封收藏”》，《侨乡科技报》，2011 年 11 月 24 日。

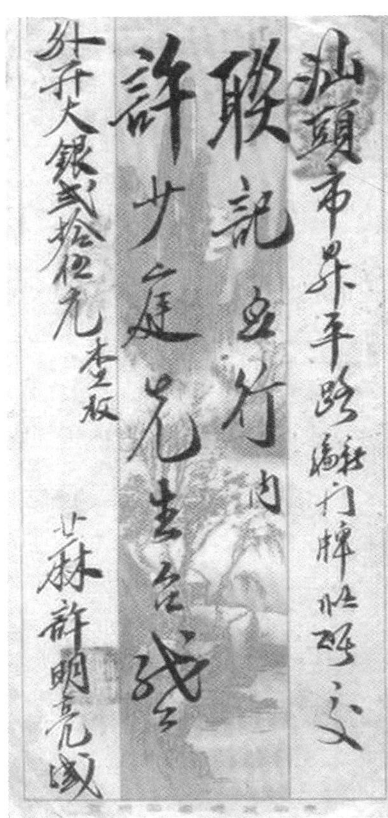
汕頭市升平路
聯記銀行內
許　庭先生台啟
外付大銀貳拾伍元查收
廿　麻　許明亮緘

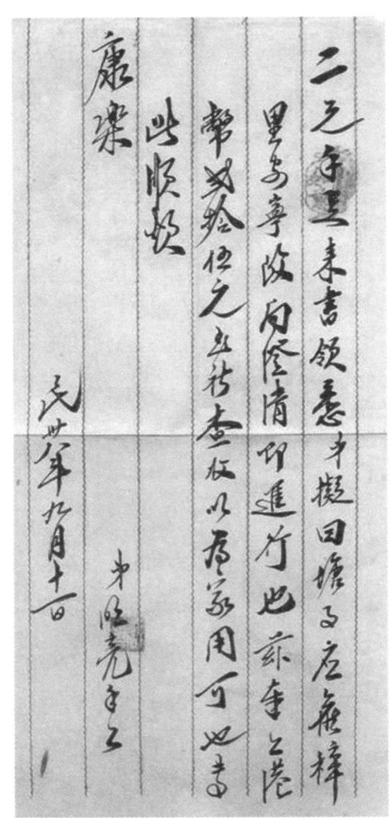
康梁
此收款
民卅八年九月十日
弟明亮手上

1949 年马来亚麻坡寄往广东汕头的侨批

（来源：蔡良仪）

在马来亚街头为人代写信函的老先生

东南亚地区收汇的批局，大多有自己印制的信封和信笺。信封正面除收件人的地址、称谓和寄件人的地址、姓名外，还会写上所寄的金额，不管交寄的是何种货币，信封所写的一定是收款人所收到的币种的金额。批局在信封背面盖上印戳，标上内部的编号，有时还写上收批的日期。信笺的内容由寄批者自己书写，基本上只限一张纸的篇幅。从现存信件的情况看，许多信件都是由别人代笔的。①

① 陈春声：《侨批分析：近代韩江流域“侨乡”的形成》，“地域中国：民间文献的社会史解读”国际学术讨论会暨第十一届中国社会史学会年会论文，2006 年。

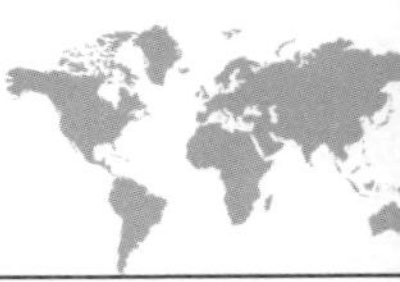

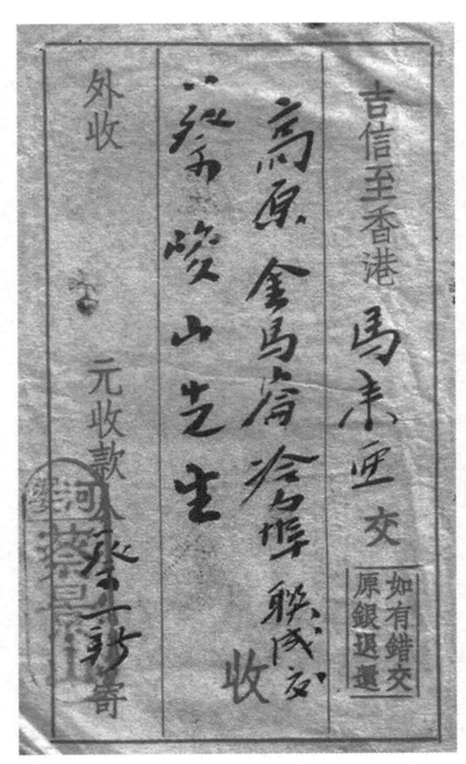

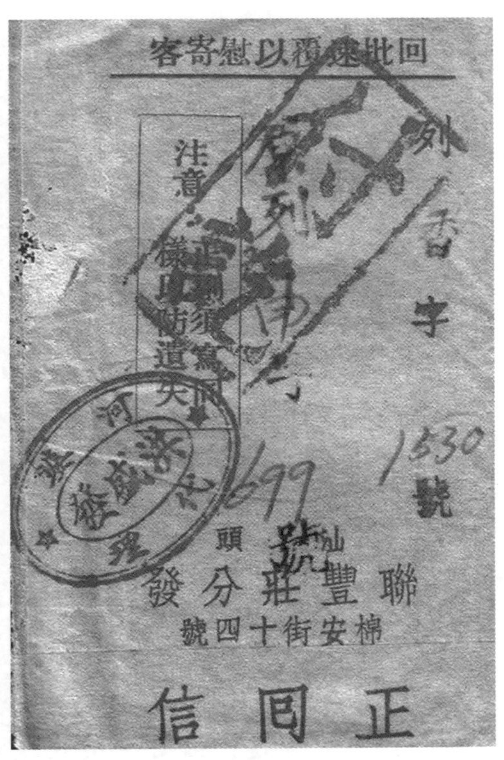

民国时期的回批封

（来源：段毅君）

回批是国内侨眷收到信款（侨批）后签收的回执，由侨批员（水客）带回南洋后交给汇款人作为凭证，这是约定俗成的行规，也是侨批业正常运作的信誉保证。在东南亚地区，批局从华侨手中收到侨批，然后通过国内的侨批局分发给侨眷，再从侨眷手里收集回批（即回信或侨批收款凭证），通过东南亚的侨批局发回原寄批人。①

上图的回批由广东揭阳河婆镇侨眷蔡一新返寄给马来亚的蔡峻山。回批封上有“回批速覆，以慰寄客”和“如有错交，原银退还”的字样，并盖有代理行“洪盛发”的印章。

---

① 陈春声：《侨批分析：近代韩江流域“侨乡”的形成》，“地域中国：民间文献的社会史解读”国际学术讨论会暨第十一届中国社会史学会年会论文，2006 年。

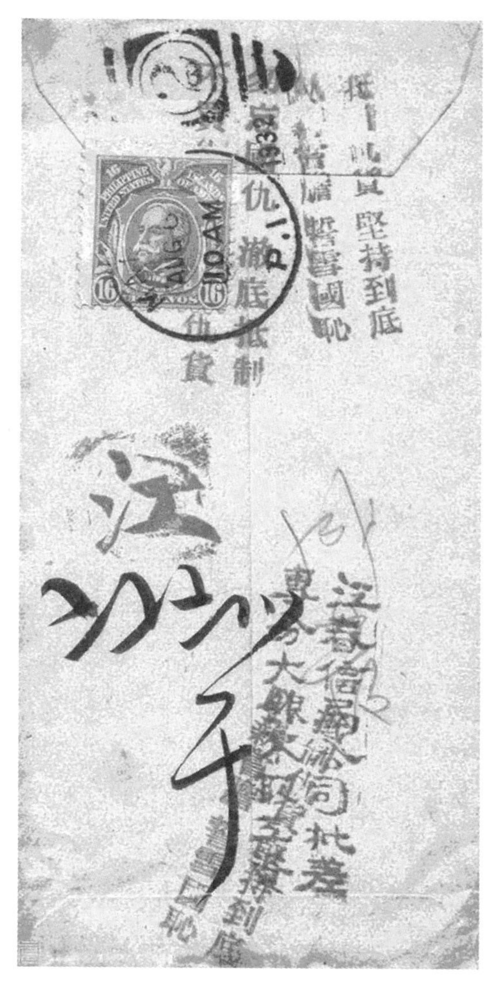

1932 年菲律宾寄往福建的加盖
抗日宣传章的侨批封
（来源：段毅君）

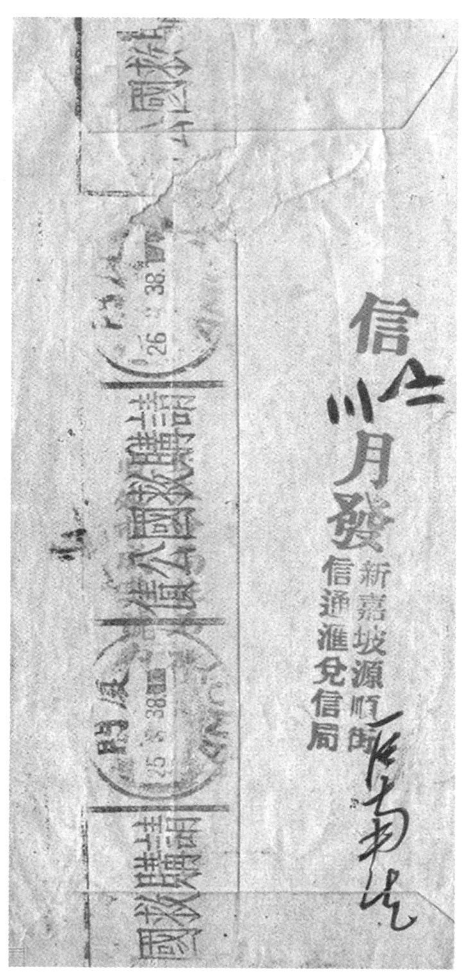

1938 年新加坡寄往福建的加盖
抗日宣传章的侨批封
（来源：段毅君）

“九一八事变”后，在一些东南亚华侨寄往国内的侨批封上，信局常常会盖上有关抗日救国的宣传印章。如上图左的侨批封上盖有“抵制仇货，坚持到底；卧薪尝胆，誓雪国耻”的抗日宣传章；上图右的侨批封上盖有“请购救国公债”的抗日宣传章。从侨批封可以看出全民抗战高涨的激情。

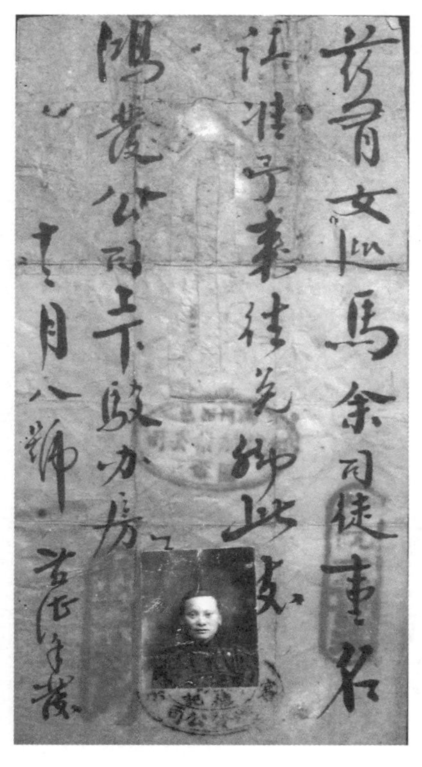

民国时期侨批代理行为女巡马出具的证明
（来源：郑锦龙）

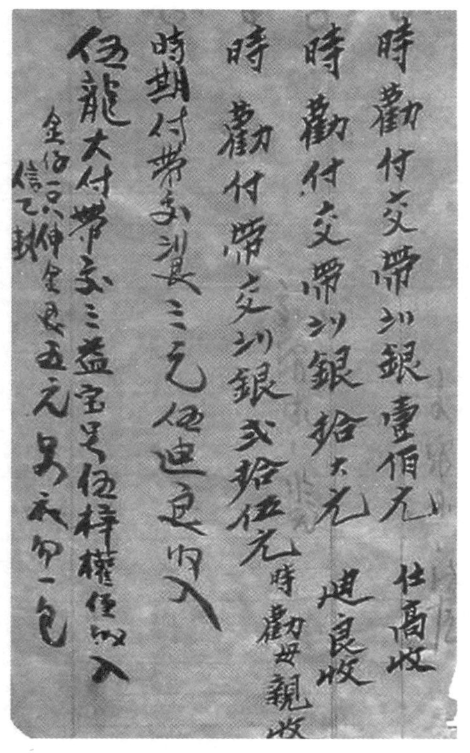

時勸付交帶到銀壹佰元 任高收
時勸付交帶到銀拾大元 廸良收
時勸付帶交到銀弍拾伍元 時勸母親收

巡城马给侨眷带送的侨批

在广府地区，水客有时被民众称为“巡城马”，或简称“巡马”。因为他们经常挑着箩筐或背着布袋走街串巷，或下农村去派送银信、包裹等物，犹如一匹巡城的马，故被形象地称为“巡城马”。[①] 在台山，水客与巡城马的称呼虽无严格界限，甚至可以互换，但其内涵还是有所区别的。民国以后，水客的称呼多为传统意义上的，即指在南洋与台山等地直接以往来携带银物为职业的人，而那些不再横渡大洋，只在香港、广州和台山等乡间银号、商号、侨眷之间递送银物的，多被称为“巡城马”。

民国期间巡马李良的印章

上图左是民国时期德记鸿发公司为女巡马余司徒出具的往来通行证明。女巡马，是台山历史文化图景中的一抹亮色。

① 刘进：《台山历史文化集　第三编　台山银信》，北京：中国华侨出版社，2007 年，第 21 页。

新寧鐵路

各鄉巡城馬搭車半價票

規例

(1)憑票對相本人搭車准收半價(2)如坐頭一等位均須按等收取半價如收票員串同瞞匿或收銀不寫票查出罰銀五倍以五成賞指証之人(3)如帶行李銀物超過定額須照章納脚(4)如冒認巡馬查出重罰(5)解除巡馬職業時應即將票繳銷(6)此票本公司有權隨時收回

開平李村

巡城馬

周江

担保店

總理 陳宜禧

民國十一年十月十三日發

1922 年新宁铁路各乡巡城马搭车半价票

上图是广东开平李村巡城马（水客）周江乘坐新宁铁路的半价票。因周江递送侨批需经常乘坐新宁铁路火车，故可获得半价票的待遇。

该票规例对使用有详细的规定：①凭票对相本人搭车准收半价；②如坐头、二等位均须按等收取半价，如收票员串同瞒匿或收银不写票，查出罚银五倍，以五成赏指证之人；③如带行李银物超过定额，须照章纳脚（缴）；④如冒认巡马，查出重罚；⑤解除巡马职业时，应即将票缴销；⑥此票本公司有权随时收回。该票上有担保店铺的签章，还有新宁铁路公司总经理“陈宜禧”的签章。

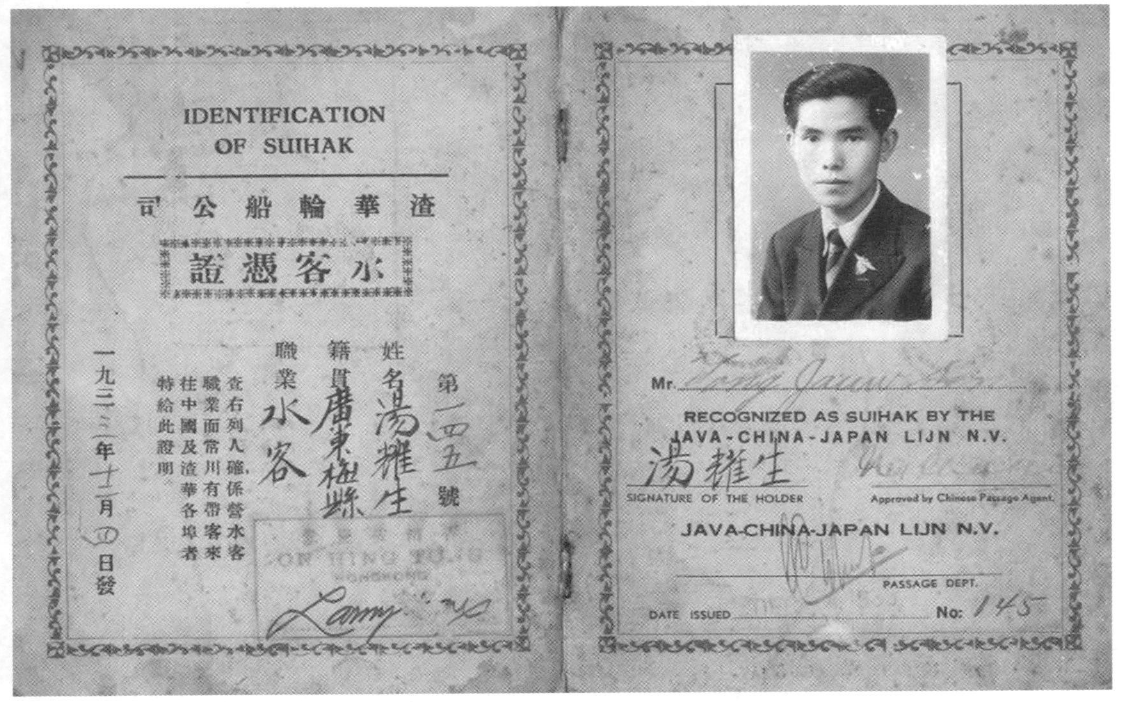

IDENTIFICATION
OF SUIHAK

渣華輪船公司

水客憑證

第一四五號

姓名 湯耀生

籍貫 廣東梅縣

職業 水客

查右列人確係營水客職業而常川有帶客來往中國及渣華各埠者特給此證明

一九三三年十二月四日發

Mr.

RECOGNIZED AS SUIHAK BY THE
JAVA-CHINA-JAPAN LIJN N.V.

湯耀生

SIGNATURE OF THE HOLDER

Approved by Chinese Passage Agent.

JAVA-CHINA-JAPAN LIJN N.V.

PASSAGE DEPT.

DATE ISSUED

No: 145

1933 年渣华轮船公司发放的水客凭证

（来源：暨南大学图书馆馆藏）

侨批业的经营经过三个发展阶段：水客递送、批局经营和银行统管。水客是侨批业的开创者，在侨批局产生之前，东南亚华人移民寄回家乡的现款和家书，除了少部分托回乡的亲朋好友携带外，基本上都是由水客和客头传递的。即使在侨批局产生后相当长的一段时间内，他们也仍然活跃于侨批业中，并由此形成了一批以此为职业的人。

上图的持证人汤耀生即从事水客职业，经常带客往来于中国和渣华各埠，渣华轮船公司特此为汤耀生发放了水客凭证，长期搭乘渣华公司轮船的水客，凭证购船票可获优惠。

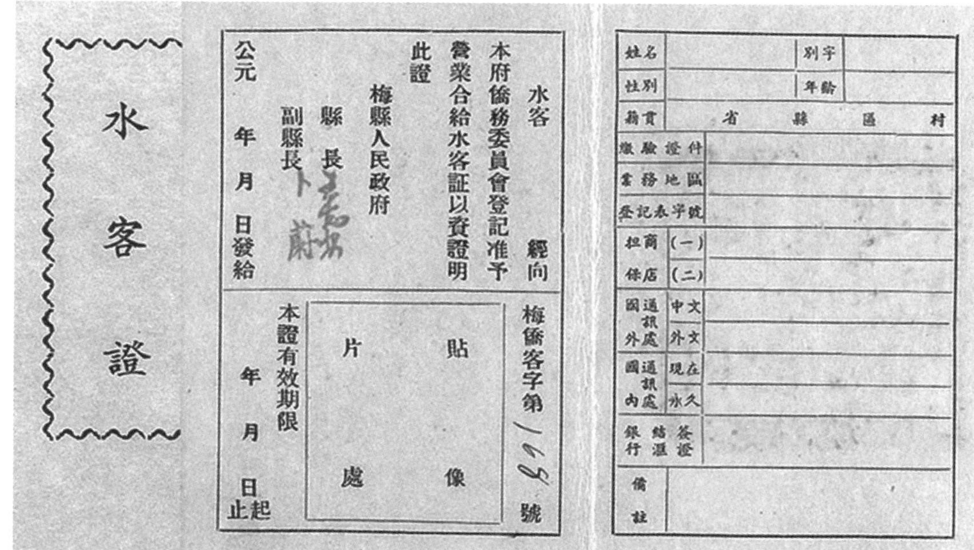
水客證

水客　經向
本府僑務委員會登記准予
營業合給水客証以資證明
此證
梅縣人民政府
縣長
副縣長
公元　年　月　日發給

梅僑客字第 168 號
貼像片處
本證有效期限
年　月　日起止

姓名		別字	
性別		年齡	
籍貫	省　縣　區　村		
繳驗證件			
業務地區			
登記表字號			
担保商店	(一)		
	(二)		
國外通訊處	中文		
	外文		
國內通訊處	現在		
	永久		
銀行簽證結滙			
備註			

广东梅县人民政府空白水客证

梅县最早的金融业机构是于民国二十六年（1937 年）成立的广东省银行梅县支行。在 1937 年以前，梅州地区没有银行，侨汇的输入主要靠水客和批局，而批局在梅州地区的大规模兴起又主要集中在“二战”以后，所以早期的水客成了沟通南洋和梅州地区的主要对象。1937 年以后，中国银行与广东省银行在客属地区设立了机构并经营侨汇，但由于国家银行的经营机制不成熟，再加上与民间的关系陌生，很难与水客和批局展开竞争，所以大部分侨汇仍由水客、批局经营。由于在客属地区的水客流动性大、服务周到，深得侨胞侨眷的欢迎，所以收汇面相当广，以至于当时的官方银行也开始拉拢水客，争取水客外汇。因此，这一时期水客成为国家银行争取外汇的有力助手。[①] 水客也成为一个从业人数众多的行业，有专门的水客组织，并兴盛一时，直到二十世纪五六十年代仍活跃在我国东南沿海省市的广大侨乡。

① 夏水平、房学嘉：《梅州客属地区的水客与侨批业述略》，《嘉应学院学报》2005 年第 4 期。

No. 1022 ~~0074~~

廣東省銀行梅縣支行

逕啓者茲介紹已在敝行登記之水客
謝紹宣君持函到貴行接洽匯款同
國事宜請查照對明黏函照片是否相
符即照貴行優待特別顧客條例予
以優待至紉公誼此致
僑根行行台照
廣東省銀行
中華民國廿九年貳月

THE KWANGTUNG PROVINCIAL

梅縣源泰承印

1940 年广东省银行梅县支行发放的水客证

（来源：广东梅州档案馆馆藏）

上图是 1940 年广东省银行梅县支行发放的水客证，证明持证人谢绍宣是该行登记的水客，并希望华侨银行、广东省银行依照《优待特别顾客条例》予以优待。

随着海外交通的继续发展与出国华侨的不断增多，水客的传递方式已经适应不了日益增加的侨批需求，因而有人在南洋自行设局收汇，主要利用侨居地的商栈代向华侨收取银信，仍由水客带回国，交由国内一个与其有承接关系的商栈或民营信局，由其派专人出去分发。后来，这些商栈也慢慢从其他行业中分离出来，专门经营这一业务，于是批信局就产生了。[①] 批信局因时因地名称各异，有侨批局、银信局、批信局、民信局、信局、批局、侨信局、华侨民信局、汇兑信局、汇兑局、批馆、侨批馆、汇兑庄等十多种。[②] 咸丰、光绪年间（1851—1908 年），全国大小批信局达数千家，机构遍布国内及华侨聚居的亚洲、大洋洲和太平洋地区。[③]

右图是 1906 年广东新昌埠广肇信局接收美国旧金山余姓华侨汇寄“鹰银”（墨西哥银圆）四十大圆的收单。收单上部列有按地区远近收取“平安燕梳银”（保险）的说明，相当于现在的手续费。收单左下角盖有“金山广同泰代理”的印章，“广同泰”应是广肇信局在美国旧金山的代理行。

茲將收平安燕梳地名遠近價銀分別開列於左以
俾衆覽 新昌 荻海 北合 白沙 秘洞
四村 金山 獨岡 樓岡 開平城 水邊
寺前墟 冲雲 護龍 新寧城 長沙 赤坎
蜆岡 沙洲 朱屋 洋路 水口 大江 沖塘
鎮海 杜澄 潮境 網地 西寧市 古宅
四九 北炎 龍塘 沙岡 波羅 嶺厚 余村
自付五元至十五元收宴梳銀弍毫半 自廿元至
四百元每百收宴梳銀壹元弍毫半 自五百元至
壹千元每百收宴梳銀八毫 如過壹千元格外減
平斷時而斟 三八墟 伍十墟 上澤 斗門
冲蔞 石橋 隆勝 馬岡 尖石 鋁州 宅梧
三合墟 自五元至廿元收宴梳銀五毫 自廿元
至壹百元收宴梳銀弍元半 自弍百至卅百元每
百收銀壹元半 自五百至壹千元每百收銀壹元
弍毫半 如過壹千之外七折㸃計
恩邑銀兩歸赤水廣泰代理

甯邑新昌埠

廣肇信局收單

茲由金山收到第 號銀信經手人
余[illegible]台付交[illegible]邑[illegible]洞[illegible]村[illegible]
收光鷹銀四拾[illegible]圓該銀並信準 月廿 日
由[illegible]輪船期寄回唐山新昌埠廣肇銀舖書
信局收依信轉派妥當此單無庸繳銷
蒙付歸光鷹銀 員 寸即收平安宴梳銀
光緒卅年 月廿 日代理人 手發
金山廣同泰代理

1906 年广肇信局收单

（来源：何锡钿）

① 张军：《近代中国侨批业研究——以侨批业与邮政、银行关系为中心》，厦门大学硕士学位论文，2001 年，第 12 页。

② 焦建华：《近百年来中国侨批业研究综述》，《华侨华人历史研究》2006 年第 2 期。

③ 孙鑫如：《浅谈对民信局几个问题的认识》，《集邮博览》2015 年第 3 期。

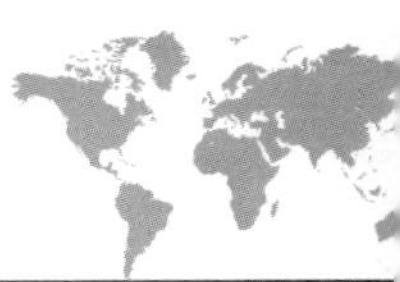

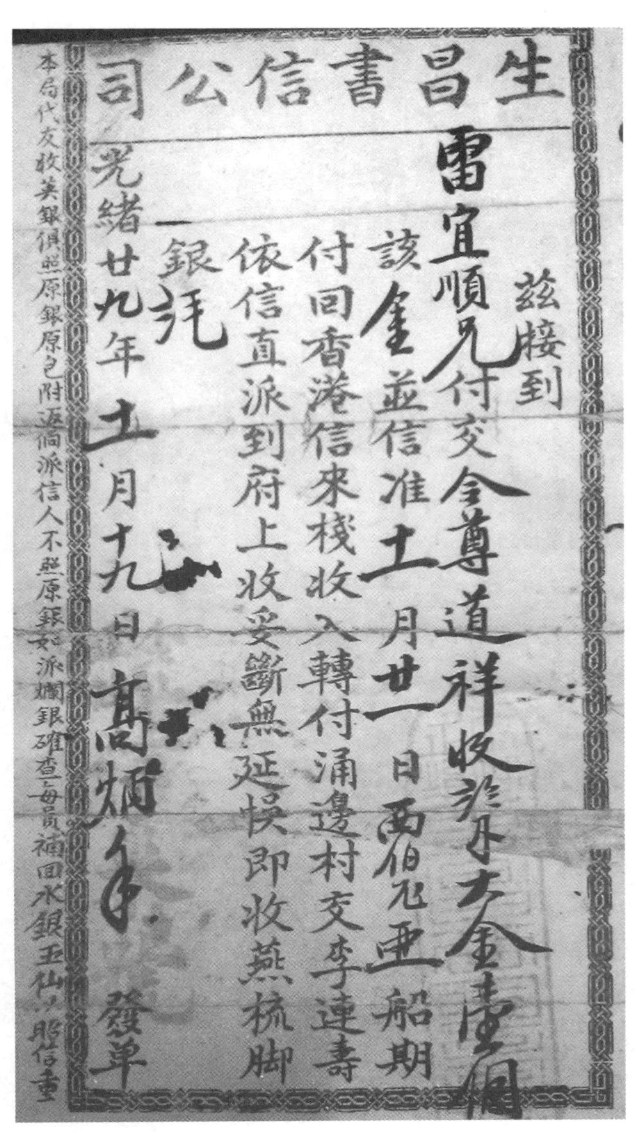

生昌書信公司

茲接到

雷宜順兄付交舍尊道祥收

該金並信准十一月廿一日西伯利亞船期

付回香港信來棧收入轉付涌邊村交李連壽

依信直派到府上收妥斷無延悮即收燕梳脚

銀八毛

光緒廿九年十一月十九日 發單

本局代友收英銀俱照原銀原包附返倘派信人不照原銀如派爛銀確查每員補回水銀五仙以昭信重

1903 年生昌书信公司的侨批收单

（来源：郑锦龙）

随着侨批业务的发展，很多银庄、商号、店铺都加入侨批代理业务中，成为侨批的代理处。上图是 1903 年生昌书信公司给华侨雷宜顺的侨批收单，从中可以看出，华侨雷宜顺委托该公司派送的侨批，将于 11 月 21 日由“西伯利亚船”带到香港信来栈，再转付涌边村交李连寿（侨批员），依信上的地址直派到府上收妥，如无延误，即收燕梳脚银（手续费）八毛。

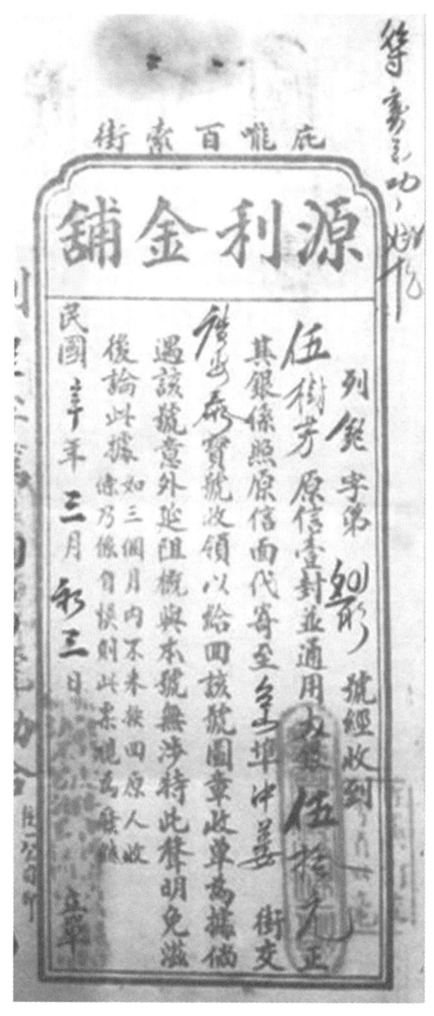

庇能百索街

源利金舖

列　字第　號經收到
伍樹芳原信壹封並通用　伍拾元正
其銀係照原信面代寄至
寶號收領以給回該號圖章收單為據倘
遇該號意外延阻概與本號無涉特此聲明免滋
後論此據　如三個月內不來換回原人收條乃係有誤則此票視為廢紙
民國辛未年三月初三日　立單

1931 年马来亚庇能源利金铺侨批收单

（来源：郑锦龙）

廣州市十八甫路

榮昇金舖

代理南洋各埠滙兌銀両

副收條

茲收到
庇能祥隆金鋪由廣州市榮昇金鋪駁來　字第　號
于俠
滙交永安市
春生堂收
滙項銀毫五拾五元正
除發具正收條給廣州市榮昇金鋪存據外再立此副收條
廿壹年拾月六日　發
收款人
自動電話壹二九零壹

1932 年广州荣升金铺侨批副收条

（来源：郑锦龙）

上图左是马来亚庇能（也写成“吡喃”，即今槟城）源利金铺代理侨批业务的回单，汇款人为伍树芳，汇款金额伍拾元，其款项已经寄至台山“广安泰”号，由“广安泰”号汇兑。

上图右是广州荣升金铺代理侨批业务的回单，汇款人于侠通过马来亚庇能祥隆金铺代理侨批业务，庇能祥隆金铺在广州的代理处荣升金铺，已将于侠的汇款转给永安市春生堂，由其汇兑给收款人。

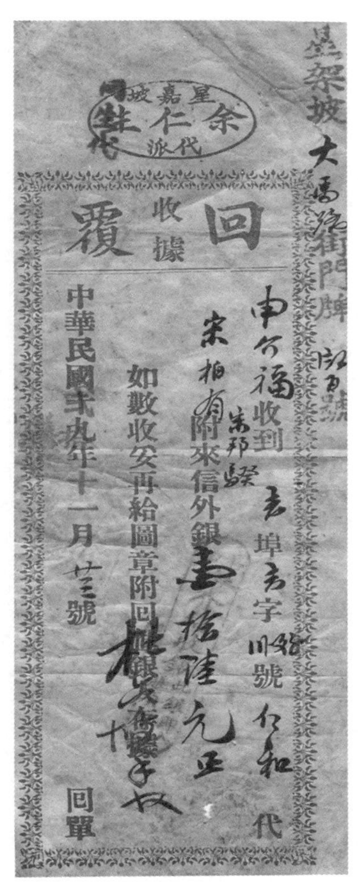
星架坡大馬路街門牌
星嘉坡 余仁生 代派
回覆 收據
中華民國　年　月　號
如數收安再給圖章附回
回單

1931 年新加坡余仁生商铺侨批收据

（来源：徐云）

新嘉坡
十八間後街門牌六號
萬順
BAN SOON SENG
萬字第No. 3456號收到
民國　年　月　日
單

民国戊年新加坡万顺成汇兑信局侨批收单

（来源：郑锦龙）

当侨批还是侨民汇款与传达讯息的主要工具时，新加坡曾经充当过侨批区域的中转枢纽，把周边国家要寄回中国的侨批集中到新加坡本地，再转寄出去。①

上面两图均是新加坡侨批代理商铺代派侨批的回单。“余仁生”和“万顺成”都是较早从事侨批业务的商号。其中的“余仁生”，成立于 1879 年，由广东佛山籍余姓华侨创办。最初是一家老字号的中医药商铺，后来逐渐发展成东南亚最大的制作和销售中医药材的公司，业务还从马来半岛扩展到新加坡和中国大陆。公司的名字中，“余”是创办人的姓氏，“仁生”则代表了关怀世人。

① 《华人学者：新加坡曾是“侨批”中转枢纽》，中国新闻网，http：//www. chinanews. com/hr/2012/09－24/4206383. shtml，2012 年 9 月 24 日。

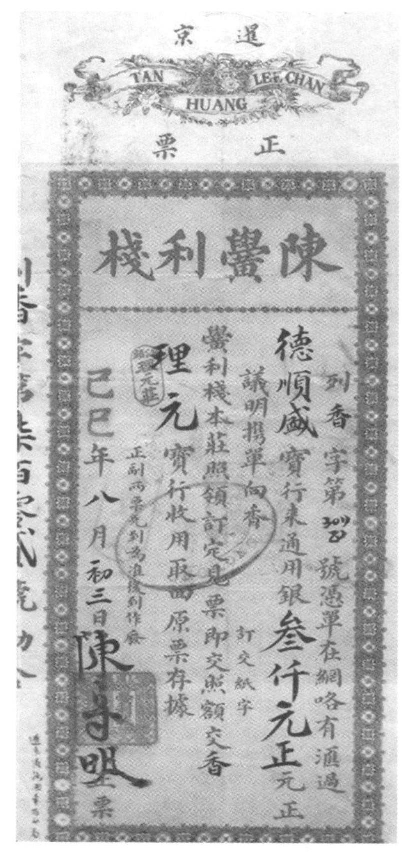

1929 年暹京陈黉利栈银庄的汇票

（来源：段君毅）

1931 年汕头陈黉利栈银庄的汇票

（来源：暨南大学图书馆馆藏）

陈慈黉

陈黉利栈由广东澄海人陈慈黉 1871 年创立于泰国曼谷。在泰国建基立业的陈慈黉家族，除了创办碾米厂，还经营火砻业等。陈黉利栈本庄是银庄中最出名的一家，它除了在汕头设立银庄外，还在南洋各地和祥光分设银庄，接受批信并代南洋各批局转驳批款，自称侨批的收、汇、投、兑“一条龙体系”。由于该银庄资本雄厚，在地方有很高的社会地位和威望，华侨寄批比较放心。这种通过银庄汇兑侨批的方式深受华侨的欢迎。①

① 沈建华、徐名文：《侨批例话》，汕头：中国邮史出版社，2010 年，第 4 页。

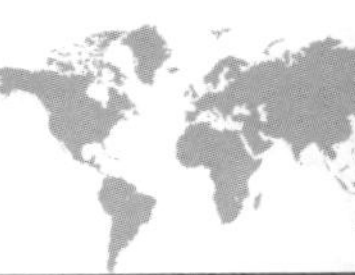

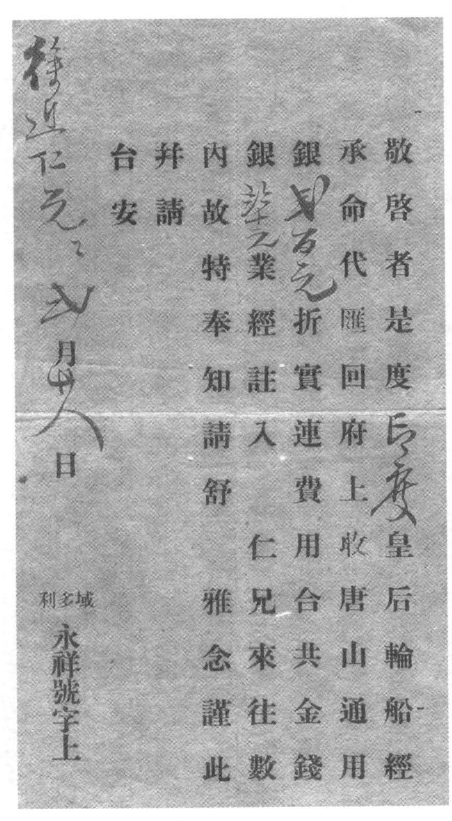

敬啓者是度印度皇后輪船經
承命代匯回府上收唐山通用
銀壹百元折實連費用合共金錢
銀肆拾元之業經註入 仁兄來往數
內故特奉知請舒 雅念謹此
并請
台安

域多利 永祥號字上

月十八日

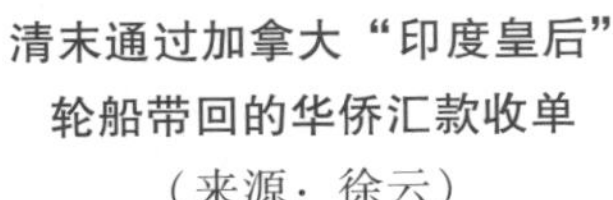

清末通过加拿大“印度皇后”轮船带回的华侨汇款收单

（来源：徐云）

加拿大域多利的华商

侨批局成立以来，委托有固定班船的船务公司转递侨批，成为侨批递送的主要方式。1896 年大清邮政成立以后，规定批信需经其收转，侨批局开始把收寄的“信”通过邮政用总包寄递，“银”则另外通过银庄和银行转汇。从此“银”和“信”开始分道转递。① 上图左是清末加拿大域多利“永祥号”通过加拿大“印度皇后”轮船带回的华侨汇款收单。

① 陈春声：《侨批分析：近代韩江流域“侨乡”的形成》，“地域中国：民间文献的社会史解读”国际学术讨论会暨第十一届中国社会史学会年会论文，2006 年。

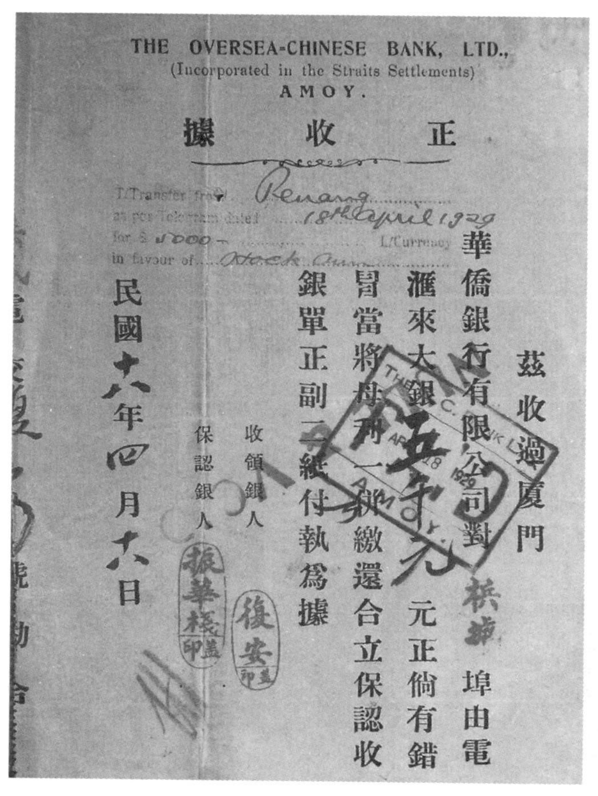

THE OVERSEA-CHINESE BANK, LTD.,
(Incorporated in the Straits Settlements)
AMOY.

正收據

T/Transfer from Penang
as per Telegram dated 18th April 1929
for $ 5000 - T/Currency
in favour of

茲收過厦門
華僑銀行有限公司對 檳榔 埠由電
滙來大銀 五千 元正倘有錯
冒當將母利一概繳還合立保認收
銀單正副二紙付執爲據
收領銀人 復安印盖
保認銀人 振華棧印盖
民國十八年四月十六日

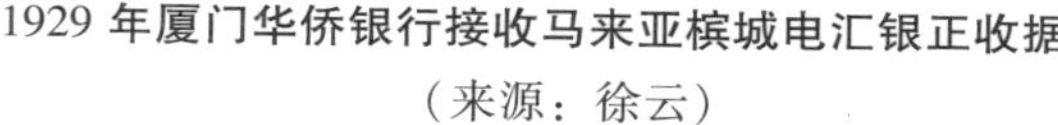

1929 年厦门华侨银行接收马来亚槟城电汇银正收据
（来源：徐云）

厦门华侨银行旧址

随着现代金融业的产生和发展，各类金融机构如私人银行、信托公司、官办银行以及邮政机构逐渐成为侨批流转的主要途径。20 世纪 30 年代前后，国内钱庄日益衰落，被银行代替，于是批款寄发也转为主要通过新式银行以及进出口贸易等途径划账。① 从信局较少的地区寄出或急需汇达以及金额较大的汇款，大多通过银行以电汇的方式办理。银行办理侨汇的件数少于信局，但金额大的汇款则多经由银行，因此银行所办的侨汇总额不容轻视。②

厦门是福建侨汇的一个主要集中点和转汇点。据抗日战争全面爆发前（1905—1937 年）的统计，全省侨汇 85% 以上是由这里集中或转汇的，每年在两千万至六千万银圆之间。③

① 黄泽纯：《潮汕侨批业探析》，暨南大学硕士学位论文，2004 年，第 9 页。

② 仲微：《东南亚华侨汇款与近代福建地区侨乡建设研究》，东北师范大学硕士学位论文，2007 年，第19 页。

③ 林金枝：《论近代华侨在厦门的投资及其作用》，《中国经济史研究》1987 年第 4 期。

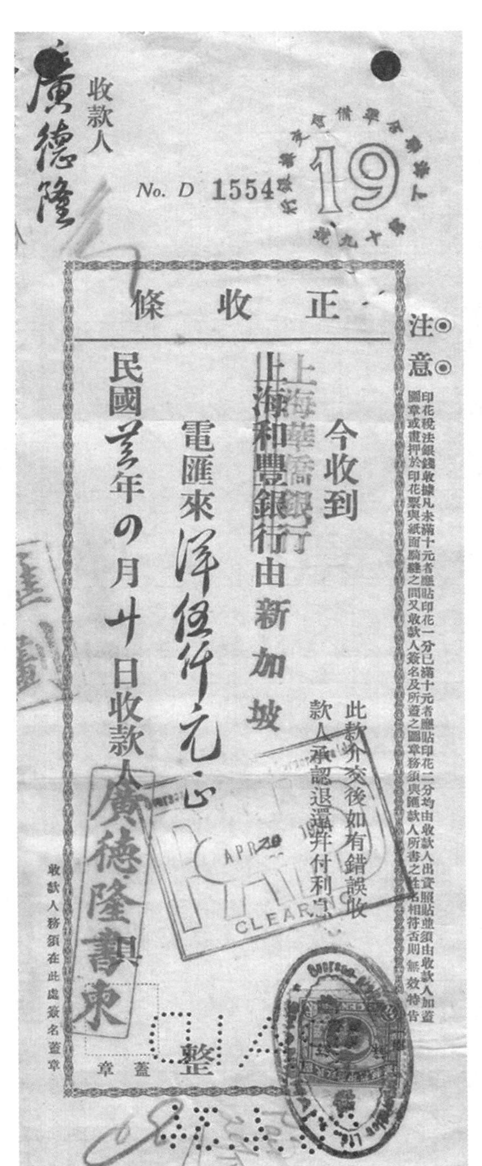

收款人 廣德隆

No. D 1554

正收條

今收到

上海和豐銀行由新加坡

電匯來洋伍仟元正

民國廿三年四月廿日收款人 廣德隆書柬

此款付交後如有錯誤收款人承認退還并付利息

整

蓋章

收款人務須在此處簽名蓋章

注意

印花稅法銀錢收據凡未滿十元者應貼印花一分已滿十元者應貼印花二分均由收款人出資照貼並須由收款人加蓋圖章或畫押於印花票與紙面騎縫之間又收款人簽名及所蓋之圖章務須與匯款人所書之姓名相符否則無效特告

OVERSEA-CHINESE BANKING CORPORATION LTD.
Successors to

和豐銀行有限公司

正票

總行 新嘉坡 分行 檳城 馬六甲 峇株吧轄 蔴坡 巨港 香港 芙蓉 八打威 上海

THE HO HONG BANK LTD.

檳城 PENANG.

柢列如字號憑票匯交

尤景雲先生寶號

埠 銀肆佰元正

議定見票限即日照數兌付票分正副兩紙先

到爲憑後到作廢此洵

華僑銀行有限公司照兌

廿三年二月廿二日

AMOY $400/**

3 APR 1934

檳城光華日報印

1934 年华侨银行汇票

（来源：徐云）

上图左是 1934 年由新加坡电汇来洋五千元整收条，收款人是“广德隆”代理行；上图右是 1934 年由马来亚槟城电汇银四百元汇票，汇款人为尤景云。

新加坡华侨银行的前身
华商银行旧址

华侨银行肇始于新加坡。20 世纪初，一些财力雄厚的新加坡华商开始投资创立银行，如 1903 年建立的广益银行，以及后来建立的四海通银行、华商银行、和丰银行、华侨银行、利华银行和华人联合银行等。这些华资银行在总资产、存款额、资本额和拥有的分行、代理行数量方面，虽然远远不能与西人银行相比，但也初具规模，如林秉祥等创办和经营的和丰银行，资本额高达六百万叻元，分行遍及新加坡、马来亚各地，并在印度尼西亚及中国香港、厦门、上海等地设立了分行。[①] 1932 年，华商银行（1912 年）、和丰银行（1917 年）和华侨银行（1919 年）合并为华侨银行。

① 胡晓玲：《东南亚华人华侨经济网络的形成、发展与转型研究》，中南民族大学硕士学位论文，2008 年，第18 页。

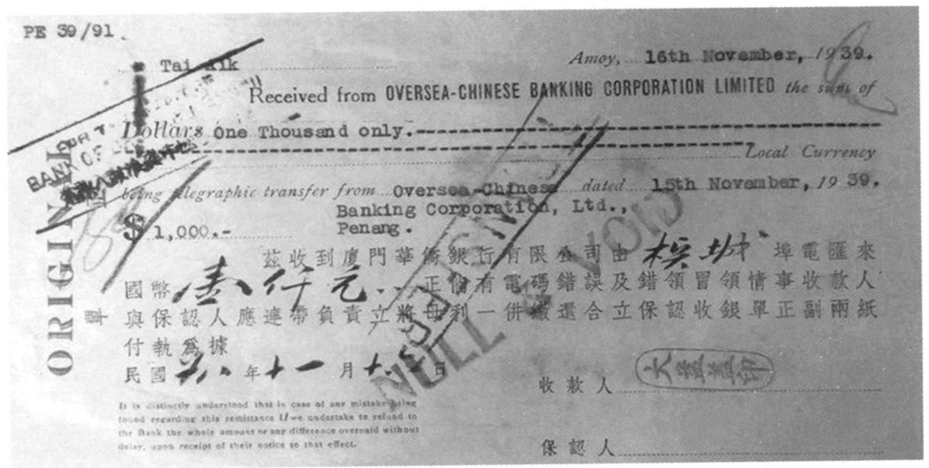

PE 39/91

Tai Kik

Amoy, 16th November, 1939.

Received from OVERSEA-CHINESE BANKING CORPORATION LIMITED the sum of

Dollars One Thousand only.

Local Currency

being telegraphic transfer from Oversea-Chinese Banking Corporation, Ltd., Penang. dated 15th November, 1939.

$1,000.-

茲收到廈門華僑銀行有限公司由檳城埠電匯來國幣壹仟元……正倘有電碼錯誤及錯領冒領情事收款人與保認人應連帶負責立將母利一併繳還合立保認收銀單正副兩紙付執爲據

民國廿八年十一月十六日

收款人

保認人

It is distinctly understood that in case of any mistake being found regarding this remittance I/we undertake to refund to the Bank the whole amount or any difference overpaid without delay, upon receipt of their notice to that effect.

ORIGINAL

NULL & VOID

1939 年从槟城华侨银行汇款往厦门华侨银行的存据

（来源：双胜堂）

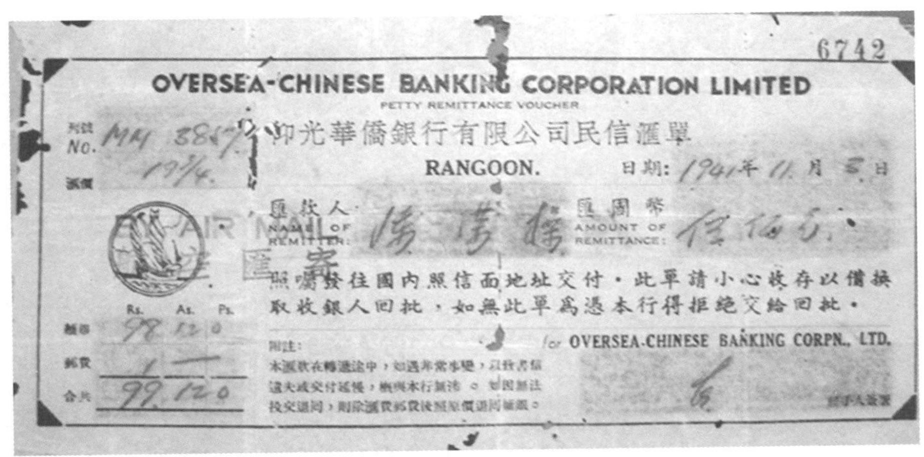

6742

OVERSEA-CHINESE BANKING CORPORATION LIMITED

PETTY REMITTANCE VOUCHER

仰光華僑銀行有限公司民信滙單

RANGOON. 日期：1941年11月3日

匯款人 NAME OF REMITTER:

匯國幣 AMOUNT OF REMITTANCE:

AIR MAIL

照嘱發往國內照信面地址交付・此單請小心收存以備換取收銀人回批，如無此單爲憑本行得拒絕交給回批・

	Rs.	As.	Ps.
匯銀	98	12	0
郵費	1	—	
合共	99	12	0

附註：本滙款在轉遞途中，如遇非常事變，以致書信遺失或交付延慢，概與本行無涉。

for OVERSEA-CHINESE BANKING CORPN., LTD.

1941 年仰光华侨银行有限公司民信汇单

（来源：陈树均）

1941 年 12 月 7 日太平洋战争爆发后，香港地区和东南亚各国相继沦陷，全国侨汇急剧减少，侨批的汇路也完全被阻断，侨批业几乎陷于停顿中。

上图的仰光华侨银行有限公司民信汇单填发日期为 1941 年 11 月 3 日，虽然此时太平洋战争还未爆发，但由于日寇已经入侵中国，国内侨批业已然陷入困境。从该民信汇单上所印“本汇款在转递途中，如遇非常事变，以致书信遗失或交付延慢，概与本行无涉”的字样，可以看出这一点。

BANK OF CHINA
(LONDON AGENCY)

TO: Bank of China Chungking

London, 11th Sept., 1942

Please advise and effect the following payment, for which please debit our Account/~~for which we have to-day credited your account with like amount.~~

No. of Mail Transfer	To be paid or credited to	Amount
10195	鄭燦傳妻李氏 廣東鶴山四區址山新墟廣泰	Ch.$ 5363.52

For Account of

By order of Cheng Bing c/o C.P.R. Shipping Co., Liverpool 鄭炳

AMOUNT IN WORDS: CHINESE DOLLARS FIVE THOUSAND THREE HUNDRED & SIXTYTHREE CENTS FIFTYTWO.

IN CASE OF CASH PAYMENT KINDLY SEND US THE BENEFICIARY'S RECEIPT.

BANK OF CHINA (LONDON AGENCY)

DUPLICATE

1942 年华侨汇款给妻子的银行汇单

（来源：广东江门五邑华侨华人博物馆馆藏）

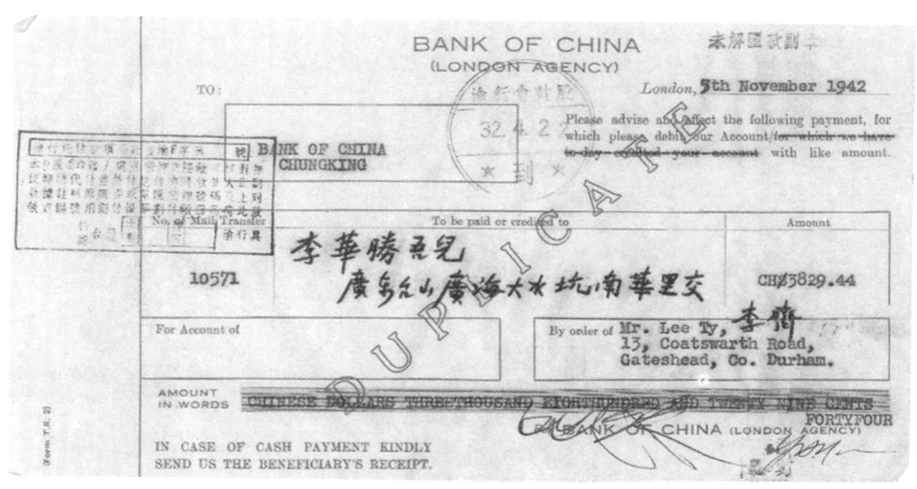

BANK OF CHINA
(LONDON AGENCY)

TO: BANK OF CHINA CHUNGKING

London, 5th November 1942

Please advise and affect the following payment, for which please debit our Account/~~for which we have to-day credited your account~~ with like amount.

No. of Mail Transfer	To be paid or credited to	Amount
10571	李華勝吾兒	CH$3829.44

For Account of

By order of Mr. Lee Ty, 李齊 13, Coatswarth Road, Gateshead, Co. Durham.

AMOUNT IN WORDS: CHINESE DOLLARS THREETHOUSAND EIGHTHUNDRED AND TWENTY NINE CENTS FORTYFOUR

IN CASE OF CASH PAYMENT KINDLY SEND US THE BENEFICIARY'S RECEIPT.

BANK OF CHINA (LONDON AGENCY)

DUPLICATE

1942 年华侨汇款给儿子的银行汇单

（来源：广东江门五邑华侨华人博物馆馆藏）

赡养家眷是侨汇的主要功能，上面两张侨汇汇单均是海外华侨通过“中国银行”寄给国内妻儿的。“中国银行”的前身是北洋政府时期的中央银行，成立于1912 年 2 月。南京政府成立后，通过两次重组逐步把“中国银行”纳入南京政府金融垄断体系的一部分。1928 年 10 月，国民政府公布了《中国银行条例》24 条，明确“中国银行”改组成为国民政府特许的国际汇兑银行。因此，海外华侨汇款很多是通过“中国银行”汇出的。

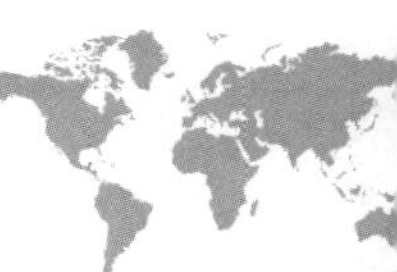

五、往返船票

鸦片战争之后，西方列强控制我国港口、航运和海关，外国航运势力入侵，严重影响和制约了中国航运业的发展，即使是在国民党统治时期，国际航运也几乎由外国轮船公司操纵，所以中华人民共和国成立之时，我国的国际航运基础几乎为零。[①] 侨胞往来于祖国和海外之间，一般都搭乘外商轮船。

19 世纪末，香港已成为中国内河、沿海航运中心和远洋航运中心、四通八达的交通枢纽、世界的重要港口。香港、旧金山之间的航线，是中国移民往来美国和中国的主要航线。1850 年 4 月 4 日，一艘名为“玛丽安·福略特”号的轮船从香港出发，经过 63 天的航行后驶入了旧金山的港湾。船上载有 50 名“未注明身份”的中国人，他们只是数以千计的淘金者中的一部分。1848 年 1 月在萨特的工房附近发现黄金后不久，这些淘金者就开始从中国南部跨越太平洋来到加利福尼亚。[②] 从此以后，在这条航线上，留下了无数身份各异的中国移民的足迹。

① 马玲萍：《浅析我国的国际航运政策和航运立法》，上海海运学院硕士学位论文，2002 年，第 5 页。

② 陈勇：《华人的旧金山》，北京：北京大学出版社，2009 年，第 3 页。

No. 91

THE EIGHTH SCHEDULE.

CONTRACT PASSAGE TICKET, UNDER SECTION 37.

I Hereby Engage, that the Chinese named at foot hereof shall be provided with a Passage to, and shall be landed at the Port of PORT LOUIS, in MAURITIUS in the Steamer called the "PAKLAT," with not less than 72 Cubic Feet and 12 Superficial Feet for Berth Accommodation, and shall be victualled according to Schedule A to the "Chinese Passengers Act, 1855," annexed, during the Voyage and the term of detention at any place before its determination for the Sum of Fifty Dollars ($50) and I hereby acknowledge to have received the Sum of Fifty Dollars ($50) in full payment.

NAME AND SURNAME OF PASSENGER.	MALE. Age.	FEMALE. Age.	OCCUPATION.	NATIVE PLACE, VILLAGE & DISTRICT.
A Lin	38		Grocer	Chang Wa Shun Tak

Victoria, Hongkong, the day of 24 MAY 1912, 191 .

Passage Broker.

I Hereby Certify, that I have explained and registered the above Contract Passage Ticket.

Victoria, Hongkong, the day of 24 MAY 1912, 191 .

Emigration Officer.

Note.—*Should the before-named ship not be able to proceed on the proposed voyage, a passage is to be provided in some other vessel licensed for the conveyance of Chinese passengers.*

第八格式 按商船則例第三十一款立收船位銀單人不爹路今收到西摽客位銀五十員該客係順德縣華村人氏年方卅歲做事業訂明附搭張遼輪船前往衣士茂里士埠於行船之期或該船在別埠停留之期內訂明按照一千八百五十五年所定華人出洋總例之A字格式供給伙食直至船期完楚之日止該客船上床位訂明至少要英尺必七十二尺面上十二尺爲額若該船無論何故未能揚帆前往者則在別隻經牌照裝載華客之船另給客位以便前行須至收單者

宣統壬年 月 日

英一千九百 年 五月 日

不爹路寫船經紀收單

1912 年顺德华侨搭乘张辽号海轮客位银的订单

（来源：徐云）

上图是一张香港至毛里求斯的轮船客位银的订单。该订单中提到的“一千八百五十五年所定华人出洋总例”，指的是 1855 年英国公布的《中国乘客法案》。依据《中国乘客法案》，船上所载乘客人数不得超过法律所许可的限额，因此出行者要预定船位。同样依据《中国乘客法案》，该订单中对行船过程中的伙食供应、床位尺寸、行期变故等事项作了明确的规定。

O. D. P. 30 9-26-5000

S G 64

DOLLAR STEAMSHIP LINE

No. Ticket 1458

No. P. O

STEERAGE CHECK

S. S. "PRES. TAFT" Voy. 12 W.

From SAN FRANCISCO To HONG KONG

NAME Lam Yen Chan

Sheet No. List No.

C. M. LANDERS

Purser

FORM 9 HK No 9755

DOLLAR STEAMSHIP LINES INC., LTD.

~~DOLLAR~~

~~STEAMSHIP LINE~~

Room 56-B 2

STEERAGE

IDENTIFICATION CHECK

(Not good for passage)

S. S. PRES. HOOVER

DEC 4 - 1931

VOY. Two

From SAN FRANCISCO

to HONG KONG

1931 年华侨乘美国金轮游船公司轮船由旧金山到香港的船票

（来源：徐云）

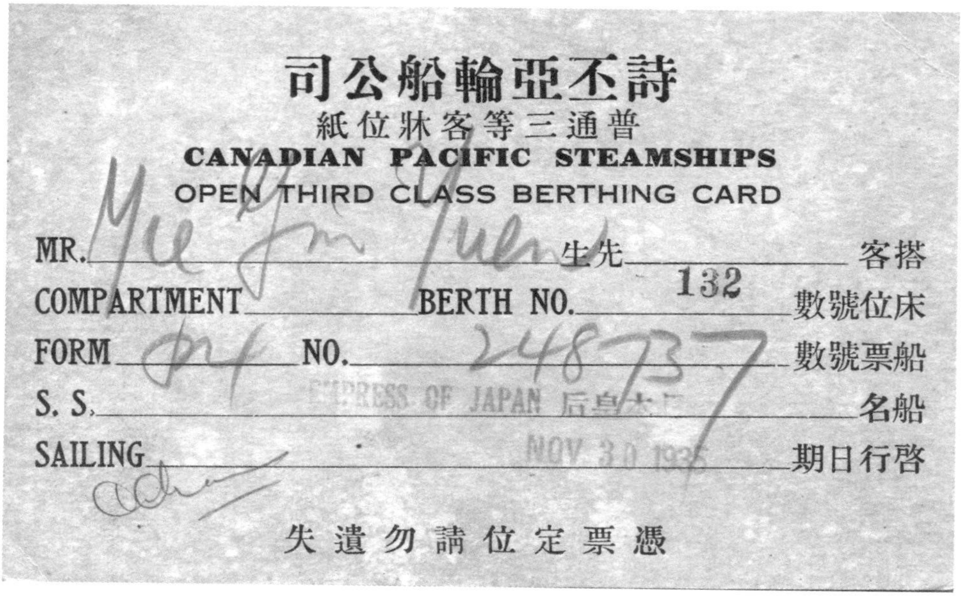

詩丕亞輪船公司

普通三等客牀紙

CANADIAN PACIFIC STEAMSHIPS

OPEN THIRD CLASS BERTHING CARD

MR. ________ 先生 ________ 搭客

COMPARTMENT ________ BERTH NO. 132 床位號數

FORM ________ NO. 248737 船票號數

S. S. EMPRESS OF JAPAN ________ 船名

SAILING NOV 30 1935 啓行日期

憑票定位請勿遺失

1935 年华侨搭乘加拿大诗丕亚轮船公司“日本皇后”轮船返乡的船票

（来源：暨南大学图书馆馆藏）

加拿大诗丕亚轮船公司即加拿大太平洋轮船公司（Canadian Pacific Steamships）。加拿大横贯东西岸的铁路于 1887 年竣工，加拿大太平洋轮船公司买下了英国的 3 艘旧船，航行于加拿大温哥华、日本和中国香港三地之间。1891 年航线渐上轨道之后，一系列的新船下水代替了 3 艘先驱小轮船。这一系列新船以“皇后”称号命名，如印度皇后、日本皇后、中国皇后……①

上图即 1935 年华侨搭乘加拿大诗丕亚轮船公司“日本皇后”轮船返乡的船票。华侨出洋的船费也是一笔不小的开支。对于经济较为富裕者，乘坐头等舱自然舒适，但对经济条件一般的华侨来说，为节省出洋船费，都会预订经济实惠的三等船位。

① 区德仁：《中国早期邮政史》（下），《上海集邮》2009 年第 8 期。

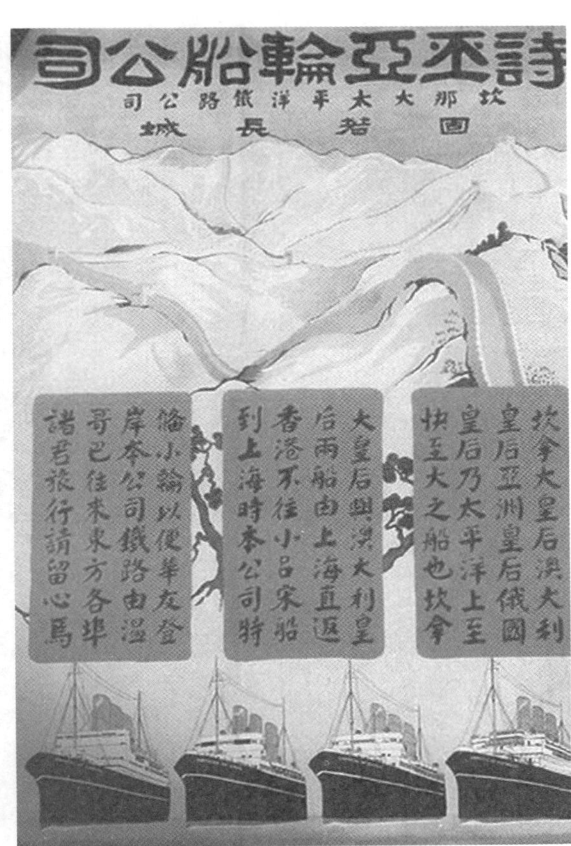

加拿大诗丕亚轮船公司的广告

Voucher B
票根

BAP 2626

JAVA-CHINA-JAPAN LIJN N.V.

渣 華 輪 船 公 司

JAVA-CHINA-JAPAN LIJN N.V.
渣華輪船公司華人客位部
CHINEESCH PASSAGE KANTOOR

Bd. 1501/c/30/W

No. .... Bd. 1501/c/30/W.

This is to certify that,

Mr. Woen Tjoeng hiong 49 jr. 温□良

has been inoculated against typhoid fever and cholera

on 21 Mei 1947

Doctor's signature

The above mentioned person has also been vaccinated against smallpox on 21 Mei '47

Photo of holder

Doctor's signature
Positive Reaction

M. S.
S. S.
VOY
水
FRO
TO

回國僑胞注意

外滙統制局規定：嗣後凡離荷印往外國者於[illegible]船時每家長只准攜帶現款新幣拾[illegible]隨帶人只准攜帶現款新幣五盾每家不[illegible]超過廿盾絕對不許多帶如敢故違不但所携現款槪被充公而其人亦將被警局扣留起訴於法庭。對此消息務新回國僑胞注意爲幸

一九四六年十一月
渣華輪船公司敬啓

HAREP DIPERHATIKEN.

Atoeran Deviezen Instituut menetapken:

Selandjoetnja orang jang berlaloe dari sini ka loear negri, waktoe naek kapal, pada kapala koelawarga tjoema di-idjinken bawa oewang contant banjaknja f 10.— N.I. Crt. dan tiap-tiap anggota koelawarganja boleh bawa f 5.— N.I. Crt. Aken tetapi tiap koe-lawarga tida boleh bawa lebih banjak dari f 20.— N.I. Crt. Pelanggaran dari ini atoeran, selaen oewangnja aken dibeslag sama sekali, djoega orangnja aken ditahan oleh politie dan ditoentoet depan pengadilan.

Dari itoe, harep sekalian penoempang soeka perhatiken ini atoeran.

JAVA-CHINA-JAPAN LIJN N.V.
NOVEMBER 1946.

...r. Tan Tjoeng Hai j and
...r. Collier
...he first medicine
... T. B. Bandoeng

Dr. G.den Besten

...ng, 6-6- 1947

Resident H.T.B. of Bandoeng
The secretary,

(Chr.A.Lekatompessij)

BANDOEN...

1947年印尼华侨乘荷印渣华轮船公司轮船回国船票

（来源：暨南大学图书馆馆藏）

渣华轮船公司是在荷兰创建的，成立于1903年，航行在中国、日本和爪哇之间。开始只有3艘船，到1930年增至18艘，每月往返吧城与上海四次，往返泗水、上海绕孟加锡四次，往返西里伯斯绕婆罗洲到香港一次。

“二战”中，印尼的经济遭到严重的破坏，而战后印尼经济的恢复是当务之急。为防止资金外流，印尼政府对现金出境进行了限制。

左页图中的船票上“回国侨胞注意”的启事有相关条例：“外汇统治局规定：嗣后凡离荷印往外国者，于上船时每家长只准携带现款新币拾盾，附带人只准携带现款新币五盾，每家不能超过廿盾，绝对不许多带。如敢故违，不但所携现款概被充公，而其人亦将被警局扣留，起诉于法庭。对此消息务祈回国侨胞注意为幸。”

从船票上所盖的“渣华轮船公司华人客位部”以及中文与印尼语对照的“回国侨胞注意为幸”的提示单，可以看出当时乘坐渣华轮船公司轮船的华侨不在少数。

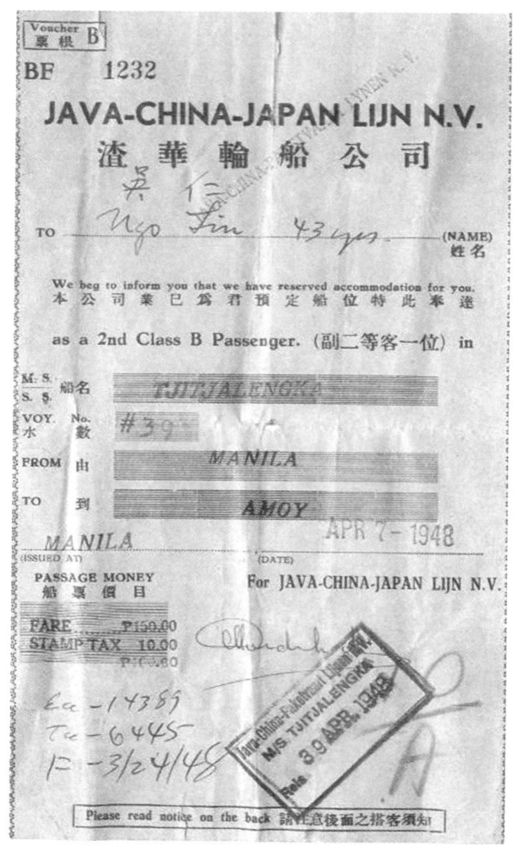

Voucher 票根 B

BF 1232

JAVA-CHINA-JAPAN LIJN N.V.

渣華輪船公司

TO 吳仁 Ngo Lin 43 yrs. (NAME) 姓名

We beg to inform you that we have reserved accommodation for you.
本公司業已爲君預定船位特此奉達

as a 2nd Class B Passenger. (副二等客一位) in

M. S. / S. S. 船名 TJITJALENGKA

VOY. No. 水數 #39

FROM 由 MANILA

TO 到 AMOY

MANILA (ISSUED AT) APR 7-1948 (DATE)

PASSAGE MONEY 船票價目

For JAVA-CHINA-JAPAN LIJN N.V.

FARE P150.00
STAMP TAX 10.00
P160.00

Ec-14389
Tc-6445
F-3/24/48

M/S TJITJALENGKA 30 APR. 1948

Please read notice on the back 請注意後面之搭客須知

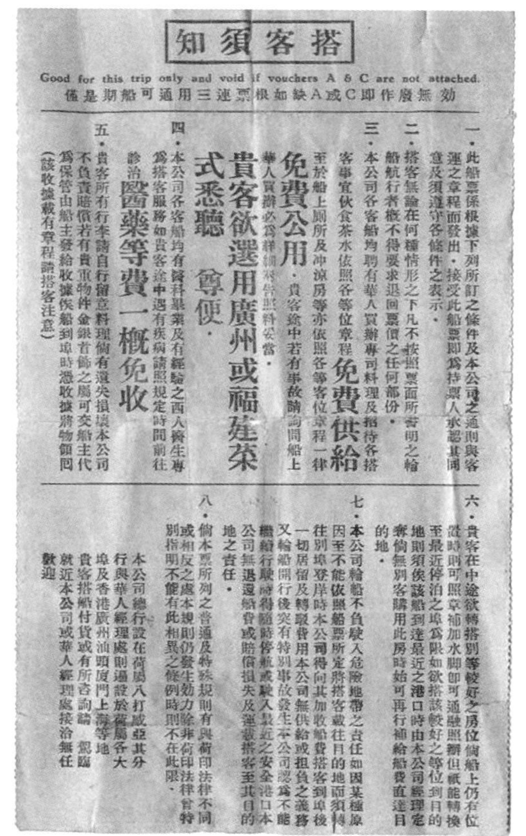

搭客須知

Good for this trip only and void if vouchers A & C are not attached.
僅是船期可適用三連票根如缺A或C即作廢無効

一、此船票係根據下列所訂之條件及本公司之通則與客運之章程而發出，接受此船票即爲持票人承認其同意及須遵守各條件之表示。

二、搭客無論在何種情形之下凡不按照票面所寄明之輪船航行者概不得要求退回票價之任何部份。

三、本公司各客船均聘有華人買辦專司料理及招待各搭客事宜伙食茶水依照各等位章程**免費供給**至於船上厠所及冲涼房等亦依照各等客位章程一律**免費公用**。貴客途中若有事故請詢問船上華人買辦必爲詳細[illegible]照料妥當。

貴客欲選用廣州或福建菜式悉聽尊便。

四、本公司各客船均有醫科畢業及有經驗之西人醫生專爲搭客服務如貴客途中遇有疾病請照規定時間前往診治**醫藥等費一概免收**

五、貴客所有行李請自行留意料理倘有遺失損壞本公司不負責賠償若有貴重物件金銀首飾之屬可交船主代爲保管由船主發給收據俟船到埠時憑收據將物領回（該收據載有章程請搭客注意）

六、貴客在中途欲轉搭別等較好之房位倘船上仍有位置時則可照章補加水脚即可通融照辦但祇能轉換至最近停泊之埠爲限如欲搭該較好之等位到目的地則須俟該船到達最近之港口時由本公司經理定奪倘無別客購用此房時始可再行補給船費直達目的地。

七、本公司輪船不負駛入危險地帶之責任如因某種原因至不能依照船票所定將搭客載往目的地而須轉往別埠登岸時本公司得向其加收船費搭客到埠後一切居留及轉駁費用本公司無供給或担負之義務又輪船開行後突有特別事故發生本公司認爲不能繼續行駛時得隨時停航或駛入最近之安全港口本公司無退還船費或賠償損失及運載搭客至其目的地之責任。

八、倘本票所列之普通及特殊規則有與荷印法律不同或相反之處本規則仍發生効力除非荷印法律曾特別指明不能有此相異之條例時則不在此限。

本公司總行設在荷屬八打威亞其分行與華人經理處則遍設於荷屬各大埠及香港廣州汕頭廈門上海等地貴客搭船付貨或有所咨詢請 惠臨就近本公司或華人經理處接洽無任歡迎

1948 年印尼华侨乘渣华轮船公司轮船回国船票

（来源：徐云）

从上图渣华轮船公司船票上的“搭客须知”可以看出，为了招徕乘客，轮船公司为乘客提供了一些便民优惠措施。如，船上饮食茶水免费供应，广东菜、福建菜悉听尊便；冲凉房免费使用；船上有西医服务且免收医药费等。

六、其　他

中国人移居缅甸历史悠久，尤其在19世纪末至20世纪初，华侨不断涌入缅甸，缅甸华侨社会发生了巨大的变化。缅甸的华侨华人主要集中在仰光。1931年，英国殖民政府统计缅甸华侨时对其进行区分省籍，其中广东人占17%。缅甸的广东籍华侨被当地人称为“短袖人”，这是因为许多广东籍华侨都是从事各种工匠劳动，为了方便工作，平时大多穿短袖衣衫，而福建籍的华侨则被称为“长袖人”。[①]

右图是广东省会公安局为台山人黄社根签发的随父前往缅甸居住的出国证明书，证明书上附有父子俩的照片。

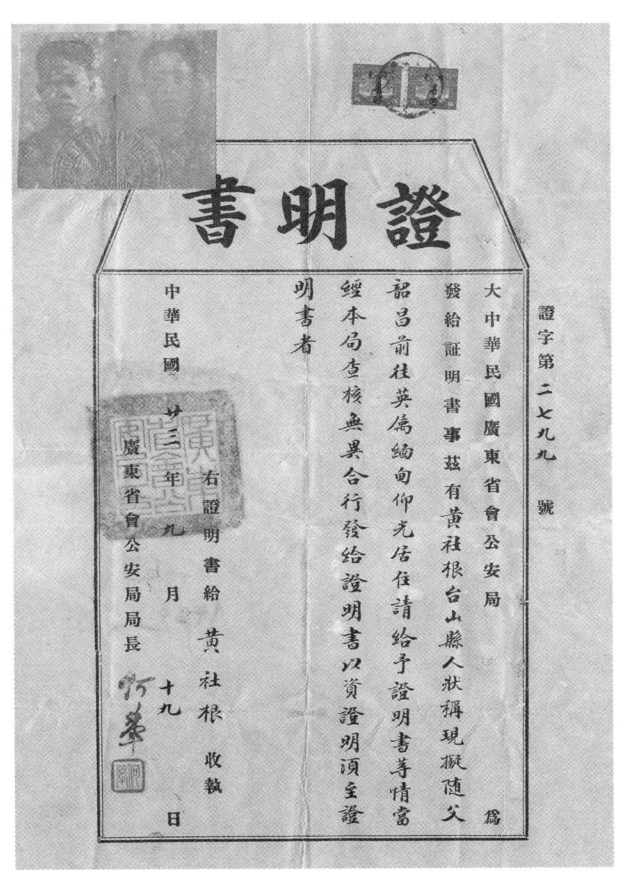

證明書

證字第二七九九號

大中華民國廣東省會公安局　爲
發給証明書事茲有黃社根台山縣人狀稱現擬隨父
詔昌前往英屬緬甸仰光居住請給予證明書等情當
經本局查核無異合行發給證明書以資證明須至證
明書者

右證明書給　黃社根　收執

中華民國　廿三年　九　月　十九　日

廣東省會公安局局長

1934年大中华民国广东省会公安局签发的前往缅甸居住的出国证明书

（来源：何锡钿）

① 刘权：《广东华侨华人史》，广州：广东人民出版社，2002年，第68页。

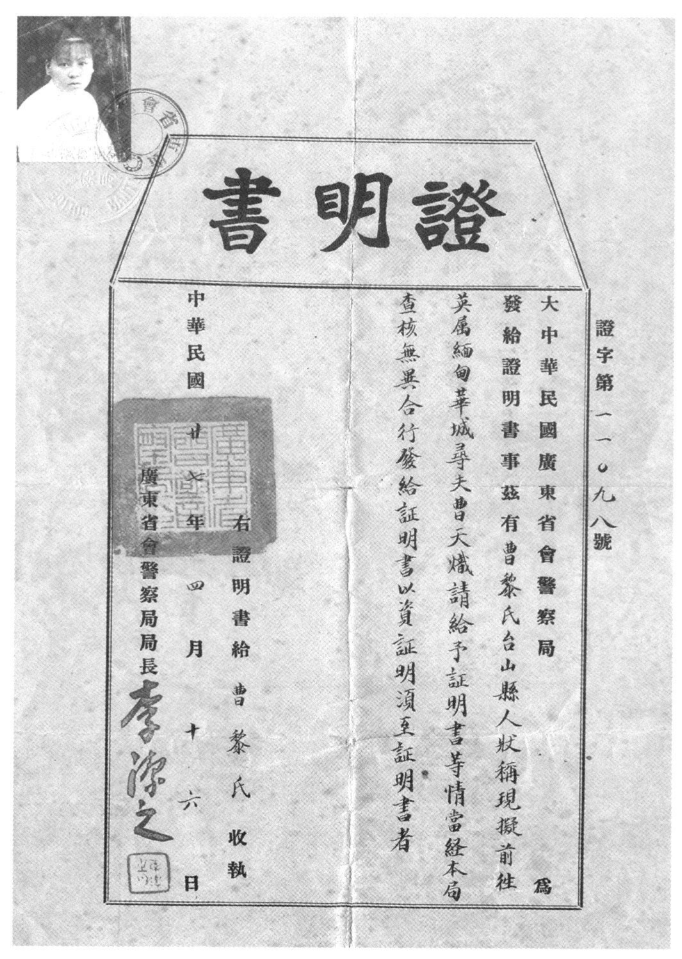

證明書

證字第一一〇九八號

大中華民國廣東省會警察局　爲

發給證明書事茲有曹黎氏台山縣人狀稱現擬前往

英屬緬甸華城尋夫曹天熾請給予証明書等情當經本局

查核無異合行發給証明書以資証明須至証明書者

右證明書給曹黎氏收執

中華民國廿七年四月十六日

廣東省會警察局局長李潔之

1938 年大中华民国广东省会警察局签发的赴缅甸寻夫出国证明书

（来源：何锡钿）

晚清民国时期，东南亚华侨所处的政策环境、社会环境都比较宽松。殖民政府和地方政府基本上是鼓励华侨迁入东南亚的，也鼓励华侨眷属前往。早年出国的华侨在有了一定经济基础后从旅居者转变为定居者，便将自己在家乡的眷属接出国，安家于侨居地。[①] 二十世纪二三十年代的世界经济危机造成东南亚经济恶化，当地很多华侨选择回国，也有很多华侨音讯全无。台山人曹黎氏因没有丈夫曹天炽的音讯，决定出国寻亲。广东省会警察局为此给曹黎氏签发了赴缅甸寻夫的出国证明书。

---

① 张国雄：《从粤闽侨乡考察二战前海外华侨华人的群体特征——以五邑侨乡为主》，《华侨华人历史研究》2003 年第 2 期。

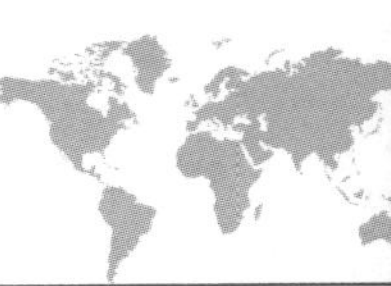

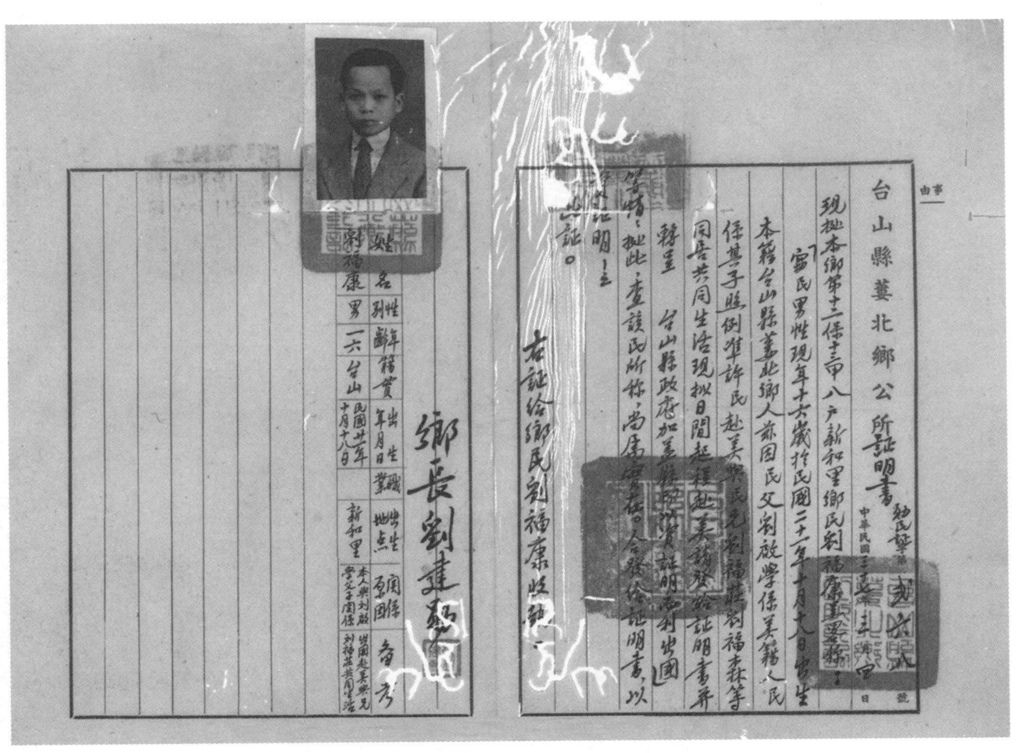

台山縣蔞北鄉公所証明書

現據本鄉第十二保十三甲八戶新和里鄉民劉福康

富民男性現年十六歲於民國二十一年十月十八日出生

本籍台山縣蔞北鄉人爺因民父劉啟學係美籍人民

保其子照例准許民赴美

同居共同生活現擬日間起程赴美請發給証明書并

轉呈 台山縣政府加簽證明出國

等情，據此，查該民所称尚屬實在，合發給証明書，以

資証明。

右証給鄉民劉福康收執

姓名	性別	年齡	籍貫	出生年月日	職業	出生地點	關係	備考
劉福康	男	一六	台山	民國廿年十月十八日		新和里	本人與劉啟學父子關係	

鄉長劉建

1948 年广东台山县蒌北乡公所开具的侨属证明书

（来源：暨南大学图书馆馆藏）

广东台山是中国内地最大的侨乡，有“内陆侨都”和“中国第一侨乡”之称。旅居海外及港澳台等 92 个国家和地区的台山籍乡亲 130 多万，主要居住在美国、加拿大、澳大利亚、巴西、墨西哥、马来西亚和新加坡。其中在美国的台山华侨华人有 50 万人。在历史上，向来有“美国华侨半台山”的说法。海外台山人比在家乡台山的人数还要多，形成了海内海外“两个台山”，这在全国侨乡中是少有的。

1943 年，美国实行了 80 余年的“排华法案”终于废除，由此结束了美国 60 余年的排华历史。上图证明书的持有人刘福康的父亲刘启学是美籍华人，按照美国法律，刘福康准许赴美。乡公所为此出具刘福康系刘启学之子的证明。

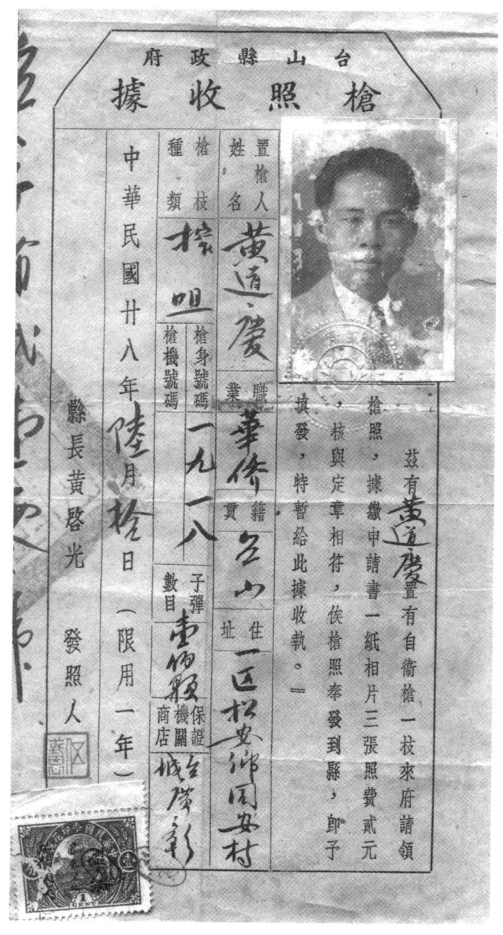

台山縣政府
槍照收據

置槍人姓名：黄道慶
槍枝種類：[illegible]
職業：華僑
籍貫：台山
住址：一区松安鄉同安村
槍身號碼：一九一八
槍機號碼：
子彈數目：壹佰顆
保證機關商店：[illegible]

茲有黄道慶置有自衛槍一枝來府請領槍照，據繳申請書一紙相片三張照費貳元，核與定章相符，俟槍照奉發到縣，即予填發，特暫給此據收執。

中華民國廿八年陸月拾日（限用一年）

縣長黄啓光　發照人

1939 年华侨申请领取枪照收据
（来源：暨南大学图书馆馆藏）

民国时期广东的民间武器泛滥。虽然官府一再申明枪支的禁令，但无论是“民”还是“匪”，均通过购买、走私、收藏、制造等途径，拥有大量的武器。尤其是在珠三角地区，武器进入了城乡居民的日常生活，例如华侨聚居的台山、开平、恩平等县建立了大量碉楼，所有的碉楼都有多个射击孔，华侨还从国外购回枪支弹药、探照灯、发电机、报警器，以作自卫之用。

民国政府一直强调对合法的民间武器要“核发枪照”，颁布了《请领枪照办法》《查验人民自卫枪炮章程》《换领人民自卫枪支执照之布告》等规章。持枪人只要经过一定手续，获得批准、缴纳验枪费并注册，就可领到枪照。①

① 参见邱捷、何文平：《民国初年广东的民间武器》，《中国社会科学》2005 年第 1 期。